U0919669

主　　编：陈　寅

副 主 编：胡恒芳

编辑委员会委员：张兴文　吕延涛　刘琦玮　张宝兴
李剑辉　唐亚明　叶晓滨

统　　筹：沈清华　卢　林

特邀编辑：方　胜　廖露蕾

主要作者：张兴文　沈清华　方　胜　孙　锦　廖露蕾
范京蓉　欧阳炜　啸　洋　翁惠娟　马　璇
王　敏　刘秋伟　马　强　秦小艳　姚卓文
李　明　马　彦　潘若濛

世界知名大学校长访谈

陈寅 主编

中国·广州

图书在版编目（CIP）数据

世界知名大学校长访谈 / 陈寅主编. —广州：暨南大学出版社，2015. 9
ISBN 978-7-5668-1616-0

Ⅰ. ①世… Ⅱ. ①陈… Ⅲ. ①高等学校—校长—访问记—世界
Ⅳ. ① K815.46

中国版本图书馆 CIP 数据核字（2015）第 214478 号

………………………………………………………………………………

世界知名大学校长访谈
主　　编　陈　寅

出 版 人　徐义雄
策 划 人　杜小陆
责任编辑　崔军亚　邹明球　潘佳琳
责任校对　刘舜怡　李林达
出版发行　暨南大学出版社（广州暨南大学　邮编：510630）
网　　址　http://www.jnupress.com　http://press.jnu.edu.cn
电　　话　总编室（8620）85221601
　　　　　营销部（8620）85225284　85228291　85228292（邮购）
排　　版　广州良弓广告有限公司
印　　刷　佛山市浩文彩色印刷有限公司
开　　本　787mm × 960mm　1/16
印　　张　27.75
字　　数　441 千
版　　次　2015 年 9 月第 1 版
印　　次　2015 年 9 月第 1 次
定　　价　68.00 元

序言

“这是一项了不起的大策划！”当我还在北京师范大学校长任上，《深圳特区报》记者来采访我时，我就有这样一种感慨。要采访世界各地60所知名大学的校长，难度之大，可想而知。我是他们采访的第十几位校长，当时我甚至怀疑，这项在媒体界空前的大手笔能如愿完成吗？

现在，一叠厚厚的书稿放在我面前，翻看之后，钦佩之情油然而生，同时也更加理解了《深圳特区报》为何要来做这件看似很难完成的事。它的意义，不仅仅是配合了当年在深圳召开的第26届世界大学生运动会，更重要的是，这项大型采访为中国高等教育的改革发展提供了极富参考和借鉴价值的第一手权威资料。

经过改革开放三十余年的快速发展，中国已经在高等教育的规模上成为名副其实的世界大国，但与此同时，优质高等教育资源短缺，“上好大学难”的矛盾也开始日益凸显。因此，我们必须拓展优质高等教育资源，从高等教育大国迈向高等教育强国，只有这样我们才能适应和满足经济社会发展的更高需求以及社会公众的利益诉求。为此，我国高等教育的发展方式正在发生深刻变革，从以规模扩张和空间拓展为特征的外延发展，转变到以全面提高高等教育质量为核心的内涵发展。要完成提高教育质量和促进教育公平的时代任务，必须进一步更新教育观念、深化教育改革，我认为高考招生制度、人才培养体制、现代大学制度三方面的综合改革关键而迫切。而要做好这些方面的改革，努力办好每一所大学，就必须借鉴世界各国高校的先进办学理念和成功治校经验。

这次世界百所知名大学校长访谈活动，采访的高校多数是国外的大学，其中很多大学在《美国新闻与世界报道》和英国 Quacquarelli Symonds 两个权威的世界大学排行榜中位居前列，如美国哈佛大学、美国麻省理工学院、英国牛津大学、加拿大多伦多大学、德国海德堡大学、日本东京大学、新加坡国立大学、瑞典隆德大学等；采访的国内大学则多数是国家“985工程”大学或“211工程”大学中的名校。这些大学在长期的办学过程中积累了丰富经验，形成了鲜明的办学特色和享有很高的社会声誉。访谈中，校长们不仅阐述了自己的办学理念，以及在教学、科研和服务社会等方面所采取的有效措施，而且对培养创新型人才、建设现代大学制度等教育界和社会广泛关注的热点和难点问题发表了各自独特的见解。可以说，对如何办好一所大学，这些校长们从理论和实践的层面都给予了明晰、各具风格的精彩回答。

《深圳特区报》优中选优，从百所大学中精选出60所，把经过精心采写编辑的校长访谈稿结集出版，这对高校管理者和高教研究人员来说，无疑是一个好消息。得一书而能与世界60位知名大学的校长“对话”，相信一定会收获颇丰。另外，这本书对家长和孩子来说，也是一本难得的留学参考书。伴随着经济全球化的进程，教育国际化已是大势所趋，近年来家长送孩子出国留学的越来越多。浏览本书，跟着记者提前到书中收录的一流大学“探营”，有助于家长和孩子们开阔视野、正确抉择。

最后，作为一名原大学校长和现任中国教育学会会长，我还要由衷地感谢深圳特区报报社，作为一家富有社会责任感的媒体，你们为教育、为社会做了一件大好事！

是为序。

中国教育学会会长　钟秉林

目录

Contents

哥伦比亚大学是美国最早的常春藤大学之一，在教育学、商学、法学、医学、理学、国际关系和新闻学等领域享有盛誉。坐落于纽约曼哈顿的晨边高地，濒临哈德逊河，位于中央公园北面。于1754年根据英国国王乔治二世颁布的《国王宪章》而成立，初命名为国王学院，是美洲大陆最古老的学院之一。美国独立战争后更名为哥伦比亚学院，1896年最终更名为哥伦比亚大学。

整个20世纪上半叶，哥伦比亚大学和哈佛大学、芝加哥大学一起被公认为美国高等教育的三强，虽然其后在激烈的大学竞争中略处下风，但目前仍在大部分排行榜中位列前十。至2009年，哥伦比亚大学的校友和教授中一共有93人获得过诺贝尔奖。美国总统奥巴马、前总统罗斯福、哲学家杜威等均为其校友。中国著名学者陶行知、胡适和华裔物理学家李政道等都曾在该校深造。

学校网址：www.columbia.edu

李·鲍林格（Lee. Bollinger）

李·鲍林格，美国律师和教育家。1946年出生于加利福尼亚州，在俄勒冈长大。早年毕业于俄勒冈大学和哥伦比亚法学院。曾为美国高等法院大法官华伦·博格（Wilfred Feinberg）担任法律职员，于1973年进入密歇根大学执教，1987年开始担任密歇根大学法学院院长。1996 年起任密歇根大学校长。2002 年任哥伦比亚大学第 19 任校长，哥伦比亚大学法学院法学教授。他是美国艺术与科学院院士。2010 年 7 月任纽约联邦储备银行理事会主席。

（《深圳特区报》2010.08.24 第 A09 版）

美国哥伦比亚大学

大学排名让人对世界产生误解

深圳特区报记者　范京蓉

一座伟大的城市，必定需要一流的大学。二者互相促进，共同成长，彼此成就着对方。前不久，美国哥伦比亚大学校长鲍林格，欣然接受《深圳特区报》记者专访。鲍林格表示，一所一流的研究型大学将造就一座城市的智力生命，它能够培育先锋的创想家，也能够提供层次丰富的就业，有益于城市的可持续发展。

一、大学排名让人对什么是真正的大学教育产生误解

深圳特区报：哥伦比亚大学（以下简称哥大）是常春藤联盟成员之一，去年被美国 Quacquarelli Symonds（以下简称 QS）大学排名评为全球第 11 名，美国第 7 名。您认为哥大的特色是什么？

鲍林格：哥伦比亚大学是世界最重要的研究中心之一，同时也为各个领域及专业的本科生、研究生提供独特而优异的学习环境。哥大努力吸收来自世界各国的教员及学生，支持针对全球事务的教学与研究活动，与许多国家和地区建立学术合作关系。哥大力争使学校各个领域都能够达到最高的教学水平、拥有最前沿的知识，并倾其努力以造福世界。

深圳特区报：作为校长，您如何让这样一所历史悠久的大学既保持其传统，

又不断适应变化的世界？

鲍林格：2002 年以来，我有幸和哥大的学生、教职员工、校友、朋友们一起，带领我们的大学经历了深刻的机构变革，同时也积极应对全球性的变革。为了完成这个重大事业，我们尽力在哥大历史上作为一个精粹而伟大的城市大学，并且拥有领导地位的基础上，一方面使其不断演进以应对当代不断改变着的城市和世界面对的各种挑战，另一方面继续遵从我们在教学、研究、医疗和公共服务方面的核心理念。

深圳特区报：您如何看待大学排名这一现象？

鲍林格：我认为，大学排名让人对世界产生错觉，特别是对什么是真正的大学教育产生误解。从另一个角度看，大学排名反映了年轻人在选择大学时不断加剧的竞争度，并加重了他们做选择时的焦虑感。

二、一流大学为所在城市带来良性就业

深圳特区报：一所大学与所在的城市有着什么样的关系？能否阐述一下哥大对纽约城市发展发挥的作用？

鲍林格：哥大非常重视其地处大都市纽约的优越位置，努力使教研活动与大都市拥有的丰富资源相结合。

2007 年曾有一份报告说，纽约繁荣的金融业雇佣的约 28 万名员工的收入超过了曼哈顿其他行业的 150 万人的收入总和。另一份报告说，把公司总部迁回曼哈顿的公司数量有增长的趋势，但总部运营所需的支持性职位却仍然留在其他地区。

纽约希望成为全球商业领袖的首选之地。但是，近几十年来，制造业和辅助性职位大部分都离开纽约投奔到了其他低成本地区，对于希望有上升机会的中产阶层而言，新的机会在哪里呢？我觉得，在地方性经济中，有一个行业能够提供许多职位以满足上述之需求，这就是高等教育。

在纽约有 116 家能够授予学位的高等学院，包括正在复兴的纽约城市大学和两所世界上最受尊重的研究型大学：纽约大学和哥伦比亚大学。有数字显示，我们的地方性独立学院和大学每年能产生 91 亿美元的直接开支和总值高达 212 亿

美元的经济活动。从这个意义上讲，一流的大学不仅对一个城市的智力生命至关重要，对它的长期经济活力也是如此。

哥大有约 1.4 万名雇员，是纽约第七大非政府性雇主。这些职位不会轻易流向其他城市或者海外，因为我们的教学和学术研究的宗旨是深深根植于这片能够让智慧火花尽情迸发的土地的。也正因为如此，哥大提出了一项长期发展计划，将扩展在西哈勒姆（纽约曼哈顿黑人聚居区）曼哈顿维尔工业园区的教学机构。

事实上，高等教育机构所提供的就业机会不是那种要么雇佣神经科学博士，要么雇佣无需技能的初级工人的极端性结构。我们的雇员有三分之二从事各种水平的辅助和行政性工作，例如，专业会计师和人力资源管理员、行政员工和职员、实验室技工和有经验的电工等等。我们庞大的员工群体现了一种各种收入结构并存的混合型经济，和以前曼哈顿许多商业区兴旺发达的制造业工厂和办公室所形成的雇员结构相类似。

哥大超过三分之二的员工住在纽约。未来 25 年内，哥大教学机构在西哈勒姆区的增长将为这一在过去几十年内来自私营机构的雇佣机会持续下滑的区域带来大约 6 000 个新增就业机会。这个增长对我们而言非常重要，因为学术研究员们，特别是在医学和科学领域的，要进行创新性的研究就需要现代化的实验室空间。如果纽约的大学不能提供这样的设施，我们就会发现，最好的研究人员将会不断流失。

一直以来，纽约是能够为各种收入阶层的居民提供经济增长引擎的城市。一流的研究型大学是稳定地提供良好工作和伟大头脑的源泉，毫无疑义，它们应当是纽约保持其领袖地位的重要组成部分之一。

三、中国留学生数量近年激增

深圳特区报：现在许多中国的优秀学生都希望赴海外求学，作为一所以多元化为特色的大学，哥大是否准备录取更多的中国留学生？

鲍林格：哥大从几十年前就已经开始录取来自中国的优秀学生。目前，中国学生是哥大最大的国际学生群体。为了使留学生能够更好地在哥大学习和生活，我们成立了国际学生及学者服务中心（ISSO），为留学生提供了一系列积极有效的服务。作为全球卓越的学习与研究中心，哥大长期以来始终保持着多元化的优良传统，仅2009年就接待了来自近150个国家和地区的1万多名学生、实习生、学者及陪同他们的家庭成员。同年录取的国际学生较上年增加了4%，总数为5 553名，其中中国学生为1 016名，占总数的18.3%。2005年，哥大的中国学生数量仅为500名，至2008年已经逾千，三年内翻了一番。

根据国际教育机构（IIE）2008年秋季统计，哥大录取的国际学生数量在美国仅次于南加州大学和纽约大学。在哥大各学院中，艺术和科学研究生院的国际学生数量最多，共有1 469名，占其学生总数的47.5%，占全校录取的国际学生总数的26.5%。

此外，我们的国际教师和学者，来自中国和法国的是最多的。目前，哥大共有超过1 200名中国学生和学者。

深圳特区报：那么，您对申请哥大就读的中国学生有什么建议？

鲍林格：哥大的录取流程和其他美国一流大学相似，是“整体性”的，这意味着会仔细考虑一个学生的各个方面。我们不会仅仅依赖标准化的测试和评分，而是认真分析学生提交申请的所有部分，从中形成正确的判断。我们会仔细阅读个人陈述，尝试了解他是谁，上大学的动机是什么等等。我们也会仔细阅读教师的推荐信，从中了解学生在课堂的表现如何，给同学带来了哪些东西。申请的每个部分都能说明问题。总之，我们的目标是寻找最适合哥大的学生。

四、美中学界携手面对共同挑战

深圳特区报：哥大与中国学术界开展了哪些合作？近期有哪些计划？

鲍林格：哥大与现代中国的关系可以追溯到19世纪，当时哥大是首批招收中国学生的美国大学之一。很多中国留学生回国后成为著名的政治家、科学家、哲学家和教育家。哥大与中国的学术团体开展了各种学术合作，所涉学科极为广泛，包括医药、公共健康、音乐、教育、法律和商务等。基于这样的长期合作关系，我们于2009年3月在北京设立了哥伦比亚全球研究中心（以下简称中心），通过它我们与中国的合作将会进一步加强。

美中两国眼下面临诸多共同的问题和挑战，因此双方必须携手，共同研究如何应对这些问题和挑战。哥大在北京设立的中心不会招收学生或颁发学位证书，也不想通过这些方式来盈利。中心的运作经费通过哥大的校友网络和支持相关研究项目的个人及基金会筹集。

中心正在开展的一些项目包括，哥大与中国学者及官员开展有关全球特大灾害的风险、预防及反应措施的跨学科研究，如美国卡特里娜飓风和中国汶川地震这样的特大灾害所带来的挑战等。中心与哥大建筑规划和保护研究生院合作，于2009年在故宫附近的老居民区里建立了一个由工业厂房改造的开放式工作室，供哥大和中国各地的学生、学者等进行科研活动和文化交流等。

中心还与中国国家发改委合作，研究有助于提高经济效益及增强环境可持续性的长期经济增长政策；与国内外名校联合在北京大学开展针对中国政府官员的公共政策培训项目。

五、美国的新闻体系需要修正，应建立公共基金扶持媒体

深圳特区报：哥大有世界一流的新闻学院，您本人还是《华盛顿邮报》董事、普利策新闻奖董事会成员。那么您如何看待全球化给美国新闻业及学术界带来的影响？

鲍林格：世界经济互相依赖的程度正逐年深化。我们面临的其他许多问题如气候变化，也使得我们在其他领域的相互依赖加深。背后的事实是，全球化是真实存在而且正在发展的，所以我们必须适应这样的局面。而美国受世界各地的影响程度也是前所未有的。这就意味着我们需要知识，需要信息，需要知道应当建立、支持什么样的机构，需要知道制定什么样的政策与世界的其他部分建立联系。当然，这是放之四海而皆准的原则，但是此时此刻显得尤为迫切。

要取得实实在在的进展就必须拥抱这个世界。现在各个大学都在寻找努力的方向。哥大已经制订了具体的计划，将通过我们的全球研究中心及其他活动加以实践。媒体自己要寻找出路，我们要做的是研究如何帮助媒体。

受互联网冲击，美国媒体的生存能力受到挑战。各种信息渠道的繁荣让广告业主和读者群分崩离析，采编人员大幅缩减，驻外记者数量减少。在全球化加剧的今天，世界上许多国家都在打造强势媒体，除了英国的BBC以外，还有中国的

中央电视台和新华社等。美国的新闻体系需要修正，资源要重新整合，并且争取要创建能够与 BBC 及其他全球传播机构竞争的美国世界新闻服务。

深圳特区报：哥大新闻学院最近完成的“重建美国新闻业”报告中提出了一系列保持新闻业活力的措施，其中包括由纳税人扶持新闻业，对此您的观点是什么？

鲍林格：我认为，问题应当是：我们应当建立什么样、多大规模的公共基金，并且如何全面地设计这一体系以满足我们了解国内以及世界上正在发生什么的需要。总的来说，我赞成为新闻业建立公共基金——在某种程度上。很久以前，我就发表文章说明混合体系对新闻业的好处，并且认为建立独立的、由私营资金支持的媒体是非常重要的。我也认为，设立由公共基金扶持的媒体有重要价值，这两种方式的结合，以及它们相互作用的方式能够为采编人员带来正确的新闻价值观。公共基金扶持的媒体与私人资本建立的媒体之间可以互相制衡。事实上，我们很早就有过政府资金扶持的媒体。所以，问题是应该建立什么样的公共基金、规模如何、扶持哪些活动等等。

六、我喜欢做不同的事情，而不是呆坐着无所事事

深圳特区报：您在担任哥大校长后仍然坚持教学与学术研究，不但要给学生上课，还频频著书立说。学者与校长是性质不同的工作，都需要耗费大量时间，您是如何兼顾的？

鲍林格：当校长当然是很有创意的工作，不过，你总是会有不少的间隙去想点别的。我喜欢做不同的事情，而不是呆坐着无所事事。虽然写作要花大量的时间，但是学术研究永远是我喜欢的事情。

我来自俄勒冈山区，有空的时候我会经常和家人去爬山、露营。在密歇根时，我曾经一个人前往灰熊出没的蒙大拿徒步旅行。我的朋友说我是在冒险，而我想做的就是看看会发生什么。敢于应对不同的挑战，不论对校长一职还是从事学术研究都是需要的。

位于纽约市附近小镇绮色佳的康奈尔大学（Cornell University）始建于1865年，是由企业家埃兹拉·康奈尔和安德鲁·迪克森·怀特创建的。它是美国八所“常春藤盟校”中最年轻的一所，其他七所盟校分别为哈佛大学、耶鲁大学、普林斯顿大学、哥伦比亚大学、宾夕法尼亚大学、达特茅斯学院和布朗大学。常春藤大学历史悠久，治学严谨，教授水平高，学生质量好，因此成为美国顶尖名校的代名词。目前康奈尔大学拥有本科生13 000多人，校友逾240万名，先后有40位师生获诺贝尔奖。

与其他完全私立的“常春藤盟校”相比，康奈尔大学的体制别具特色，从一开始就兼具公立和私立双重性质，具有“公私合营”的特点。在目前它所拥有的十三所学院中，私人捐助建立九所，州政府资助建立四所（农业与生物学院、人类环境学院和工业与劳工关系学院是公立学院），这在美国的大学中是独一无二的。

学校网址：www.cornell.edu

大卫·斯格顿（David Skorton）

大卫·斯格顿于2006年7月1日就任康奈尔大学的第12任校长，现在仍然承担维尔医学院心脏专业以及生物医学工程专业部分课程的教学任务。他曾在美国西北大学获得心理学学士和硕士学位，后又在加州大学洛杉矶分校获得了临床医学博士学位。他是全美注册心脏学家、生物医学家，同时也是一个音乐家。斯格顿推崇多元化，他主导建立了康奈尔大学多元化委员会，专门用以推进学校多元化项目。

爱丽丝·派尔（Alice Pell）

爱丽丝·派尔于2008年6月8日被任命为康奈尔大学负责国际事务的副校长，她曾是农业与生命科学学院的一名教授，并从2005年开始担任康奈尔大学食品、农业与发展国际研究院的主任。她曾负责多个关于全球食品安全和公共卫生的项目，为非洲、亚洲和拉丁美洲制订了多个食品可持续发展计划。

（《深圳特区报》2010.10.26 第A08版）

美国康奈尔大学
多元化、国际化成就跨国性大学

深圳特区报记者　孙锦

作为全美久负盛名的常春藤盟校之一，康奈尔大学与中国有不解的情缘。胡适、茅以升等一大批中国著名学者都曾求学于康奈尔大学。面对21世纪全球化提出的挑战，康奈尔大学将如何定位其发展方向？如何展开与中国的合作？近日，《深圳特区报》记者就相关问题专访了康奈尔大学校长大卫·斯格顿，同时接受采访的还有康奈尔大学负责国际事务的副校长爱丽丝·派尔。

一、“大而全”的通识教育吸引全球优秀申请者

深圳特区报：在全球知名大学中，有些大学是以专注于某个领域而著称，而有些是注重综合发展。据我了解，康奈尔大学是一个以“多样化”闻名于世的大学。那么，在您看来，要想成为一所真正优秀的大学，应该走哪一条道路呢？

斯格顿：康奈尔大学最大的特色就是“大而全”，我们有一句最简短的校训就是“Any person，any study”（任何人，任何学习）。全球各地的学生可以在康奈尔大学学到任何可以想象到的东西，从医学到农业，从商业到诗词，无所不包。

在这样一个充满活力、包容的环境里，学生们能够探索科学真理和社会问题，和不同背景、不同种族的人交流，接触到多元文化，由此对他们所生活的世界有更好的理解。康奈尔大学学科“大而全”的特点是其他任何一所常春藤名校都没法相比的。我经常在不同的场合说，我为自己是一个康奈尔人而感到由衷的骄傲，原因也在于此。

美国康奈尔大学

对于你所问到的“优秀大学”，我是这样理解的：康奈尔大学之所以成为一所优秀大学，是因为我们非常注重学生的自主性。我们让每一个学生在教授的指导下积极参与课程的设计。这样做就是为了培养学生成为一个终生学习者。

深圳特区报：既然是“大而全”，会不会导致缺乏重点学科研究的优势呢？

斯格顿：当然不会。我们的学术研究是很有吸引力的，康奈尔大学在自然科学、社会科学和人文类学科方面具有不可比拟的优势。这是历史和文化的积淀，很多中国知名人士如胡适、茅以升、赵元任等都曾就读于康奈尔大学。

但我想，在当代，康奈尔大学最吸引申请者的还是它对解决实际问题的承诺，我们有一些顶尖的奖学金项目都是与一些实际问题解决方案紧密相关的。我们很重视高校的教学定位，我们认为高校应该为企业培养合适的员工，并推进新兴技术的产业化，同时也不应该放弃传统人文科学等基础学科的优势，因为这样的通识教育能够完善学生的品格，丰富其内涵，促进学生个人成长，是能使学生终身受益的。

二、提前做好“年轻教授库”的储备

深圳特区报：在全球金融危机的大背景下，很多美国知名大学也在不同程度上受到了冲击，遭遇了经费紧张、人员流失、生源减少的困境。康奈尔大学是否也受到了影响？

派尔：说到金融危机，最初大家都以为可能会直接导致学校申请人数下降，不过，让人欣慰的是，在过去的两年里，康奈尔大学的申请者数量不降反升。所以，全球金融危机并没有对我们的招生产生任何负面的影响。不仅是数量，申请人的素质也越来越符合我们康奈尔大学的特色——多样化。越来越多的国际学生开始申请我们的学校，而且他们本身也是多才多艺的人。

深圳特区报：也就是说，金融危机没有给你们带来丝毫影响？

派尔：影响当然是有的，但是康奈尔大学高层团队的果断决策让我们顺利渡过了难关。我们一致认为，传统的“开源”措施并不足以达到目的，研究型大学还应该注重“节流”，因此需要对危机中的大学定位进行调整。对此，斯格顿校长根据康奈尔大学的实际和自己的经验，提出了这样一个理念：进退有度。在学术研究领域，我们将精力集中于已获得领先地位的学科，同时从非关键研究中退出，以减少经费消耗。在这个方面康奈尔大学先行一步，发起了“重塑康奈尔”计划。斯格顿校长还鼓励跨学科、跨机构、跨院校的合作，康奈尔大学的社会科学研究所已经在这方面引入科研资金，取得了多项成果。

深圳特区报：那你们在金融危机期间是如何应对人才流失的？

派尔：为留住教学和科研人才，斯格顿校长倾注了很多心血，即使在金融危机的背景下，他也总是将学校资金筹集的重点向培育新的和留住优秀的教学人员上倾斜。可以这么说，在十年、二十年前，我们的重点在于完善学校的基础设施，近十年来，我们始终在为培养具有创新精神的教学团队而不懈努力。可以自豪地说，当许多世界知名大学包括美国常春藤盟校都在面临“银发教学团队”的问题时，康奈尔大学早已未雨绸缪，提前做好了“年轻教授库”的储备，他们是能够为一所大学带来光明前景的人。

三、新生代中国留学生富有创造力

深圳特区报：近年来，越来越多的中国留学生在康奈尔大学深造，通过您所接触和了解到的中国留学生，是否能谈谈他们与美国学生的共同点和不同点？

斯格顿：这些年，我在学校里认识了不少中国学生。我本人也曾多次访问中国。在我看来，中美学生有一个共同的目标：希望毕业后找到一个专业对口和比较体面的工作。但两国教育体制的不同，导致学生处理问题的方法不同。不同于中国的高考，美国教育更多的是布置给学生一个写调研报告或是论文的作业，并以此培养他们的分析能力。当然，中国的教育体制也有其优点，尤其是在数学这门学科上，很多中国学生都表现出很强的数理解决能力。

另外，我想说说创造力。康奈尔大学有一些激发学生创造力的措施：第一，“和不认识的室友一起生活”；第二，“在美国之外生活”；第三，“在有不同观点的环境里生活”。同时，创造力的基础是要有好奇心，有“对学习的饥渴”。

对于在康奈尔大学求学的中国学生，过去大部分人的评价是“勤奋”，但现在尤其是生于1990年后的中国留学生，他们非常聪明，有创新的激情，他们和美国学生一样充满了对创新的渴望。

深圳特区报：在您看来，评价一个优秀大学毕业生的标准到底应当是什么？

斯格顿：第一，一个优秀的学生是一个善于有效思考和分析问题的人，不论是在人文还是在科学领域，遇到问题时总能以最快的速度提出一个周详可行的解决方案。第二，一个好学生要懂得如何与人沟通，尤其是掌握与自己观点不一、志趣不同的人愉快沟通的技巧。第三，就是一个人的社会责任感，具备成为社会领导者的潜质，一个没有社会责任感的大学生未来也不可能成就大事业。因此，一个好学生在大学时代就应当考虑到社会需要，能够做到自律，在象牙塔这个小社会里做一个有责任感的公民。

四、毕业生应更多了解社会

深圳特区报：我曾与美国常春藤盟校的美国学生交谈过，他们学了管理，想用到公共服务中去，去非政府组织工作，但来自中国的学生则大都向往华尔街的金融机构，这是很大的不同。一些美国学生告诉我，在他们这个年纪赚钱不是最有意思的，应该做些有意思的事。这种差异很微妙。当然，这跟中国学生为到美国付出的代价有关，特别是经济上的，他们对薪酬会有所期望。

派尔：中国经济正在飞速发展，中国学生喜欢到投资公司工作，我并不惊讶，因为那里赚钱机会很多。但我认为现在在中国受过高等教育的一批年轻人中，一个意识在增强，就是中国的发展要和谐，不仅仅是经济方面的，社会发展也很重要。随着中国的发展，社会公正问题需要关注，环境问题也需要关注。

说起就业，坦率说，我觉得作为一个毕业生，在金融危机的大背景下，首先要明白职业生涯将在人一生当中持续很长一段时间，因而不能把目光仅局限于当下。以美国人为例，他们一辈子可能会换 10 种不同的工作，谁都无法预测十年、二十年之后自己的状况。我认为每一个毕业生都应当放松心态。有条件的话，可以到非营利性组织参加一到两年的实习，这样能够更多地了解社会、了解世界，这也为毕业生的职业发展提供了很好的积淀。

五、期盼与深圳科研人员展开合作

深圳特区报：康奈尔大学今后是否有计划与深圳的大学展开合作？

斯格顿：康奈尔大学是美国高校中国际化程度最高的学府之一，拥有来自

122个国家和地区的留学生。早在2000年，康奈尔大学就启动了国际发展计划。康奈尔大学未来的国际化活动发展将更多地关注亚洲，特别是中国。康奈尔大学已经同中国的大学签署了接近20项重要合作协议。我们还要为无力支付学费的留学生募集资金，用私人捐款来帮助这些学生。康奈尔大学的另一个理念就是，教育是帮助发展中国家和社会实现梦想的工具。

近年来，随着中国经济的崛起，越来越多的美国大学生渴望深入地了解中国。商业、科学、文化文学等各领域的学生都非常关注中国。跨文化项目正是当前美国社会需求的产物。我们今后将考虑与更多中国的大学合作。

我们学校和深圳是很有渊源的。例如，康奈尔大学前任校长杰弗里·雷蒙作为美国著名法学家，在北京大学深圳研究生院创建了国际法学院，并成为创院院长。我们对有关与深圳的大学和科研机构的合作进行过讨论。我知道，深圳不仅是中国最年轻的城市，也是最大的移民城市，在高科技领域很有建树。既然是移民城市，就一定充满了多元文化。康奈尔大学也是以多元化著称的，我们期待有更多深圳年轻人来此深造，同时更盼望年轻的学者和科研人员与我们学校开展联合项目，共同探索一些前沿课题。

深圳特区报：深圳正在筹建南方科技大学，能否提些建议？

斯格顿：创办一流大学至关重要的一点是大学文化的包容与多样化。康奈尔大学在卡塔尔有一个医学部，在新加坡与南洋理工有双学位项目，在中国与北京大学有中国与亚太研究项目，在巴黎、罗马和波多黎各等地都有合作办学，世界各地都有康奈尔大学的足迹。但是，我一直强调，这些都是物质层面上的跨国性，康奈尔更应该把文化看成是世界性的文化，而不是单一的中国文化或美国文化。我们想成为比现在跨国化程度更高的大学。

第二点是极力争夺最优秀的人才。从长远来看，要拥有最具创造力、最积极思考、最聪明的师资。如果一个大学能够成功地找到一流的年轻学者，吸引他们留在大学工作，一流的学生都会朝这些一流学者涌去，同样，很多研究基金也会涌向这些一流学者。最终，成为一流大学的承诺是一定会实现的。

创造一流意味着要接受最优秀的人，而最优秀的人常常是不容易相处的人，最具创造力和挑战性的人有时难以以最顺畅的方式适应目前这个社会，而一流的大学必须能理解这一点并尽力去寻找这些最优秀的人。

约翰内斯堡大学位于南非约翰内斯堡市，成立于2005年12月1日，学校由原兰德阿非利加大学、金山理工学院和维斯特大学的东兰德校区合并组成，是目前南非规模最大的高校。学校共有48 000名在校学生，教职员工3 000名，属于综合性大学。该校有五个校区，以兼容并收各种族、文化等见长。

学校网址：www.uj.ac.za

温迪·陆哈比（Wendy Luhabe）

温迪·陆哈比，出生于1957年5月29日，是南非最具影响力的女性之一。毕业于莱索托大学（University of Lesotho）商务专业，后获得南非福特哈尔大学（University of Fort Hare）经济学博士学位。她被公认为是南非杰出而极富远见的女性先驱之一。1991年首次创业涉足人力资源，1993年成立了女性投资证券组合控股公司，这是彻底变革妇女在南非经济领域中参与地位的初步尝试。36岁时，她已成为一名董事，并担任南非国际市场协会（IMC）、工业发展公司（IDC）的主席。2006年9月，温迪·陆哈比正式成为南非约翰内斯堡大学校长。

（《深圳特区报》2010.12.14 第A09版）

南非约翰内斯堡大学

办更加贴近社会的大众教育

深圳特区报记者　孙锦

二十年前，纳尔逊·曼德拉把南非叫做“彩虹之国”，冀望彻底消除种族隔离制度，不同肤色的人们在同一片天空下和平共处。二十年后的今天，年轻的南非约翰内斯堡大学心怀同一个梦想，将紧密联系社会、注重学生实践和服务广大民众作为其教育的核心理念。日前，该校校长温迪·陆哈比在深圳参加2010年中国国际人才交流大会期间应邀接受了本报记者的独家专访，谈起了在大学教育中要教给学生的几条黄金法则，同时也讲述了南非在控制高等教育质量过程中很多不为人知的法宝。

一、领导者并不取决于学术表现

深圳特区报：听说约翰内斯堡大学的社团活动是南非最出名的？能详细介绍一下这样的活动对学生有怎样的影响吗？

陆哈比：没错！这是让我非常自豪的一点。几乎到世界上每一个地方访问时，我都会推销学校的这一特色。首先，我们的大学坐落于城市居民较为集中的区域，所以，凭借这一优势，我们开展了很多社团活动，尤其是与周围居民社区联合起来做的。我们学校开设有政治、新闻、声乐、教育，甚至社工服务的各种社团，学生还会在诊所做护理，参加社团活动是约翰内斯堡大学学生学习生涯中很重要的一部分。

学校有48 000名学生，有100多个学生活动社团。这是培养领袖的实验室，领导者并不完全是体现在学术活动当中。相反，我认为，如果要做一个世界级的领袖，更多的是要具备博爱、包容、公正的品质。我希望在学校营造出公益服务的风气。投身公益服务是接受过良好教育的公民首先应当承担的社会责任。我们为学生提供了优越的教育，也试图告诉他们：你从良好机遇中获益，你也有责任回报社会，参与公共服务来帮助有需要的人。

我们学校人文教育的最重要的目标就是培养学生的人文精神——一种追求人生真谛的理性态度，即关怀人生价值的实现，人的自由与平等以及人与社会、自然之间的和谐等。

深圳特区报：这种人文精神您能说得再具体一些吗？

陆哈比：更具体地说是使年轻人能为广大民众和公共事业服务，让青年学生们用自己在学术、艺术等专业上的成就为人类生存条件的改善而工作。非洲大陆上还有太多需要我们帮助的人们。

我们希望将把学生培养成为具有爱国精神，能对国家尽到责任和义务的“责任公民”作为大学教育的目标，因为消除贫困、改善生活依然是很多南非人最需要的。而我们的学生可以通过他们所学的一些专业知识使社区居民的生活更美好、更健康、更安全和更有经济效益，通过在社区里开设免费的课程项目如健康社会、食品健康和安全、环境保护、家庭和社区的心理健康等来参与社区建设，同时以提供智力支持的方式直接为当地的经济发展、邻里关系的改善做出自己的贡献。课程可能呈现出现场上课、研讨会、实地工作、网上自学等不同形式，以适用不同的受教者。

二、美国模式不一定可学

深圳特区报：您熟悉中国的高等教育和中国大学校长的工作方式吗？

陆哈比：因为南非与中国一直保持着很密切而友好的关系，而约翰内斯堡大学与中国一些大学都开展了合作，因此我也接触过许多中国的大学校长。我的印象是，中国的高等教育目前正在经历翻天覆地的变革，似乎正在招生、招聘教师以及大学日常管理等方面寻求一种新的模式，而不是简单地照抄所谓的“美国大学模式”。

深圳特区报：难道您不推崇美国模式吗？

陆哈比：在高等教育领域，大家总是比较追捧美国的大学管理模式。美国的高等教育有很多模式，如私立大学和公立大学都各有不同的管理模式。但总的来说，美国的大学管理就像美国的政府系统一样，是一种权力分散的模式，每所大学都有很大的自主权，联邦政府和州政府很少对大学的内部事务进行干预，大学也一般都以教授为中心实行高度自治。实践证明，这种模式符合美国的国情，美国的高等教育之所以发达也可能与之有很大关系。但我不知道，这种模式如果搬到中国，或是南非这些发展中国家是否会成功。我并不认为美国的教育模式是放之四海而皆准的，每个国家都必须选择符合自己国情的教育模式。中国目前正在探讨自己的大学发展模式，我认为值得鼓励。

深圳特区报：约翰内斯堡大学倡导怎样的高等教育模式呢？

陆哈比：我们并不倡导精英教育，而是大众教育。我在学校一直强调综合技能的培养，尤其是与人沟通的能力。我认为高等教育要教给学生几条黄金法则：第一条是提升互动和人际交往的能力，从而进一步强化协作性的思维，并将这种思维运用到决策中；第二条则是提高责任或是公民意识，从而能够在跨文化和不熟悉的文化氛围中工作；第三条就是终身学习，持续地提升，要有解放思想和解放心灵的能力。

这几条生存法则首先是基于一个全球化的背景。在世界一体化的趋势下，称得上“国际人才”的一定是通才，除了要在自己钻研的领域具备丰富的知识，还必须具备与不同文化、不同种族和不同专业的人有效沟通、愉快沟通的能力。

同时，大众教育也是基于南非国情的需要。快速发展中的南非商业活动不断增加，亟待培养更多精通本国甚至是国际商务的财务人才。同时，社会公共设施如医院、诊所的数量也在上升，这一点和中国很类似：经济高速发展的同时，人们对生活品质的需求也在提高。因此，目前南非最需要培养大量的医疗和会计领域人才。当然，大众教育并不代表没有前沿领域的创新，我们的地质工程和生命科学等领域都取得了前沿的研究成果，而且与欧洲多家科研尖端研究机构保持着密切合作，每年都有一批专家到我们学校交流开展科研创新活动。但是，我们还是会把绝大多数的学校资源给予大众化的学科，以保证为国家输出充足的人才。

三、由专门机构控制教育质量

深圳特区报：近年来，越来越多的中国学生选择到南非接受高等教育，但仍然有不少的中国人对南非高校还不是特别了解，您能介绍一下这方面的情况吗？

陆哈比：南非高等教育质量享誉非洲大陆，来自非洲的生源是除南非本地生源之外最主要的来源，南非许多大学在世界上也有相当的影响，如开普敦大学、金山大学、维斯特大学等。当然，约翰内斯堡大学虽然是一所才成立五年的年轻大学，但实际上也是由这几所著名学府中的学院和校区直接合并而来的，我们一直在为建设世界一流大学的目标而努力。

南非高等教育正处于结构转型之中，由过去主要是白人享受的精英高等教育逐步向各人种共同接受高等教育的民主化方向发展，正像在政府中一样，非洲裔在大学生和高校教职员中的比例在逐步上升。

众所周知，南非高等教育体制是从西方特别是英国继承下来的，高校是独立的办学实体，政府和高校对控制办学质量扮演着不同的角色，如国家研究基金对学者学术等级的评定，高等教育质量委员会对教学质量的监控和评估，这是南非高等教育管理最大的特点。在南非，各层次的高等教育协作组织和中介组织非常发达。

深圳特区报：南非有什么具体的措施来保证高校的教学质量呢？

陆哈比：在南非有一个特别的机构，叫做高等教育质量委员会，主要负责高等教育质量的监控、评估，既包括对申请开办学校、学院、系和专业的部门进行资格认证，也包括对实际开办高等教育的部门进行评估鉴定，有权责令不合格的高校停止现行的计划和项目。质量评估和监控涉及高等教育的方方面面，包括开办资格、学生质量、学科评估、专业认证，各类专业进修项目以及卫星校园的标准等等。

虽然说高等教育的实际执行者对质量负有首要的责任，但高等教育质量委员会根据院校的自我评估，组织校外的专家小组对学术教育机构质量管理系统的有效性进行评估，来出具评估报告向社会公布。南非高等教育质量委员会特别注重保障黑人学生的学术和教育权益。

最近，南非高等教育质量委员会公布了南非注册的 30 所高等院校开设的 MBA 项目的鉴定结果。经评估有 8 所院校的 MBA 项目不合格，因而委员会宣布，这些开设不合格 MBA 项目的院校必须重新制订它们的 MBA 教学计划，不能再招收新的 MBA 学生，两年后才能够重新申请 MBA 的教学资格。

当然，公布评估结果，撤销不合格部门的学术或教育资格，这只是高等教育质量委员会的消极目的。更积极的目的在于保障南非高等教育质量的基本标准，促进各学术和教育机构在教学质量、学术研究以及基于知识领域的社区服务等方面有所提高。

四、女性校长没什么特别的

深圳特区报：世界上大多数的大学校长似乎都是男性。作为一位女性校长，您自己有什么特别的感受吗？

陆哈比：我认为没有什么特别的地方。担任大学校长是件苦差事，不管对男性或女性而言都一样，所面对的事情和承受的压力没什么不同。最近几年，各国的大学中女校长越来越多。我相信，在今后的十年里，中国大学里也会出现越来越多的女性校长，这似乎是一个潮流。

深圳特区报：作为大学校长，您认为最重要的能力是什么呢？

陆哈比：首先一定要了解大学，有在某一学术领域丰富的研究和实践经历。这对当好校长绝对必要。就拿我个人来说吧，我曾创业涉足人力资源管理，并成立了女性投资证券组合控股公司，我一直在努力尝试彻底改变妇女在南非经济领域中主动参与的地位，我在商业领域积累了很多专业知识和实践经验。

当然，对于如今的大学而言，能否筹集到充足的资金至关重要。这就要求大学校长能够走出去，为学校筹集大量资金。所以，好的校长必须善于与人沟通，善于与那些愿意捐款的校友打交道，善于与政府部门那些掌管研究基金的官员打交道。

深圳特区报：在现今世界上高等教育最发达的美国流传着这样一句话：普林斯顿董事掌权、哈佛校长当家、耶鲁教授做主，那您认为在您的大学里是谁说了算呢？

陆哈比：哈哈，这个问题很有意思！我认为是学生。我们十分注重学生的自主性。我们让每一个学生对自己所接受的教育包括课程设计都承担起责任，在教授们的指导下，让他们也积极参与进来。这样做的目的就是培养学生成为一个终生学习者。尽管每个毕业生今后都将拥有各自不同的人生道路，但是通过在大学里所接触到的多样性教育，他们一定能胜任未来生活与工作中的一切，我想这就是所有真正优秀的大学带给学生最宝贵的财富吧！

深圳特区报：对一所大学而言，校长所起的作用还是不容忽视的，您认为呢？

陆哈比：大学校长本身通常也是某一领域的学术大家，拥有博士学位、教授头衔，当然也需要具备较强的管理能力。值得一提的是，近些年在世界各高校中也出现了一种新的趋势，就是一些有企业高管背景的管理专业人士担任大学校长，可以说，我就是这样的例子。

担任校长四年来，我的目标一直很明确：为学生而当校长。校长是为学生而存在的，校长的职责就是培养好、照顾好自己的学生。

牛津大学位于英国牛津市，是英语世界中最古老的大学之一，迄今约有九百年的历史，一直是全英国乃至世界级的顶尖学府，多年被评为全英综合排名第一的大学。

学校网址：www.ox.ac.uk

安德鲁·汉密尔顿（Andrew D. Hamilton）

安德鲁·汉密尔顿教授，1980 年获剑桥大学博士学位后，在法国斯特拉斯堡路易斯·巴斯德大学进行博士后研究。1981 年，被任命为普林斯顿大学化学系助理教授。1988 年，担任匹兹堡大学化学系主任兼教授。1997 年起，受聘于耶鲁大学，2004—2008 年受聘担任耶鲁大学教务长职位。2009 年，安德鲁·汉密尔顿出任牛津大学校长，主持牛津大学的日常工作。

汉密尔顿教授也是国际著名的化学家。1999 年，获美国化学学会颁发的阿瑟·C·库伯学者奖；2004 年，当选美国科学促进会和英国皇家学会会员。

（《深圳特区报》2011.02.22 第 A07 版）

英国牛津大学

推行导师制培养学生创新能力

深圳特区报记者　张兴文　王敏　范京蓉

牛津大学，世界名校，享誉全球：九百多年的建校史、培养了19个国家的50多位总统和首相（其中26位英国首相）、47位诺贝尔奖获得者、86位大主教及18位红衣主教，还有一些世界如雷贯耳的知名校友，如经济学家亚当·斯密、哲学家培根、诗人雪莱、作家格林、化学家罗伯特·波意耳、天文学家哈雷、美国前总统克林顿等等。牛津大学不愧是一座名副其实的“精英制造厂”，令人肃然起敬。

我们远赴英伦，叩开了牛津大学的校门，安德鲁·汉密尔顿校长在办公室欣然接受了我们的采访。

英国牛津大学

一、谈培养领军人物：不断追求卓越，敢于面对竞争

深圳特区报：中国著名的科学家钱学森曾向中国教育界提出了一个尖锐而沉重的问题：为什么我们的学校总是培

牛津大学大力营造宽松自由的学术氛围

养不出杰出人才？这在我们国内引起了强烈反响，这一问题在国内被称为“钱学森之问”。而牛津大学为什么能培养出这么多的领军人物、精英人才？

汉密尔顿：一所大学之所以能培养出众多领军人物，成为世界一流大学，是由很多因素决定的。其一是时间，牛津大学已有九百多年的历史，逐渐形成了自己的优势。而中国的大学的历史普遍较短，北大、清华也只有一百年左右的历史。中国的大学成立时间虽然不长，但发展很快，这是非常值得中国人自豪的。我认为在十到二十年间，中国的北大、清华、复旦都有可能成为世界最知名大学中的一员。随着时间的推移，中国还会有更多的大学加入世界一流大学的行列。另外一个重要因素就是追求卓越。牛津大学在教授的招聘、招生、教学和研究设施等各个领域都追求卓越，经过几百年的努力，才有了现在的地位。

竞争也是牛津大学成功的另一个重要因素。要永远敢于同别人竞争，在竞争中保持领先。其实竞争是一件好事情，因为竞争促使大家进步。牛津的竞争对手是剑桥，哈佛的竞争对手是耶鲁，正是竞争让大家更加优秀。牛津和剑桥每年都会举行划船比赛，我们之间的竞争也像划船比赛一样激烈。我曾访问北京，发现清华也有一个强劲的对手就是北大，希望清华和北大等中国名校间也能够在堪比“牛剑”船赛的激烈竞争中走向卓越。

深圳特区报：作为牛津大学的校长，您对世界一流名校的理解是什么？

汉密尔顿：我认为世界一流大学应该具备四个主要特征：优秀杰出的教师和学生；开放的、具有国际化视野的一流的科研；高水平的教育及足够的资金；保证不同背景的优秀学生都能享有最好的资源。

一流大学应拥有一流的教授，这些教授可以激发同事和学生的灵感；同时要拥有优秀的学生，21世纪全球范围内将存在为吸引最优秀人才而产生的竞争。科研是大学的一个非常重要的部分，一流大学应为应对全球面临的挑战做出贡献，如气候变化问题、疾病防治等。学校应为科研提供开放的、国际化的环境，同时注重高校之间在科研方面的国际合作。一流大学应拥有高水平的教育，培养学生的批判性思维，并使他们在毕业后保持终身学习的习惯。

二、谈培养学生的创新能力：不断激发学生潜能，培养主动思考能力

深圳特区报：如何培养学生的创新能力，这是世界教育界面临的共同问题，请问牛津大学在这方面是怎样做的？

汉密尔顿：培养学生的创新能力是大学教育非常重要的部分。要培养学生的创新精神，最重要的是营造宽松自由的学术氛围。首先在教学和科研中，要赋予教授自由表达的权力，也就是说学校要有学术自由。学术上的自由，不仅体现在理科和工科的教学和研究上，在政治、文学等社会科学领域也应当有学术自由。只有让教授的思想充分发挥，才能产生新的思想，百花齐放。只有当教授的思想有了原创力，他们才能教授并培养学生具有这种能力，鼓励学生敢于表达自己。在创新方面，没有什么比让每个人都有自己的想法更为重要。

为了鼓励学生的原创力，培养学生的创新能力，牛津大学推出个性化的教学方式——导师制，也就是在本科生教学中，每个本科生每周有一两个小时和导师见面。一般来讲，一个导师面对一到两个学生，导师会对他们提出问题，不断激发他们思考，检查学生的逻辑和思考的能力。这一教学方式迫使学生主动思考，不能停留在阅读材料的表面。通过导师和学生的对话，也让学生认识到自己的学术能力，并获得自信，这是牛津大学非常突出的教学特点。

深圳特区报：关于导师制，您能否举一个例子？

汉密尔顿：比如一个哲学系的学生在完成一篇论文后导师会要求他口头阐明论文的观点，并会问一些问题，如你为什么要写这篇论文，你的观点、论据是什么等等，并对每一个观点都会进行详细的探讨和分析。在此过程中，学生就必须回答老师的问题。通过对话，学生不仅要解释和说明这篇论文，实际上，也在学习一种分析问题的能力，形成一整套完整的思维方式。在这个过程中，学生也可以向教授提出问题，与教授争论。导师制最后的结果，就是培养学生独立思考的能力，培养学生的创新思维能力，同时让学生从中获得自信。

深圳特区报：牛津大学的导师制很有名，但听说成本很高？

汉密尔顿：牛津大学的导师制非常昂贵，平均下来，我们培养一个本科学生，

每年所花的费用是1.6万英镑，四年下来的花费是6.4万英镑。目前昂贵的导师制遇到了财务的挑战，但是我们不会因此放弃传统。学校为此牺牲了很多盖楼、建实验室的机会，但我们依然坚持对人的投资，这是最根本的所在。

深圳特区报：您认为导师制是否适合在高校中广泛推广？

汉密尔顿：每个国家都有自己的国情，有自己的特点，能否推行导师制取决于每个国家自己的选择，它应该根据自己的传统文化和教育系统长期以来积累的优势和劣势来决定。

我们比较看重导师制，可能其他大学更注重讲座式等的教课方式，而美国可能更加注重互动式的，所以每一个国家、每一个大学都有自己的特点。

三、谈对中国学生的希望：中国学生要大胆挑战权威

深圳特区报：很多中国学生都非常向往能到牛津大学学习，您想对中国学生说什么？

汉密尔顿：欢迎和鼓励他们来牛津大学学习。

中国学生在牛津大学是除了英国、美国之外的第三大学生群体，目前，共有730多名中国学生，牛津大学在中国内地也有约2 500名校友。

牛津大学和中国的渊源非常久远。早在1604年，牛津大学就建立了一个图书馆并收藏了很多中国书籍，但是当时没有人能够阅读中文。1687年，来牛津大学学习的第一个有记录可查的中国人叫沈福宗，他把中国的文献进行了分类，那些珍贵的历史文献至今仍保存在牛津图书馆中。从那以后，中国与牛津大学的学术联系一直持续不断，我们有许多跨学科研究和实验室都与中国有着密切的合作。

牛津大学出版社和中国的合作已有一百多年的历史，其在中国积极推广英语学习。另外，牛津大学出版社每年出版的用英语介绍中国的书籍有500多本。我本人去年就曾三次到中国访问，可以说，牛津大学和中国的联系非常密切。

深圳特区报：您对中国留学生有什么建议？

汉密尔顿：很多来牛津大学学习的中国学生都是非常优秀的，他们能够参与世界一流的研究，但我觉得，中国的学生不太愿意去挑战教授。只有当学生愿意挑战学术权威，进行创造性思考的时候，他们才能够对世界的知识做出贡献，使

得自己的性格能够变得更为丰富。因此，我希望中国学生要大胆挑战教授。

四、谈南方科技大学建设：要帮助人才自我实现

深圳特区报：目前深圳正在积极创建一所新的大学——南方科技大学，目标是办成国际知名的高水平研究型科技大学。您认为对于一所新的大学来讲，什么是最重要的？

汉密尔顿：大学所有的问题归根结底都是人的问题。大学的质量取决于在大学里的人，主要包括学术人员和学生。

大学的校长、教务长和系主任，他们重要的任务就是要保证他们的学校可以招募到和留住杰出人才。顶尖大学都有一个良好的支持创新的环境，更重要的是，还要使他们能够有自由研究开展那些由好奇心驱动的富有挑战性的问题。除了关注待遇以外，人才更关注大学所提供的条件可以支持他们做什么。所以一旦大学吸引到了人才，就需要去思考一下怎么样去主动帮助他们自我实现，特别是那些年轻的教职员工。

深圳特区报：牛津大学在帮助人才自我实现方面有什么好的做法？

汉密尔顿：在牛津大学有一个很好的传统，就是支持年轻的研究人员。最近，牛津大学面对所有的学科都设立了“新人发展基金”，连续三年支持年轻的学者，使他们能够在教学和研究方面都取得进展，在他们取得学术承认之前帮助其发表第一篇论文和出版第一本书，这在他们的学术生涯的发展过程当中都很重要。

大学的研究生导师也要有强烈的责任心，去发现、培养和引导那些可能从事学术职业的博士生、研究生。牛津大学给研究生提供了大量的学术实践机会，在这个过程中，大学以严格的目光评估这些学生是不是有可能成为终身教授。通过这样的过程，我们可以选择最好的人才，以此保持最高的学术标准。

另外，作为国际领先大学的一个最重要的标志就是要想办法吸引多样化的人才。如牛津大学 40% 的教职员工来自其他国家，牛津大学希望能够成为更加国际化的大学，能够吸引更多国际化的教职员工来这里工作。

总之，杰出的人才是大学宝贵的财富，大学管理者要不断反思如何更好地支持他们的发展。

深圳特区报：南方科技大学要想在短时间内成为一所知名大学，您对此有什么建议？

汉密尔顿：在短时期内成为世界知名的大学，世界上也有这样的例子，比如美国斯坦福大学就在短短的一百多年里发展成为公认的世界名校之一。中国的北大和清华也正朝世界一流学校进军，南方科技大学要在短时间内建成世界一流的大学，我的建议是一定要追求卓越，保持开放！

大学简介

伦敦大学学院（University College London，简称 UCL）创建于 1826 年，是继牛津大学与剑桥大学之后英国最古老的大学，也是英格兰第一所为不同宗教信仰和社会背景的人提供高等教育的大学。UCL 是英格兰第一所将英语、法语、德语、意大利语、地理学等设立为专业的大学，也是第一所提供工程、医药、法律系统教育的大学。一直以来，它与牛津大学、剑桥大学、帝国理工学院和伦敦政治经济学院一起并称“G5 超级精英大学”。在全球各大重要的世界大学排名中，UCL 长期稳居世界前 25 位。在 2010 年 QS 世界大学排名榜中，UCL 名列第四。

学校网址：www.ucl.ac.uk

麦克姆·格兰特（Malcolm Grant）

麦克姆·格兰特，高级律师、环境律师、学者和公务员，于 2003 年起任 UCL 校长。1947 年出生于新西兰，获新西兰奥塔哥大学法律博士学位。他曾在南安普顿大学、UCL、剑桥大学等高校任法学教授，2002—2003 年任剑桥大学副校长。他是剑桥克莱尔学院的终身教授。由于他在法律和地方政府规划方面的杰出成就，格兰特于 2003 年被授予英国皇家爵士（CBE）。

郭正晓

郭正晓（副校长），1983年获东北大学学士学位；1985年和1988年分别获曼彻斯特大学硕士和博士学位，2000年晋升为教授（英国第一位华人材料学教授），2008年被聘为UCL副校长，主管中国事务。2009年被聘为英国商业创新技能部——英中纳米材料聚焦合作负责人。

（《深圳特区报》2011.02.28 第A12版）

英国伦敦大学学院

一流大学要直面世界性重大挑战

深圳特区报记者　张兴文　范京蓉　王敏

不久前的一个寒冷冬日，英国伦敦大学学院（University College London，以下简称UCL）校长麦克姆·格兰特与负责中国事务的副校长郭正晓博士一起在宽大而简朴的校长办公室里热情接受了《深圳特区报》记者的采访，畅谈创建世界一流名校的经验、高等教育面临的挑战以及深圳发展高等教育的路径建议等，并对深港教育合作寄予厚望。

英国伦敦大学学院

一、多学科交叉激发学生的创新潜力

深圳特区报：UCL是世界知名学府，共培养出了21位诺贝尔奖获得者。请问能否分享一下UCL在培养杰出人才方面的成功经验？

格兰特：杰出人才的培养是个复杂的问题。但简单来说，其中有三方面因素。首先，一所知名大学的建成需要长时间的努力，需要时间的积淀。建设名校仅对大楼、图书馆、教学设备等硬件投资是不够的，最重要的是要培养一种追求知识、追求智慧的文化，形成一种良好的教学与科研的氛围。教育是面向人的事业，所以要着眼长远，从长计议。其次，一流大学必须要建立一流的教师团体，有了一流的师资水平才能提升学生的学习能力。最后，学校要注重培养学生分析、质询、判断的能力，不断提升他们分析问题、解决问题的能力，并从这些能力中培养学生的创新能力。

深圳特区报：那么，UCL是如何培养学生的创新能力的？

格兰特：这是个很好的问题。第一，学校要招好的学生。什么是好学生？好学生不仅仅是指考试分数高，学术表现好，我们要特别留意他们除了学习之外还做了什么，有什么兴趣爱好。第二，教育面对的是一个个独特的个体，好的教育意味着老师能激发学生的想法，提高他们分析问题、解决问题的能力。教育不是教学生死记硬背，掌握一些已经成为事实的知识点，而是通过各种方法激发他们的思考能力，改善他们的思维方法。其实每个学生都是有创新潜力的，作为教育者来说，就是要激发这种潜力。创造性对各个学科来说都是非常重要的。不论是建筑还是艺术、美术等，都需要创新能力，因为创造代表着一种智慧。

郭正晓：创造性在某些学科中会体现得更强一点，比如自然科学领域。UCL的特色是强调通过多学科的交叉把一个人的创造力更好地激发出来。

深圳特区报：UCL的多学科交叉有哪些特色？

郭正晓：UCL成立了许多跨学科的研究中心，促使某个领域的新见解在其他领域应用和向其他领域发展，其结果不仅会推动其他领域的创新，还可能促进一个全新领域的出现。在UCL，我们大力推动不同学科领域之间的高跨度、实质性合作，尽量让文科和理科交叉，比如说物理科学与社会科学交叉，而不仅是以前的文科和文科、理科和理科的交叉。

格兰特：为了让我们的学生为多学科交叉研究做好准备，我们在本科阶段就为他们打下基础。我们最近的一个举措是引进类似美国通识教育的做法，即在自然科学的本科生阶段引进人文教育课程，在入学的第一年要求他们文理兼修，同时还必须学习第二门现代外语，以此扩大学生的知识面，提高学生的个人修养和思考能力。今后这样的做法还将扩大到文科的各专业。通识教育有助于培养学生更广的认识能力，而不是像英国传统院校那样一开始就培养学生向纵深方向发展。

二、一流大学要直面世界性重大课题的挑战

深圳特区报：UCL未来的发展战略是什么？有哪些可供中国的高校借鉴？

格兰特：一流大学要直面当今世界面临的挑战。我们认为，UCL在科研上要应对人类面临的四个大挑战：一是世界性的健康问题；二是可持续的城市发展，这对中国也很重要；三是跨文化的交融；四是人的身心健康。应对这些问题不光是一个学科的责任，也不仅仅是依靠某一个领域的研究人员，而是要把人文、医学、自然科学等多学科的人才集中起来，通过多学科交叉研究来解决这些问题，这样才能培养出具有创造性和前瞻性的科学家来。

最后一个大挑战就是世界一流学校的强强合作。例如，UCL和耶鲁大学近期有一个医学方面的合作计划，我们希望通过这个合作来创造新的学科教研环境。这种跨越大西洋的合作可以综合两所名校的学科优势，同时也带动相邻学科的合作。名校之间的合作也是挑战，因为每个大学都有自己的优势，实质性的强强合作才能真正解决具有挑战性的问题。

我们立足于世界一流大学之列，要继续在人才和实验室建设方面做更多的投入，另外还要发展优势前沿学科，比如神经科学，我们大学的神经科学可以和哈佛大学的神经科学相比；再比如医学，UCL的医学特别强，英国的医学创新发展

中心就设在 UCL，为此 UCL 获得了大概 6 亿英镑的科研资金；此外，还有前面说的跨学科创新研究。

三、外国学生可以享受“一流软件”

深圳特区报：到 UCL 读书是许多中国学生梦寐以求的，您对他们有什么期望？

格兰特：当然是努力学习了（笑）。现在我们这儿有很多中国学生，有 1 200 多名来自中国内地的学生，还有 400 名香港学生。中国学生很有才华，有着良好的学习习惯，我们很欢迎中国学生来学校。UCL 是一所多元化的大学，现在已经有 140 多个国家的学生就读，同时我们将继续鼓励和欢迎不同文化背景的人前来学习。

深圳特区报：UCL 目前与中国高校的合作进展如何？

格兰特：UCL 与中国高校有 40 多个合作项目，包括研究和教育方面的合作。其中一个长期合作项目是与北大的考古学合作，已经有十多年的历史了。我们还与上海交通大学合作进行研究生的培训，还有一些合作得到了企业界的资助，如在电子、生物技术、纳米技术、工程等方面的科研合作，尤其是远洋工程、采油等方面我们也有很强的实力。

深圳特区报：UCL 目前有无与中国高校联合办学并授予文凭的形式？

郭正晓：目前还没有。一般情况下，我们认为最好的教育还是到伦敦来，到学校本部来。正如格兰特校长刚才所说，教育不仅是传授知识，更多的是体现这种文化，和一流的教师和学生在一起，享受一流的资源、一流的“软件”，在这种环境中才能培养出一流的人才来。所以我们对和中国高校学校联合教学不是特别感兴趣，我们认为这样不如在本校发展好。

四、海外分校专业设置以地区需要为重

深圳特区报：UCL 去年宣布在澳大利亚建立了一个分校区，现在进展如何？你们如何确保在异地的教学质量？

格兰特：澳大利亚的校园是一年前开办的，目前进展顺利，也很成功。这个

项目是由行业和政府共同投资的，主要研究方向是能源和资源，而且是针对硕士以上的研究性课程。UCL 与当地政府合作，并不是与当地高校联合办学，UCL 保证派出自己的教职员工教学，各个方面都和 UCL 本校是一样的，可以视为 UCL 的一个科系、部门。

深圳特区报：有些香港高校将在深圳设立分校，或许深圳可以借鉴你们的经验。

格兰特：我们还将在中东和哈萨克斯坦开展硕士以上的教育。在不同国家建立分校区不是把整个大学都建到当地，而是针对不同地区的需要和各个地方政府合作，UCL 则负责提供高质量的教学和科研队伍，既传授知识，也带去 UCL 的文化。虽然我们鼓励学生到校本部来，但在分校区也可以保证向学生提供 UCL 一流的学习和科研体验。我们也希望能够结合中国的需要，到中国开设分校，把 UCL 高质量的教学带到中国。

五、一流大学需要学术自由学术自治

深圳特区报：深圳正在筹建南方科技大学，并希望尽快建成世界一流的研究型大学，您对此有何建议？

格兰特：要在短时间内建设世界一流的大学是比较困难的任务，但也有例外，比如香港科技大学，只有 25 年的历史却办得很成功。如果一所大学要在短期内获得世界的认同，也许可以从一些重点的科研项目上取得突破。要建设一流的大学，首先要从招聘好的师资队伍开始，因为教育是关于人的学问，教师是否能激发学生的潜力是非常重要的。

另外一个很重要的方面就是大学要有自治的能力。对于政府来说，它应该对大学投资，因为资金对于一流大学的建设是很重要的；但是，另外一个方面，政府应该相信学校自我管理的能力，给予学校学术自由，放手让学校根据自己的情况制订短期、中期、长期的规划，不能借投资来限制学校的发展。学术自由、学术自治是一流大学成长起来的根本条件。

普瓦捷大学（Université de Poitiers）始建于1431年，为欧洲最古老的大学之一。14世纪，普瓦捷大学成为法国继巴黎大学之后规模最大的大学，也是法国公立重点大学。居里夫人、隆萨尔、迪·贝雷、笛卡尔等曾在此学习。

普瓦捷大学设在市中心的大学校区和未来乐园（Futuroscope）培训区在整个波瓦图·夏朗大区发挥着重要影响，普瓦捷大学还在昂古莱姆（Angoulème）、尼奥尔（Niort）和夏岱勒罗（Chatellerault）设立了分校区。普瓦捷大学非常重视科研，拥有54个高水平的实验室和研究机构。

学校网址：www.univ-poitiers.fr

让·皮埃尔·盖松（Jean-Pierre Gesson）

让·皮埃尔·盖松，法国普瓦捷大学化学博士，美国罗切斯特大学博士后，教授。

1999—2003年，担任普瓦捷大学主管外事副校长；

2003年至今，担任普瓦捷大学校长；

2005年，在普瓦捷大学设立西欧第一家孔子学院；

2008年至今，担任法国大学校长联盟国际事务委员会主席。

（《深圳特区报》2011.03.31第A17版）

法国普瓦捷大学
科研和教学并重

深圳特区报记者　张兴文　王敏　范京蓉

普瓦捷是法国维埃纳省的首府。普瓦捷面积不大，不到一个小时就可以步行横穿东西。但位于这座城市的普瓦捷大学有着其突出的特点：四成博士生来自世界各地；设立了法国第一家“孔子学院”；是首批招收中国学生的法国大学之一；培育了物理学家居里夫人、数学家笛卡尔等科学巨匠。

日前，记者来到这座城市采访了普瓦捷大学校长让·皮埃尔·盖松，他强调，一流大学一定要具有国际视野，并向我们讲述了其办学体会，给我们留下了深刻印象。

一、科研和教学并重是一所好大学的基础

深圳特区报：维埃纳省是深圳的友好城市，能到普瓦捷大学采访，也让我们倍感亲切。据我们了解，居里夫人、笛卡尔等科学巨匠都出自这里，我们想请教的是，为什么贵大学能培养出这么多领军人物？

让·皮埃尔·盖松：普瓦捷大学是一所有着近 580 年历史的大学，在多年的办学过程中，我们深深体会到，对于一所大学而言，要科研和教学并重，要把科研放在很重要的位置，这对于培养优秀人才非常重要。比如我们的大学有 24 000 多名学生，其中有 1 000 名博士生，博士生的比例很高。普瓦捷大学鼓励学生从硕士阶段开始就积极参与到科研工作中。大学要把科研和教学紧密地联系起来，我认为，这是一所好大学的基础，也是培养人才非常重要的一点。

我们大学是一所多学科的大学，文、理、工等学科都有，我们花了很大的力气建设实验室，力求把实验室做强。在理科方面，我们有一个实验室拥有 350 个科研人员，其中有 200 多名博士生。我们还有文科实验室、社会学科的实验室等，

各个学科都有。为了把实验室做强，我们把小实验室归并到大实验室中去，因为一个大实验室才能承担大的项目和深的课题。

支撑普瓦捷大学的科研和实验室的经费来源主要有两方面，一方面是地方政府的投入，有国家科研基金的资助；另一方面就是项目资金，这是一个很重要的来源。好的项目就能得到企业和地方政府的资金资助。所以科研一定要与实践紧密结合。

深圳特区报：科研与实践如何紧密结合？

让·皮埃尔·盖松：普瓦捷大学有 50% 左右的项目都和企业签订了合作协议，尤其是理工科的项目，其中包括环境、化学、工程类的，都是和企业一起研发的，另外有 50% 的项目是国家课题。

我认为科研分两种，一种是应用型的，一种是基础型的，二者要并重。如果学校或者实验室只是急功近利追求应用型的科研，而不把基础科研做好，那它就缺乏可以走得更远，进一步提高的养分，这样的科研走不远。如果只是做基础理论型的研究，就产生不了现实生活中的成果和经济效益。我认为二者都非常重要，一定要处理好它们之间的关系。

另外，科研一定要追求世界水平，这是一所大学具有国际化视野的重要方面。如果一所大学只是内部“近亲繁殖”发表一些文章，一点意义都没有。因为在全球化的时代，科研成果是世界性的。如果一个实验室不经常开国际会议，不经常和国际的同行交流，那它的研究层面就不够高，就失去了大学研究的意义。

二、注重海外交流，避免“近亲繁殖”

深圳特区报：您讲到学校要有国际化视野，那么在国际化的大背景下，你们如何培养学生？

让·皮埃尔·盖松：我们的 1 000 名博士生中，40% 是外国学生，学生的国际化程度很高。另外，对国际化学生的培养，我们有三点做法：一是博士培养阶段注意联合培养，比如本地教授和外国教授联合培养博士生，效果就比单独由一个博导培养要好。二是我们鼓励年轻人积极参与科研，并为他们提供机会，让他们做博士后，并且是到国外去做，不要“近亲繁殖”，这样才能充分交流信息。

三是鼓励本地的老师、博导和博士生要经常到国外去生活几个月，进行学术访问，要经常性地流动。

法国非常重视科研人员的流动。在大学中有多少外国研究员，或者学校的研究员到国外去的次数有多少，这是法国政府考评一个大学的重要指标之一。我们在这方面做得还远远不够，比如硕士阶段中，硕士在国外实习的比例还仅有十分之一。另外，老师和科研人员到国外参加研讨会的机会很多，但是作为访问学者到国外去住上几个月的比例还不够高，这也是我们下一步努力的方向。

深圳特区报：法国的大学都非常重视国际化?

让·皮埃尔·盖松：是的，法国高校非常重视国际交流。我本人是法国大学校长联盟国际事务委员会的负责人，校长联盟可以促进校长间经常性的对话，改进大学各方面的质量，其中有一项就是大学的国际化问题。

目前世界上每年有 28 万名外国学生到法国学习，但只有 6 万名法国学生在国外学习，所以法国教育部认为，法国学生去国外学习的数量太少了，应该鼓励法国学生到国外学习至少六个月或者一个学期。据此，我们学校规定每个硕士生至少有一个学期在国外就读，把学生交流出去，让学生有国外生活和学习的经历。

三、拿出具体措施，鼓励学生走出去

深圳特区报：请您具体谈谈让学生“走出去”这个问题。

让·皮埃尔·盖松：其实国际化是提高学生竞争力非常重要的方面。在法国的教育中，本科和硕士期间都会有实习时间，学生读完硕士要实习多次，实习可以在很多地方，可以到企业、政府和社团组织去实习，从中获得工作经验。在法国，每一个硕士毕业生都有实习经历，在他们走向就业市场的时候，他们都算是有经验的熟手，这一点上是没有差别可言的。

但是，政府、企业在招人的时候非常看中毕业生是否有海外学习、实习的经验，更看重毕业生是否有到过多个国家工作的实习经验。

据我们所知，用人单位看中的国际学习背景和经验不仅仅指在欧洲，如在英国、西班牙实习过两个月，他们会认为你还没有走出欧洲。他们更看中广泛的国际背景，如一个学生到拉丁美洲、中东实习过，就会非常受欢迎，因为他的身上具有多元化的文化，他可以与很多文化背景的人一起工作。在劳动力市场上，这些人更具有竞争力。所以作为大学校长，我鼓励学生“走出去”，而且要走远一点，接受不同文化的熏陶和挑战。

深圳特区报：您在鼓励学生“走出去”方面有什么具体的做法？

让・皮埃尔・盖松：在回答这个问题之前，我想先说说为什么学生走不出去这个问题。第一是经济上的问题，很多学生的家庭没有经济能力让学生走出去。第二是文化方面的问题，有的学生不敢出去，因为他没有国际化视野。

针对这两点，我们在促进学生的国际化方面拿出了具体的解决办法。第一是建立了一个学生国际教育基金。经济困难的学生可以申请教育基金，我们会评估学生的学习或者实习情况，如果学生本身的条件达到了，但是受经济制约，国际教育基金会会资助他们。

第二是很多学生意识不到国际化的重要性，但等他求职时意识到就晚了。为此，我们去年在法国创造性地开创了一个学士学位，叫“国际学士”。这不是一个专业，而是所有专业学生都可以拿的学位，他只要每个星期上四个小时的外语课，他毕业时，除了本专业外，普瓦捷大学还会给他发一个“国际学士”的学位。目前已经有 35 个学生加入了国际学士的学习。

我们所指的学习四个小时的外语是目前比较难学的四种语言：葡萄牙语（因为几乎南美所有的国家都讲葡萄牙语）；中文（因为中国正在崛起，正成为世界重要一极）；俄语；阿拉伯语（因为包括中东和北非这些国家都讲阿拉伯语）。这样鼓励学生接受不同文化的熏陶，培养学生的国际化视野。

四、加强中法合作，寄望中国学子

深圳特区报：普瓦捷大学和中国有什么样的合作，以后有什么计划？

让・皮埃尔・盖松：维埃纳省是深圳的友好城市，普瓦捷大学也和深圳有着密切的联系。首先，普瓦捷大学和深圳的中兴公司、南昌大学就有一个合作，那就是共同设立了法国的首家孔子学院。去年，普瓦捷大学出资兴建的孔子学院新大楼也正式落成，这所孔子学院为法国培养了大量的汉语人才，让更多的人了解了中国悠久的文化。

此外，我们和南昌大学等也有着学生交流方面的项目合作。

深圳特区报：普瓦捷大学是很多中国学子心中向往的大学，您想对中国学生说些什么？

让·皮埃尔·盖松：我想对中国学子说的第一句话是，中国的学生非常幸运，前途非常乐观。中国的改革开放取得了令人瞩目的成就，中国正变得越来越有活力，中国未来一定是经济强国。我想说的第二句话是，中国学生一定要多到外面走走看看，扩大自己的视野。除了了解中国的事情，也要看看全球发生了什么变化，这样对自己、对未来、对整个人类都有好处。第三句话想说的是，如果中国学生想来法国留学，希望他们能学习法语，来看看法国这个美丽的国家。

茱莉亚音乐学院自从1905年10月以“音乐艺术学校”的名称建校以来，第一年在校生不到500人，但从一开始就在全美为表演艺术教育制定了标准，被称为美国“音乐界哈佛”。1969年正式迁入美国林肯表演艺术中心，成为林肯表演艺术中心唯一一个以教学为主的机构。今天的茱莉亚音乐学院有400多位教职员工，800多名舞蹈、表演和音乐系的学生，他们来自美国的47个州，世界上的50个国家。学院颁发从学士到博士学位，并颁发选择性高、竞争极为激烈的爵士、歌剧、表演、弦乐四重奏、剧作和戏剧导演的学位。

学校网址：www.juilliard.edu

约瑟夫·波利西（Joseph W. Polisi）

约瑟夫·波利西于1984年9月成为茱莉亚音乐学院的第六任院长。他曾在康涅狄格大学获得艺术专业学士学位，并在耶鲁大学分别获得了音乐和音乐艺术的硕士学位以及音乐艺术专业的博士学位，曾先后在耶鲁大学音乐学院、辛辛那提音乐学院和曼哈顿音乐学院担任院长。他本人精通歌唱以及巴松管、黑管、双簧管、圆号、长笛等乐器的演奏，是全美著名的歌唱家和室内乐演奏家。

约瑟夫·波利西曾多次率学院演出团队到中国、日本、韩国、法国等世界各国演出。

（《深圳特区报》2011.05.06 第 A08 版）

美国茱莉亚音乐学院

艺术成长需要多元文化碰撞

深圳特区报记者　孙锦

她毗邻举世闻名的美国大都会歌剧院、纽约市歌剧院和纽约交响乐团。欧洲拥有上百年的古典音乐传统，她却是一所能与欧洲相媲美的音乐学院，折射出美国的百年文化史。无数天才儿童来到了这所名师荟萃的世界著名学院求学。她就是“世界音乐家的摇篮”——茱莉亚音乐学院。

近日，茱莉亚音乐学院院长约瑟夫·波利西通过电子邮件接受了本报记者的采访，畅谈了学院第二个百年音乐梦想。作为一位从事近三十年艺术教育的音乐家，波利西一直努力将每一位有天赋的学生变成对艺术充满感情并能打动观众的艺术家。

一、培养全才，丰富学生的艺术内涵

深圳特区报：在2005年庆祝了百年校庆之后，茱莉亚音乐学院已经开启了她的第二个百年音乐梦想，作为院长，您认为在第二个百年里是否会更注重学生综合能力的培养？

波利西：茱莉亚音乐学院在1905年成立之初只是一个音乐学校。在此之前，美国的青年要接受正规的音乐教育都必须到欧洲去上学。当时负责纽约市公立学校音乐教育的丹罗士博士决心在美国本土培养音乐人才，于是他建立了一个音乐艺术学院，立即受到了美国青年学生的欢迎。学校很快扩大，成为纽约最有名的音乐学院，也为美国树立了艺术教育的典范。

近一个世纪以来，茱莉亚音乐学院在多位美国音乐界著名人士的带领下取得的最大成绩就是其教学内容的不断拓展，日益成为一所高级的表演艺术综合型大学。我认为最值得骄傲的是：茱莉亚音乐学院的毕业生都是表演艺术家，他们在全世界表演艺术团体中体现职业的最高标准。

之所以说这些，是想说明茱莉亚音乐学院，包括我本人，一直都在强调的一个办学理念：一个21世纪的艺术家从某种意义上来讲应当是一个全才，而不仅只是掌握某一种艺术，更要能对自己所处的艺术领域乃至周围的人产生一种正面的影响。我总是教育我们的学生，首先要精通自己本专业的技艺，同时还要通晓其他音乐门类，再往后就是要具备从事教学的能力甚至是成为音乐产业中的企业家，具有创业意识和创新精神。艺术教育的目标绝不仅仅就为演奏世界名曲，上演百老汇的戏剧，还要考虑如何让这种艺术的魅力传递给更多没有专业学过艺术的普通人。

深圳特区报：茱莉亚音乐学院被业界誉为“世界音乐家的摇篮”，所以校友在贵学院一定扮演着重要的角色，您是如何利用宝贵的校友资源来丰富在校学生的学习生活的？

波利西：没错，我们学院对于校友资源的利用是花了很多心思的。我们有专门的校友项目，包含了丰富的内容。首先，我们会定期邀请校友分不同音乐类别，如独唱、钢琴、室内乐等来和在校学生聊天、谈心、交流，以类似沙龙的形式。同时，我们还会让一些著名的音乐家校友来给学生们上大师班的课，并组成一些课外工作室，让在校生与大师们形成一种定期交流技艺的机制，让学生们平时能真正融入一种大师级的氛围。

我们之所以这样做，有两个原因：首先，我们学校毕业的优秀校友代表着世界音乐的一流水准，从专业的角度来说，在校生与大师的交流对提高他们所学习的某个音乐领域的技艺是非常有利的，不过，这只是其中一个好处。作为院方，我们考虑更多的是对学生精神层面的培养。因为我们发现学艺术的学生与其他专业的学生有所不同，他们大都是怀揣着成为世界级大师的梦想来到我们这里，当他们有机会经常与大师近距离地接触，与之交流音乐、交流生活、交流人生时，就更容易产生一股艺术创作的激情，以一种更加积极的态度去面对未来。要知道，不论是在世界上哪个国家，学艺术的人因为难以实现当初的理想而变得颓废和消沉是非常普遍的事情，所以我们总是想尽一切办法让所有学生有一个积极的人生哲学。

二、给予国际学生公平的奖学金机会

深圳特区报：金融危机给美国很多大学造成了一定的影响。贵学院位于纽约市中心，也是金融风暴的中心，我想知道，你们学院在招生和留住优秀师资方面有没有遭遇到一些困难？

波利西：虽然我们是一所音乐学校，但也确实感受到了金融危机的冲击。在招生方面，我们并没有遇到生源数量急速下降的情况，但在学校的财力资助方面确实遭遇了困难。迄今为止，茱莉亚音乐学院仍然是个人捐款数目最多的音乐艺术学院，但由于金融危机的影响，这几年的捐助确实比过去减少了一些。所以，学校最大的挑战就是如何给那些优秀的有天资但没钱的学生提供足够的奖学金。我们学校的奖学金项目在全球著名音乐学院中都是很有名的。我们每年各类奖学金的开支是一个不小的数目，就2010年而言，我们在招收的所有850名学生中给予了651位学生奖学金资助，占学生数量的77%，这其中有278名亚裔学生，38名中国籍学生。

目前，有很多音乐学院在学费昂贵的同时却很少给予奖学金，尤其是对国际学生，但是我们的学校对任何一个被录取但经济有困难的学生都会给予比较慷慨的一笔奖学金以帮助他们顺利完成学业，而且所有优秀学生，不论国籍，都拥有公平的奖学金申请机会。

深圳特区报：如何获得更多捐助是目前全球大学公认的一项挑战，我听说您在这方面做得非常成功，有什么秘籍吗？

波利西：我们正在启动学院3亿美元的“第二个世纪基金会”，专门用于扶持重点音乐学科以及音乐研究的项目，同时我们还将把基金会的钱向一些公益音乐项目倾斜，如继续教育、纽约社区音乐教育、拉丁裔和亚裔等孩子的音乐启蒙教育等。

我希望在自己领导学院的这些年里能够在艺术、财政、音乐等方面都给学院打下很好的基础，在艺术教育上保持最高的水准，承担茱莉亚音乐学院对全球的音乐教育和音乐学习的使命和责任，并培养出学生对艺术的热爱和使命感，以及对社会的责任感。因为茱莉亚音乐学院起初正是得益于一个美国纺织品富商的慷慨解囊而诞生的。

为学院争取到多方丰厚的社会赞助其实也没有什么秘籍可言，我运作社会资金并不是为了我的业绩，而是为了学校，为了无数年轻人的前途，为了音乐传统的延续，当我每次把学院的历史和这些想法讲给企业家和社会赞助机构时，他们都很理解和支持我，仅此而已。

三、课程设计更关注人文学科

深圳特区报：今年是您执掌茱莉亚音乐学院的第二十七个年头了，您一直在创新，听说您近期又在调整课程设计，同时更加注重人文学科的教学，能详细谈谈这一方面的创新吗？

波利西：时光飞逝，我到茱莉亚音乐学院快三十年了。你说到创新，其实，我一直围绕一个核心理念在创新，那就是始终强调年轻人的心智培养和对世界的理解。这听上去也许有些抽象，但是我确实努力将这种理念注入学院课程的设计中。

当年建立之初的茱莉亚音乐学院是一个纯粹的音乐艺术院校，为全美的演艺教育制定了一个标准。今天我们的学院不仅包括那些艺术门类的课程，还包括了写作、文学和历史课程，而且这些课程的标准和美国其他综合性大学的标准是一样的，学生需要做大量的阅读并完成作业。最近，我们刚刚成立了一个写作传播中心，专门教授学生如何有效地写作与思考，如何将艺术清晰透彻地表达出来，同时组织交流活动让学生学习不同类别的艺术，如让音乐、戏剧和舞蹈专业的学生加强彼此之间的交流，让他们把各自对艺术的理解说出来。如此强调“交流”，是因为我们发现很多艺术学生在一些社交场合里显得怯场，他们可以用艺术的形式来表达自我，却缺乏与人沟通的技巧，所以今后我们学院要开始一些自己设计的新课程，专门教授大家如何用艺术来与人沟通，与世界沟通。

深圳特区报：这是一个关于您自己的问题。在我曾经采访的大学校长里，很少有像您这样能担任如此长任期的，我很想知道，作为一个百年音乐学院的院长，您个人在性格和思维方式方面在成为院长之后有什么变化吗？

波利西：首先，我积累了更多当音乐学院院长的经验。当然，我个人最大的变化就是更加有耐心了，看问题比我刚刚担任校长时要更加全面和长远。这些转变要感谢我的学生们，尤其是这些年来新入校的学生，他们不仅拥有艺术的天赋，也有一份关注世界和改善世界的胸怀，他们热衷于社会公益活动，热衷于帮助有需要的人，这一点让我非常感动，对我个人也是一种激励，是他们让我对茱莉亚音乐学院的未来更有信心。

四、勤奋 + 天赋 = 音乐天才

深圳特区报：在您看来，一个勤奋的学生和一个有天赋的学生最大的区别在哪里？您认为茱莉亚音乐学院有没有可能把一个勤奋的学生塑造成一个音乐天才？

波利西：这个问题很有意思。虽然直到今天，我也无法定义何为真正的“音乐天才”，但是我认为音乐天才一定是需要勤奋和刻苦练习的。如果没有长时间认真的练习，即使再有音乐天赋，也无法将你对音乐天生的禀赋表现出来，当然就成就不了天才，或者更准确地说是艺术家、艺术大师。

从另一方面来说，仅仅靠技艺本身也是不可能成为艺术家的。这里面还需要天生的艺术灵感和一定的生活阅历，所以很多年轻人虽然在技艺方面非常娴熟，但是我始终认为他们还称不上“大师”，因为他们没有经过时间和生活的历练，在艺术表达上显得单薄。我们的音乐学院之所以现在花费很多精力在人文学科和社会交流的课程上，就是希望学生重视知识和文化的积累，尽早地开始一种艺术内涵的积累过程。

深圳特区报：既然谈到了学生，我知道茱莉亚音乐学院是很多拥有音乐家梦想的中国学生最向往的地方，那么你们对专业表演艺术人才的选拔和培养一般有怎样的评判标准呢？

波利西：首先要有献身艺术事业的决心，勤奋、好学，可以经受住相当严格的训练。要让学生成材，入学挑选就很严格。学生必须具有高中毕业文化水平，不是光会唱歌跳舞演戏就可以。在经过反复挑选淘汰后，还要进一步面试，我们也要看学生是否有音乐天赋和发展前途，因为想要成为顶尖的艺术大师，勤奋之外的天赋还是最关键的因素。平均起来只有十分之一的申请考生能通过考试，进入茱莉亚音乐学院学习。

进校后的学习，除了大量的专业训练外，有两个方面是我一直强调的：我们要求学生每周要花相当多的时间读名著、学历史、学心理，加强文化底蕴。同时，我现在一直提倡博学，也就是学科的交叉，学音乐的也要学一些形体和表演，学戏剧的也要学一点声乐。茱莉亚音乐学院对学生所起的是一种转化作用，即使有天赋的学生变成对艺术充满感情并能打动观众的艺术家。

五、艺术成长需要多元文化的碰撞

深圳特区报：深圳毗邻香港这一国际大都市，您也经常带领学院的学生到香港演出，作为一个资深的音乐教育家，能为深圳提点如何发展我们这座城市的音乐教育，如何让城市变得更加有艺术气息的建议吗？

波利西：深圳是香港的邻居，这是一个非常好的地缘优势。何以这么说呢？因为艺术的成长需要一个国际交流的土壤，只有多元文化的碰撞，才能产生艺术的火花。每年有很多国际艺术界的大师到香港演出或参加交流、研讨等活动，深圳所需要做的是让从事艺术专业的人加入这个圈子，同时邀请更多艺术家深入到每个社区进行表演和进行初级讲座，让普通市民有更多接触世界艺术的机会，这样整座城市才会变得更加有艺术气息。

对于孩子的音乐教育，我觉得可以从两方面来考虑：一方面要普及艺术教育，把学习音乐作为人生启蒙教育的一部分，从而提高和提升孩子长大以后的修养和气质。另一方面，我知道中国的学生学习很刻苦，有些学生为了一些考试练技巧已经到了疯狂的程度，但很可惜，他们忽视了音乐的存在。让孩子学音乐本身是要获得美的享受，并把这种美传递给受众，所以我希望深圳的家长和从事音乐教育的老师多用鼓励的掌声激励孩子们继续学习。如果学钢琴或小提琴等一些器乐的孩子能经常与乐队合奏则更好，这样可以让孩子用耳朵倾听，并且学会如何与别人合作。

俄亥俄州立大学成立于1870年，是美国最大的综合性公立大学，它由哥伦布的主校园和位于利马、曼斯菲尔德、马里恩、直布罗陀岛、纽瓦克、渥斯特的分校组成。俄亥俄州立大学目前拥有63 000多名在校学生、近6 000名教职员工，以及5个校区、175个本科专业、240个硕士点和博士点。俄亥俄州立大学下设17个学院，包括医学院，建筑学院，文理学院，商学院，教育学院，工程学院，牙科学院，食品、农业和环境科学学院，法学院，公共健康学院，兽医学院等，其中教育学院、商学院、工程学院、法学院和医学院在全美名列前茅。俄亥俄州立大学是《美国新闻与世界报道》评出的2010年全美二十所最佳公立大学之一，在美国所有注重研究的大学里，综合排名第15位。

学校网址：www.osu.edu

戈登·吉（Gordon Gee）

戈登·吉，美国俄亥俄州立大学第十四任校长。1944年生于美国犹他州，在犹他大学获文学学士学位，在哥伦比亚大学获法学博士和教育学博士学位。37岁时，戈登·吉就任西弗吉尼亚大学校长，是当时全美最年轻的大学校长之一。此后，他又先后担任科罗拉多大学、布朗大学、范德堡大学的校长及美国州立大学未来计划委员会会长等职。2009年，美国《时代》杂志将他评为当年“全美最佳大学校长”。

（《深圳特区报》2011.05.25 第A07版）

美国俄亥俄州立大学

国际化经验对学生日益重要

深圳特区报记者　方胜

一、美国大学对美国社会产生重要影响

深圳特区报：您曾经担任西弗吉尼亚大学、科罗拉多大学、布朗大学、范德堡大学和俄亥俄州立大学校长，领导过的不同大学的数量非常多。这些美国的大学有哪些共同的特点？或者说，美国的大学有哪些共同的特质？

戈登·吉：与世界上其他国家的优秀大学相比较，美国的大学是非常独特的。它的组织形式、丰富的校园文化、完善的学生发展计划、丰富的国际活动以至大

俄亥俄州立大学椭圆广场

学校长的功能都是不同一般的。美国大学甚至对整个美国社会的性质都会产生重要影响，没有哪个国家的大学的作用会如此积极和重要。

美国的大学，尤其是公立大学，成立早期的目的就是维护这个新生国家的民主。创立了弗吉尼亚大学的托马斯·杰斐逊明确阐明了公民的教育和一个民族管理自己的能力之间的联系。当亚伯拉罕·林肯签署了《莫雷尔法案》，创造了美国的“赠地大学”，这种观念又发生了实质性的进步。莫雷尔法案将联邦政府拥有的土地赠予各州来兴办、资助教育机构。差不多150年前，赠地大学在各个州纷纷建立，以确保能够广泛地为学生们提供高等教育，而不论他们出身世家还是出身寒门。俄亥俄州立大学就是根据这项法案建立起来并享受州政府赠地的大学之一。

深圳特区报：从您的经历来看，您是一位非常职业化的大学校长。而在世界各地，也有许多大学校长自己就是某个学科领域，比如化学或者物理等专业的著名科学家。对于科学家和类似“职业经理人”的两种类型的大学校长，您认为有哪些区别和优劣？

戈登·吉：我拥有法学博士学位，但主要还是一个关注和研究教育体制的教育家。对于两种类型的大学校长，我认为理解学术都是大学校长最为核心的工作。

我领导不同的大学已经有三十年了，大学校长就是我毕生的职业。但是，在成为一个大学校长之前，我曾经在两所法律学院任教，并担任过院长。虽然大学校长繁重的职责不允许我继续开展教学工作，但我在撰写论文和书籍方面保持了较好的学术功底。我的感觉是，也许大学校长自身并非必须是一名知名的科学家，但是有着优越的学术经历一定会为他理解学术、为学术的发展做出努力有所帮助。

二、国际化经验对学生日益重要

深圳特区报：俄亥俄州立大学的办学风格是怎样的？你们希望培养的学生具备哪些能力？

戈登·吉：首先，我们要完成赠地学校的使命。我之前提到赠地大学的成立是为了扩大人们的教育机会，也是为了扩大人们对实用学科的掌握。这意味着我们不仅拥有艺术和人文学科，而且也很注重农业、兽医医学以及工程学等实用学科的建设。

其次，我们希望能够为俄亥俄州的人民带来生活的改变。俄亥俄州立大学的创办是为了俄亥俄州人民的福祉，至今我们仍然忠实于这一使命。

在办学风格和我们希望学生获取的本领上，有一点在过去几十年发生了改变。这就是我们认识到，国际化经验和全球化课程在保证今天的毕业生能在现代社会中成功的重要性。比如说，今天我们有超过 2 000 名中国学生在俄亥俄州立大学的校园中学习，我们有 20% 的本科生有海外留学经历。让学生们得到思想的交流既是我们的中心任务，也是我们的后来人应当追求的目标。

深圳特区报：俄亥俄州立大学是全美规模最为庞大的大学。中国近年来也涌现了一批合并而来的、学生数量庞大的高校。管理规模很大的大学是否会存在一些困难？庞大的规模又给你们带来了哪些好处？

戈登・吉：管理像俄亥俄州立大学这么大规模的高校的确是一项非常具有挑战性的工作。挑战之一就是学校各个部分的联动和合作。校园的规模大了，各个部分的联系可能就不那么紧密了，效率也降低了。而且，你还要让每个部门、每个人都感受到强烈的归属感，让他们时刻感觉到他们是俄亥俄州立大学中不可或缺的一部分。提高人们的士气在比较小的学校里就容易得多。

规模扩大、学科增多也有很多益处。俄亥俄州立大学在美国是独一无二的，因为它既是我们州的主要研究机构，也是一所赠地大学。我们有排名非常高的学术性的医疗中心，也有蓬勃发展的兽医学科项目、优秀的工程学院和雄厚的广泛意义上的基础学科项目——数学、化学、生物学等等。因为这种学术的广度，我们的教师和学生能够结合各种专业领域以解决迫切的问题。一个很好的例子就是我们对癌症的研究。我们的基础学科与我们的医生和其他教师一起进行这个领域内的研究，如果没有多学科的基础条件，这是不可能完成的。

三、努力让学生找到家的感觉

深圳特区报：您在 1990 年到 1998 年间曾经担任过俄亥俄州立大学的校长。2007 年第二次出任校长后，您认为学校有了哪些变化？

戈登・吉：在离开俄亥俄州立大学的这十年间，我先后到布朗大学和范德堡大学担任校长。第二次来到俄亥俄州立大学担任校长，我发现俄亥俄州立大学更强大了。我要说的是，这些变化有些是我在第一个任期内所计划和开始实施的，但也有很多是我之后的历任校长努力的成果。我们的教师十分卓越，无论是在其研究领域中还是课堂上，我们的学术水平快速地上升，研究总量也快速地上升——现在，我们学校中由行业赞助的研究项目的数量为全美第二。

深圳特区报：我的周围有不少俄亥俄州立大学的校友，很多深圳青少年也希望到贵校进修、学习。您对这些年轻人有哪些建议？

戈登·吉：俄亥俄州立大学是全美最大的大学，也是校园文化最丰富的校园之一。我向中国学生特别是深圳的青少年推荐俄亥俄州立大学，因为我相信他们在这里不仅能够接受高水平的教育，也能够体验到纯正的美国文化传统，为今后的人生发展打下坚实的基础。

深圳特区报：他们要成为你们的学生应该如何更好地做准备？

戈登·吉：如果希望到俄亥俄州立大学求学，首先必须要有很好的学业基础以及优秀的语言能力。我们的大学在过去十年到二十年间进步很快，因此现在录取的竞争也很激烈。对于所有外国申请者，我们在英语语言能力上有很具体的要求，这些我们的网站都有所介绍。

我们期待着那些将在我们的校园里茁壮成长的学生。我们的校园很大，但我们有决心确保我们的学生在这里能找到家的感觉，让他们感觉到支持无处不在，朋友无处不在，并意识到自己已经获得了世界上一流的教育机会。

四、体育成为所有学生的凝聚点

深圳特区报：体育是俄亥俄州立大学的传统强项。你们的橄榄球队、篮球队在美国大学队中名列前茅。我注意到，在俄亥俄州立大学的主页上，运动队专门有一个非常显著的栏目。请问贵校在体育发展上有哪些特点？

戈登·吉：我们是一家规模很大的大学，我们也有一个很大的校际运动组织，事实上这也是全美国最大的。

我们欣赏和传承我们的体育传统，是因为它提供了一种独特的精神，一个为不同背景的学生广泛接受的凝聚点。试想，在一个星期六的下午，当一个学生坐在我们能够容纳十万多人的橄榄球场里，与所有的球迷一起，为我们自己的球队而欢呼、呐喊，他或她就会感觉自己是这个伟大团体中的一员。同时我也想说，我们的体育项目甚至是整个俄亥俄州的凝聚点。体育为我们提供了一种讲述大学其他许多伟大故事的方式。

深圳特区报：深圳是一所很新的城市。我们正在筹建南方科技大学，立志于把它办成国际知名的高水平研究型科技大学。作为一所著名研究型大学的校长，您对这所新生的大学有什么好的建议？

戈登·吉：不要忘了基础学科，以及艺术和人文相关学科的价值。我坚信，世界上最好的大学之所以成为最好，正是因为它们的广度使它们能够用综合的方式解决全球性的问题。

莱斯大学（Rice University）全称为威廉·马歇尔·莱斯大学（William Marsh Rice University），坐落于深圳第一座国际姐妹城市、全美第四大都市——美国得克萨斯州休斯敦。作为一所私立研究型综合性大学，莱斯大学以其卓越的研究和教学著称，有着优秀的建筑学院、商学院、工程学院、人文学院、音乐学院、自然科学和社会科学等。

莱斯大学是美国最著名的大学之一，在最近出版的《美国新闻与世界报道》综合排名中列美国第 17 位。莱斯大学因为卓越的教学质量、相对低廉的学费和丰厚的奖学金资助而长期被评为全美“最佳价值”大学。在 2010 年版的《普林斯顿评论》中，莱斯大学在“最佳生活质量”指标上排名第一。

学校网址：www.rice.edu

李达伟（David W. Leebron）

李达伟，1956 年生于美国费城。1979 年从哈佛大学法学院毕业后，李达伟先后任职于美国第九巡回上诉法院、加州大学洛杉矶分校法学院、纽约大学法学院。1989 年，他开始任教于哥伦比亚大学法学院，并于 1996 年担任该学院院长。2004 年，李达伟就任莱斯大学校长。他致力于莱斯大学的国际拓展，特别是在亚洲的拓展方面。在学术上，李达伟是企业金融、国际贸易等方面的法学专家。因其在中美合作、文化交流中的杰出贡献，2007年，他获得了美国得克萨斯州大休斯敦地区华人事务中心颁发的“杰出中国之友奖”。李达伟和他的妻子孙月萍女士被大休斯敦地区合作协会授予2010年“国际人物奖”。

（《深圳特区报》2011.06.24 第A10版）

美国莱斯大学

一流大学不在规模在质量

深圳特区报记者　方胜

四月的休斯敦风光旖旎，气候宜人。这座深圳的姐妹城市坐落在美国东南部、墨西哥湾畔，她不仅是世界闻名的“太空城”、石油工业和石化工业中心、重要

美国莱斯大学图书馆外景

港口和医疗中心，更有着深厚的人文和历史传统。本报记者随深圳市广电局采访休斯敦国际电影节期间，有幸前往著名的莱斯大学校园，聆听校长李达伟博士对于世界一流高校“小”与“大”的深刻见解。

一、“小而强”：力求精益求精

深圳特区报：莱斯大学只有5 000多名学生，是一所很“精致”的学校。

李达伟：目前，莱斯大学仅有3 485名本科生和2 275名硕士、博士研究生。从学生数量上讲，我们确实很“小”。但从许多方面说，莱斯大学又很“大”。

莱斯大学坐落于休斯敦博物馆区旁285英亩的土地之上，紧邻世界上最大的医疗中心。莱斯大学有多元的协作文化，他们跨越学科，从事教学和研究，并整合了本科生和研究生的学习与工作。

经济方面，截至2010年6月30日，我们各类捐助资产的市场价值是37.9亿美元，这几乎是相当于每个全日制学生背后平均有超过69万美元的捐助支持。因此，我们可以聘用一流的师资，包括著名学者和研究人员，他们每年可以利用约1亿美元的研究经费来积极地从事新的知识和技术创新，并把这些研究成果教授给本科生和研究生。莱斯大学技术转移处拥有的专利组合极为丰富，其行业的影响因素在全美大学中排名第一，质量排名第五。

深圳特区报：除了人均经费支持外，这种小巧的规模还给莱斯大学带来了哪些好处？

李达伟：除却人均经费的充裕之外，我们这种精致的规模使得本科学生与教师的人数比例非常之高，为6∶1，这就让学生和教授之间的个人交往和互动非常容易，而我们杰出的师资为研究型大学带来的最好的学术氛围也可以轻易地与学生分享。

在莱斯大学，本科生就可以接触到从人文科学、社会科学，到工程和自然科学研究的各个层面的世界一流的教授。建筑学和音乐学教授也会通过他们特殊的才华来增进学生们的艺术体验。莱斯大学琼斯商学院能够为本科生提供优质的辅修课程。总之，小巧的规模使得莱斯大学为学生提供他们自己能够亲自参与的教育方案，让毕业生在不断变化的世界中做好准备，做到精益求精。

当然，正因为如此，莱斯大学的入学竞争也相当激烈。近年来，莱斯大学每13个申请者中才能产生1个最终的录取者，2011年秋季入学班级中，这个比例上升到了14∶1。

深圳特区报：从莱斯大学的实践来看，你们做到了“小而强”。

李达伟：这正是我们的追求所在。虽然我们是一所很小的学校，但我们将会致力于对我们的社会、我们的国家和世界产生大而积极的影响。

作为一个致力于提供最佳本科教育的著名研究型大学，莱斯大学渴望开创性的研究、教学，为了让我们的世界更美好而不断贡献。莱斯大学旨在培养多样化的学习型社区，为人类事业的进步发现和培养领导者。

二、吸引巨额捐助更要善于“理财”

深圳特区报：您刚刚提到，莱斯大学有非常丰厚的捐助，截至2010年6月30日，各类捐助资产的市场价值达37.9亿美元。这些捐助来自哪里？又如何花费？

李达伟：这么庞大的捐助价值来自我们接受的馈赠资产以及它们的增值。这些资助反映了莱斯大学的师资质量和研究成果，我们的许多教授都是各自领域的世界知名专家，研究的课题都处在世界前沿，非常具有开创性。我们开展了一个“10亿美元资金运动”，也被我们叫做“百年运动”，我们已经为这个运动筹集了约710万美元的捐款，另外有些捐款是通过捐赠礼物的形式完成的。此外，我们还认真管理捐助投资，以帮助它在整体经济增长期中增长，并尽可能地在经济衰退里减少损失。

深圳特区报：高质量的研究吸引捐赠，捐赠又投资到研究当中，并通过“理财”手段又让这个过程得以循环。

李达伟：非常正确。这些捐助的资产既需要保值，更需要增值。我们的捐助支出政策是要总体平衡，不能超过捐助增值允许花费的部分。这样的话，莱斯大学就保证既能支持今天的高校建设，又能够兼顾未来所需。我们长期的目标是：通过捐助的资产管理让莱斯大学为世世代代的学生提供高质量的教育。

深圳特区报：最近几年，莱斯大学发生了哪些显著的变化？

李达伟：即使在金融危机期间，我们也坚定不移地继续落实我们第二个世纪的远景目标，结果就是这些举措强化了我们作为全美国最优秀的研究型大学之一的影响和声誉。我们也保持为学生进行慷慨的财政援助的传统，扩大了30%的本科招生，使我们的学生群体更加国际化和多样化。

如今，莱斯大学已经摆脱了不佳的金融环境。在过去的四年里，我们加强了学术和研究项目，并聘请非常有才华的新教师，建立了两个漂亮、环保的寄宿学院，还有一个新的学生娱乐中心。我们在积极拓展国际项目的同时，也在不断深化我们与家乡城市休斯敦的关系。我们的校友中涌现了很多商界领袖和企业家、政府和社区领导者、慈善家、作家、音乐家、医生、律师、建筑师和运动员，我们为他们感到骄傲并以他们为荣。

深圳特区报：在2008年版的《普林斯顿评论》中，莱斯大学在“最佳价值”私立大学中位列第一；在2009年版的《普林斯顿评论》中，莱斯大学在“最佳生活质量”指标上排名第一，“学生来源丰富性 / 课堂互动”中排名第二。莱斯大学如何能在这些类别中赢得如此良好的成绩?

李达伟：莱斯大学能够在这些排名中比较靠前，根本上是源自学生们的认可。“生活质量”包含很多内容，从校内外的食物、宿舍舒适程度、校园风景、附近交通、与当地社区的关系、校园安全、周边情况，到学生之间的互动、学生团体的友好和对学校管理的满意度等多个方面。

“学生来源丰富性 / 课堂互动”是指校园中黑人学生 / 白人学生的比例，来自富裕家庭 / 普通家庭的学生比例以及他们之间的互动是否频繁。莱斯大学学生的多样性使得这种互动有可能频繁发生。

在“最佳价值”方面，莱斯大学跟同等的学校相比，学费要便宜约5 000美元。传统上，我们也致力于为各个社会阶层的学生们提供他们支付得起的高水平的教育。我们录取学生，不会考虑学生支付学费的能力，也一定会向付不起学费的学生提供经济援助，100%地满足他们学习和生活的需要。

三、国际学生里中国留学生占三分之一

深圳特区报：我注意到您有一个响亮的中国名字。

李达伟：是的，我也有一个来自中国的太太——孙月萍女士。孙月萍是上海

人。她毕业于原北京语言文化大学，并在普林斯顿大学、哥伦比亚大学法学院相继学习过。现在，她是莱斯大学的代表，并担任得克萨斯州儿童医院受托人、休斯敦亚洲协会董事等社会职务。

深圳特区报：深圳正在建设一个名为南方科技大学的新大学。这将是一个高层次的研究型大学。休斯敦是深圳的姐妹城市，欢迎您到深圳、到南方科技大学看一看，走一走。

李达伟：我很期待访问深圳和南方科技大学。莱斯大学近年来在与中国的交往上取得了很多成绩。我们在 2007 年举办了一个“中国—莱斯大学高级教育论坛”，差不多有 20 所中国著名高校的校长和书记，还有 4 位教育部官员来参加这个论坛。我们和南开大学合作了环保研究中心，与清华大学、浙江大学、复旦大学、同济大学、上海交通大学、天津大学的关系也很密切。我们也希望能够与南方科技大学多接触、多交流。

此外，我特别想说的是，莱斯大学正与不来梅市和不来梅州立大学合作，在那里建立一所新的国际大学——不来梅雅各布国际大学。这将是一所高排名、独立的研究型私立大学，正如莱斯大学一样。

深圳特区报：能具体介绍一下你们在德国具体的合作模式吗？

李达伟：我们的合作模式是这样的：莱斯大学与不来梅市合作，在当地一所大学原有的校址上重建一所大学。莱斯大学负责为学校的专业组织提供咨询和建议。不来梅市早在 1997 年就第一次接触我们，探讨在一所现有大学的基础上合作建立新的国际学校的可能性，现在这种想法正在逐步得到落实。

深圳特区报：莱斯大学的学生来源十分丰富。请介绍一下中国学生特别是深圳学生的情况。

李达伟：现在，莱斯大学超过三分之一的国际学生来自中国，事实上，我们最多的国际学生就是从中国来的。我很高兴看到这么多中国学生在莱斯就学。这些中国学生中，有不少来自广东和深圳地区。他们像中国其他地区的学生一样，都是莱斯大学宝贵的资产。

中国学生不仅成绩优秀，而且活跃在校园的许多俱乐部和活动中。其中，最大的群体就是“莱斯大学中国学生和学者俱乐部”，在许多课外活动中都可以看到他们的身影。例如，在最近的一次文化博览会上，中国学生设立了一个展位，帮助其他学生认识和了解中国。他们甚至还会教其他学生写中国书法。这些活动和俱乐部是莱斯大学重要的组成部分。同时，我们也鼓励我们的学生去中国学习和交流。

深圳特区报：您对希望到莱斯大学攻读学位的中国学生有哪些建议？

李达伟：我们十分欢迎希望到莱斯大学学习的中国学生。我们已经成立了如国际学生和学者办公室这样的机构，来帮助他们到这里学习。我们也有住宿学院制度以帮助大学本科生适应在莱斯大学的学习生活，以及强大的学术部门为研究生提供支持。

如果中国的学生对申请莱斯大学感兴趣，他们应该考虑在优异的成绩之外，也需要为社会做出贡献，如能够帮助他人的志愿服务项目。志愿服务和为社会服务的时间长短，是美国重要的文化价值观。在莱斯大学，如此的课外活动的价值不仅体现在招生中，而且将贯穿学生们的整个学习生涯。

我特别想说，来自中国的学生将不会孤单。在莱斯大学将会有很多人帮助你们熟悉环境。我们很乐意邀请中国的学生成为我们的国际社区以及整个莱斯大学的一部分。

成立于1855年的苏黎世联邦理工大学是瑞士德语区的一所公立大学，下辖建筑与施工科学系、工程学系、数理系、面向系统科学系、管理与社会科学系五大学科16个系，拥有360名教授，包括本科、硕士和博士研究生在内的学生1.3万人，其主要授课语言为德语和英语。学校先后产生了爱因斯坦等21位诺贝尔奖获得者。

学校网址：www.ethz.ch

拉尔夫·艾斯勒（Ralph Eisler）

拉尔夫·艾斯勒，曾获苏黎世联邦理工大学物理学博士学位，2007年9月成为苏黎世联邦理工大学校长。他同时还是瑞士工程科学院成员和瑞士大学校长协会的副会长。

杰哈德·斯密特（Gerhard Schmitt）

杰哈德·斯密特，曾获美国加州大学伯克利分校建筑学硕士学位和德国慕尼黑工业大学建筑学博士学位。专注于智能设计系统开发和信息技术在建筑设计领域的研究，1998 年 4 月起担任苏黎世联邦理工大学副校长。

（《深圳特区报》2011.07.19 第 A09 版）

瑞士苏黎世联邦理工大学

鼓励师生在科学世界里自由探索

深圳特区报记者 孙锦

在以创新而著称全球的瑞士有一所声名显赫的大学，它不仅以高质量的教育和研究闻名世界，更是瑞士国家科技革新的助推器，它就是苏黎世联邦理工大学。在许多全球大学排行榜上，它都名列欧洲大陆首位。建校 156 年来，先后有爱因斯坦等 21 位诺贝尔奖获得者在这里上过学或工作过，为学校赢得了巨大荣誉。究竟是什么秘诀让苏黎世联邦理工大学成为世界一流的大学呢？近日趁该校校长拉尔夫·艾斯勒和副校长杰哈德·斯密特专程来深圳考察南方科技大学之机，记者对他们进行了专访。

一、国际化程度超过美国许多大学

深圳特区报：贵校在全球的跨学科科研方面卓有成就，是秉承怎样的办学理念从而实现了这一目标？

拉尔夫·艾斯勒：讲到办学理念，必须说说我校的传统。在 1855 年成立的时候，我校就作为瑞士国家产业研究中心承担着瑞士工业发展革新前沿研究和新技术开发的任务，需要将训练有素的技术专家和学术专家的智慧集中在一起为瑞士的国家基础建设提供强有力的技术支持。近年来，数字时代的到来以及日益加快的全球化进程，对大学的研究又提出了新挑战，必须将传统的一些科学研究与新经济时代结合。不论是为了满足早期国家基础建设需要还是目前适应全球经济的趋势，我们都必须打破不同学科的界限，走在跨学科研究的最前沿，只有这样才能在世界科技研究领域占得制高点。

学校形成了多元化、跨国界的研究团队，目前超过 60% 的教授和科研人员都来自瑞士以外。针对不同的研究项目，我们聘请在各自领域全世界最优秀的专家加盟，形成了非常典型的国际化教研团队，国际化程度超过了美国许多大学。

深圳特区报：贵校是如何吸引到这些人才的呢？

拉尔夫·艾斯勒：我认为我们的学校有“致命的吸引力”。在对老师或者学生进入大学前的面试中，我们除了介绍学校的光荣历史外，重点介绍的是我们十分鼓励科研人员在科学世界里自由探索。科学发现是难以预计的、具有高风险的一种研究。在我们学校，需要与成果、发现、论文等“硬指标”直接挂钩的项目的科研经费在全部科研经费中比例不到一成。大学的科研项目完全由教授负责，教授拿到项目经费后，请谁参加由他说了算，因此他会组建最好的科研团队，争取做出最好的科研成果。正因科学发现是具有高风险的研究，我们完全包容科研团队最后以失败而告终的结果。有了如此宽松的研究环境，我们才吸引到众多世界优秀的教授和科研人才。

民主科学的管理是学校的一大特色。董事会只有四人，权力很大，但在学校董事会下，有许多由教师和学生组成的协商会，他们虽然不做最后的决策，但全程参与决策，确保学校决策的科学民主。

二、中国学生欠缺独立思考

深圳特区报：在苏黎世联邦理工大学有一些中国学生，在您和他们的接触中感受到中国学生和欧洲学生有什么不同吗？

拉尔夫·艾斯勒：中国学生一直都很勤奋，近年来他们的视野更加广阔，思想也很开放和包容。以前很多中国学生都只在中国人的圈子里活动，现在的中国学生与世界各国的学生一起参与社交，越来越活跃了。但是，我还是强烈地感受到，最大的差异就是中国学生“太听话”了。他们比较倾向于听从老师的观点，很少质疑老师，但欧美的学生就不一样，几乎每堂课他们都会质疑老师，从教学形式到某个问题的分歧都会引发他们思考。

我们曾经在一段时间里启用过一种“红旗机制”以鼓励大家多思考，世界上不少大学都用过这种方式。给学生发一个红色小纸板，意为红旗，学生只要有疑问就可以举起红旗，整个课堂就会因此而停止，学生何时用和怎么用红旗没有任何限制，他们可以利用这个机会发表评论，谈个人经验或提出反对意见。我曾旁听过一堂课，课时过半时，一个学生突然举起红旗说：教授，我认为您今天进行了一次毫无效果的教学工作，您用太多的问题作为课堂的主导，限制了我们独立思考的空间。“红旗机制”实时地在课堂上让教学的缺陷转化为老师不容忽视的一个信息，同时也激发了学生的思考。我讲这个例子就是要说明独立思考和敢于质疑的重要性，我认为中国学生在这方面还是比较欠缺。

深圳特区报：苏黎世联邦理工大学在招收学生方面有什么原则？

杰哈德·斯密特：因为是理工大学，我们首先对申请者的数学和物理能力有一个基本要求，另外就是独立思考的能力，有些学生学了很多知识，但不会创造，不知道知识用来做什么，而科学探索最关键的正是要你独立寻找学术问题及其答案。所以我们在面试时会让教授设计一些问题与观点，希望申请人敢于说“NO”，与教授现场展开争论，提出自己的分析和答案，这就是我们最想招收的学生。

深圳特区报：这样看来，你们的学生都是个性张扬、敢于挑战的人，那在毕业后他们又是如何适应社会的需要呢？是不是特别敢于挑战他们的上司呢？

拉尔夫·艾斯勒：哈哈，这个问题有意思。我先告诉你一个数据，我们的毕业生在毕业第一年就有 30% 的学生选择自己创业，到了第二、第三年这个比例超过 50%。当然这并不是说他们因为敢于挑战上司无法在别人的公司里工作，我们也有很多毕业生在著名跨国公司担任要职。我只是想告诉你，因为我们的学生在学校培养了一种独立思索的能力，加上他们大都在某一技术领域掌握了很多领先的知识，有技术、有胆识、有主意，所以比较容易自己创业，经常是从接到某公司的一个项目起步然后慢慢做大。在大公司工作的毕业生确实比较喜欢给上司提问题，但问题往往是对公司核心技术发展非常重要的，所以这种“挑战”还是深受公司高层喜欢的。

三、不想成为欧洲的“麻省”

深圳特区报：麻省理工学院是全球最负盛名的理工类大学，而苏黎世联邦理工大学是欧洲最优秀的理工大学，这两所大学是否体现出美国式和欧洲式高等教育风格的不同？

拉尔夫·艾斯勒：我们并不想成为欧洲的“麻省”。不同的环境造就不同的学校风格，各学校所擅长的研究领域也各不相同，因此学生、老师以及一些研究人员在选择学校时都会根据这些因素来最终做出最适合自己的决定。你刚才问到的风格问题，我想举一个例子来说明教育风格其实还是源于国家文化的不同。当我们的学校董事会需要评估一个研究项目时，如果觉得非常好，我们在公开的会议上也只是说“not bad”（不错）；如果觉得项目有很多问题，我们会说“not good”（不是很好）。也许这就是你们中国所说的中庸之道吧！比较内敛。我们很少用很绝对的字眼，如“perfect”（完美）、“great”（太棒了）。而在和美国一些大学的接触中，我能感受到他们外向和奔放的性格，在讨论问题时，他们听到一个比较新颖的观点会立刻兴奋地说“perfect”。但我们就不会以这样的方式来表达自己。我校是瑞士德语区的一所大学，所以德国人严谨甚至有些严肃的个性更为明显。

总体来说，美国高等教育更强调精英教育，其最大贡献则是服务社会的理念，富裕家庭的子女要通过参与基层社会工作来完成自己的精英教育。大部分美国大学尤其是优秀大学都是私立大学，政府对它们的补助很少，所以美国校园掀起了商业化的风潮，在未来一段时间，美国大学面临的最大挑战恐怕还是如何在商业化大潮中维护学术独立。

而欧洲大部分优秀的大学是公立大学，有很多立法保障我们每年接受一笔较为稳定的政府资助，而且不必受政治党派、经济社会利益所左右，更加强调大学在管理和学术上的自主性，所以欧洲是研究型大学的先行者。以我们学校为例，持续的资金支持是我们发展的强大后盾。每年国家所给的预算接近 12 亿瑞士法郎（约合 75 亿元人民币），这使我们可以进行大量的基础研究和一些高风险研究。

深圳特区报：这几年，世界上很多大学都将远程教育纳入整个学校的发展计划中，美国麻省理工学院也早在十年前呼应互联网带来的教育方式的变革建立了开放课程项目，将其 2 000 多门课程全部搬上互联网，供全世界免费使用。您如何看待这一教育形式，贵校是否也有这样的课程？

拉尔夫·艾斯勒：首先，远程教育是一种不错的教育形式，可以让学习变得更加普及和便利。但我个人并不认同这种教育方式。有些大学设立远程教育项目不免有进行全球公关之意，我还是坚持让学生在校园里、在课堂上与老师同学自由沟通与讨论，这才是我们教育的正道。尤其对于理工型大学，我们非常强调学生的动手能力和感知能力，一手拿着工具，一手拿着课本，在实验室里亲身体验研究过程，这一切是远程教育所无法替代的。

不过，我们有一部分对于社会公众的教育确实是通过互联网实现的，例如，教授和高年级学生每周末会到社区给孩子和居民上课，普及日常使用的科技知识，在当地社区处理实际的科学问题，如垃圾分类问题等。我们平时也会建立一些类似于远程学习的网站供普通市民查阅和学习。

四、“大学衍生公司”助力产业革新

深圳特区报：贵校成立之初就是作为瑞士国家产业研究中心，承担着瑞士工业发展革新前沿研究和新技术开发的任务，如今贵校在这一方面做得怎样？

拉尔夫·艾斯勒：我们每年申请约 80 个专利，它们不会像有些研究成果那样被束之高阁，因为它们在产生之前就已经有了投资方。学校会根据这些投资者的市场需求来展开研发，专利一旦产生就成立一家大学的衍生公司，使专利得以应用并推广到市场。而我们很多毕业生选择自己创业也是源于这样的衍生公司，投资方经常会聘请参与研发的毕业生来执掌新公司，这既为学生创造了很多工作机会，也为瑞士的经济源源不断地提供新动力。

在 20 世纪 90 年代，我校成立了大学内部的技术转让中心，让大学与产业对接，企业在获得技术的同时还可以接受专家团队的技术支持，而这样的中心也会为自己想用技术创业的研究者提供融资和申请成立公司等一系列帮助。学校有个叫“Optotune”的衍生公司开发出了一种类似人眼的单技术体系，依赖这一技术很快将诞生世界上具有最强照相功能的手机。

杰哈德·斯密特：2008 年，学校启动了一个“产业关系项目”，每年有大批瑞士本土以及知名跨国公司参与，具体运作方式是：如果一个公司有意与我校合作，第一步由我们的技术转让中心根据公司的具体需求出具一份竞争力分析报告来决定由哪些专家或研发团队来参与项目，公司也可以参与到实验室研究过程当中，公司的研发人员和学校的专家将展开多场跨学科的头脑风暴会议，从而让讨论更加深入，以便日后的项目研究少出问题。美国的迪士尼公司就是通过这一项目和我们合作的，目前的卡通电影中人像和表情的数字化是一个关键因素，我们就共同研发出一个带有 3D 扫描仪的卡通人脸建模使电影制作更加容易并降低了成本。

一所理工类大学的神圣使命就是要成为技术革新的推动者，坚持的一定是以产业发展为基础的科技研发。我们希望通过不懈的创新来完善产业发展与科学研究对接的机制。

五、南方科技大学具有后发优势

深圳特区报：深圳正在筹建南方科技大学，这是一所以理、工和管理学为三大支柱学科的研究型大学。您对它有哪些建议？

拉尔夫·艾斯勒：一所新办的大学是有后发优势的，因为可以总结百年老校在办学过程中的一些经验和教训，少走弯路。每一个国家的高等教育体制中都会有一些弊端，学校成立得越久，改变弊端的难度就越大，而南方科技大学在筹建开始就可以形成一种全新的体制。

我认为南方科技大学的筹建最关键的是要明确学校的使命。因为一所以科技为导向的理工类大学一定是要充当国家和民族产业振兴发动机的角色，推动世界的科技革新。要给予科研人员自由探索的空间，不要过多地干预他们，要增强他们的自主性，包容他们的失败。很多中国大学在这一点上做得不够，希望南方科技大学能有所突破。

常春藤盟校布朗大学位于美国东北部历史上著名的罗得岛州普罗维登斯城区，成立于1764年，在美国历史最悠久的大学中排名第七。布朗大学是美国最崇尚自由的大学，是常春藤盟校中第一所接受所有宗教背景学生申请的大学。

布朗大学是世界一流的私立研究型大学，学生来自美国的50个州和世界上的100多个国家。布朗大学以其高度的国际化、丰富多彩的文化活动和社会服务实践、数量繁多的校园社团以及高水平的体育项目著称于世，吸引着来自世界各地的优秀学生。

学校网址：www.brown.edu

露斯·西蒙斯（Ruth Simmons）

2010年7月，露斯·西蒙斯开始担任布朗大学校长，同时兼任比较文学和非洲研究等专业的教授。从新奥尔良的迪拉德大学获得学士学位后，她在哈佛大学获得了浪漫主义语言文学博士学位。她曾先后在南卡罗来纳大学、普林斯顿大学和斯皮尔曼学院从事管理工作，之后成为美国最大女子学院——史密斯学院的校长。

（《深圳特区报》2011.07.29 第A15版）

美国布朗大学

让学生自主学习，快乐成才

深圳特区报特派北美记者　欧阳炜

在美国顶尖大学名校中，学生学业繁重、同伴竞争激烈。然而，在被誉为“常春藤盟校中最自由的大学”的布朗大学，你却看不到这样的景象。该校自1969年实施“新课改制度”以来不开设任何必修课，并为学生设定了选课的上限：每学期一个学生只能上3~5门课。与此同时，布朗大学还从考核制度上抵制同伴竞争，鼓励学生自主学习。在美国权威杂志《普林斯顿评论》2010版中，布朗大学在“最幸福学生”这一项的排名中位居全美大学第一。

那么，布朗大学如何能够在为学生“减负”的同时仍然保持一流的学术水平？除了自由的氛围外，令该校学生感到幸福的因素还有哪些？如何创建国际一流研究型大学？带着一连串的问题，记者近日飞越太平洋和美国大陆，走进位于

美国布朗大学校园一角

美国东北部的布朗大学校长办公室，对露斯·西蒙斯校长进行了专访。

一、选择权还给学生，不鼓励同伴竞争

深圳特区报：在美国权威杂志《普林斯顿评论》2010版中，布朗大学在“最幸福学生”这一项的排名中名列全美大学第一。布朗大学学生的幸福是否与贵校1969年开始实行的“新课改制度”以及这一制度带来的自由环境有关？

西蒙斯：“新课改制度”确实与布朗大学学生的幸福有关，但并不是令学生们感到满意的唯一因素。首先，我想介绍一下“新课改制度”推出的背景。当时美国大学的课程设置普遍都很死板，这些规定课程对学生的学习兴趣和热情产生了不小的负面影响，当然现在仍然有很多大学在沿用这种传统制度。

需要强调的是，“新课改制度”并不是要取消最基本的学术要求，比如你选择了物理作为专业，那么最基本的课程与学业要求与其他大学是一样的。我是教法语课的，学生必须通过基本训练将语言能力一级一级地提高，这种学术养成是不能讨价还价的，当然我教这门课自然也不会感到非常兴奋，因为基础训练确实是比较枯燥的。“新课改制度”不会取消这种要求，它改变的是大学教育中很教条的那部分，比如要求每个学生必须学习经典名著，学习某一种外语，“新课改制度”并不否认这种要求的合理性，但是强调要由学生自由地去选择他们感兴趣的课程，而不是被迫接受学校给他们设定的课程。

将选择权还给学生不仅调动了学生学习的积极性，教授们教起来也很带劲。在布朗大学的课堂上，你很少会看到学生打瞌睡、开小差等情形，你看到的是教与学高度的互动。不过，“新课改制度”的实行也是需要条件的。我们的学生在高中阶段可以说都是尖子中的尖子，所以大家的水平都很接近，都很有进取心。我们的学生都有鲜明的价值取向，他们关心世界，关心他人，希望能够为社会解决现实问题，他们选择布朗大学是因为他们希望成为对社会有用的人。

在绝大多数的大学里，学生们互相竞争，总想着如何超过别人，甚至希望别人失败，学生之间的关系很紧张，而在布朗大学，我们的评价体系不鼓励同伴之间竞争，而是鼓励学生为自己而学，他们希望自己的同学都能取得成功。这也是布朗大学非常独特的地方。

二、学生素质定成败，服务社会享快乐

深圳特区报：布朗大学赋予学生很大程度的自由，贵校如何能够在追求自由的同时仍然保持出色的学术水平？这应该与贵校学生整体素质很高有着直接的关系吧？

西蒙斯：的确如此。布朗大学是美国一流的大学，学生非常优秀，如果学生的素质相差很大，这种模式恐怕不一定会成功。首先，老师要求很高，学生们必须通过努力学习才能达到要求；其次，同伴间互相激励，大家都很优秀，你看到别人都在努力的时候，你自己也不可能去滥用这种自由；最后，我们的课程设置对于毕业拿学位也有着严格要求。

在布朗大学上课，学生都要参与讨论、发言，如果你没有准备，就不可能参与讨论。事实上，布朗大学很多学生都有清晰的个人目标，所以他们上大学后都很努力。有些学生在来布朗之前已经有了发明或者成立了公司。在布朗大学，我们的学生都是自主学习者（Self-Starter），懂得珍惜学校自由的学术环境，积极主动地去安排自己的学习，去谋划自己的人生。

深圳特区报：布朗大学非常重视培养学生的社会责任感，据我所知，与中国有关的组织就有“中国关怀”（China Care）和“海峡对话”（Strait Talk）。布朗大学学生的幸福感是否也与他们积极参与国际事务、关注社会问题有关呢？

西蒙斯：确实是这样，布朗的学生都希望能够做一些有意义的事情。“中国关怀”和“海峡对话”这两个组织都是由学生自发创建的。我们学校的一位教授曾对我说，你知道“海峡对话”做得有多么好吗？这位教授是做过外交工作的，他说自己真没想到布朗大学的学生能够组建如此富有挑战性的组织，而且能够将“海峡对话”办得如此有深度和广度。其实，像“中国关怀”和“海峡对话”这样的组织在布朗大学还有很多。我们的学生非常出色，他们希望为社会做些实实在在并且很有意义的事情，在这个过程中他们也感受到了快乐。

三、中国崛起引关注，交流合作趋广泛

深圳特区报：我听说来自深圳的40位中学校长现在正在贵校参加暑期培训。

这一项目是什么时候开始的？贵校与深圳还有其他方面的合作吗？

西蒙斯：这是目前我们与深圳的第一个合作项目，希望以后会有更多的合作。我们这几年每年都会邀请世界各地的年轻学者到布朗大学参加为期两周的学术讲座，讨论当今世界重大问题。我们希望布朗大学在世界各地都有“同事”。国际化不是旅游，而是与世界的其他地方有更深的联系和交流，我们希望保持长久的关系。每一位学者都应该在世界的其他地方有自己的“同事”，互联网和方便的旅行令这个世界在最近的十多年里发生了巨大的变化。事实上，大学最初的模式是旅行讲课，教授从一个地方到另一地方去讲课，后来大学教育开始集中到一个地方进行。当今社会强调的是世界性大学，即我们所有大学老师都是世界大学教育体系中的一名员工。

深圳特区报：去年 11 月，您到中国进行了为期一周的旅行，并受到了上海市市长的接待。这是您第一次到中国吗？在这次中国行中，贵校与南京大学签订了人文社会科学方面的合作协议，并续签了浙江大学布朗医学院学术交流协议。你们与中国还有其他方面的合作吗？中国哪些方面最吸引您？

西蒙斯：我去过中国很多次。像现在世界上的很多人一样，我对中国很感兴趣。中国历史非常悠久，文化、艺术、哲学上有丰厚的传承，而美国相比之下非常年轻。如今，这个古老的国家又以新的面貌出现在世人的面前，在世界上发挥着重要的作用，所以我们都想近距离地观察中国，看看拥有如此独特文化的国度如何能够发展得如此之快，取得如此令人惊叹的成就。

在经济、政治和外交等方面，中国已经成为世界强国，影响着整个世界，尤其是在拉丁美洲和非洲发挥着举足轻重的作用。美国一直以来也是世界强国，我们很想知道中国的崛起与美国有什么不同。中国不仅是现在，而且在未来很多年都将对世界产生很大影响，我们的学生未来的工作都不可避免地会受到来自中国的影响，所以我们有责任向学生介绍中国，并派学生到中国学习。除了浙江大学和南京大学，我们与香港大学也有合作关系，而与中国的合作以后将会进一步加强。

深圳特区报：浙江大学的校长是贵校的毕业生，我想他一定是两校合作的主要推动力量。贵校的中国毕业生中还有其他知名人物吗？目前贵校有多少中国学生？对于国际学生，贵校最看重什么素质？

西蒙斯：曾任中国中信集团董事长的魏鸣一就是布朗大学的校友，他 1949 年从我们学校毕业。在中国经济改革方面，他做出了不小的贡献。布朗大学目前有 309 名中国学生。无论是对国际学生，还是本国学生，我们对申请人的要求都是一样的，那就是有着出色的学业成绩并立志服务社会。对于国际学生，我们还希望有多样的文化和经济背景。

深圳特区报：布朗大学准备在 2011—2012 学年推出“中国年”，您能简单介绍一下这项活动的主要内容吗？

西蒙斯：几年前，布朗大学就开始开展以某个国家为主题的年度活动，我们希望学生能够通过这类活动对其他国家有更深的了解。不是每个学生都会上有关中国的课程，但是如果大家都来参与“中国年”的活动，那么他们实际上是上了一门有关中国的课程，因为“中国年”由一系列的活动组成，比如举办有关中国政治、经济、文化、历史和艺术等的各种主题讲座，我们会让学生读同一本有关中国的书——《工厂姑娘》(*Factory Girls*)，还会请中国的官员、学者等来布朗大学做演讲。这次活动的主要组织者就是中国学生。我希望每一位布朗大学的学生都能够了解中国，到中国去看看。

四、一流师资最重要，科研信息应共享

深圳特区报：创新已经成为全世界大学的追求目标，自由的环境和幸福的生活应该能够激发创新吧？

西蒙斯：确实如此。我们有很多大学生参与研究，年轻学者能够自由地开展创造性研究。教与学一样重要，我们学校的师生比例是 1∶9，学生们与非常出色的教师团队一起去开展创新活动，教与学之间的互动很强。但这还不是主要的，关键的是我们的老师相信大学生和研究生一样有能力从事研究工作，比如月亮表面有水就是我们学校的一位大学生研究发现的。布朗大学的电脑科学和经济学等很多专业都很棒，很有创造性。

深圳特区报：您认为，要发展成为世界一流的研究型大学，最重要的是什么？布朗大学有哪些优势专业？

西蒙斯：我认为，最重要的是对教师的选择。一流的大学需要一流的师资，

教师要有创造性，能够将自己的研究成果交给世界其他同行专家去评价。让同行评价研究成果是科研活动非常重要的一个环节。同时还要教育学生去做未来创新的研究者。另外，学校要有足够的资源投入到研究项目中，比如对研究设备和设施的投资。再者，国际合作很重要，因为你研究的方向很可能与其他大学或研究机构相同，所以应该多与国际、国内的其他大学和研究机构交流，共享研究信息。

布朗大学的综合优势很突出，有很多强项，比如电脑科学、数学，还有古典文学、比较文学等等。

深圳特区报：布朗大学地处罗得岛。贵校如何与当地展开互动，形成双赢合作？

西蒙斯：我们与罗得岛的关系很密切。我们是罗得岛排名前六的最大雇主之一，布朗大学有很多学生在为当地做贡献，比如到当地的学校为学生上课。我们希望与当地有更积极的合作关系，当然这也很有挑战性。

作为私立大学，布朗大学必须自筹办学资金。本地政府看到学校有很多资金来源，就希望我们能够给地方政府交更多的税，而我们是非营利的，希望将钱用到教育、学术方面，用到学生身上。

深圳特区报：布朗大学在美国大学体育联盟第一梯队打比赛，体育实力很强。布朗大学最受欢迎的体育项目是什么？您最喜欢的体育项目是什么？

西蒙斯：我可不敢告诉你布朗大学最受欢迎的体育项目是什么，因为这么做会影响未提及的体育项目参与者的情绪，不过我能告诉你的是，我们的女子划艇队先后于 2007 年和 2008 年赢得了美国大学联赛冠军。我不做运动，只是体育迷。

深圳特区报：哦，您是一朵墙花（Wall Flower，指舞会上只站在墙边看，而不去舞池中跳舞的人）啊！

西蒙斯：（大笑）你说得太对了，我是墙花。

杜克大学位于美国北卡罗来纳州德姆市，成立于1924年。学校在八十多年的时间里从一所地方性的文理学院发展成世界最顶尖的研究型大学，长期以来在美国大学排名中位居前十，大学课程中经济、生物、医学、公共政策以及人文科学等很多专业居美国一流，该校的商业、宗教、工程、环境、法律、医学、护理学和公共政策等研究生院都是美国相关领域的领导者。课堂学习在国际化的平台展开运用是杜克大学的最大特色。

学校网址：www.duke.edu

里查德·布罗德赫德（Richard Brodhead）

里查德·布罗德赫德校长是美国艺术与科学学院院士。来杜克大学之前，布罗德赫德博士在耶鲁大学工作了32年。他1968年从耶鲁大学获得学士学位，1972年获得博士学位后留校任教。他获得了多所大学的荣誉博士学位，其中包括2006年清华大学授予他的荣誉博士学位。

斯蒂芬·诺维奇（Stephen Norwich）

斯蒂芬·诺维奇博士是杜克大学大学教育学院院长兼副教务长。他在塔夫斯大学获得科学学士和硕士学位，从康奈尔大学获得博士学位，主要从事动物行为机制方面的研究，他写的《生物学》一书成为美国高中学生中最畅销的教材。2010 年，他当选美国科学促进协会成员。

（《深圳特区报》2011.08.12 第 A17 版）

美国杜克大学

年轻让我们没有太多传统的束缚

深圳特区报特派北美记者　欧阳炜

一、与中国合作已近三十年

深圳特区报：杜克大学与中国有着密切的合作关系，能介绍一下这方面的情况吗？昆山杜克大学是一所什么样的学校？何时开始招生？主要有哪些专业？提供什么学位？

杜克：杜克大学与中国的交流与合作已经有几十年历史。早在1982年，杜克大学就开始在北京的对外经济贸易大学（暑假期间）和云南师范大学（寒假期间）开设学分课程班，如今此项合作中的课程班已成为美国高校在中国设立时间最长的学分课程班之一。杜克大学的学生都可以利用假期到这两所大学来学习。

美国杜克大学

武汉大学是杜克大学在中国的学术合作伙伴。杜克大学、武汉大学以及江苏省昆山市政府共同合作创建的昆山杜克大学于2012年在昆山建成，夏季开始招生，第一年主要是招收中国学生，当然以后也会有外国学生。除了提供几个专业的研究生和本科课程外，昆山杜克大学还计划成立工商企业家研究中心、全球卫生研究中心和中国企业研究中心。

杜克全球卫生学院正在与复旦大学公共卫生学院建立合作关系，创建全球卫生中心。杜克全球卫生学院与北京大学卫生科学中心合作为中国学生提供为期两周的暑期培训课程。

杜克大学与中国的合作还有不少。中国现在已经成为世界上最大的经济体之一，在国际事务上发挥着重要作用，杜克大学希望与中国的合作能够为本校师生以及中国在探索新的教育模式，拓展金融、卫生、能源和环境的研究和发展空间方面获得双赢。

二、查理·宋是杜克第一位国际生

深圳特区报：杜克大学比较有名的中国校友有哪些？目前在杜克大学就读的中国学生有多少？

杜克：中国投资有限公司总经理高希庆1986年毕业于杜克大学法律学院。另外我们还有一位很特别的中国校友——查理·宋，也就是“宋氏三姐妹”的父亲，他是杜克大学第一位国际学生。

杜克大学目前有552名中国学生，其中有400多名是研究生，来自中国的教职员工有 430 人。今后，我们会招收更多的中国大学生。2010 年，杜克天才识别项目组在国外对天赋出众的高中生开设了五个为期两周的主题课程班，其中一个课程班——政治科学和国际关系设在中国，上课地点分别在上海、北京和西安。

深圳特区报：对于国际生，杜克大学看重什么样的素质？

杜克：首先，学业要优秀。另外，要有开放的思想、新的想法和创造力，不仅会做事，还要知道如何将事情做得更好。由于不同的国家教育体制不同，所以在招国际生时还要考虑文化和教育差异，要招到好的学生也不是件很容易的事情。所幸杜克的中国校友有好几百人，以后他们可以帮助面试。去年世界上共有近 30 000 人申请杜克大学，但我们只录取了 1 700 人。中国有很好的教育制度，我们对招收中国学生很感兴趣。

三、“三角研究中心”博士人口最密

深圳特区报：我对你们这里的“三角研究中心”很感兴趣，杜克大学是怎样与北卡罗来纳大学和北卡罗来纳州立大学开展合作的？

杜克：“三角研究中心”是在德姆、教堂山和罗利（分别是杜克大学、北卡罗来纳大学和北卡罗来纳州立大学所在地）三地形成的研究中心，这一中心的建成其实是政府行为，设立时间与中国成立经济特区差不多。在三十年前，北卡罗来纳州政府划定了一片税收优惠地区，希望以优惠政策引来研究机构和企业进驻，如今这里已经有不少软件和医药等高科技企业。“三角研究中心”早已超越波士顿成了美国博士人口最密集的地区。

杜克大学、北卡罗来纳大学和北卡罗来纳州立大学有不少正式或非正式合作，比如在学术方面，三所学校的学生可以到另外两所学校上课，并算学分。

深圳特区报：杜克大学与其所在城市德姆又有着怎样的合作关系呢？

杜克：杜克大学多年来一直是德姆最大的雇主。德姆曾经因经济衰退沦为一个破败的城市，治安形势一度很差。大约二十年前，杜克大学领导层决定帮助德姆发展，开始战略投资，改善德姆的城市环境。这些投资举措为德姆市带来了很大的活力。二十年前，如果有朋友来这里，我在德姆找不到可以招待朋友的餐厅，现在则有很多选择了。

四、设重要岗位鼓励教研并重

深圳特区报：杜克大学的教授如何平衡研究和教学工作？

杜克：对于像阿姆赫斯特学院和威廉姆斯学院这类专注本科教育的大学而言，这不是什么问题，但是对于研究型大学，平衡教学与科研工作则是一个很大的挑战。不过，杜克大学大约半个世纪以前变身研究型大学以来，一直强调大学本科教育。另外，杜克大学还会定期奖励教学出色的教授，而且对研究和教学同样出色的教师专门设立了 Bass Professor 这样一个岗位，以鼓励教授在搞好研究的同时认真做好教学工作。目前杜克大学共有约 60 位 Bass Professor。

深圳特区报：杜克大学的优势专业有哪些？

杜克：就大学本科教育而言，杜克大学的经济学专业（包括金融和商业）非常强。另外，我们的公共政策在美国大学中也是数一数二的专业，不同的学校对公共政策这个专业的定义也不一定相同，一些学校可能称之为“政府”专业，公共政策在杜克大学有很多专业方向，比如政府、管理、交流和新闻等，分布在不同的学院。杜克大学还有一个具有明显优势的专业就是生物专业，与很多其他大学倾向于选择一个比较细化的生物专业方向（比如分子生物和基因工程）不同，杜克大学的生物专业涉及非常广，从分子生物、生态学、环境学一直到生物医学，工程系有生物医学工程，也就是从宏观到微观的专业方向基本上都有，杜克大学的生物专业是美国最好的。除此之外，由于杜克大学是从文理学院发展而来的，我们的文学和人文科学专业、英语和外语专业也都很强。现在，越来越多的国际学生通过交换项目来到杜克大学，就是希望能够沉浸在浓厚的人文教育环境中展开学习。

五、营造宽容环境鼓励创新

深圳特区报：创新已成为世界上很多大学关注的焦点，杜克大学在鼓励创新方面有什么样的举措？

杜克：宽容失败，允许试验，当然在试验过程中要学会总结，以免浪费太多资源。比如前不久，分别来自历史系和公共政策系的两位教授提出，他们准备一起带一批学生前往南非展开实地研究和学习。从这个简单的例子可以看出杜克大学对于创新实践的鼓励。

深圳特区报：杜克大学最近启动了未来发展战略规划，那么贵校未来发展的主要目标是什么？

杜克：我们一直在做战略规划，主要的目标有两个：一是要让文理学习与现实社会紧密相连；二是进一步强化国际化合作。这两者是密切相关的。

杜克大学另外一个战略重点是通过强化跨学科合作激发创新。专业分科分类很容易限制人们的思维，现在人们都意识到了这个问题，希望研究和教育能够不再受学科的限制。作为大学管理者，其主要工作是要识别和消除影响跨学科交流与合作的障碍。杜克大学很年轻，所以没有太多传统的限制和束缚，比如研究神经生物的教授，实验室在生物系，却可以到工程系或者医学系与那里的研究生一起工作。像这样的跨学科合作在一些很古老的大学则不容易进行，所以哈佛大学、普林斯顿大学都有研究人员到我们这里来做跨学科研究。

大阪大学建立于1838年，是日本七所著名旧制帝国大学之一，也是一所国立研究型综合大学。大阪大学独特的背景和居于大阪这个工业城市及国际门户的特殊地理环境，造就了它不尚空谈、面向现实的务实学风，而大阪大学也以其创新研究及跨专业教育而著称。大阪大学培养了众多优秀人才，除了日本第一个诺贝尔物理学奖获得者汤川秀树，其他知名校友还包括毕业于理学院的索尼公司创始人盛田昭夫。

在2011年QS亚洲大学排行榜上，大阪大学名列第八，在日本高校中仅次于东京大学和京都大学。

学校网址：www.osaka-u.ac.jp

鹫田清一（Kyokazu Washida）

鹫田清一先后于日本关西大学、大阪大学任教职，2007年成为大阪大学校长。他的研究领域为临床哲学、伦理学，主要著作有《时尚的迷宫》《听的力量》《思考的伦理——反方法主意论》等。2004年获颁紫绶褒章。

（《深圳特区报》2011.08.13第A15版）

日本大阪大学

让学生具有国际化视野

深圳特区报记者　廖露蕾

一、面向社会的学府

深圳特区报：大阪大学是日本乃至世界知名的大学，以高水准的教学与研究质量著称，也保持着朝气蓬勃的发展后劲。您认为是什么成就了大阪大学今天的成绩？大阪大学的精神可以追溯到汉学塾怀德堂（Kaitokudo）以及兰学塾“适塾”（Tekijuku），它们反映在今日的大阪大学身上又有什么样的意义？

鹫田清一：大阪大学成立于江户时期（1838 年）的大坂（大阪的旧称），它的前身是由五位大坂商人创立的私塾——怀德堂。私塾以医生、学者和教育学家集一身的绪方洪庵先生为首，在明治维新的动荡变化中培养了多位对日本的未来做出巨大贡献的人士。因此，大阪大学的精神源头并非“藩校”（当时政府成立的学术机构），而是由市民成立的为市民服务的私塾。此外，1931 年大阪大学作

日本大阪大学校园

日本大阪大学校园

为第六所帝国大学成立时，受到了当地企业界和经济界的全面支持和市民的热烈欢迎。2007 年 10 月与大阪大学合并的外国语大学（现大阪大学外语学院）前身也是由大阪的女性企业家于 1921 年捐助成立的大阪外国语学校。

大阪大学汲取了怀德堂的精神，作为学术和教育机构不断发展壮大。这样的创立发展过程很好地体现了我们大学“扎根当地，面向全球”的宗旨。大阪大学致力于扎根当地，开展教育研究、与社会合作，与本地共同走向世界。作为一所“面向社会的学府”，富于科学精神、对理性知识执着追求，并且陶冶情操、提升教养，是大阪大学建校以来的精神，也是在全球化时代我们不断努力的方向。

近年来，大阪大学努力推动教育和研究方面的特色及活动，逐步确立了“阪大风格”，包括世界领先的研究水平、对未知融合领域进行创新研究，素有“教育的阪大”之称的热衷教学的校风、对研究生院通识教育的重视，以及在产学合作与社学合作两方面积极做出社会贡献等等。

大阪大学致力于培养从事先进研究，同时被社会寄予厚望的研究人员和职业人员。换言之，我们要培养同时具有良好素养、设计能力和沟通能力的通识型人才。大阪大学的目标是要成为领先时代潮流，与市民共同前进的大学。

深圳特区报：您提到大阪大学的宗旨之一是“面向全球”。现在全球许多大学都将“国际化”这一发展任务摆在非常重要的位置，您认为对于一个大学而言，“国际化”的意义和影响是什么？大阪大学在这方面的战略又是如何？取得了哪些成绩？

鹫田清一：对大学的所有活动来说，“国际化”都是十分重要的课题，让学生具有国际化视野是大学教育最重要的目标。所以我们积极推进与国外大学的双向交流活动，重视学生的海外经验。此外，作为世界最高水平的研究型大学，提高本校的国际地位也是十分重要的。

大阪大学的国际化战略目标是成为面向全球、具有魅力的大学，因此必须加强与国外研究人员、研究机构的合作，向世界公布研究成果；在国际舞台上进行对话，培养有创造性的人才；以及构造亚洲研究共同体，推动实现国际贡献。

最近几年，大阪大学在国际化和国际交流方面取得了许多成果。例如，我们在美国旧金山、荷兰格罗宁根、泰国曼谷和中国上海都设立了海外教育研究点，开展国际交流活动。此外，我们加强一站式服务，诸如宿舍统筹负责制和抵日初期的各种援助服务，改善海外研究人员、学生的生活和研究环境，从而接纳更多来自海外的留学生和研究人员。

近年来，我们的学生除了到已有合作关系的国外大学留学，还通过新增设的夏季研修和实地参观等多种形式获得海外体验的机会。此外，大阪大学也成为日本“全球化 30 校”中的一员，在本科和研究生院用英语授课、授予学位。

二、培养具有多重视角的高素养人才

深圳特区报：大阪大学在人才培养上有什么特点和成功经验？

鹫田清一：大阪大学是一所培养综合性人才的高校，我们尤其重视高年级学生的素养教育。例如，在研究生院开设横跨各研究学科和专业领域的“高等人文通识课程”。由此，在大阪大学的所有课程中，提升学生素养（具有广阔视野和正确的社会判断能力）、设计能力（具有自由想象力和跨领域的协调能力）及国际性（具有对不同文化背景人员的理解和与其沟通的能力）的各种尝试都得到了强化。

深圳特区报：您刚才提到了“高等人文通识课程”，在浏览了贵校资料后我发现大阪大学十分注重学生的人文通识教育。“高等人文通识课程”这一课程的目标是什么？包括“高等辅修课程”在内，关于人文通识教育的课程似乎主要是为高年级学生设置的，针对低年级学生有没有类似的课程或计划？

鹫田清一：“高等人文通识课程”是今年刚开始的一项课程，以全校三年级以上学生及研究生为教学对象。学校通过这项课程，对这些已经掌握一定专业知识、作为职业人员或研究人员刚踏上社会的学生进行专业之外必要的知识和能力的教育。目前这项课程包括 170 多门科目，使学生具备在世界舞台上活动的能力、获取跨领域的知识，为社会培养成熟的公民以及使学生具备扎实的才识。

当然，我们也有针对低年级学生（一、二年级学生）的课程，例如，“基础讲座”。这是几个学生围绕教员，针对一个主题进行提问、回答、讨论，以对话形式开展的授课。在基础讲座，学生在学习的同时，也可以从教员作为人生前辈的人生观和世界观中得到启发。此外，还有实际操作实验设备，进行研究体验型的授课。

深圳特区报：总体来说，您对大阪大学的学生有什么期望？

鹫田清一：我们希望学生成为具有“多重视角”和“高素养”的人才。研究人员如果只熟悉自己的专业领域，只会说这个领域的专业用语，我们认为其作为专家是不够格的。

自古以来，做学问都应有不同的提问角度，学生和研究人员应该了解同一问题要从不同角度进行审视，进行多元分析；向不同的文化学习、向历史学习也十分重要。从不同于现在的立足点进行观察，可以对自己目前的认识进行修正，只有用“多重视角”观察，才能理解世界的丰富层次。

三、与 54 所中国高校建立合作关系

深圳特区报：作为一所名校，大阪大学是许多中国学子向往的大学，目前在大阪大学的中国学生的学习和生活情况如何？

鹫田清一：每年，中国各地都有优秀的学生到大阪大学留学，在人文、社会科学、自然科学、工程学、医学等各个专业领域进行学习和专研。目前大阪大学在读的中国留学生有 616 名，占留学生总数的 34.6%，是留学生中最大的一个群体。中国学生人数在 2007 年为 300 名左右，最近几年几乎增长了一倍。其中有 72 人是获得日本文部科学省奖学金的留学生，但大部分是自费留学生。

大阪大学每年都会增加针对留学生的援助，包括为留学生提供签证、住宿、生活、医疗和就业等方面的援助和支持。此外，在留学生有困难时，各校园还设有咨询窗口。留学生还可以很方便地获得各类奖学金的相关信息。

深圳特区报：大阪大学和中国的大学有合作吗？进展如何？

鹫田清一：截至 2011 年 7 月，与大阪大学有合作协议的中国大学（含学院合作）共有 54 所。其中，大学间签署合作协议的有上海交通大学、西安交通大学、武汉大学、北京大学、复旦大学、浙江大学、南京大学、清华大学、北京师范大学、同济大学以及香港中文大学 11 所，学院之间签署协议的有 43 所。近年来，大阪大学与中国大学和学院间的合作协议数都在不断增加。

四、做学术研究要有兴奋感和责任感

深圳特区报：南方科技大学是深圳一所刚刚成立的大学，它的目标是成为世界一流的研究型大学。您对一个新创立的大学要达到此目标有何建议？您可以介绍贵校在研究方面的经验吗？

鹫田清一：在研究领域，大阪大学在加强与国内外学术机构、企业、行政机关合作的同时，不断努力提升作为世界高水平研究型大学的国际地位，让本校学生和教员有机会在世界舞台上展现风采，以此来提升大阪大学的国际声誉，从而在本校聚集起一批优秀的学生和研究人员，推动思想的碰撞和交流。

对做研究而言，学术基础、做学问的兴奋感和责任感是不可缺少的。也就是说，研究人员不能被眼前效益所局限，要重视基础研究，也要有从心底发出的那种“太有意思啦！太有意思啦！”的兴奋感，以及要冷静地判断自己的研究在社会上所处的位置。所谓世界水平的研究型大学，从根本上来说，也就是每个研究人员必须具有良好的资质和认真的研究态度。

多伦多大学建立于1827年，在多伦多市中心、米西索加和士嘉堡有三所分校，是北美大陆最古老的大学之一，也是世界著名的研究型大学。2010—2012年度，多伦多大学的在校本科大学生将达到63 531人，其中国际学生有7 283人；研究生有15 145人，其中国际学生达1 725人；教师和员工人数为15 272人。多伦多大学的国际学生主要来自中国内地、韩国、印度等地。该校有1 000多个学生俱乐部和社团组织。

学校网址：www.utoronto.ca

大卫·奈勒（David Naylor）

大卫·奈勒，2005年开始担任多伦多大学校长。他于1978年在这里获得医学博士学位，之后以罗得学者身份在牛津大学获得博士学位。1988年，大卫·奈勒进入多伦多大学医学系工作。1991—1998年，他成为临床评估科学院创始CEO，1999年成为多伦多大学医学院院长兼医疗保障院副教务长。大卫·奈勒发表了近300篇学术论文，并获得过很多荣誉，如加拿大皇家学会会员和美国医学协会外籍副研究员等。

（《深圳特区报》2011.08.14第A06版）

加拿大多伦多大学

为学生提供更多参与研究的机会

深圳特区报特派北美记者 欧阳炜

多伦多大学在深圳有着很高的知名度，该校与深圳外国语学校合作设立了升学“绿色通道”。第26届世界大学生运动会又进一步增强了这所大学与深圳的联系——该校学生将参加田径、游泳和排球三个项目的比赛。作为加拿大最大的大学，多伦多大学人才济济，共有400多名学生参加过奥运会和残奥会，共获得了110枚奖牌。

加拿大多伦多大学国王学院教学楼区

经过180多年的发展，这所北美最古老的学校之一通过强化多元化合作成了加拿大最顶尖、世界著名的研究型大学。

一、与深外合作设立“绿色通道”

深圳特区报：多伦多大学士嘉堡分校与深圳外国语学校建立了密切合作关系。贵校与深圳外国语学校的合作是什么时候开始的？目前，深圳外国语学校共有多少学生通过“绿色通道”进入多伦多大学就读？他们的表现怎样？

奈勒：2007年夏季，多伦多大学“绿色通道”项目开始运作，深圳外国语学校成了我们的首批合作学校之一。迄今为止，已有上百名深圳外国语学校学生通过这一合作项目进入我校。今年夏天，多伦多大学通过“绿色通道”录取了173名学生，其中来自深圳外国语学校的学生有23人。

深圳外国语学校是深圳最好的学校之一，无论管理、教学还是生源都很棒，学校、学生和家长之间建立了良好的关系，多伦多大学能够有机会与这所学校合作，我们感到非常高兴。今年夏天，深圳外国语学校副校长黄海强访问了多伦多大学，很多在此就读的学生都见到了他们的校长。

通过“绿色通道”录取的学生表现非常出色，深圳外国语学校学生是其中的佼佼者，他们积极参与学生社团的领导工作，展示了多方面的才能。

深圳特区报：目前，多伦多大学总共有多少中国学生？除了与深圳外国语学校的合作外，贵校在中国还有其他的文化与学术交流及合作吗？您来过中国吗？

奈勒：我去过中国很多次，还曾在深圳观澜高尔夫球场打过高尔夫球，观澜高尔夫球场的创建者朱树豪是我们学校的荣誉校友和捐赠者，他的两个孩子也都是我们学校的毕业生。

多伦多大学与中国有着紧密的联系，早在1909年，我们学校就曾录取过中国学生。另外，我们还有在中国很有名的校友，比如白求恩和大山。

目前，中国是多伦多大学最大的国际生来源国，几千名中国学生中既有来自中国的，也有加拿大籍的华裔。值得一提的是，多伦多地区有大约50万华侨。

多伦多大学与不少中国大学，比如清华大学、北京大学、复旦大学和上海交通大学有重要的学术交流项目。我们学校教育研究学院的学生在北京外国语大学学习，并在北京外语学校教课。多伦多大学的学生对去中国学习很感兴趣，而我们也很喜欢来自中国的学生。

“中国项目”是多伦多大学与中国保持广泛联系的另一个很好的例子，这一社工项目已经运作了十三年，由我校全球社区社工部主席阿·卡塔·张主持，他与中国的相关部门共同努力，推出社区实习、教育和研究活动，并在加拿大中国社区展开研究，提升社工服务水平，直接推动了中国和加拿大在社工发展方面的合作。

二、推出世界首个纳米工程学位

深圳特区报：多伦多大学不仅在医学、心理学、生物科学、工程和电脑科学方面位列全球前15位，而且在英语、现代语言、历史、哲学和语言学等专业上也很强。在您看来，是什么成就了这所学校世界一流的学术水平？

奈勒：在过去的180多年里，多伦多大学很幸运，在学术的深度和广度上培育了追求卓越的校园文化。在这里，合作在应用研究中发挥着至关重要的作用，而这种合作关系又是以基础研究产生的新知识为基础的，将基础研究与实践应用相结合为创造性思维营造了一片“沃土”，进而培育了出色的学术质量。另外，拥有世界最多元化文化环境的多伦多市也给这所大学带来了得天独厚的优势——移民和国际学生带来了活力与创意。

深圳特区报：目前，多伦多大学确定了新的研究方向：早期人类发展、生物制药和纳米技术等。这些研究工作的进展如何，又是如何反映跨学科合作的？能否举例说明？

奈勒：除了知识更新，大学在帮助解决世界性难题方面也发挥着重要作用，最好的方法莫过于集中专业精英之才智展开攻关。多伦多大学通过组建内部机构来促进多学科合作，比如我们成立了生物材料和生物医学工程学院、杰克曼人文科学院、纳米聚合物和无机材料中心以及量子信息中心等机构。

在纳米技术上，多伦多大学推出了世界上第一个纳米工程学士学位专业课程，并创建了加拿大大学里第一个纳米技术研究中心。最近，在纳米研究领域，来自药理学、电子工程、纳米材料等不同专业的研究人员共同合作开发出一款带有微芯片的掌上设备，这种设备可以在几分钟内检测出人体内是否有癌细胞。另一个跨学科研究小组将纳米材料应用于环境科学研究，开发出更好的建筑材料，这种新材料不仅更坚实，而且可以降低混凝土结构造成的环境污染。

在生物制药领域，一位化学教授和一位药理学家共同合作，从甲壳动物的壳中提取一种特殊物质，制成可注射凝胶，用来治疗卵巢癌。这种缓释给药机制可以用于局部药物治疗，从而降低了给患者全身带来的毒副作用。两位教授目前正与一家私营企业合作，准备开始临床试验。

我们新成立的人类发展学院同样集中了很多不同专业的科学家，比如临床和基础卫生科学、社工、心理学和教育学，共同研究基因与环境之间的关系，从而确定低龄儿童所面临的机会和风险，以便对成人后产生的肥胖、抑郁或心脏疾病等提前介入实施有效干预。与此同时，该学院还在研究基因与环境的互相作用对儿童的学习以及他们在儿童时期和成年后的交际能力带来的影响。

三、多元合作推动创意应用于实践

深圳特区报：多伦多大学和 IBM、加拿大农业部、世界银行和非洲国家领导组织等很多机构都建立了合作关系，这些合作如何实现双赢？

奈勒：合作是很多研究型大学的核心所在，多伦多大学与公共或私营机构有着悠久的合作历史。好奇心驱动的研究创造新知识的能力令多伦多大学的科学家和学者闻名于世，不过我们学校在应用研究领域所取得的成就，运用基础研究产生的新知识来解决实际问题的能力，并不像前者那么为人所知。

其实，多伦多大学在科技转化企业的数量上位居加拿大大学前列，我们的研究生和教授创办的企业最近卖给了像谷歌和英特尔这样的国际大公司。

我们清楚地认识到，教授和学生的最佳创意，也就是那些能够改变世界的发明，需要通过三道关：首先是要经得起其他同行研究者的检验，他们认为这些创意确实站得住脚；其次，这些创意能够转化成实用的创新实践，即能够通过应用研究、产品优化和市场评估等几个主要阶段；最后，也是最难的一关就是将成果推向国际市场。

我们与非营利组织和政府合作就是希望将创意应用于实践中。比如，为了解决联合国儿童基金会提出的一个难题，多伦多大学的斯坦利·泽洛特金教授与亨氏公司展开合作开发出名为 Supplefer Sprinkles 的产品——一小袋无色无味的粉末，将这些粉末散在食物中食用，可以有效解决发展中国家儿童贫血和缺乏维生素的问题。

在多伦多大学发表的学术论文中，超过 40% 是通过国际合作或协作完成的。比如，哲学教授莫汉·马腾正带领一组跨学科的国际研究专家对大脑如何将感觉组合成信息进行研究，这项研究工作将大脑生理学与思维哲学联系在一起，来自多伦多大学、哈佛大学、麻省理工学院哲学系的教授以及伦敦大学感觉研究中心、格拉斯哥大学感性经验研究中心的科学家最近一起成立了“感觉研究网络”，共同合作从事这项研究工作。再如，从事世界卫生研究的教师、学生与科学家、企业家以及像加纳、坦桑尼亚、乌干达、卢旺达之类的非洲国家政府官员合作，将源自这些国家的非凡创意就地进行商业转化。

深圳特区报：多伦多大学与其所在城市有什么样的合作关系？

奈勒：多伦多大学与其所在的多伦多市和米西索加市有着令人愉快的合作关系。极富多元化色彩的多伦多地区充满活力，是世界有名的宜居城市——公立教育质量很高，公共卫生基础设施完善，政治稳定安全。我们的主校区位于多伦多市中心，金融中心和剧场区近在咫尺，附近还有不少著名的医学研究机构，东、西校区地处几公里之外的美丽的森林地带。地理位置的优越性为多伦多大学增添了无穷魅力，吸引了不少来自加拿大和世界各地的优秀学生和教师。

多伦多市为学生提供了大量实习和服务的机会。与此同时，我们牙科系的教师为市中心贫困患者提供低成本全方位的医疗服务；法律专业的学生每年在教授的指导下，在市中心法律事务所为几千名客户提供免费法律服务；医疗专业的学生为高风险地区的儿童提供免费视觉甄别服务，如有必要还会为相关儿童建立档案，以便跟踪检查；为多伦多大学教师提供医疗服务的大约 4 000 名医生同时也为大多伦多地区的市民提供同样的服务。

我们都知道，人类面临的问题需要富有创新思维的专业人士一起努力，展开跨学科、跨文化和跨国协作来解决。地处充满活力的多伦多市中心的多伦多大学可以充分利用这一优势展开跨学科合作。比如十年前，多伦多市建立了 MaRS 特区以研究成果转化，最大限度地应用到社会、卫生和经济中。多伦多大学当时马上看到了 MaRS 特区中蕴藏的机会，很快在那些大公司、慈善家以及安大略省和加拿大政府政策制订者的旁边创建了“MaRS 发现区”，为师生提供专业指导，将创意转化成新产品和服务，进行商业运用或服务非营利机构。我们将一如既往地通过多元化的合作与协作引领尖端科技研究，这是攻克人类面临的最大挑战的最好方法。

四、“三位一体”机制促进教学工作

深圳特区报：我们都知道，在研究型大学中，教授既要从事教学工作，还要搞研究，这是不小的挑战，贵校的教师是如何平衡教学和研究工作的，学校对此采取了什么样的措施？

奈勒：多伦多大学对研究和教学工作都非常重视，尽管我们学校科技研究无论是在广度还是在深度上都得到了广泛的肯定，但我们仍然很清楚，教育质量水平的高低直接关系到学生的未来，为此我们专门建立了“教学支持和创新中心”“教学学院”和“校长教学奖”，以充分调动教师的教学热情。

每年会有一批教学出色的教师荣获“校长教学奖”，他们以出色的教学技巧和创新方法吸引学生并激发学生兴趣。“校长教学奖”的获得者自动成为“教学学院”的成员，进而为大学教务长出谋划策，举办公开课，并为“教学支持和创新中心”提供帮助。通过“敞开教学之门”的导师制度，教师可以参加由“教学学院”的成员举办的公开课来观摩他们的教学方法，在课后还可以与讲课的教师交流经验。

学校还推出了小班教学课，以便师生之间有更多的交流和互动。我们发现，那些研究工作的领军人物，在教学中往往同样出色，能够激发学生的好奇心和学习兴趣。在多伦多大学，科研人员中有 93% 的学科带头人至少承担了一门本科课程的教学工作。

深圳特区报：多伦多大学未来的发展战略是什么？

奈勒：在吸引最优秀的学生和教师方面，大学之间的竞争将越来越激烈。人才是流动的，跨国界的联系将更加密切。多伦多大学将招收更多优秀的学生和教师，也就是说国际学生和教师会越来越多。我们会为本科生和研究生提供更多参与研究的机会，以培养他们的创造性思维；我们将继续加强跨学科以及与世界其他国家相关机构的协作，不断提高学术水平，同时创造国际化的学习环境，以帮助学生更好地应对全球化的激烈竞争和日趋复杂的挑战。

位于美国宾夕法尼亚州匹兹堡的卡内基梅隆大学成立于1900年，是美国"钢铁大王"、著名慈善家安德鲁·卡内基在美国创办的唯一一所大学，现已发展成为世界顶尖的私立研究型大学。学校小巧，学科门类不多，但其所设立的几乎所有专业都居于世界领先水平。其电脑技术和艺术专业在美国稳居第一，机器人研究处于世界领导地位。该校在加州硅谷和卡塔尔设有分校，在亚洲、欧洲、非洲和拉丁美洲等地开设了学位课程班。在2012—2013年英国《泰晤士报》世界大学声誉排行榜中，卡内基梅隆大学名列第22位。

学校网址：www.cmu.edu

杰拉德·科恩（Gerrard Cohen）

杰拉德·科恩在宾夕法尼亚大学获得工民建学士学位，在麻省理工学院获得博士学位，曾先后在约翰·霍普金斯大学和耶鲁大学担任教学和管理工作。他于1997年出任卡内基梅隆大学校长。

2010年10月，科恩当选美国大学协会（由美国和加拿大的主要研究型大学组成）的执行委员会主席。另外，他还在多个国家级学会或协会担任管理者。

（《深圳特区报》2011.08.17 第A28版）

美国卡内基梅隆大学

跨学科合作激发创新基因

深圳特区报特派北美记者 欧阳炜

卡内基梅隆大学位于美国宾夕法尼亚州匹兹堡，成立于1900年，是美国“钢铁大王”、著名慈善家安德鲁·卡内基在美国创办的唯一一所大学。该校有学生11 000多人，教师和员工4 000人，其电脑技术和艺术专业在美国稳居第一，机器人研究处于世界领导地位。该校在加州硅谷和卡塔尔设有分校，在亚洲、欧洲、非洲和拉丁美洲等地开设了学位课程班。

据《华尔街日报》2010年年度调查，在“最受雇主欢迎毕业生”的排名中，卡内基梅隆大学的电脑专业毕业生位居第一，总排名位居第十。

就在记者前往卡内基梅隆大学采访的三天前，美国总统奥巴马来到该校国家机器人工程中心发表演讲，这已是奥巴马第三次访问该校。总统的到访无疑表明

美国卡内基梅隆大学校园

他对卡内基梅隆大学在创新以及研究成果商业化方面取得的成就的高度重视和肯定。

在备受世界关注的日本福岛核电站事故中，进入反应堆排障的机器人就来自卡内基梅隆大学。创新可以说已经成了卡内基梅隆大学基因中的一部分。与此同时，该校在技术商业转化方面也取得了巨大成功，在每1美元研究基金创建的企业数量上，该校自2007年以来一直居全美高校第一。那么，卡内基梅隆大学在创新研究和技术转化方面有着怎样的成功机制和经验？教师如何通过与学生的互动来激发创造性？如何创建世界一流的研究型大学？近日，记者在卡内基梅隆大学校长办公室，对杰拉德·科恩校长展开了专访。

一、关注现实社会主要问题，跨界合作培育创新基因

深圳特区报：三天前，奥巴马第三次访问卡内基梅隆大学，他在演讲中说，每次来这里都学到了新的东西。卡内基梅隆大学在创新研究方面处于世界领导地位，您认为，贵校的创新机制有什么特别之处？教学与研究如何形成良性互动促进创新？

科恩：奥巴马总统选择到我们学校发表演讲，是因为在他看来，在匹兹堡这座老工业城市成功转型成为引领全美创新的高新技术城市的过程中，卡内基梅隆大学发挥了关键作用。

卡内基梅隆大学是一所研究型大学，像这样的大学在美国还有很多。所谓的研究型大学，即在这里知识由研究生成，并由教学传播，研究使教学更出色，因为教学是由从事某一专业领域研究的教授来完成的，而教学也应该促进研究的开展，因为课堂上思维活跃的优秀学生们会对他们听到的内容做出反应。这是美国研究型大学中普遍存在的模式，不过这种模式在卡内基梅隆大学却特别成功。成功的原因主要有两点。

首先，卡内基梅隆大学对现实社会中的主要问题的关注程度是很多其他大学难以相比的。我们关注如何解决能源问题、美国老年化问题，希望了解大脑的工作机制（以便更好地战胜相关疾病）等。在每一项研究中我们的教授都为以上及相关问题所激发、促进，从而使研究成果与现实社会以及我们的学生紧密相关，

这同样也激发了学生的学习和研究兴趣。

另外，我至今也无法解释，为什么教学和研究在这里没有冲突，而是互相促进。我们的教授对教学工作十分投入。我可以给你一个有力的证据，我们的每一届毕业生都要填写一张有关学习和生活情况的问卷调查表，问题大约有 40 项，而几乎每次排在满意度最高一两位的都有“教师很容易接近”这一项，学生们普遍反映，教师与他们紧密互动，他们很容易找到老师请教问题。我对这一点很满意。同时，我们学校的学生基本上都有参与研究的机会，有些院系，比如生物系表现得更突出一些，该专业每一位学生都会参与至少一位教授的研究工作。这是教学的一个重要部分，学生很喜欢这一点。

创新已经超越研究和教学内容，与校园文化，也就是学校的基因有关，也与我刚才提到的我们关注现实社会中存在的问题有关。学校的氛围鼓励师生突破固定思维，不断创新，而学校一直鼓励的跨学科合作又进一步强化创新成效，这也是卡内基梅隆大学比其他学校做得好的地方。艺术专业的与电脑专业的合作，生物学家与工程师合作，各种可能的组合在这里都能找到，不同专业的人在一起交流时很容易碰出灵感的火花。可以说，跨学科合作、多样性以及来自世界各地的学生的参与共同培育了卡内基梅隆大学的创新基因。

请往窗户外面看，我们面前的这栋楼是戏剧学院的大楼，6 位奥斯卡奖和 22 位托尼奖（百老汇最高奖）得主从这里产生，而紧邻这栋楼的那栋黑色建筑是电脑科学院所在大楼。艺术和技术看起来似乎风马牛不相及，在这里却是紧密相连，而且成了卡内基梅隆大学最强的两个专业，这使得这所大学显得与众不同。即使你没有选艺术课程，但是当你从电脑科学大楼出来，途经艺术大楼，都会自然而然受到艺术的熏染。

二、调政策加速研究成果转化，激发创新为创建企业铺路

深圳特区报：在奥巴马总统的访问前，卡内基梅隆大学刚推出一项旨在进一步强化创新成果转化的活动，即“创业绿灯计划”。与此同时，贵校还启动了高达 10 亿美元的“激发创新”大型活动。我昨天在校园里走了一圈，随处可见“激发创新”的宣传广告。贵校如何能够投入如此巨大的资金来激发创新？两项

大型活动有着怎样的联系？10亿美元又是如何分配以保证效益成果的最大化？

科恩："创业绿灯计划"就是要进一步推动卡内基梅隆大学的技术成果商业化。在每1美元研究基金所创建的企业数量上，自2007年以来卡内基梅隆大学一直在全美大学中排名第一，这是我们在加速技术成果转化方面进行了战略调整后取得的成果。

大约七年前，我们改变了技术转让政策。当时的政策和美国其他大学没什么区别，即你取得了一项技术成果，希望将它进行商业转化，你就可以到大学技术转让部门开始谈判——你的收益占多大比例，学校有多大比例的提成等，一般需要几个月才能达成协议。我们很不喜欢这种做法，因为这里面有两个问题：一是时间太长；二是教授与学校谈判发出了一个错误的信息，即双方的利益是不同的。所以我们希望改变这种做法，于是推出了"5%，和平转让"（Five Percent，Go in Peace）的技术转化政策，即明确学校在技术成果商业化中只拿5%的提成，这样一来，教授与学校之间签合同的过程从原来的几个月缩短至几天或一两周，教授们对此感到非常满意！转让政策改变后，卡内基梅隆大学因技术转让创造的新企业从原来的每年2~5家，迅速提升至每年10~20家。

我们之所以这么做，是希望为匹兹堡这座城市的发展做出更多的贡献，而不是着眼于学校利益的最大化。实际上，随着技术转让企业的不断涌现，卡内基梅隆大学能够获得的收益自然也是水涨船高。政策的转变是促进技术转化提速的最关键的因素。

"创业绿灯计划"是以此为基础推出的。在我们的商学院、电脑科学院等多个学科系统都有旨在推动创意商业化的专业服务和资金支持部门，通过启动"创业绿灯计划"，我们希望以提供更大范围的资金支持去激发更多的师生在研究中碰出新的"点子"，充分地使用学校提供的各种服务，将成果转化成新企业。作为"创业绿灯计划"的组成部分，我们最近利用校友乔纳森·开普伦（FLIP相机的发明人）捐赠的基金设立了新的创业基金，用来帮助从卡内基梅隆大学毕业不足五年的学生创建新企业。我们之所以花费如此大的精力和财力投入创新研究，是因为创新对匹兹堡、美国，甚至世界都非常重要，这么做是我们的责任所在。另外，创新也令卡内基梅隆大学受益无穷。尝到技术成果转化甜头的师生们会更加努力地投入到解决现实社会问题的创新实践中，从而形成了良性循环，并为学校营造良好的创新氛围。

要想通过技术转化创造更多的新企业，就需要更多的“新点子”，需要更多的研究基金投入，这也就是我们不久前在研究上推出了10亿美元“激发创新”的大型活动的原因，比如在数据密集型计算、大脑科学、能源与环境等领域投入更多的资金，去建设重点设施、吸引更多一流教授、为富有创意的学生设立奖学金。所以，“激发创新”活动与“创业绿灯计划”是紧密相连的，前者激发新的“点子”，后者则将这些创意转化成新企业。

以战略性的发展规划将学校置于成功轨道，卡内基梅隆大学树立了一个成功的典范。在通过战略规划确定了学校需要重点关注的领域后，我们就会拿着计划找到愿意捐款的校友，请他们提供部分资金支持。至于这些钱如何分配，花到哪里，很大程度上由捐赠者本人决定，无论是设立奖学金奖励学生，还是为教授提供研究基金，我们都很高兴。关键是要做好计划，这样想捐款的人能够很清楚自己捐款的方向。

深圳特区报：据我了解，“创业绿灯计划”旗下有五大孵化器（即投资基金），这五大孵化器是如何衔接配合的呢？

科恩：每一个孵化器既有不同的专业关注方向，又与其他孵化器互相协作以保证跨学科研究能够得到资金支持。而我们推出“创业绿灯计划”就是要强化这种联系。

三、消除障碍鼓励跨学科合作，希望吸引有职业目标的学生

深圳特区报：在艺术创新方面，卡内基梅隆大学可以说是“笑傲江湖”。卡内基梅隆大学戏剧学院院长评价说：“富有创意的教学、专注投入的学生以及积极支持的领导层将卡内基梅隆戏剧学院置于全球戏剧教育的巅峰，并形成了难以超越的梯队优势。”那么，作为校长，您是如何支持卡内基梅隆大学的创新活动的呢？

科恩：首先是要做好战略规划，明确学校的发展方向，有所为，也有所不为，制定鼓励创新的政策。刚才我们谈到跨学科合作，我们要做的就是不能为跨学科

合作制造任何障碍，要强调合作精神；另外，要为创新研究提供资源支持，比如大约十年前，我们为艺术学院建这所新大楼，并且一直在为完善其中的设施、吸引世界一流的教授来这里工作而继续投入资金，放眼美国，你很难看到这样的艺术大楼，它是艺术与高科技的完美结合。

深圳特区报：卡内基梅隆大学与中国的联系可谓源远流长，早在 20 世纪 20 年代，中国桥梁专家茅以升就成为贵校第一位获得博士学位的学生。贵校比较有名的中国毕业生还有哪些？

科恩：李开复就是从我们学校电脑科学院获得博士学位的，他曾经担任微软中国地区总裁和谷歌中国地区总裁，现在自己创立了一家创新型企业。清华大学公共政策系系主任也是我们这里的博士生。

美国卡内基梅隆大学培养的第一位博士生茅以升的铜像

深圳特区报：贵校现有多少中国学生？你们希望吸引什么样的国际学生？

科恩：目前，我们学校共有 782 名中国学生，其中本科生 101 人，研究生 681 人。除了学业成绩优异，卡内基梅隆大学希望吸引有着清晰目标的学生，比如想当工程师、演员等的学生。在美国很多其他大学情况不是这样，他们希望学生在大学里边学边找自己的兴趣点，这其实也很好，但是我们学校很看重学生在进入大学之前树立明确的职业目标。

深圳特区报：卡内基梅隆大学与中国有交流与合作吗？您去过中国吗？

科恩：我们与上海交通大学、清华大学和中山大学等有些合作，不过都很有限，我们希望扩大与中国的交流与合作。我是研究水资源和环境的，去过兰州很多次。

四、战略规划找准定位求发展

深圳特区报：深圳不久前成立了南方科技大学，目标是要成为一所国际性的研究型大学。卡内基梅隆大学的成功经验非常值得学习和借鉴，您认为，怎样才能创建国际一流的研究型大学？

科恩：我觉得这是一个很大的挑战，因为现在竞争非常激烈，要求十分高。首先，应该有战略规划，找准定位，不要希望做大、做全，不要想成为第二个清华大学。四十多年前，卡内基梅隆大学发生了一件不同寻常的事情：管理层决定将学校的发展重点放在电脑科学上。我们至今没有忘记这一点，其他专业的发展也是在电脑科学基础上拓展，并因电脑技术得到强化。在卡内基梅隆大学，电脑科学院最大，其他大学一般都是电脑专业或者系，能拥有一个专门学院的很少，而我们的其他学科体系都不大，都是在此基础上发展强化的。

即使在优势领域，我们也是有选择的，比如生物科学系并不大，但选择性的发展领域非常强，像计算生物学（即运用电脑科学技术解决生物研究问题）；财金系，我们的重点专业计算财金相当有名；工业设计，人机对话（将电脑科技用于设计）是我们的强项；哲学，我们聚焦逻辑学。这就是卡内基梅隆大学成功的秘诀。

不过，有战略性、选择性地发展大学，你必须十分小心。你需要了解现实世界需要解决哪些问题，未来会遇到哪些问题，然后选择自己能够产生影响力的重要方向。影响力很重要，它是衡量你成功与否的唯一标准。我们自然在乎教授们发表了多少高质量的论文，但我们更看重的是学校是否对世界产生了影响，是否改变了世界，令世界变得更加美好。

卫尔斯利女子学院位于马萨诸塞州波士顿郊外，创建于1870年，1875年正式开课。卫尔斯利女子学院是美国著名女校之一，在美国文理学院中排名第四。该校目前共有2 400名学生，学生可以到巴布森和奥林学院上课，还可以在麻省理工学院和布兰迪斯大学进行跨校注册。优势专业有经济、政治、英语和艺术史等。优美的校园吸引了无数游客在此流连。

卫尔斯利女子学院在中国名气不小，宋庆龄、宋美龄和冰心，美国两位女国务卿希拉里·克林顿和玛德琳·奥尔布莱特均毕业于这所学校。

学校网址：www.wellesley.edu

鲍特姆丽（H. Kim Bottmly）

鲍特姆丽于2007年8月出任卫尔斯利女子学院校长。这位著名的免疫生物学家曾担任耶鲁大学副教务长，是卫尔斯利女子学院有史以来的第一位科学家校长。她于2009年当选美国艺术与科学学院院士。

鲍特姆丽毕业于华盛顿大学（西雅图），获得动物学学士学位，此后又从该校医学院获得生物结构专业博士学位。她的研究方向是影响免疫反应的分子和细胞因子，她发表并获得同行评审的论文超过160篇，在很多家科学和医学委员会及顾问委员会任职。

（《深圳特区报》2011.09.13 第A06版）

美国卫尔斯利女子学院

致力于培养服务型领导者

深圳特区报特派北美记者 欧阳炜

一、与中国“结缘”已超过百年

深圳特区报：卫尔斯利女子学院在中国有很高的知名度。卫尔斯利女子学院在学术和文化方面与中国有过什么合作？

鲍特姆丽：卫尔斯利女子学院与中国的关系可谓源远流长。早在1906年，我们学校就曾专门为中国女性入读本校设立奖学金。1919年，当时的北平燕京大学正式成为卫尔斯利女子学院的姐妹学院，1923年学校还专门派了一位教师到燕京大学上课。1961年，卫尔斯利女子学院毕业生开始到香港崇基学院任教。1999年，卫尔斯利女子学院接受了来自伊丽莎白·摩尔的慷慨捐款，伊丽莎白·摩尔在中国出生，是卫尔斯利女子学院与亚洲合作的主要推动者。正因为有了这笔捐

环境优美的美国卫尔斯利女子学院校园

款，卫尔斯利女子学院才得以出资派遣两位高年级学生或校友到南京金陵学院教英语，并继续派一位助教到香港崇基学院任教。除此之外，学校还用这笔捐款成立了伊丽莎白·摩尔亚洲实习项目，该项目以卫尔斯利女子学院与东亚的联系为基础，为学生到东亚地区的公司、政府部门、非营利机构和当地组织实习提供资助。今年夏天，我们学校共有 17 名学生在中国内地、香港和韩国进入经济集团、ABC 新闻集团、中国市场研究集团、香港公民交流机构和香港金融管理局等机构展开为期十周的实习。

最近，卫尔斯利女子学院与上海复旦大学和香港大学达成了交流协议。根据学校与复旦大学签署的协议，两校将互派交换生，教师之间也会进行短期交流，我校学生还可以利用暑假到复旦大学参与研究活动。今年秋季，卫尔斯利女子学院将迎来第一位复旦学生，明年一月我校将派第一位学生到复旦大学学习。

深圳特区报：目前在贵校就读的中国学生有多少？对于国际生，你们有什么样的期待？

鲍特姆丽：我们学校有上百名中国学生，今年春季共有 45 名中国学生进入卫尔斯利女子学院。对于国际生，我们鼓励并帮助她们充分利用学校多元化的学习机会，同时在学术、职业目标和终其一生的学习中找到平衡，这样当她们回到自己的祖国时，能够为社会做出更大的贡献。

深圳特区报：对于国际学生，卫尔斯利女子学院最看重哪方面的能力？贵校如何吸引优质生源？

鲍特姆丽：卫尔斯利女子学院希望吸引来自不同文化背景的优秀学生。在审查学生的申请资料时，学校招生办的工作人员看重的有学业成绩、参与学校和当地社区活动的情况，以及是否对文理学院教育感兴趣。另外，招生人员还会审查申请者是否认同并受益于卫尔斯利女子学院的教育理念——教育女性为世界带来改变。

对于国际申请者，我们会努力去了解每一位学生的文化背景，看她能为学校带来什么样的影响。在卫尔斯利女子学院，无论是在课堂上还是课外，每一位学生都要在学习过程中做出贡献。国际学生丰富了校园全球化的教育经历和体验。当然，有一点是毫无疑问的，申请者必须具备很强的英语应用能力，特别是写作能力。

我们以丰富多彩的住宿生活、广泛的学习机会以及作为美国一流文理学院的声誉来吸引国际学生。像宋氏姐妹、希拉里·克林顿这样的著名校友经常成为申请者选择我们学校的重要原因。招生办的工作人员会定期出国招生。除此之外，我们在全球范围内还有不少有成就的校友帮助我们争取优质女生资源。校友、员工、教师和在校学生等多渠道的人脉资源在我们招生的过程中发挥着重要作用，申请者往往从这些渠道认定，她们不仅能够在卫尔斯利女子学院获得高质量的教育和社会经历，这里还将成为她们四年学习生活中的另一个“家”。

二、重视培养沟通和协调能力

深圳特区报：卫尔斯利女子学院希望培养学生哪方面的素质和能力？“全方位参与”（Full-Engagement）的教育模式如何帮助实现这一目标？

鲍特姆丽：作为一所文理学院，卫尔斯利女子学院认为学生应该不断拓展知识面，因为博学多识将有助于她们在今后的工作和生活中从不同角度看问题，从而做出更为明智的决定。我们希望帮助学生树立大局意识，从原因和结果的关系上去理解事情的真相，将概念进行剖析后再创造性地重新组合，从而形成自己的观点和看法。在这个过程中，卫尔斯利女子学院培养了学生继续学习、成长和创新的能力。在这里，我们的学生会“爱上学习”，这为她们在今后的工作中成为领导、做出更大贡献打下了坚实的基础。

除此之外，卫尔斯利女子学院很重视培养学生掌握两方面的技能，这些技能对于她们今后取得成功至关重要。首先是有效的沟通能力，也就是说具备很清晰的思维和写作能力，并能够很自信地表达出来；其次是管理和协调人际关系的能力。包括宋氏姐妹和美国国务卿希拉里·克林顿在内的“卫尔斯利女性”以有效的领导力著称，无论从事哪个领域的工作，她们都能够找准目标，组织合作，达成共识，将身边的人团结起来为实现她们的目标而一起努力。

卫尔斯利女子学院的“全方位参与”文化将人和思想结合在一起。以教师队伍为例，教师们通过富有活力和创新意识的个性化教学活动来激发每个学生的潜力，通过设置很高的标准使学生们展开自主学习，在课堂上积极地思考和发言。

在这里，教与学之间更像是共同的探讨与合作，教师和学生相互交换自己的思想和观点。

另外，“全方位参与”让学生参与决策过程，学生在校董事会各主要委员会提供服务、参与教师研究工作以及为战略规划建言献策。除此之外，在周边社区以及大波士顿地区，学生们广泛地参与各种活动。这些活动锻炼了学生在现实生活中解决问题的能力。

卫尔斯利女子学院的多元化追求是其“全方位参与”文化的另一重要体现。我们认为，为学生提供一个真正多元化的环境，让她们接触不同的观点和经历，不仅是她们成长的催化剂，也是促进整个群体转变的工具。在多元化的环境中生活能够教会卫尔斯利女性适应各种各样的环境，驾驭各种复杂多变的局势。

卫尔斯利女子学院因此在培养领导人方面有着很多的成功记录，她们能决善断，能够化繁为简，有效沟通，适应时代的变化。

深圳特区报：卫尔斯利女子学院的校训是“不要被人服务，而要为人服务”，这句话该怎样理解？学校提出的培养 Servant Leadership（服务型领导）的目标是否也是校训的一种体现？

鲍特姆丽：“卫尔斯利女性”不仅代表受过良好教育，能够灵活改变领导方式以适应不同环境的女性，而且代表能够体现这所学校的校训“不要被人服务，而要为人服务”的女性——我们的目标和使命是要教育女性在改变世界的活动中发挥积极作用。

“服务型领导”这一概念与我们的校训是一脉相承的。如何服务是能否实现有效领导的关键所在，真正的领导人善于激励，而非控制。卫尔斯利女子学院在女性以及女性的领导潜力方面进行投资。我认为，领导技能的培养始于教室，却不止于教室，优秀的文理学院必须为有着不同兴趣爱好和特长以及不同文化背景的学生创造共同合作解决复杂问题的机会。今后，成为一个有效的领导者对跨学科素养以及团队合作能力提出了更高的要求。

卫尔斯利女子学院于 2010 年成立了玛德琳·K. 奥尔布莱特全球事务学院，这所学院为学生提供了解世界、成为领导者的机会，重在培养学生在全球背景下处理和解决有关问题的能力，尤其是以创新方法去解决问题的能力。

多年来，卫尔斯利女子学院一直致力于给人们的生活带来改变，为当地、全国以及全世界提供服务型领导者是卫尔斯利女子学院为世界做出的重要贡献之一。

三、结合工商和工程促进创新

深圳特区报：您是卫尔斯利女子学院第一位科学家校长，自2007年上任校长一职以来，您的科学家背景为这所女校带来了哪些变化？

鲍特姆丽：科学是文理学院教育的重要组成部分。我认为，在现代社会，所有学生都需要打下扎实的科学基础。我希望有更多的学生能够选择科学和技术作为职业追求，因为科技水平的提高是解决21世纪世界关切问题的关键所在。卫尔斯利女子学院科学教育的一个有利条件就是我们能够吸引更多的女性进入科学领域。科学领域女性从业者太少是一个世界性的问题，这其实也限制了人才资源的利用。

自2007年以来，卫尔斯利女子学院推出了一个开创性的举措，以促进科学和技术创新。我们与奥林工程学院和巴布森学院（分别在商业和创业教育方面有很强优势）展开学术合作创建了一种全新的高等教育模式，将文理通识教育、创业和工程相结合，在将创新和技术应用于实际方面开启了新的视野。

我还进一步拓展和强化了暑期科研工作，让我们的学生与教授在暑假期间一起从事自主科研活动。我认为，越早接触到自主科研活动，学生就越会对科学感兴趣，所以我们的学生进校第一年就有这样的机会。

深圳特区报：在您看来，创建世界一流大学需要从哪些方面着手？

鲍特姆丽：建设世界一流大学需要这么几个条件：第一，没有一流的师资就不可能有一流的大学，要坚持以真才实学为标准选择并支持出色的教师团队，同时要设置高标准以确保只有那些富有创造力和国际影响力的高素质人才才能留在学校。第二，吸引聪明有前途的本地和国际学生，为他们提供广泛的学习机会，以激发其创造性，使之能够将所学的科技知识运用于解决现实社会问题。第三，建立国际专家网络，增强国际影响力，邀请国际著名学者驻校访问交流，这对提高学校和教师的学术水平都将产生积极影响。第四，选择能够使学校脱颖而出的专业方向，树立国际影响力。

深圳特区报：卫尔斯利女子学院如何与波士顿展开互动实现双赢？

鲍特姆丽：卫尔斯利女子学院很幸运，地处世界上文化资源最丰富的城市之一——麻省波士顿市的郊外。我们学院活跃的艺术活动与波士顿形成的良性互动就是一个很好的例子。大波士顿地区有很多学者，他们爱好艺术，每学期有好几千人来我们学校参加戴维斯博物馆和文化中心举办的世界一流的艺术展览，参加艺术界著名学者举办的讲座，在卫尔斯利优美的校园里流连忘返。与此同时，我们也会去波士顿市区参加众多的博物馆和音乐机构举办的活动。卫尔斯利女子学院有波士顿交响乐团演出的季票，学生还可以免费进入波士顿美术博物馆和科学博物馆。

除此之外，卫尔斯利女子学院与麻省理工学院还有合作关系，与附近的巴布森和奥林学院也有部分合作关系，我们学校的学生可以在这几所学校上课。波士顿地区有上百所大学，被称为美国教育和创新中心，我们学校的教授也经常到位于市区的哈佛大学和麻省理工学院等大学参加学术活动。

深圳特区报：除了担任卫尔斯利女子学院校长，您还承担了不少社会工作。那么您如何分配自己的时间呢？有时间陪家人吗？

鲍特姆丽：担任大学校长是一项很花时间的工作，不过我总能找时间与我的丈夫、三个女儿和两个外孙女一起享受天伦之乐。找时间与家人聚在一起同样是我生活中很重要的一部分。

西安大略大学（University of Western Ontario）成立于1878年，是位于加拿大安大略省伦敦市的一所国际顶尖的公立大学，有超过130年的学术积累及深厚的人力资源背景，被誉为“加拿大的哈佛”。它的商科最为出名，是北美案例法教育的两大发源地之一。它也拥有加拿大第四大图书馆，藏书超过800万册。西安大略大学以教学质量著称，在“2011年加拿大大学报告”中，西安大略大学在“教学质量”此项排名中名列第一。

学校网址：www.uwo.ca

阿密·查克马（Amit Chakma）

阿密·查克马，西安大略大学第十任校长。他于卡尔加里大学开始学术生涯，在加入西安大略大学之前，他曾任滑铁卢大学副校长（学术）以及里贾纳大学副校长（研究）。

阿密·查克马于英属哥伦比亚大学获得应用科学硕士学位以及化学工程博士学位。他是石油研究以及能源管理方面的专家，研究兴趣为传质、气体分离、膜分离、石油废物处理、温室气体控制技术等等。阿密·查克马现为加拿大工程院院士。1998年，阿密·查克马被评为加拿大“40岁以下的40位杰出人才”（Top 40 under 40）之一。

（《深圳特区报》2011.09.20 第A12版）

加拿大西安大略大学

世界一流教育应能改变人类生活

深圳特区报记者 廖露蕾 实习生 张子瑶

一、持续推动在全球产生影响力的研究创新

深圳特区报：作为一个顶尖的教学和研究机构，西安大略大学在学术和研究方面享有卓越的声誉。您认为是什么使贵校获得这样的成就？您又是如何定义“世界一流大学”的？

查克马：西安大略大学能够拥有今天的成绩，和我们充满才华、勤奋努力的教职员工、学生以及超过25万分布在全球各地的校友是分不开的。所有人共同协作，不断地在扩大我们的教学与研究在全球舞台上的影响力。

加拿大西安大略大学主学院大楼

除了这些世界一流的人才，我们大学也拥有丰富的科研成果，我们致力于为师生创造良好的环境，让他们的专长得以发挥。我们也拥有一套促进知识转化、技术转化、建立行业间联系的综合战略方法。此外，我们的研究和学术活动也能够为本科生和研究生带来更多机会，从而实现他们的技能开发与发展，让他们能够积极参与到全球竞争当中。

目前，巨大的潜力和机会摆在我们人类面前，但同时我们的社会也需要应对前所未有的挑战，如环境污

染、食物短缺等这些对人类生存产生巨大威胁的问题。我认为，所谓世界一流的教育，就应该是能够为人类生活上带来改变的，能够发起对全人类有益的社会变革的教育。我们大学已经在特色研究领域中取得了不错的成绩，并赢得了一定的国际声誉，在未来，我们会持续推动能够在全球产生影响力的研究创新。

二、“案例教学”让学生体验真正“决策者”角色

深圳特区报：西安大略大学的毅伟商学院（Richard Ivey School of Business）是全球闻名的，在这里走出过许多商界人才。据说入读毅伟商学院很不容易，即使学生被成功录取了，要完成所有课程顺利毕业也不简单。入读毅伟商学院有什么样的要求？

查克马：我们的商学院的确是世界知名的，它被《金融时报》和《商业周刊》评为全球最佳商学院之一。我们的校友网络涵盖了全球 100 个国家，超过两万名商学院毕业生受到业界认可，成了令学校骄傲的精英人士。在加拿大 600 名曾获得“40 岁以下 40 位杰出人才”（Top 40 under 40）奖项的人士中，毕业于毅伟商学院本科的人数是最多的，毅伟商学院拥有 MBA 学位的人数也在加拿大高校之中名列第一。

入读我们的商学院的确有一定难度。事实上，学生们在中学时就可以申请我们的 AEO（Advanced Entry Opportunity，即提前录取机会）计划，成功申请的同学可获得“有条件录取”。当你完成了大学头两年的学习之后，本校或者其他大学的全职学生，无论你读的是什么专业，只要你对商科有兴趣都可以申请我们的荣誉学位课程（HBA）。进入 HBA 的学生大致有三分之二是 AEO 学生，余下的三分之一就是本校或其他学校的学生，录取之后学生将会在商学院接受两年的顶尖教学。你可以看看我们对 MBA 学生的要求，候选者必须拥有才华和抱负，能够表现出强大的领导能力，以及可以把生活经验带到课堂。候选人还必须要有扎实的学术基础和 GMAT 成绩，因为案例教学要求学生具有高度分析的能力、在信息不完整或不确定的情况下也能够解决问题的能力。最后就是工作经验，学生至少要有两年的全职工作经验，这可以确保他们在团队和课堂讨论中有所贡献。

深圳特区报：毅伟商学院是除了哈佛商学院之外最大的案例产地，以案例研

究为基础的学习有什么优势？您可以描述一下毅伟商学院的课堂是怎么样的吗？

查克马：是的，我们的毅伟商学院以案例教学著称，所以如果你走进这里，你会发现这里的课堂非常有趣，因为学生不仅仅通过教授的演讲学习，还能得到其他各种形式的学习体验。学生们经常要处于“决策者”的位置。我们要求学生从分析案例的数据资料开始，然后提出解决问题的几个选择方案，最后确定一个最终方案并提出辩护。然后，学生们在自己的决定中体验成果。商学院的课堂是高度互动的，所以学生可以很好地认识了解同学和教授，而我们的教授也都在努力确保每一个学生都能得到具挑战性的课堂体验。同时，我们毅伟商学院提倡学习经验应该是以行动为指向的，这样能够让学生们在现实世界中快速获得成功。

当学生在我们的毅伟商学院顺利毕业，他们就已经“经历”过几百次的商界真实体验了（案例）。“你会怎么做？”这个问题是我们在教学、考试中对每个学生都要不断提出的，而这就是现实生活中每个管理层或决策者都必须要面对的。所以，案例教学的优势就不言而喻了，学生们在这样一个高度仿真的环境下学习做出商业决策，他们在毕业投身商界后就能够从容面对如今极其复杂和不确定的商业环境。

三、国际合作是培养一流人才的必然要求

深圳特区报：加拿大对于中国学生来说是热门的留学之选，有多少中国学生在西安大略大学就读？对于您的学生，尤其是来自中国的学生，您有什么期望？

查克马：目前大约有 600 名中国学生在我们的校园里学习生活，他们是我校的一个强大的群体。我们以扩大西安大略大学的全球影响力为目标，继续努力增加这个数量。而我对于所有的学生都有相似的期望，我希望学生们在西安大略大学能够得到智力层面、社会层面的参与经验，也由于我们竭力取得学术上的卓越，因此会积极地从国际学生中取得教学经验，也希望他们在体验加拿大文化的同时，可以得到更多发展的机会。

深圳特区报：西安大略大学和中国的大学之间有没有合作？取得的进展如何？

查克马：西安大略大学与许多中国高校、研究机构都有合作关系，力求推动

生命科学、生物技术、农业、环境、能源、商业和健康科学等领域的研究。我们的合作伙伴包括清华大学、复旦大学、厦门大学、北京体育大学、四川大学、香港中文大学、香港科技大学、中国科学院、中国社科院等等，也包括中国四联仪器仪表集团等企业。

我们与中国高校的合作形式是多种多样的，如刚才提到的毅伟商学院就是首个在香港建立 MBA 项目的加拿大商学院。到 2010 年为止，我们通过香港的 MBA 项目培养了 400 多名来自中国和其他 20 个国家的 EMBA 毕业生。此外，毅伟商学院通过与香港和中国内地的大学展开密切合作，建立了亚洲最大的商业个案研究资料库。这些案例为全球的研究人员和世界各地的学生提供了一个最好、最直接的了解中国商业世界的机会，并为行业之间建立有效的合作关系带来了良好的机遇，这是一项重大而独特的、全球都可以分享的资源。

另一方面，作为一项战略计划，我们的学院将会通过 World Discoveries（发现世界）这一项目，扩大与中国在教育、研究、技术转移的合作。这个项目以衍生更多知识产权的成功商业化为目的，还将继续与大学社区密切合作，以推进更多的研究，加强与中国研究人员的合作。

深圳特区报：我了解到，西安大略大学计划在近年大幅增加国际学生的人数，而您也一直强调“全球化教育”的重要性以及培养世界公民的急切性。您认为对于一所大学来说，建立国际联系意味着什么？贵校在这方面的经验是什么？

查克马：大学积极建立、拓展国际联系能够使我们的学生、教职员工发展他们的跨文化能力。国与国的边界已经不再局限我们的生活，当中的政治、环境、经济、社会层面现在都是跨越国界了，所以这就是为什么我们一直强调培养世界公民的重要性。这样的影响是巨大的，在以往，我们可能重点培养能够在加拿大工作生活的学生，而现在我们要培养能够在世界范围内产生影响力的人才。事实上，我们有不少校友已经走上了世界舞台，世界卫生组织总干事陈冯富珍就是一个例子。

目前，我们大学正在努力创造让学生到国外进行交流、学习的机会，从而拓展他们的国际视野和经验，建立国际联系，向全世界推广我们的大学、安大略省以及加拿大。说到国际学生的问题，其实不仅是我们学校，全加拿大都在通过不少措施吸引那些顶尖的国际学生。国际学生确实承担了高额学费，但这不是我们为这些顶尖人才抢破头的原因，而是我们认为，这些国际学生能够丰富我们所有学生的学习体验。当这些国际学生具备了就业技能、知识以及为社区服务的意愿之后，我们必须要让他们更自在地生活在加拿大，将这里当成他们的“家”。我自己作为一个二十多年来在加拿大不同省份学习工作过的“移民”，我很清楚能够把一个国家称为“家”的莫大的荣幸。因此我们不能错失机会，让加拿大成为这些不分国籍的顶尖人才的“家”，也让我们本国学生能够更多地体验这个世界。

四、吸引顶尖人才是学校首要任务

深圳特区报：贵校未来的发展战略是什么？

查克马：对于世界级的知识型经济发展而言，当务之急是创新，以及培养具备创新能力的人才。考虑到人才的流动性、创新的无国界性，我认为，使高校成为全球性大学是重中之重。

我们有这样的一个愿景：大胆前行并保持优异的成绩，培养卓越的领导人，从而推进全球价值创新的发展。而要实现这个愿景，我认为大学首先需要做到的是吸引顶尖人才、建立我校的人才库，并且与那些对我校感兴趣的研究领域中的杰出人才创建连接与合作，并提供一切支持和必要的基础设施。西安大略大学有一些优势研究领域，如生态系统健康、神经科学和生物医学成像、材料科学、能源学、农业、癌症与药物发现、社交媒体和信息通信技术等，我们也希望能够加强医学、法律、护理和康复等学科的专业研究。我们未来的发展战略还包括：拓展研究方面的重点领域；提高学生的流动性；招收更多中国学生；与中国、印度、巴西、新加坡、德国、英国和东非国家建立多边教育和研究方面的伙伴关系；建立联合办学方案，如“3+1”和“2+2”的合作模式等等。

深圳特区报：如何做到持续创新是全球许多大学的共同关注点，尤其是像西安大略大学这样的研究型大学。西安大略大学通过什么样的做法推动创新，以及培养学生、教员的创新能力？

查克马：西安大略大学一直战略性地将资金投放在招聘具有创新能力的人员上，以及提供能够培养创新氛围及文化的设施，同时促进具有全球影响力的创意想法、解决方案和技术的产生，而这些都是随着我们制订的战略规划在持续发展。因为有了这些努力，西安大略大学的年均研究资金超过了 2.25 亿美元，也获得了国际上的认同。

深圳特区报：南方科技大学是深圳新成立的一所大学，其目标是要成为世界一流的研究型大学。您对一所新成立的大学要实现这一目标有什么建议？

查克马：现在，高校之间的竞争日益激烈，在国际上，研究气候也在不断萎缩。我认为大学需要扩大自己的网络，积极参与具有高度影响力、跨学科的合作研究，去解决影响着世界各地人群的关键性问题。而且，我认为高校应该专注战略领域的发展，在这些领域追求卓越的表现，这样高校里的研究机构将会具备更好的条件、更好的装备，以培养下一代具有领导力的人才，同时为全球健康、经济、文化和环境等方面提供实实在在的利益。

大学简介

新加坡国立大学（National University of Singapore，简称 NUS）是新加坡国内的顶尖大学。它立足亚洲，放眼全球，其教学与研究重点具环球视野与色彩，富亚洲视角与专长。新加坡国立大学有三个校区共 16 个院系，教学特色包括广博而全面的课程内涵、多领域科目与跨院系深广学习。全校 36 000 多名学生来自 100 多个国家，带来了多姿多彩的各国文化，丰富了校园的社交与文化生活。除了拥有三所卓越研究中心、21 所大学研究机构与中心之外，新加坡国立大学也是新加坡第五个卓越研究中心的合作伙伴。新加坡国立大学跟 16 所国家级研究机构与中心保持着密切的关系，其研究活动注重关键领域，发展势头强劲，研究实力在工程学、生命科学与生物医学、社会科学与自然科学等领域远近闻名。

学校网址：www.nus.edu.sg

陈祝全（Zhuquan Chen）

陈祝全教授于 2008 年 12 月被任命为新加坡国立大学校长。他目前还担任新加坡科学、技术和研究局副主席，以及杜克—新加坡国大医学研究生院理事会的高级顾问。作为一名肾内科医生，陈祝全教授相继在新加坡国立大学和牛津大学学习、研究。他是新加坡生物医学科学计划自 2000 年成立以来的主要领导者，为此他在 2008 年被授予国家科学技术奖章。此外，他于 2003 年因在战胜非典的斗争中的杰出贡献获得新加坡公共服务勋章，2004年作为卫生部医疗服务主任获得新加坡公共管理金奖。陈祝全教授还曾担任牛津大学英联邦医学研究员。他是爱丁堡皇家医师会、伦敦皇家医师会、澳大利亚皇家医师会以及美国医师会会员，同时也是波兰医学科学院院士和英国皇家地理学会院士。

（《深圳特区报》2011.09.29 第 A20 版）

新加坡国立大学

亚洲大学处在最激动人心的发展阶段

深圳特区报记者　方胜　啸洋

立足亚洲，放眼全球，这个亚洲最佳大学之一——新加坡国立大学（下文简称为“国大”）的办学定位，如同让人奋发的号角，让同样身处亚洲的我们感同身受、深感责任在肩。日前，著名生物医学科学家、新加坡国立大学校长陈祝全教授通过电子邮件接受了《深圳特区报》记者专访。他介绍了新加坡国立大学近年来在国际合作办学以及吸引顶尖学者、优秀学生方面的各种努力，让我们对于人口算不上众多、国土谈不上广袤的新加坡缘何能够培育出新加坡国立大学这样蜚声世界的高校有了更多的理解和更深的认识。

一、不遗余力吸引世界顶尖学者

深圳特区报：许多著名大学对一流的科研人才给予了优厚条件。新加坡国立大学在吸引顶尖学者方面有哪些措施？

陈祝全：作为一个全球性和研究型大学，吸引顶级师资力量是新加坡国立大学一个关键的优先事项。对于新加坡国立大学院长和科系主任来说，其年度业绩考核的重要参数就是他们在招聘和培养优秀师资方面是否成功。优秀教师会被强烈的愿景和充满活力的研究环境所吸引，从而做出开创性的工作。新加坡国立大学已投入许多努力来创造这样的条件。例如，新加坡国立大学成立了多个研究机构和中心，对于吸引高素质人才起着关键性作用。

此外，我们定期进行人员薪酬的基准比对，以确保我们的综合薪酬具备国际竞争力。为了吸引、奖励和留住一流人才，约十年前，我们实施了与美国主要大学相同的任命、晋升和任期制，以及建立起承认卓越的研究和教学的奖励机制。我们有一个值得信赖的教师评价系统，其中针对教授们的研究和教学所进行的评估是通过教育专家、他们的同事和学生来完成的。

新加坡国立大学吸引了来自世界各地的优秀学生

如今，新加坡国立大学大约50%的教师来自海外，而且大部分都在顶尖大学接受过教育，如哈佛大学、麻省理工学院、沃顿商学院、牛津大学等，其中不少研究者在他们各自的领域中是领导学者。

深圳特区报：不仅是吸引一流学者，现在亚洲很多大学对优秀学生的争夺也很激烈，香港多所名校在中国内地招生时，纷纷给予高达四五十万元的奖学金。新加坡国立大学在吸引学生上有哪些努力？

陈祝全：我们的经验是：对优秀学生来说，他们选择大学时最重要的考虑因素之一是这所大学的声誉。新加坡国立大学采取了许多措施改善教育的质量，提高我们的学术声誉。

首先，我们对于招聘和培养高素质的教师队伍非常注重。好老师会吸引好学生，同时诞生世界一流的研究成果。我们的总体政策是，我们所有的教师必须教课，这样学生就可以放心，他们将有直接向全世界最佳的研究人员学习的机会。

其次，我们努力确保学生有很好和丰富的教育经验。我们共有16个院系，学生在他们的学术课程中有相当大的灵活性。我们的学生可以在广泛的范围内选择不同的学术途径，我们通过提供广泛的课程来满足他们的兴趣和长处。特别是，我们以创新的全球方案为荣。这些全球方案包括海外学生实习计划，在我们的七所海外分院进行持续一年的创业实习，与世界一流大学联合举办的70个双学位课程、31个联合学位课程和15个同时学位课程等。我们最新推出的项目包括：国大大学城，它代表了一种具有国大特色的新的学习与寄宿体验；耶鲁—新加坡国大学院，它将采用新的课程与综合寄宿教育模式，中西融会贯通。我们还采取了许多措施，通过艺术、文化、体育和社区工作使校园生活多样丰富，让学生有难忘的经历。

再次，新加坡国立大学在全球大学排名的强劲表现一直是吸引学生的积极因素。由于我们一贯名列世界顶尖大学之列，我们能够吸引来自世界各地，特别是亚洲地区的最优秀学生。

最后，对达到入学资格的新生，我们有极具吸引力的奖学金和富有竞争力的财政援助计划。

深圳特区报：说到奖学金，我们也想问一个有关学费的问题。去年美国《福布斯》网站公布了一份全球学费最贵的大学榜单。其中，新加坡国立大学的年平均学费为2.4万美元（约合人民币16万元），被列为亚洲学费最贵的高校。请问您是如何看待学费的？这是否会成为贫寒学子选择新加坡国立大学的障碍？

陈祝全：媒体上所公布的费用中，一部分是由新加坡政府资助的金额。对于大多数新加坡国立大学课程，外国学生缴纳的费用约合8 000美元/年。我们在招生时不会考虑申请者的财务状况，但会保证每一个应该入学的学生不会由于经济困难而失去在新加坡国立大学接受教育的机会。因此，我们的大学提供了一系列的财政援助方案，包括贷款、助学金、奖学金和工读援助计划，以便让每个获得新加坡国立大学入学资格的学生能够有财力来完成其学业。有关详细的学费和财政援助计划可以在我们学校的官方网站上找到。

二、吸引人才更要留住人才、培育人才

深圳特区报：您刚刚提到新加坡国立大学的全球方案中包括在七所海外分院的创业实习。新加坡国立大学与清华大学、复旦大学分别建立了海外分院，这两所分院的具体情况如何？

陈祝全：新加坡国立大学海外分院（简称NOC）是一项极具声望的实习项目，它让我们的本科生有机会在世界各地领先的创业和学术中心进行为期一年的

工作和学习。至今，我们在美国的硅谷和费城、中国的北京和上海、瑞典的斯德哥尔摩、印度的班加罗尔和以色列的特拉维夫都建有分院。这七所新加坡国立大学海外分院每年有近 200 名学生参与其中。

中国是世界上主要的经济强国之一。在中国的两个新加坡国立大学海外分院将在培育参与到中国经济的企业家方面发挥重要作用。国大北京分院（NCBJ）的学生将在北京科技园区中的企业里全职实习，同时在著名的清华大学学习创业精神和基础学科的课程。

国大上海分院（NCSH）与复旦大学合作成立，也有类似国大北京分院的结构。在这个项目中，学生被上海和长江三角洲地区全面的科学、工业和金融发展环境所包围。

无论是国大北京分院还是国大上海分院的学生，他们将对中国的商业生态系统，以及对汉语、中国文化和历史获得深入的了解。

深圳特区报：新加坡国立大学在国际合作上很有经验，与杜克大学合作创办了杜克—新加坡国大医学研究生院，与耶鲁大学合作拟建立一所人文学院。能否介绍一下这方面的经验？

陈祝全：杜克—新加坡国大医学研究生院成立于 2005 年 4 月，是杜克大学和新加坡国立大学具有里程碑意义的合作。成立至今，这所研究生院取得了令人瞩目的进展。短短的时间里，杜克—新加坡国大医学研究生院建立起强大的声誉，吸引了来自全世界的优秀学生和杰出教师。2010 年 11 月，新加坡国立大学和杜克大学将双方在教育和科研的战略合作又扩大了五年。杜克大学最近还决定采用杜克—新加坡国大医学研究生院在医学教育中创新的教学法。

今年七月，这所研究生院的首届研究生班毕业了。今年，我们加入了一个创新的综合生物学和医学方面的博士课程。为了给尖端医学研究提供坚实的基础，杜克—新加坡国大医学研究生院设立了五个标志性研究计划，研究领域包括传染性疾病、癌症和干细胞生物学、神经科学和行为障碍、心血管和代谢疾病以及卫生服务和系统，致力于解决新加坡和亚洲的关键医疗问题。

耶鲁—新加坡国大学院是一个大胆和令人兴奋的倡议。这所即将在 2013 年迎来首批学生的学院将为亚洲建立一个鲜明的博雅教育品牌。耶鲁—新加坡国大学院的学生将接受密集的、基础广泛的多学科课程教育，包括自然科学和社会科学、数学以及人文科学。博雅教育的一个重要特点是寄宿制度，这将建立起充满活力的学习型社区，涵盖正规学习及课外活动。该学院将包括三个寄宿分院，每个可容纳 330 名学生。

对于新加坡国立大学来说，设立新的博雅学院使我们能够发挥在未来的主要教育形式中的领导作用，并吸引更多的最聪明的学生群体。通过与耶鲁大学合作，我们希望引进教育中的基础技术创新，并成为亚洲其他大学可以借鉴的模式，这还可能有助于重新塑造现有博雅教育的方式，甚至包括耶鲁大学自身。

深圳特区报：人们普遍认为“21 世纪是亚洲的世纪”。在新的环境下，您认为亚洲的大学应该如何抓住发展机会，为这个“亚洲的世纪”贡献力量？

陈祝全：现在，亚洲的大学站在一个最激动人心的发展阶段。虽然存在很多挑战，但我们将面对跨越和创新，让亚洲大学屹立于世界上最好的大学之列的机遇也比比皆是。

对于亚洲的大学来说，吸引顶尖人才正逢其时。因为当其他地方的资金和资源越来越紧张的时候，亚洲拥有增长的高等教育远景和丰富的资源。但是，光吸引人才是不够的，培育本土人才同样关键。而且，为外来和本地人才创造一个有利的环境能够让人才脱颖而出；创造学术影响，并找到学术生涯实现之路以留住人才也值得我们重视。

亚洲的大学也可以建立战略伙伴关系，共同大步前进。在新加坡国立大学，几个战略和互利的伙伴关系已大大促进了我们的成长。比如，国大杨秀桃音乐学院与约翰霍普金斯大学皮博迪研究所的伙伴关系，杜克—新加坡国大医学研究生院与美国杜克大学的伙伴关系，耶鲁—新加坡国大学院与美国耶鲁大学的伙伴关系，等等。这些伙伴关系使得新加坡国立大学能够在短短时间里建立强大的国际声誉，以及发展顶尖音乐和医学教育项目。

三、培养学生探险的精神

深圳特区报：新加坡国立大学的办学目标是什么？

陈祝全：作为一所国立大学，国大的创校原则包括为国家和社会服务，并通过高品质教育、研究和服务创造独特的价值。这些原则目前仍是我们大学发展方向的基础。

新加坡国立大学的愿景是成为一所立足亚洲、影响未来的世界顶尖大学。我们在国大推动的工作包括三个重点：首先是通过转型教育，培养思想活跃、懂得把握时机、勇于改变现状的成员和社会领袖，以及能适应不同环境的国际公民。其次，我们从事具有高度影响力，能扩展知识领域并为社会进步做出贡献的研究活动。最后，我们通过专业服务，以国立大学的身份和资源对社会和国家的发展做出贡献。

作为一所全球化的大学，我们也设法适应并创新最佳的作业方法，开创独特的环球化教育项目，让学生能够融入跨文化环境，特别是通过亚洲的专门知识、见解和人脉，进行研究和实践以成为环球化思想领袖。

深圳特区报：新加坡国立大学希望所培养的学生具备哪种能力？

陈祝全：我们的教育理念是，培育学生可以批判地思考，并成为能够在多样的跨文化背景下负责任的全球公民。他们应该有“探险的精神”，即勇敢、机智，而且积极主动。我们的学生也应该成为有能力的沟通者，这也是我们目前打算进一步发展的重点。最后，我们希望我们的毕业生成为为解决当今世界面临的主要问题做出贡献的未来领导人。通过提供转型的、基础广泛的教育，我们希望帮助学生建立一个强大的、有效的终身学习的基础。

乔治亚理工学院成立于1885年，位于美国乔治亚州亚特兰大市，是美国顶尖的理工学院，排名仅次于麻省理工学院和加州理工学院。该校11个研究院学科，以及所有本科工程专业名列全美高校前十名，其中工业工程排名全美第一。学院在校学生约20 000名，教授近千名。除了位于亚特兰大市的主校区，该校在乔治亚州萨凡纳和法国梅斯也开设了分校。

乔治亚理工学院于2010年4月12日正式加入美国大学协会，成为其63个成员校之一。该校在美国权威杂志《美国新闻与世界报道》2011年度美国大学综合排名中位列第35，在全美公立大学中排名第7。

学校网址：www.gatech.edu

G.P. 彼德森（George P. Peterson）

G.P. 彼德森是乔治亚理工学院第11任校长。他长期活跃在美国教育和研究领域，在很多企业、政府、学术机构和协会任职。作为一名杰出的科学家，彼德森2008年被美国前总统乔治·布什选入美国科学委员会，参与监督和审查美国科学基金会的工作，并在科学与工程研究和教育领域相关国家政策方面为总统和国会担任顾问。

彼德森在堪萨斯州立大学先后获得机械工程和数学学士学位以及工程专业硕士学位，在得克萨斯农工大学获得机械工程博士学位。

（《深圳特区报》2011.10.12 第A08版）

美国乔治亚理工学院

培养多才多艺的创新科技人才

深圳特区报记者　欧阳炜

乔治亚理工学院是美国最著名的三大理工学院之一，享有“南方的麻省理工”之美誉。据乔治亚理工学院校长彼德森介绍，该校志在成为世界著名的创新机构，通过举办诸如“发明大奖赛”（InVenture Prize）之类的活动来激发学生的创造性，希望培养多才多艺的创新型理工科毕业生。该校不仅拥有美国最大、最全的商业和经济发展促进学院，还准备创立能够为学生“量身订制”学位的“X学院”，以营造创新教育环境，帮助学生打开想象的空间，成为解决实际问题的高手以及未来的全球领导者。

美国乔治亚理工学院一座楼的尖顶

创新已成为乔治亚理工学院生命基因中的一部分。2010财政年度，在该校上报的发明专利者中，研究生和本科生占了41%。除此之外，高达80%的发明专利中至少有一名学生被列为发明者。

一、发明专利中80%有学生参与，拥有美国最大经济发展促进学院

深圳特区报：乔治亚理工学院在美国公立大学中一直稳居前十名，您认为是

什么成就了它出色的教育质量？

彼德森：我想主要有以下五点：第一是人，一流的学生、教职员工以及无私奉献的校友。第二是文化，崇尚创新和创业的文化。第三是学校与亚特兰大市、各联邦政府部门以及世界各地的战略合作伙伴展开的商业和学术合作。第四是一流的研究和教学设施，比如马科斯·纳诺科技大楼和刚建成不久的维恩·克劳弗大学学习中心。第五是全球视野，为学生创造到国外学习的机会，吸引世界各地的精英来到亚特兰大，创造全球影响力，留下我们的烙印。

深圳特区报：创新已经成为世界上很多大学，尤其是像乔治亚理工学院这样的研究型学院关注的焦点，贵校在这方面有什么特别的举措？

彼德森：我们的目标就是要使乔治亚理工学院成为世界上著名的创新机构。在这方面，我们努力推进自主研究，以技术创造新的研究领域，鼓励并奖励原创观点、方法和行动，培养好奇心。我们通过在大学本科生中举行像“发明大奖赛”（InVenture Prize）这样的活动来实现这一目标，活动聚焦那些“发明”而非“表演”的学生，赢得比赛的学生不仅会得到现金奖励（第一和第二名分别获得15 000 美元和 10 000 美元），而且更重要的是，他们将得到学校的承诺——帮助他们将发明商业化，并取得相关证书和专利。我校学生参加这类活动的积极性十分高。

我们高度重视培养学生的创新能力，不仅会为他们提供创造发明所需要的工具，而且注重培养他们掌握将发明转化成产品所必需的技能，帮助他们认识到：创意并非发明，发明并非产品，产品并非企业。创新是将创意转化为应用，改善人类生活的过程，它是创意加发明再加上应用，这是乔治亚理工学院教学工作的重点所在。

大学在培养下一代发明家和企业家方面扮演着十分重要的角色。在乔治亚理工学院，创新已成为我们基因中的一部分。值得一提的是，2010 年向学院上报发明专利的人中，研究生和本科生占 41%。除此之外，80% 的上报学院的发明专利中都有学生参与。

深圳特区报：在新的发展规划中，乔治亚理工学院打算成立一所“X 学院”，这是一所什么样的学院？为学生提供哪些课程？

彼德森："X 学院"中的 X 代表着"实验"和"不确定性"，这所学院相当于一个"实验基地"。在这里，学生可以在教师的指导下根据自己的能力优势"量身订制"专业学位。这些学位与传统的学位证书有所不同，是对他们掌握的特殊能力的证明。我们认为，未来重要的发现将出现在传统学科的交叉领域，所以希望通过设置"X 学院"为学生在选择专业和学位方面提供更多机会，比如学生今后通过专业学习可以获得生物信息或者纳米 / 生物工程学位。"X 学院"同时也是创新教学的"探索基地"，鼓励教师将课程教学与探索解决实际问题的方法相结合，从而进一步提高学生运用所学知识解决现实问题的能力。

另外，"X 学院"还将为大四学生提供一门很特别的"选修课"——由教师、刚毕业不久的学生以及有经验的企业经理等组成的团队授课，为学生走向职场提供一学期的"过渡课程"。

深圳特区报：乔治亚理工学院的网站上有不少服务广告。服务的对象是些什么人？

彼德森：乔治亚理工学院拥有美国最大、最全的商业和经济发展促进学院，即经济创新学院。这所学院以创新和经济发展为核心，提供广泛的服务，其目的就是帮助乔治亚州企业运用科学技术和创新成果来提高竞争力和管理水平。

二、希望培养多才多艺的工科生，拥有最年轻的中国外籍院士

深圳特区报：乔治亚理工学院对自己的学生有什么样的期待？希望培养什么样的毕业生？

彼德森：乔治亚理工学院为学生提供了很多机会。我们一直鼓励学生在认真学习的同时，积极参与各种组织和社团活动，广泛地与美国本土学生以及其他国际生交往。多元化的校园环境为学生们创造了跨文化交流和学习的机会，从而使他们能够更多地了解世界其他国家不同的价值观、世界观和经验。在不耽误学习的前提下，每一位学生都应该抓住课外的机会，融入校园生活，充分利用在美国的时间获得尽可能多的收获。

乔治亚理工学院希望营造创新教育环境，帮助学生打开想象的思维空间，使

之成为解决实际问题的高手，以及未来的全球领导者。为此，我们鼓励在学术和科研方面跨学科合作，比如帕克・柏蒂生物工程学院和生物科学系的合作，就像催化剂一样强化了生物医学工程创新和生物科学研究。另外，我们还为大学本科生和研究生提供参与研究、创新活动以及出国学习的机会，从而使他们毕业时能够具备竞争优势。通过合作教育，我校很多学生都能够获得研究和实践机会，几乎有三分之一的学生曾出国学习。与此同时，我们鼓励这些理工科学生在方程式和试管之外培养更多的兴趣爱好，比如大约有一半的学士学位获得者在乔治亚理工学院读书期间学过外语，每年有近 2 000 名学生参加各种形式的音乐社团活动，约一半的工科学生会玩乐器。

深圳特区报：在乔治亚理工学院有哪些比较有名的中国校友？

彼德森：我们学校有不少很有名的中国毕业生，比如携程网的创始人、董事局主席梁建章。乔治亚理工学院还有些非常出色的中国教授，比如王中林教授 2009 年成了中国科学院六名外籍院士之一，他是最年轻的外籍院士，也是我校获得此荣誉的第一人。在新兴科技纳米技术领域，王教授在纳米材料的可控生长、表征和应用等方面取得了多项原创性的研究成果，使物质能够在分子状态下进行生产，发明了纳米秤、纳米发电机，开创了纳米压电电子学的研发概念和新领域，并因此成为世界纳米技术领域的领军人物之一。他的论文被引用总次数超过 3 万次，是世界上材料和纳米技术论文被引用次数最多的前十位作者之一。

深圳特区报：目前乔治亚理工学院有多少中国学生？他们在亚特兰大的学习和生活情况如何？贵校希望录取什么样的国际学生？

彼德森：我们学院有近 800 名中国学生和学者。我们希望对乔治亚理工学院感兴趣的学生更多地关注申请过程本身，而不仅仅是 SAT 和 GRE 考试。我们希望申请者多才多艺，在他们的生活中除了学习之外还有其他的兴趣和爱好。我们对学生学习之外的生活更感兴趣。

中国学生丰富了乔治亚理工学院的校园文化，在学校近 400 个社团中随处可见中国学生活跃的身影，一些学生还在这些组织和活动中担任领导。

三、与中国多所大学有成功合作，一如既往强调“发展和服务”

深圳特区报：乔治亚理工学院与中国的大学有什么合作？在国际合作方面的情况如何？

彼德森：我们与中国的大学有几项很成功的合作。2010 年 4 月 27 日，乔治亚理工学院与北京大学正式签署联合培养博士项目的协议，该项目下的博士生毕业后，学位证书由北京大学和乔治亚理工学院共同颁发，联合培养的专业包括生物医学工程、材料科学与工程。这一合作得到了库尔特基金的资助。2006 年，乔治亚理工学院与上海交通大学共同创立了双硕士学位项目，每年有 300 名学生可以获得双学位。我们与清华大学和湖南大学也有交流合作，目前正在与同济大学合作推出交换生或双学位课程。

除了与中国的交流合作，乔治亚理工学院在法国设有分校，与新加坡国立大学合作成立了亚太物流学院，在爱尔兰成立了乔治亚研究学院欧洲分部，并在哥斯达黎加设立了乔治亚贸易、创新和生产力中心。

深圳特区报：美国 500 强企业中有 12 个企业的总部在亚特兰大市，比如可口可乐公司和 CNN 的总部都在这里。在总部经济方面，亚特兰大在全美排名第三，仅次于纽约和休斯敦。地处亚特兰大为乔治亚理工学院创造了什么样的有利条件？学院如何与亚特兰大市和乔治亚州展开互动，实现双赢？

彼德森：乔治亚州的大学有一个最大的特点就是校际之间的合作十分密切，比如我们学校与埃默里大学在很多领域都有合作，其中包括提供双学位课程。以 H1N1 预防为例，两校研究人员共同研究发现，通过以显微操作针将疫苗注入皮肤的方式来预防 H1N1 流感的效果比普通注射法更好。除了校际之间的合作之外，乔治亚州的大学还与本州的商业公司和工业企业建立伙伴关系，为应对全球挑战寻找良策，并在这个过程中创造更多的岗位，为乔治亚州的经济以及人们生活的改善做出贡献。

以儿童保健为例，我校与乔治亚州的儿童保健机构有超过 125 项合作，比如我们正在共同研究儿童脑肿瘤的最新治疗方法。脑肿瘤是导致儿童死亡的第二大疾病。与此同时，乔治亚理工学院与儿童保健机构和社区健康部门共同合作开发乔治亚州健康保健交换系统，为患者建立电子健康档案。通过创建可持续、更有效的医疗保健和商业模式提升本州居民的健康和疾病预防水平。

深圳特区报：乔治亚理工学院的教授如何平衡教学与研究呢？

彼德森：我们学校的聘任制度对教学、研究和服务工作提出了很高要求，如果不能实现有效的平衡，那么相关教师在这里恐怕很难待下去。

深圳特区报：乔治亚理工学院未来的发展战略是什么？

彼德森：在过去120多年的历史中，乔治亚理工学院一直在不断自我完善，发展成长，以更好地为我们的学生、乔治亚州以及世界服务。2010年，学校推出了未来25年的发展战略规划，提出了新的发展目标。自乔治亚理工学院创办以来，“发展和服务”的理念已根深蒂固地植入这所学院的生命，在新的发展使命中，我们将通过不断提高教学的创新能力和效率以及研究水平，推动社会各领域技术转化创业来实现“发展和服务”的目标。在为改善乔治亚州、美国和全球的人类生存环境而不断努力的过程中，我们将一如既往地坚持这些基本原则。

深圳特区报：对于创建一流的国际化研究型大学，您有什么建议？

彼德森：每所学校都应该认清自己的优势是什么，并懂得如何发挥这些优势。要做到这一点，必须保持很高的学术、研究和管理水平，并不断改进提高。

麦吉尔大学位于加拿大蒙特利尔市中心。1813年，蒙特利尔的苏格兰商人、著名慈善家詹姆斯·麦吉尔先生去世时，捐出1万英镑和46英亩的土地用来成立皇家高等学院。1821年英王乔治四世颁布一项皇家特许令，以麦吉尔为名建立了一所学院。1829年，蒙特利尔总医院的教学部并入麦吉尔学院，学校改名为麦吉尔大学。

经过近两个世纪的不断改良与扩大，麦吉尔大学已由建立当初的一个学院发展到两个校区、11个院系、10所学院，其四个附属教学医院是加拿大最著名的高等学府和领先的研究型大学之一。20世纪五六十年代是麦吉尔大学最辉煌的时期，在相当长的一段时间与美国哈佛齐名，被称誉为“北方的哈佛”。2011年被《美国新闻与世界报道》评为全球大学排名第18位，加拿大排名第一。

学校网址：www.mcgill.ca

希瑟·门罗－布鲁姆（Heather Munre-Blum）

希瑟·门罗－布鲁姆，1950年8月25日出生于加拿大蒙特利尔。2003年1月，出任麦吉尔大学第16任校长，是校史上的首位女性校长。

希瑟·门罗－布鲁姆在流行病学和公共政策领域有杰出成就，出任麦吉尔大学校长之前，她曾先后担任约克大学和麦克马斯特大学的教授，以及多伦多大学社会工作系主任和主管研究与国际事务的副校长。她还是麦吉尔大学医学院的成员。在她的领导下，麦吉尔大学在研究生教育、帮助学生获得经验和积极的社会贡献等方面取得了显著的进步。

（《深圳特区报》2011.10.19 第 A06 版）

加拿大麦吉尔大学

未来大学需要更广泛国际合作

深圳特区报记者　啸洋

2005 年，记者曾以访问学者的身份来到麦吉尔大学，在这所加拿大著名学府度过了三年时光。在今年秋季开学之前，记者重返麦吉尔校园，一切都显得那么

加拿大麦吉尔大学

熟悉而亲切。作为麦吉尔大学有史以来第一位女校长，希瑟·门罗－布鲁姆同时兼任学校医学院教授，她在百忙之中接受了记者的书面采访。她提出，未来大学的研究和学术必须建立在更广泛的国际合作的基础上。她欢迎更多中国学子到麦吉尔大学深造、交流。

一、大学不仅推动学术进步，还要注重服务社会

深圳特区报：麦吉尔大学在加拿大排名第一，历史上曾与哈佛齐名。您认为麦吉尔大学在教育和服务社会方面的主要成绩是什么？

希瑟·门罗－布鲁姆：麦吉尔大学和哈佛大学有一些可比较的共性。两者不仅是北美最古老的大学，也是在各自的国家高校排名中经常名列前茅的大学。然而，就读这两所大学的学费开支截然不同。

在社区服务方面，麦吉尔大学的使命不仅是通过高等学习推动教学和学术的进步，也十分注重为社区服务。我们不仅为为培养优秀的学生提供最好的教育而自豪，还凭借着学校的学术优势积极开展社区活动，即便用最高的国际标准来衡量，我们在社区服务方面也达到了优秀的水准。

作为校长，我将社区服务元素列为学校发展的方向之一，和学生生活、学习处于同等重要的地位。我们还十分关注发展的多样性、卓越性和社区参与，这些都是大学必不可少的组成部分。

麦吉尔大学的学生和教师在本地和国际社会活动中发挥着巨大作用。目前，我们正在进行的社区项目如下：

全民牙医保险：在魁北克政府支持下，麦吉尔大学牙医学院的学生们在社区为贫困家庭提供免费牙医治疗；为残疾儿童服务：麦吉尔大学学生志愿者积极向残疾儿童提供一对一的游泳训练课程；向非洲妇女提供产米技术：在非洲贝宁，由麦吉尔大学生物资源工程的学生们联合设计的一种新型水稻，帮助这里的妇女获得经济上的独立；灾害救援培训：由麦吉尔大学提供培训，帮助救灾人员应对不同的危机；50 美元改变一生：创新小额贷款帮助加纳妇女获得她们需要的资金来抚养自己的孩子，帮助她们获得独立交易的权利；促进中东和平：在约旦、巴基斯坦和以色列，麦吉尔校友帮助人们克服困难，并建立跨文化桥梁；未来的工

程师着手处理今天的问题：从饮用水到耕种，来自五湖四海的工程专业的学生们，饱怀才能与热情，积极解决当今世界所面对的各种挑战；拯救危难中的人们：在坦桑尼亚地区，艾滋病感染率极高，并且与日俱增，学生护士们在那里呕心沥血地工作，尽量力挽狂澜。

深圳特区报：我关注到麦吉尔大学的公共意识很强，不仅表现在学校机构设置上有专门的宣传、媒体、公共事务等部门，学校的网站也很有特色。请您谈谈当您面对媒体的时候最希望通过媒体表达些什么理念？

希瑟·门罗－布鲁姆：麦吉尔大学是加拿大最著名的高等学府之一，是领先的研究型大学之一。麦吉尔大学的国际学生来自 150 多个国家与地区，居全加拿大之首，是加拿大医学博士类大学中学生群体最国际化、多样化的大学。

麦吉尔大学建立于 1821 年，是蒙特利尔最古老的大学，由著名的苏格兰慈善家詹姆斯·麦吉尔捐赠成立。从那时起，麦吉尔大学从一个小学院逐渐发展成一座著名的学府，现拥有两个校区，11 个院系，约 300 个研究项目，超过 36 000 名学生，同时拥有四个附属教学医院，每年毕业 1 000 多名医护专业人员。

我们的理念是提倡创新，我们卓越的教学和研究方案已得到全球的认可，与此同时也孕育了一批批优秀的毕业生。像诺贝尔化学奖得主恩勒斯特·卢瑟福，他致力于放射线物质的研究，发现了射线下原子衰变现象。出生于中国汕头的托马斯·张，在 1957 年发明了人造血液细胞，现任麦吉尔大学医学院医学与生物医学工程专业教授，人造细胞与器官研究中心主任，在最近的一次麦吉尔大学校友全球调查中，他被选为三个最伟大的麦吉尔人之一。

如今，我们的教授正致力于表观遗传学的开创性工作，发展替代能源作物，探索如何利用纳米技术修复受损神经元。

除此之外，我们还有一流的学院，使得麦吉尔大学闻名于全球，吸引着来自加拿大、美国和其他国家的最优秀学生，当然也包括中国。麦吉尔大学学生的平均入学成绩居加拿大之首。学校的承诺是培养出最优秀的学生，帮助我们的学生赢得更多的国家与国际级别的奖项，并超过加拿大其他任何大学。例如，麦吉尔大学荣获著名的罗兹奖学金的学生有 132 人，处于全国领先的地位。

麦吉尔大学的另一个标志就是其卓越的学术能力与丰富的课外活动。学校有优良的体育传统，包括很多奥运选手在内，成千上万的麦吉尔大学学生积极参与到各种俱乐部、协会和社区团体之中，丰富了蒙特利尔的业余生活，并使得麦吉尔校园显得活力四射。215 000 名毕业生在全球范围内形成了一个庞大的网络，很多校友在他们的专业领域取得巅峰般的成就，如成为最高法院法官、获奖的作家和音乐家、宇航员以及诺贝尔奖获得者等。

深圳特区报：大学研究成果商业化是有益于大学和社会的。您对麦吉尔的研究商业化有何评价？有多少项目仍处于研发阶段？有多少成果已经变成商品？

希瑟·门罗－布鲁姆：麦吉尔在追求研究工作的过程中，十分注重与私营企业的合作伙伴关系，参与了很多研究项目，并发展了许多衍生上市公司，可谓不胜枚举。我们理解企业参与科研的需要，以及纯科学和应用研究之间的平衡。无论是在航空航天、医药、水电还是其他领域，我们与私营企业合作的经验不仅带来了新的思路和方法的挑战，同时也带来了重要的平衡支撑。

二、加强国际间合作交流，为明天培养最好的学生

深圳特区报：麦吉尔大学至今有 190 年的历史了，医学始终是学校的基础和强势学科，并有 13 个附属教学医院。请您介绍一下，在目前和将来，麦吉尔大学在医学领域的主要研究方向是什么？

希瑟·门罗－布鲁姆：麦吉尔大学具有悠久的医学科学教学和研究历史，医学教学的创新理念成为大学的奠基石之一，而开创性的医生培训大纲则注重医德的培养和技术的提高。麦吉尔大学医学中心是一个教学医院综合体系，由蒙特利尔儿童医院、蒙特利尔医院、蒙特利尔神经科医院、皇家维多利亚医院以及蒙特利尔心脏研究所五所医院组成，学生和教师直接参与门诊治疗、与病人接触。随着全球医疗计划的创立，麦吉尔大学正在积极寻求和推动在全球范围内学习、研究和临床的机会，这一努力旨在改进现有的医疗体系，并实现全民医疗服务。

通过医学院和研究生院的研究，麦吉尔大学在医学方面的研究是世界一流的，论文引用在加拿大大学中首屈一指。麦吉尔大学的医学院拥有 2 000 名研究员， 1 100 名研究生，600 名博士后研究员和 800 名住院医生。

为了进一步推动医学研究，麦吉尔大学建立了阿诺德和斯坦伯格医学模拟中

心，这是一个跨专业的研究中心，利用医学模拟加强教育、研究、评价和创新的手段，以提高医护人员的技能，从而改善医护质量。

我们还拥有一座崭新的麦吉尔大学生命科学综合体大楼，它是加拿大的生物医学和健康保护研究人员最集中的基地之一。这一综合体的建立标志着麦吉尔医学院令人振奋的新时代的开始。在这里，紧密的协作、思想的交流和技术的发明，为明天培养最好和最聪明的医生提供了肥沃的土壤。

深圳特区报：请问作为校长，您对麦吉尔大学的未来有何规划和想法？

希瑟·门罗－布鲁姆：显然，大学未来的研究和学术在于世界各地的机构之间更广泛的国际合作，学者和研究人员之间更亲密的交流。麦吉尔已经、并将继续沿着这条路走下去，目前我们已经与英国和印度的很多机构建立了合作关系，涉猎各种不同的研究领域，比如神经科学和农业研究。另外，自 2000 年以来，我们开始着手重建师资队伍。如今，我们已聘请新教授 1 000 多名，其中近 60% 来自国外。我们承诺，将以国际性的战略眼光，加强与国际院校之间的合作与交流，以打造更璀璨的麦吉尔。

与此同时，我们正在更新蒙特利尔两个校区的基础设施。那里绝大多数的建筑物都是历史悠久的古建筑，可以追溯到 20 世纪 40 年代之前。我们的改造和重建方案涉及各种设施，从新的化学实验室到新的教学设施，再到关键性的、主要的医疗教学基础设施。

三、与多所中国高校展开合作，为中国学生提供助学基金

深圳特区报：麦吉尔大学招收学生时主要看中的是哪些方面的素质与能力？

希瑟·门罗－布鲁姆：要想进入我们的研究生项目，学生必须申请与获得学位相关专业的学士学位（或由麦吉尔承认的同等学历）。如果学生在加拿大境外的机构已获得教育证书，这些证书则将与麦吉尔大学学位做等效评估。

学生还须展示其具有很高的学术水平。要求在过去的两年全日制课程中，最低累计平均成绩达到 3.0，或平均成绩达到 3.2。不过有些系科的入学会要求学生拥有更高的累计平均成绩。

最后，学生还必须精通英语。虽然学生们在写论文、考试时可以选择使用法

语，但是麦吉尔以英语教学为主。申请入学之前，你可能需要证明你有足够的英语能力。

深圳特区报：中国每年都有近千万的高中毕业生报考各类大学，不少学生希望能够到一流的国外大学学习。在每年的中国教育展和深圳教育展上，也都有世界各国的知名大学参加、希望招收学生。麦吉尔大学面对如此庞大的中国学生市场有何打算？

希瑟·门罗－布鲁姆：麦吉尔大学与中国人民的交流有着悠久的历史。如今麦吉尔大学的校园里每天都能见到中国学生的身影。去年我们有超过475名来自中国的优秀学生，而在以前，麦吉尔大学的留学生大都来自美国和法国。

学校设有麦吉尔大学中国学生协会，这是蒙特利尔最大的亚洲学生社团，也是加拿大最大、历史最悠久的学生组织之一，在帮助中国学生适应加拿大的生活方面起着举足轻重的作用。

麦吉尔大学与香港大学、香港中文大学有着密切的联系。同时我们还与很多中国的学校建立了学生交换协议，这些学校包括中国人民大学、清华大学、香港理工大学、香港城市大学、香港科技大学等。

此外，麦吉尔香港及中国内地基金——一个扩大财政援助计划，由麦吉尔香港协会成员于1987年成立。该基金资助来自香港及中国内地的、就读于麦吉尔任何学院的学生，给予其助学金或奖学金。这些基金和项目包括：

麦吉尔香港/中国内地入学奖学金：资助了解麦吉尔理念的入学大学生，即麦吉尔将继续培养年轻人才，培育开创性的想法，并解决一些世界上最紧迫的挑战。

麦吉尔香港/中国内地助学金：基于财务需要和良好的学术地位，此项助学金支持来自香港和中国内地在麦吉尔注册的本科生。助学金的最低金额为每年4 000加元，至少四年。如果助学金由个人或公司全部捐赠，则可以以个人或其公司命名此项奖学金。

20 000加元的奖学金项目：给予计划返回中国牙科学院的研究生或博士后。

汕头/麦吉尔暑期项目：麦吉尔大学法学院的学生前往中国广东进行为期十天的课程学习，参加研讨会以及旅游观光。

暑期语言交流项目：麦吉尔大学东亚研究系的学生在北京大学学习普通话。

大学简介

华威大学位于英国中部城市考文垂，占地290公顷，与文豪莎士比亚的故乡仅19公里之遥。它创立于1965年，尽管是一座非常年轻的大学，但经过几十年的发展，华威大学的知名度上升极快，在英国拥有很高的学术和科研评价，有不少学科位居全英大学前三强之列，包括工商管理、经济学、国际关系与计算机科学等。近年来，华威大学稳居英国名校前十位，在英国《泰晤士报》发布的大学排名中位居全英第八，在2011—2012年QS世界大学排名中位居全球第50位。英国前首相布莱尔曾说过："华威大学的干劲、高质量和创业热情，使其成了英国其他大学的导航灯塔。"

学校网址：www.warwick.ac.uk

奈吉尔·斯里福特（Nigel Thrift）

奈吉尔·斯里福特于2006年7月就任华威大学校长，此前曾任牛津大学生命与环境科学系主任及主管学术研究的副校长。斯里福特是国际知名的人文地理学家和社会科学家，他著有35本著作，在1988—2002年间是全球前五位论文被引用次数最多的地理学家之一。他曾获得包括皇家地理学会维多利亚奖章等多种学术荣誉。

（《深圳特区报》2011.10.23第A05版）

英国华威大学

紧密联系产业让学生就业取得先机

深圳特区报记者 廖露蕾 实习生 张子瑶

一、卓越教学以研究为基础

深圳特区报：华威大学在学术和科研方面都享有盛誉，同时也是英国乃至全世界名列前茅的高等学府。您认为是什么造就了华威大学的成功？

斯里福特：就在我回复你这个问题的这一周，华威大学再一次被《泰晤士报》评为英国顶尖学府之一（排名全英第八），但要成为一个世界一流大学与这些排名相比意味着更多。华威大学课程中很重要的一点是我们力求将每个学生都培养成国际化的人才，这意味着所有的华威学生都应该在国际性、多元化的场所取得跨文化学习体验，无论是通过课程学习或是学习一门外语，又或者参与国际义工

英国华威大学艺术中心

活动、与来自不同背景的学生合作交流等等，学生们的国际交往、学习能力由此得到了提高，向成为一个世界公民努力着。值得一提的是，华威大学有超过三分之一的学生来自英国以外。

华威大学一直以来在一个高浓度、高质量的学术氛围中培养我们的人才，这意味着我们的学生都由一些世界领先的研究人员带领着。我们致力于为学生提供以研究为基础的卓越教学，所有的教员都在教学方法上接受过严格培训，华威大学也极其鼓励教员探索创新的教学方法。华威大学的学术人员取得了由英国高等教育学会颁发的九个国家教学奖学金，教学质量获得了肯定。从建校开始至今，华威大学也始终追求研究上的卓越。现在，我们稳坐英国顶尖研究型大学之列，在英国政府对高校进行的六次研究水平评估中，华威始终排在前十位，在 2008 年排名第七。

深圳特区报：华威大学未来的发展战略是什么？

斯里福特：我们的战略目标是通过实现最顶尖的研究与教学来继续提高华威大学已有的良好国际声誉。华威大学很快要迎来 50 岁生日，到那个时候，我们的目标是前进至全球大学排名的前 50 名。无论是从研究成果的质量还是毕业生需求的优势来看，我们都可以达到这个目标。同时，我们将凭借良好的声誉和极具挑战性的环境继续吸引那些最好的教师和学生。我们将把华威大学定位成知识传递的先锋，为大学的政策和活动吸引外界支持，做到这一点，我们将保持发展与工商业界、国家与当地政府、校友及捐助者之间积极互利的关系。

二、与产业建立紧密联系，让学生就业取得先机

深圳特区报：华威大学保持着毕业生就业的优秀记录，贵校也位于顶尖雇主目标高校的前列。贵校是如何加强学生的工作能力，让他们未来的职业生涯取得成功？同时，华威大学也以与业界之间强有力的联系著称。您可以谈谈华威大学在建立高等教育与产业之间联系的成功经验吗？

斯里福特：根据最新的《泰晤士报》“英国优秀大学指南”显示，华威大学是仅次于剑桥大学之后最受顶尖雇主青睐的英国高校。86% 的 2009 年毕业生已被雇佣或者继续进修，又或者两者兼之。华威大学与金融界、商业界以及制造业

超过 1 500 个企业建立了非常密切的联系，这成了我们的毕业生步入社会的一个很明显的优势。但其实我们的学生在一进入华威大学时，就通过课堂学习、获取工作和义工经验、参加学生社团、参与资助研究计划等逐渐加强了演讲、写作、沟通合作等多方面的能力，而这些能力都是今日的雇主所要求的。

有一点是我们大学一直致力推进的，那就是我们必须要让学生为“后华威”生活有更好的准备。如今，职业技能和企业家精神越来越成为学生体验的重中之重，通过学校的支持部门、学生会、校园和社区所提供的广泛设施、服务和活动，我们的学生得以养成这样的技能和精神。此外，我们也为本科生和研究生新开设了一些文凭课程，如创业、现代语言、金融与商务等等，更好地让学生们为职业生涯做准备。除此之外，我们将加大力度鼓励学生们在学期间获取更多的工作与实习经验，对于这些学生，我们将为他们设立新的激励机制和提供更好的支持。

事实上，也正是我们所强调的职业技能和企业家精神，帮助了许多华威大学的研究人员建立、维持与产业之间密切且有益的联系。华威大学是寻求产业与学术之间合作的先锋。我可以举个例子，我们的华威制造集团（Warwick Manufacturing Group）是欧洲最大的制造研究中心，它曾被英国前首相布莱尔誉为“卓越的学术成就与产业界密切结合的杰出的例子，其对世界所做出的独特贡献使英国为之骄傲”。集团与许多跨国公司都保持着合作关系，如 IBM、Tata、Jaguar Land Rover 等以及极为广泛的一些中小企业，以解决这些企业所真实面对的难题，同时也让我们的学生和教员接触最前沿的技术与思想。

三、每个学生都应该是“国际学生”

深圳特区报：华威大学是许多中国留学生的首选之地，您能给想入读贵校的中国学生一些建议吗？目前华威大学里的中国学生的学习生活状况是怎样的？对于您的学生，尤其是来自中国的学生，您有什么期望？

斯里福特：目前在华威大学有将近 2 000 名分别来自中国内地、香港和台湾的中国学生在这里学习生活。华威大学的学生在文化和体育活动上是极其活跃的，而我们的中国学生是其中最积极且充满活力的学生群体。华威大学在 2010 年与中国国家留学基金管理委员会签署了同意书，华威大学致力于在未来五年内为每年六位博士生提供 135 万英镑的资助。

我们根据学生的学术成绩在全球进行选拔，学生必须要有很扎实的学识功底，然而我们更看重的是学生对所选学科的认同及投入。我对所有的学生都有着相同的期望，学生在华威大学的体验意味着必须“抓住机遇”。你会发现在华威大学读书是充满激情和挑战的事情，学生有机会向教授学习前沿的学术知识，同时教授也会从旁鼓励学生最大限度地利用我们优秀的教学感受科研的激情与奥妙；我们更鼓励学生们参与其他非学术的活动，我们相信，这些活动更有助于学生的个人发展和成长。

深圳特区报：华威大学目前与中国高校的合作情况如何？华威大学在“国际化”方面有何发展战略？

斯里福特：发展与其他高等学府的合作关系是华威大学的战略之一。我们和中国的合作形式是多样且密切的，例如，我们的全球化和区域化研究中心与北京大学有着非常紧密的合作，数学研究中心和化学系同时与复旦大学维持着良好的合作关系。此外，华威大学商学院与中国的这些名校都有合作交流，如北京大学、复旦大学、上海交通大学等等，我们的历史系和英语系也正积极地发展与清华大学的合作交流。

华威大学的“国际化”战略有以下几点。第一是我先前提及的，我们力求将每个学生都培养成“国际学生”，也就是国际化人才。在这个全球经济圈中，毕业生的海外经验越来越受雇主看重，这对英国的大学生来说也更具吸引力。在未来，我们力求保证让这些希望获得海外学习或工作经验的学生们能够有机会实现。第二，提升我们的国际多元化。我们预期国际学生的申请将会持续增长，因此华威大学将加倍努力增强录取学生国籍的多元性，让来自世界各地、不论任何背景的优秀学生都可以在华威大学得到最好的教育。在 2011—2012 学年，我们还为全球最顶尖的博士生设置了国际奖学金。第三，我们还将建立一个国际暑期班，让全球优秀的本科生可以在我们的校园里参与密集、创新的学术课程，这不仅有利于提高华威大学的国际地位，还有助于增加在全球招收的研究生人数。第四，我们将会进一步发展与全球顶尖高校及研究机构在研究和教学上的合作。第五，我们希望扩大本校在撒哈拉以南非洲地区的积极影响力。我们将会展开一项特殊计划支持此地区高校的研究、教学与管理能力建设，同时重视在华威大学各领域中有关非洲课题的奖学金和研究问题。我们也将寻求慈善捐助以及依靠学生们的参与热情为“华威在非洲”教学计划提供更多养分，并培养一批对非洲大陆拥有文化、经济、社会意识的毕业生。在恰当的时候，相似的计划我们也会在世界其他地区进行。

四、深圳高校应多发展跨领域研究

深圳特区报：华威大学是排名前列的研究型大学，您怎么看教学与研究之间的平衡问题？此外，创新是当今许多大学的关注核心，华威大学作为一所研究型大学，是通过什么样的做法推动创新以及培养学生和教员的创新能力的？

斯里福特：我相信一个顶尖的研究者一定也是一个优秀的教学者。这些研究人员有能力向学生们传递自己所在研究领域的最前沿思考，并且能够展现他们在此学科上真正的热情。关于创新的话题我们可以谈很多，但我想重点突出华威大学的“本科生科研奖学金计划”，这个计划直接为本科生提供参与科研项目的机会，让他们能够获得成为研究队伍里一员的体验，参与到最尖端技术的科研探究中，然后获得宝贵的研究经验，并且将学习到的技能转化到日后的生活和工作中。

深圳特区报：南方科技大学是深圳一所新创立的大学，其目标是在短时间内成为世界一流的研究型大学。华威大学建立的历史并不长，却在这个相对较短的时间内位居英国大学前列，您能分享一下华威大学在此方面的成功经验吗？

斯里福特：每所大学都有自己的特色，我不会说华威大学的经验是唯一的标准答案，但深圳这座城市和华威大学之间拥有的共同点就是年轻，并且富有雄心。深圳是个年轻的城市，因此可以合理利用这个优势创建一个体系，使研究人员和管理人员之间保持最简短、直接的沟通。我认为，深圳的高校也应该从一开始就抓住机会，鼓励多学科、跨领域的研究。华威大学学术结构的原始构思并不是施以整体的学术处方，而是及早任命第一教授职位，以及挑选那些对自己研究的领域应如何组织和发展抱有新鲜、建设性观点的候选人。华威大学的课程规划也是与我们对跨领域合作的强调一起有机发展起来的，例如，商业研究与工程就是我们最初的尝试。2011 年我们都面临着一个新的重点，那就是我们需要以跨学科的研究来解决全球性的问题。

东京大学成立于1877年，是日本第一所国立大学。作为全球领先的研究型大学，东京大学提供本科和研究生在几乎所有学科领域的课程，并进行跨学科全方位的学术研究。东京大学致力于为学生提供丰富多彩的学术环境，确保他们智慧进步和获得学习专业知识与技能的机会。

东京大学目前有超过5 500名教师，学生总数约29 000人，其中本科生和研究生各半。截至2011年，东京大学拥有国际学生2 966人，每年有超过3 300名外国研究人员到东京大学进行短期和长期访问。一百多年来，东京大学为日本乃至世界培养了众多人才，其许多毕业生已成为政府、企业和学术界的领导人。

学校网址：www.u-tokyo.ac.jp

滨田纯一（Junichi Hamada）

滨田纯一教授专门从事信息产业的法律和政策研究。他在东京大学获得法学学士、硕士和博士学位。滨田纯一教授曾经担任东京大学多个岗位的领导职务，包括2000—2002年间担任情报学环学环长、学际情报学府学府长，2005—2009年担任东京大学董事兼副校长。2009年4月1日，滨田纯一教授就任东京大学第29任校长。

田中明彦（Akihiko Tanaka）

田中明彦教授是日本东京大学情报学环以及东洋文化研究所国际政治系教授。他目前是东京大学副校长和东京大学国际本部长。田中教授的研究方向包括国际政治、当代东亚国际关系以及日本的外交政策。他在东京大学教养学部获得国际关系学学士学位，并在麻省理工学院获得政治学博士学位。

（《深圳特区报》2011.11.03 第 A09 版）

日本东京大学

大学是知识的创造和传播者

深圳特区报记者　方胜

一、日本大地震后凸显大学特殊责任

深圳特区报：东京大学的办学宗旨和主要特色是什么？

滨田纯一：大学的基本功能是通过研究创造知识以改善人类的命运，代表社会成为知识的储存库，并通过教育来传播这些知识。通过这样的方法，大学将成

日本东京大学校园

为社会的指南针，在危机和变化的时代中恒定的参照物。东京大学的功能也毫不例外。

深圳特区报：日本大地震后，您提出大学在这个特殊的时期担负着特殊的责任，第一是知识，第二是耐力。这如何理解？

滨田纯一：今年（2011 年）三月，由日本大地震造成的破坏已经达到了难以想象的地步。核事故迫使许多人撤离家园，并给日本和国外带来了极大的焦虑。人们面对大自然的力量感到无奈，甚至绝望。

在日本大地震之后，东京大学作为一个具有全球视野的学术机构，秉持着对真理的追求，尽可能广泛和深刻地与所有人一起建设未来。我们在继续为人民和受影响地区的救灾和灾后重建提供援助的同时，必须再次坚定我们的立场、利用我们积累的知识和智慧，并勇于创新，建设在共存哲学基础上的新社会。东京大学将继续培育能够承担在这一进程中发挥重要作用、为我们能够共同实现一个更美好的未来贡献力量的个人。这就是东京大学的历史使命。

首先，大学的主要责任就是传播知识。知识是社会发展的基础，而大学通过分享知识，以不同的方式传播知识，通过与业界合作提供指导思想来推动社会的发展。日本大地震发生后，大学都在积极地向社会传播关于地震以及海啸方面的知识，科学研究不应该因为地震和海啸而停止。

其次，大学要通过教育培养耐性和耐力，富有耐力的个体就能更好地推动知识的传播。通过赋予人民知识及耐力，我们就可以应对现在所面临的挑战，并且能够在这样一个全球化的世界中把国家建设得更好，更好地应对未来的挑战。

二、开设全英语课程吸引国际学生

深圳特区报：东京大学是全亚洲最佳大学之一，但同一地区之内，新加坡国立大学以及中国的香港科技大学、清华大学、北京大学等高校也在迅速崛起。在新的时代下，东京大学如何巩固自己的学术地位、吸引和培养更多的一流人才？

滨田纯一：保持国际领先的地位，最重要的因素是继续提高我们的研究水平，并继续在新知识的前沿进行研究工作。此外，我们还需要确保将最前沿的知识和教育相结合，使我们始终处在时代的前列。东京大学正在构建一个全球性的、向世界开放的校园。我们支持这一目标的努力包括确保我们的教育和研究在尽可能高的水平，并且提供尽可能多的全英语授课的学位课程。

深圳特区报：这些全英语授课的课程都有哪些呢？它们的效果如何？你们如何为这些课程寻找合适的师资？

滨田纯一：迄今为止，东京大学已经提供英语授课的研究生课程，但还没有提供本科层次的英语授课学位课程。从 2012 年秋天起，这种情况将得到改变。届时，东京大学的“山峰”（PEAK）计划作为日本文部科学省和日本学术振兴会推广的“全球 30”计划的一部分将开始展开。“全球 30”计划旨在通过日本大学的国际化提高日本高等教育的国际竞争力，而其基础就是增加外国学生人数。

通过“山峰”计划，以教养学部为基础，东京大学将提供两个新的英语授课的本科学位。学生将能够选择“国际日本研究课程”和“国际环境学课程”两个国际课程。这些课程最初就是针对国际学生设计的。

在研究生阶段，我们正在增加的英文授课的领域包括从经济学到信息科学，从工程到医学和生命科学。作为一个主要的研究型大学，我们已经有许多优秀的教授和讲师能够使用各种语言来授课。此外，当我们不断增加我们的国际课程，我们也将聘请更多有能力用英语授课的学者。

深圳特区报：这对于许多以英语作为第一外语的中国学生来说可能是个好消息。这是不是意味着他们不必再通过严格的日语考试就可以入学东京大学了？

滨田纯一：消除语言障碍对于那些已经能够讲一口流利英语的学生来说肯定是好消息。并且在一定程度上，学生能够使用英语完成学位也意味着他们不需要流利的日语了。当然，无论是使用英语还是日语学习，我们的学术标准是相同的，没有相对容易的选择。

但我想说的是，海外留学不仅仅是研究而已，当你在另一个国家时，借此机会了解东道国的大学和文化都很重要。日语在上面讲到的“山峰”计划中也是一个必修科目。我们希望参与“山峰”计划的学生能够利用好国际中心所提供的日语课程，并且不断理解东京大学和日本文化。我们也希望提供英语授课的本科和研究生课程，同时这也是一个让更多的人体验日本和日本文化的机会。

深圳特区报：东京大学拥有国际学生 2 966 人，超过学生总数的 10%，每年还有超过 3 300 名外国研究人员来到东京大学进行短期和长期访问。除了数量众多的全英语授课学位课程，你们在提高东京大学国际化水平上还有哪些努力？

田中明彦：为了提高东京大学的国际化程度，我们不断积极主动地向世界传播我们的研究结果，包括从科学、工程到人文社会科学的所有领域。我们与世界上许多优秀大学建立起合作和交流关系。此外，我们认为教师和研究生院的国际化水平同样重要，提升它们的水平最终能够增加在东京大学学习的外国学生人数，以及外国学术和管理人员的数量。为了便于与海外大学的学生和教师交流，我们的一些研究生院还实施了秋季预科项目。

深圳特区报：媒体报道东京大学为了吸引国际学生正在筹划将春季入学改为秋季入学。能介绍一下这么做的背景吗？

田中明彦：迄今为止，我们的一些研究生课程已经在 10 月份接纳学生，国际学生在秋季入学的比较多。作为正在进行的国际化的一部分，我们目前正在评估将整个大学，包括本科生和研究生，改为秋季招生。由于这将是一个给东京大学乃至日本社会带来深远影响的重大变化，有很多因素要考虑，而目前我们还没有达成最终的决定。但这种变化也将带来许多好处，比如让国际学生更为容易地加入我们的行列，并允许国内学生通过半年或一年的间隔时期来帮助他们获得海外经验，参加实习或志愿工作。

三、期待与深圳高校、学子共谋发展

深圳特区报：你们与中国哪些大学有合作和交流项目呢？进展如何？

滨田纯一：我们与中国的大学保持着非常密切的联系。目前，东京大学已经与40多所中国的大学签署了合作协议，包括北京大学、清华大学、复旦大学、南京大学、浙江大学等等。合作的层次包含大学级别或在教师、研究院层次，合作领域则包括学术研究和教育项目。

最近，我们即将开始与中国的顶尖大学之一，位于广东的中山大学开展大学层次的交流合作。展望未来，我们希望与整个中国范围内更多的高等教育机构和科研机构建立起交流合作关系。

深圳特区报：深圳最近兴建的大学南方科技大学目标是成为一所高水平研究型大学。您对一所新兴大学的建设有哪些建议？

滨田纯一：最近几十年来，许多产业推动着中国的超常规发展，深圳就是现代中国的典型代表。深圳和中国都在显著地国际化。创建一所新的、现代化的大学在这方面具有十分重要的意义。我建议这所大学要结合中国的传统、现代的价值观和深圳的创新精神，这样便会成就一所别具一格的成功的大学。

深圳特区报：希望您有机会到我们深圳的高校看一看，也希望它能够与东京大学展开更多的合作。

田中明彦：我们也十分期待有这样的机会。正如我所言，深圳是快速发展的中国的缩影，我们已经与中国40多所大学建立起紧密联系。我们真切地希望与深圳本地的高校进一步交流，促进学术的发展。

深圳特区报：在东京大学学习的中国学生特别是来自深圳和广东地区的中国学生的情况如何？

田中明彦：由于我们不对来自某个国家的学生做省市级别的统计，因此我们不清楚有多少学生来自深圳和广东地区。但是我们有超过1 000名留学生来自中国，中国学生也是我们最大的留学生群体。

他们不仅数量庞大，而且在各个领域的学术表现非常优秀。我们以拥有这样的学生而感到满足、感到幸运。特别是，我们的中国学生广泛地参与国际活动，我们对他们的表现感到非常骄傲。

深圳特区报：对于那些打算来东京大学求学的中国学生，您有哪些建议？

田中明彦：虽然我们没有统计数据，但是由于地缘的关系，我们更多的中国学生来自北方。我们非常欢迎来自南方地区如深圳的学子到东京大学求学。

虽然东京大学的入学考试很重要，但同样重要的是学生按照自己的兴趣积极地学习。我会告诉每个考虑申请东京大学的学生，在学校要努力学习，但也要积极参与课堂之外的各种活动来培养自己的意见，加深对各种事物的理解。学习只是死记硬背是不够的——创造力和洞察力是我们期待一个学生具备的重要的素质，特别是在研究生阶段。

孔敬大学（Khon Kaen University）位于泰国的孔敬市，成立于1964年。孔敬大学是泰国最著名的公立大学之一，也是泰国东北部最权威的教育和科研领军机构。孔敬大学校园占地面积一万多亩，在校学生超过四万人，是泰国的第一大院校。孔敬大学的校徽由三个锋利的剑尖叠加而成，象征着三个美好的寓意，预示着在孔敬大学深造的学生都将获得扎实的理论基础知识、高尚的品德以及不断提升的智慧。孔敬大学的使命为：培养学生成为拥有知识、道德及智慧的人才；提升、扩展学术研究；通过社区服务计划为所在地区提供学术服务以及保存、推广艺术文化及传统。

学校网址：www.kku.ac.th

柯迪才（Kittichai Triratanasirichai）

柯迪才为泰国孔敬大学第十任校长。柯迪才于孔敬大学取得机械工程专业学士学位，于泰国亚洲理工学院取得农业机械专业硕士学位，于日本新潟大学取得机械设计与制造专业博士学位。其研究领域为再生能源、适用技术以及机械设计。在担任校长一职之前，柯迪才曾任孔敬大学机械工程系主任，工程学院副院长、院长，校长助理（行政）以及主管研究与技术转移的副校长。

（《深圳特区报》2011.11.14 第A10版）

泰国孔敬大学
“以人为本”是创建一流大学的前提

深圳特区报记者　廖露蕾

今年八月，记者借大运会世界大学校长论坛举办之机采访了泰国孔敬大学的柯迪才校长。柯迪才校长告诉记者，这一次的校长论坛，他特别想听一听香港大学的经验。“香港不少高校都是亚洲顶尖大学，深圳毗邻香港，深圳的高等院校应该找到不同于香港高校的特点与优势，逐步发展为一流的大学。”柯迪才校长说。

一、泰国高校面对来自国内外的激烈竞争

深圳特区报：您能否首先介绍一下目前泰国的高等教育状况？例如，泰国高校所面对的挑战和机遇都有什么？

泰国孔敬大学

柯迪才：目前在泰国，高等院校面临着一些问题。首先是出生率持续降低导致学生人数的减少，但当学生人数下降时，有很多新的大学纷纷成立，目前泰国大约有 200 所大学，其中包括私立大学，所以大学之间的竞争是相当激烈的。但因为孔敬大学是公立大学，所以情况并没有那么严重。孔敬大学是泰国东北部最大、历史最悠久的大学，区域内的学生都会将我们作为首选，因此学生的入学竞争是比较激烈的，我们的录取比例大约在 18∶1。我校的 43 000 名学生当中，有 90% 都来自此区域。

其次，我们还面临着大学教育的质量问题。因为全球化带来的影响，很多国外大学开始在泰国设置分校区，所以我们不仅要与泰国国内的大学比拼，还要与这些国外大学竞争。

当然，我们要面对的最严峻的问题依然是预算的减少。孔敬大学作为一所公立大学，以往是 100% 由政府支持，而现在我们 70% 的预算都是靠自我支持。预算缩减的原因包括了我前面提到的大学数量的增加。

深圳特区报：那么孔敬大学是如何应对这个挑战的？

柯迪才：我们录取了比往年多的学生，也提高了我们的学费。过去四年，我们所收取的学费增长了 50%。大学也依靠我们对社会所提供的研究、学术等服务获得收入，例如，我们大学拥有区域内最大的医院，每年为超过 100 万人服务。此外，我们拥有的物业、所进行的创新研究也是我们的创收途径。

二、以人为本，打造“健康校园”

深圳特区报：您能否介绍一下孔敬大学的特色？

柯迪才：我会告诉你，孔敬大学是一所“真正的校园”。在我们的大学，没有所谓正式上学、放学或是上下班时间，无论是学生还是员工，即使在周末、假日都依然会回到校园里，学习、工作也好，或者进行其他类型的活动，与人见面交流。孔敬大学和中国很多高校一样是“无线网络校园”，同时也为师生提供了良好齐全的设施，我们的校园就只差一座电影院了！

我们与首都曼谷的高校相比，优势在于我们能够提供良好的生活质量，无论是孔敬这座城市还是我们的学校，都有着很宜人的环境。孔敬大学的校园绿意盎然，在我们 10 平方公里的校园内栽种了超过 500 万棵树，你能看到，无论校内还是校外的人们都在校园的每一处慢跑、散步。我在成为孔敬大学校长后，有一个很强烈的想法，就是将孔敬大学打造成一个“健康校园”，我们将竭力使学生、教职员工和周边社区的人们健康生活。

深圳特区报：成为新任校长的感受如何？您希望为孔敬大学带来什么改变？

柯迪才：我担任校长的时间不长，我认为这是一项很艰巨的工作，非常艰巨。学校里的大小事宜我都必须应对。但在担任校长之前，我在学校不同部门、学术单位担任过职务，包括工程学院院长、主管研究的副校长等等，因此我拥有比较丰富的管理经验。就像我先前提及的，我希望能够带领孔敬大学发展成为一所健康的校园。过去人们并没有很重视这一点，只想着如何完成让我们成为泰国最好的大学这样的目标。但我的想法是，如果生活在校园里的人们本身有很多亟待解决的问题，那么他们的学习、工作都不会是高效的，打造最佳大学又从何谈起呢？考虑到这点，我改变了我的想法，把焦点首先放在“人”身上，让他们开心，愿意生活在我们的校园里，如此，人们就会全身心地投入在学习和工作中。

深圳特区报：这个想法的确很有意思，那么您是怎么定义“健康”的？

柯迪才：我心中的“健康”包括身体和精神，或者所有其他。如果员工有财政上、社交上的问题，我们都乐意提供帮助。我们负责为教职员工提供好的健康卫生服务、住宿和其他福利，为他们的子女提供入学优惠政策。学校正在成立一个特别委员会，用来找出学生、员工急须解决的问题。当然，我知道我们不可能解决所有问题，我们只希望能够将问题带来的影响最小化。

即使是校园里的景色，我们也想让其更有吸引力、宜人。我们要打造的是一个最适宜学习的环境。在竞聘校长一职时，我提出了这个“健康校园”的想法，获得了评选会的认可，所以我就要开始四年的校长生涯啦！

三、鼓励学生走出校园，体验世界

深圳特区报：孔敬大学培养人才的理念是什么？如何让学生能够更好地适应如今这个社会？

柯迪才：我们的大学位于泰国东北部，这是泰国国内相对较偏远、贫穷的一个区域。但我们也因此拥有不少教学上的优势。首先，孔敬大学开设了大约有十门通识教育课程，我们尝试将每一门通识课程都与当地社区服务连接起来。当学生选择了这样的课程，我们就会带学生到当地的村庄生活一至两周，与当地人民生活在一起，了解他们的生活以及他们所面临的问题，如耕作时的困难等。学生回到学校之后就会提出想法，尝试为他们解决问题。学生同时也还可以通过参加志愿营活动接触当地人民的生活，为他们提供协助。这两方面课程都是自愿参加的，但我们的学生必须完成一个要求，每个学生在本科学习期间必须要参加 100 个小时的活动，包括学术会议、体育运动等各类型的活动，如果不能完成将不能毕业。

我认为，如果学生们可以走出校园，体验世界，他们的思维和视野将会更开阔，同时更有助于培养他们的创新能力，而这是现今社会对人才的一大要求。

四、提高学生英语能力，借优势学科与国际接轨

深圳特区报：高校国际化是目前的全球趋势，您对此有何看法？孔敬大学的国际化战略是什么？

柯迪才：国际化对于高校来说当然是极其重要的，如果我们的大学不能走向国际，那么学生就不能走遍全球，只能留在当地工作。所以我想，我们要向世界展开怀抱，为我们的学生提供一个良好的机会，让他们不仅在本国工作，同时在国际舞台上展露身手。

我认为，对于泰国的大学来说，首先最重要的是加强学生的英语能力，如果他们不能很好地运用英语，就不能与世界各地的人们沟通。就目前泰国的情况来看，学生的英语会话能力还不高，我想只有少于 10% 的学生拥有优秀的英语会话能力。在孔敬大学，我们要求我们的本科生要完成 10 个学分、至少 4 门英语课程，但即使如此他们可能还是不能很好地掌握会话能力。因为我们教学生们怎么读、怎么写，却不注重教他们怎么听、怎么说。所以我的想法是，要让学生通过听和说真正地掌握英语。我刚才提及的电影院，事实上是我们将要实施的计划之一。我们计划在校园里每天播放英语电影，一天天下去，我相信学生们的英语听说能力一定能够得到提高。

除了通过提升学生的语言能力这一途径，孔敬大学也决心凭借我们的优势研究领域与国际接轨。在泰国，许多来自国外的教授并不知道孔敬大学，他们大多数只了解朱拉隆功大学等位于曼谷的大学。但是，孔敬大学拥有自己的优势，尤其是健康和农业方面的研究。现在我可以说，孔敬大学在传染病研究领域是亚洲最好的，在全球排名第六，目前有一些国外大学对我们这一方面的研究很有兴趣，提出研究上的合作。许多来自中国、日本、美国的学生和学者都来到孔敬大学进行一些研究合作或学习、交换意见等。从这些优势领域起步，相信有更多人会了解孔敬大学，那么在将来，我们的其他研究领域也能够走向国际。

另外，孔敬大学与超过 21 个国家的高校机构签署了协议，这也让我们对这些合作的范围、目标与责任更为清晰，例如，取消学生交换所需的费用，对研究合作的支持等，同时促进了我们与其他高校之间的合作。目前，孔敬大学与相邻的亚洲高校机构都有着密切且有益的合作，其中的一个合作形式是邻国计划。这项计划使得与我们签署了协议的大湄公河区域高校的教员和学生都可以到我校学习并获取学位。这是一项持续性的计划，每年为学生或教员提供奖学金，我们的目的是大力培养此区域的人才。

五、高校应成为保留、推广文化艺术的先锋

深圳特区报：孔敬大学与中国的合作有哪些？进展如何？

柯迪才：孔敬大学与广西医科大学、广西中医学院、西南大学、云南农业大学等都有紧密合作。我特别想提及的一点是，孔敬大学目前正致力于推广大湄公河次区域（包括湄公河流域内的中国、缅甸、老挝、泰国、柬埔寨和越南六国）的文化及艺术。孔敬大学位于泰国东北部，非常接近此区域，我们想要更多地了解这片区域内所有国家地区的社会及文化，孔敬大学希望成为此区域内领先的高等院校。

了解一个地区的文化，事实上对商业的进行是必要而且有利的。今年六月我来到中国云南省的西双版纳，与当地职业学校的教职人员进行交流。这是我第一次到云南去，我很惊奇地发现，我居然能够和那里的人们用泰语交流！他们的生活方式也跟我们非常相似。这很有趣，我们因此也可以告诉我们国家的人们，为

什么不选择到西双版纳经商、开展生意？此外，我们也与西双版纳当地的职业学校签订了协议，两校之间将会进行教职员工的交流，孔敬大学也将会帮助职业学校成为大学。孔敬大学也将向职业学校的教师提供奖学金，他们可以到孔敬大学学习，获得博士学位。

六、打造一流大学不能忘记服务人民

深圳特区报：南方科技大学是深圳新成立的一所大学，其目标是在短时间内成为世界一流的研究型大学，您对大学达成这个目标有何建议？

柯迪才：我认为，大学必须首先找到自己的优势所在，以自己最优秀的研究领域与全球其他高校竞争、合作，就像先前我提及的，孔敬大学是以传染病研究作为自己的战略发展领域。恐怕世界上有许多大学都在说要成为世界上最好的大学，但其实他们自己也不清楚要从事的是哪一方面的研究，只有这样的目标却没有战略是行不通的。

还有更重要的一点是，不要忘记你所在的城市、地区。你知道为什么传染病研究领域是孔敬大学的重点研究领域吗？因为很久以前，孔敬大学所在的城市有多种传染病肆虐，而孔敬大学开始研究预防、治愈这些疾病的方法，到现在我们对这些传染病有很深入的了解，掌握多种治疗机制，所以传染病人的数量就逐渐减少了。另外，从前我们的城市也缺乏对水资源及农业的管理，所以我们孔敬大学设立的第一个专业就是水资源及农业。到现在，我们能够很好地解决这些问题，我们所在的区域生产最好的大米，全国超过 50% 的大米出自我们这个区域。

我认为，为社区、城市服务这一点是最重要的，人们就会了解到大学能够为人民服务。做到这一点无论对学校还是所在地区都是有益的。一所大学不能只一味追求成为世界一流大学的目标，而忽略了服务所在地区的人民。

麻省理工学院（Massachusetts Institute of Technology，简称 MIT）是美国一所综合性私立大学，1861 年由著名的自然科学家威廉·巴顿·罗杰斯创立。他希望能够创建一个自由的学院来适应正快速发展的美国。由于南北战争，直到 1865 年 MIT 才迎来了第一批学生。随后其在自然及工程领域迅速发展。在大萧条时期，MIT 曾一度被认为会同哈佛大学合并，但在该校学生的抗议之下，这一计划被迫取消了。1916 年 MIT 从波士顿迁往剑桥。

麻省理工学院历史上共产生了 76 位诺贝尔奖得主、49 位美国国家科学奖得主和 45 位罗德奖学金得主。麻省理工学院已经发展成全世界极为重要的高科技知识殿堂及研发基地。

在 2011 年万维网的世界大学排名中，麻省理工学院排名世界第一。在《泰晤士报》世界大学排名中，麻省理工学院总平均排名世界第二，仅次于哈佛大学。麻省理工学院 2010 学年的学杂费是 49 100 美元。2010 年麻省理工学院学生平均领到的奖学金为 33 950 美元。因为 MIT 很有钱，家庭年收入低于 75 000 美元的学生一律免学费，所以 MIT 经常被喻为世界上最有钱也最慷慨的大学。

麻省理工学院的校训是：Mens et Manus（拉丁语：手脑并用），Mind and hand（英语：思考与创新）。

学校网址：www.mit.edu

苏珊·霍克菲尔德（Susan Hockfield）

苏珊·霍克菲尔德1951年3月24日出生于芝加哥，2004年8月26日被任命为麻省理工学院第16任校长。她在麻省理工学院还担任神经科学教授，是麻省理工学院第一位女性校长和第一位担任院长的生命科学家。

苏珊·霍克菲尔德1969年在纽约高中毕业，1973年在罗切斯特大学生物学专业学习，并获得了该学科学士学位。1979年她在乔治城医学院获得解剖和神经科学博士学位。1979—1980年，她在加州大学旧金山分校美国国立研究院担任博士后研究员，1980年后，在纽约冷泉港任研究员。1985年，她加入耶鲁大学，并在1994年被评为教授。在耶鲁大学期间，她发挥了在大学的领导核心作用，首先是担任艺术和科学研究生院的院长（1998—2002年），然后担任教务长。

（《深圳特区报》2011.11.16第A08版）

美国麻省理工学院

用技能解决全球迫在眉睫的问题

深圳特区报记者 啸洋 通讯员 June Chen

按美国麻省理工学院校长苏珊·霍克菲尔德的话说，所有MIT（麻省理工学院）的人都是 24 / 7，就是说无论教授还是学生，都是每周 7 天、每天 24 小时地做事，而她自己恨不能每天有 48 小时，一个星期有 14 天。可见她有多忙。记者从八月底开始跟她联络至今，已经等了差不多 70 天，才终于在 11 月 5 日下午 6 时 45 分，在波士顿 MIT 校友会年会上等到并采访了她。

身着红色西装上衣、黑西裤的苏珊·霍克菲尔德校长年过六旬却身轻如燕，声音不大却字正腔圆。得知记者来自深圳和采访意图后，她开心地说："很高兴认识你！运用我们的技能解决这个星球迫在眉睫的诸多问题是我们的使命。"这充分体现出这个世界杰出学院领头人的世界情怀。

美国麻省理工学院的学生宿舍

一、科研和传播知识的手段更先进

深圳特区报：麻省理工学院 1861 年建校以来，150 年间产生了 76 位诺贝尔奖得主、49 位美国国家科学奖得主和 45 位罗德奖学金得主，被誉为"世界的理工大学"。今天的麻省理工学院无论是在美国还是全世界都有非常重要的影响力。作为大学的第 16 任校长，您在任期内最大的愿望是什么？

苏珊·霍克菲尔德：麻省理工学院建校150年来，最根本的优势在于从基础研究到我们对世界性质的认识，并不断延续这个优势，这当然是最先进的应用技术和创新。科研和传播知识是每一所大学的使命，但麻省理工学院在这两个使命上拥有更先进的手段和惊人的速度。发现和创新如同井喷般的洪流，在我们学校，几乎没有一天不出现新的发现与创新。这种现象同样表现在经济学、商学、艺术、社会科学和人文等方面。

我们必须运用我们的技能解决跨学科的问题，解决这个星球上迫在眉睫的清洁能源、气候变化、贫困与饥荒、海洋生态、未来城市以及国际网络合作等问题。以物理和工程科学作为催化剂，带动从医疗保健到清洁能源的生产，这将有助于我们有效地刺激经济增长。同时，由于信息的洪流变成了洪水，我们必须进一步研究把握情报信息。我们还必须把信息科技与文化、艺术相连接，发展有利于经济发展、更有弹性的金融模式，以减少社会的不公平，这都将是我们努力的方向与愿望。

深圳特区报：麻省理工学院是一所不断发展壮大的私立学院。然而，近年来预算压力和国家重点的转移使政府对高等教育尤其是麻省理工学院的拨款减少，而高等教育的实际成本仍在继续增长。这些都表明，作为一所理工科大学，麻省理工学院已走到了另一个历史性的交叉路口。请问你们有计划在政府、民间、毕业生之间，包括世界范围内募集更多的资金吗？如果深圳的企业有兴趣，你们将会采取什么样的方式接受？

苏珊·霍克菲尔德：尽管经济形势不容乐观，但我们目前的财政状况还是比较稳定的，我们的校友和朋友们也无比慷慨。我高兴地看到，麻省理工学院的许多指标显示我们正朝着一个稳定的轨道向前发展。

今年，麻省理工学院的在校科研经费增长了14%，达4.51亿美元。林肯实验室的经费也有所增加。麻省理工学院的科研经费总额达到9.86亿美元，这并不包括复苏法案资金的10亿美元。在如此困难的时期，麻省理工学院的科研经费非常健康增长的事实反映了麻省理工学院一贯的非凡研究活动。

面对经济动荡，慈善捐赠往往显得滞后。然而，我们的捐助者都坚定不移地继续着他们非凡的慷慨。我们在今年三月底前的捐款达到了一个历史性新高。

未来几年，麻省理工学院广大校友及时周到的资金输入和我们忍痛的财政削减必将为我们学校赢得稳定的发展。针对社会的捐助，包括来自中国深圳的捐助，目前我们希望是现金捐赠，因为这样比较方便、简单。

深圳特区报：如果有深圳和中国的企业家捐助麻省理工学院并希望给他们培养高层的管理人员，你们会不会因此适当降低入学门槛？因为记者了解到不少企业高层有来麻省理工学院深造的愿望，他们有丰富的管理经验，但英语不是他们的母语，可否另辟蹊径呢？当然，这并不是捐赠的前提条件。

苏珊·霍克菲尔德：首先，请贵报转达我对深圳特区和中国企业家给予麻省理工学院的关注与支持的感谢之意。其次我想说，由于我们都是用英语教学，他们如果想来这里学习，我们很欢迎，但他们必须要听得懂英语。去年六月，我到中国的北京、上海、香港和台湾访问，见到了一些校友、学者、官员和一些企业家，他们给我的感觉是英语都很好。我想，如果让麻省理工学院教授学习用中文讲课，他们将认为是件十分困难的事。

二、通过互联网向全世界免费发布教学资料

深圳特区报：在服务社会方面，麻省理工学院一直是楷模。这不仅体现在家庭年收入低于 75 000 美元的美国学生一律免学费，2002 年开始推出 OCW（开放式课件），通过互联网向全世界免费地发布其全部课程的教学资料，也成为全球教育资源共享的典范。特别是 2004 年与 CORE（中国开放式教育资源共享协会）合作后，为中国（尤其是高校）的广大教育者及全社会的求知者提供了很大的方便，据悉，目前已经有 26 所中国的大学成为 OCW 的合作伙伴。记者曾在 MIT 开放式课件网页浏览，其中有 36 门学科的 2 000 多个课程。如此浩大的工程一定投入了巨额资金。而所有的课程免费开放，浏览者甚至不用注册，请谈谈麻省理工学院通过 OCW 的主要收益是什么？

苏珊·霍克菲尔德：我们的网络开放式课程（简称 MIT OCW）是麻省理工学院教职工委员会于 2000 年首次提出的大胆创新的想法，并自那时以来，我们超过 90% 的教师都有自愿捐款为自由和开放的开放式课程网页出版教材，这体现了麻省理工学院对自己教学的热情。麻省理工学院的开放式课程网页于 2002 年正

式推出。其目标是在 2007 年年底之前，让所有大学生和研究生课程能够在线上自由地被任何人从任何地点取用。MIT OCW 也可以被视为一项庞大的、网络版的麻省理工学院教材。之后，这个计划更激励了不少机构将他们的教材转变为开放式的教育资源。到 2007 年 11 月，已经有超过 1 800 个课程在网页上，目前已超过 2 000 个课程。麻省理工学院的教授们敏锐地看到他们的工作使全球社会受益。这些课程大多数会提供课后问题、考试（通常附有解答）以及演讲笔记。某些课程甚至提供交互式的示范程式、麻省理工学院教授写的教科书、演讲影片。

事实上，我们的开放式课程网页是一个先见之明。尽管我们还不知道开放式课程网页和其对全球教育的最终影响及其潜力，但它清楚地告诉我们，作为公益事业思想，造福于全人类的知识，并通过开放式课程网页的理念，我们可以有所作为。我们预计这种影响将继续增长，我们鼓励你使用开放式课程学习基础知识，寻找新的途径。不仅要追求你个人的学术兴趣，而且利用你获得的知识和你的创造使我们的世界变得更美好。在开放共享的精神下，我们也鼓励你与别人分享你的成就。

CORE 是在 MIT OCW 的启发下，由美国 IET 基金会发起，并联合北京交通大学创建的非官方机构。CORE 以推进中美两国高校之间的紧密合作与资源共享为使命，并相信这是世界教育发展的大势所趋。

CORE 致力于为中国高校提供免费、便捷的全球开放式教育资源获取渠道。我们坚信，不断地开放资源获取途径和鼓励合作伙伴参与将极大地推动教育的进步与发展。免费的开放式课程网页网站及其翻译网站每月约有 1.5 万人次浏览量，其中 21% 来自中国。这表明，这是一个渴望学习的民族。开放式课程网页本来就是基于回馈社会的基本原则。我们投入了大量的人力物力，并不期待在这里有任何经济收入。

三、在 MIT 学知识是件苦差事

深圳特区报：据悉，麻省理工学院的学生在四年的大学生活中，三个必需的 S（study 学习、sleep 睡觉和 social activities 社会活动）通常只能做到两个。如果有谁能做到三个，那就是一个超人。在漫长的冬天和枯燥的校园生活中，在 360

个学分、8 门人文课、100 米自由泳和 10 000 字的学士论文压力下，一些学生的情绪会陷入低潮。麻省理工学院让有些学生爱恨交加。“我恨这个该死的地方”，据说这是麻省理工学院学生们最常说的一句话。是这样的吗？ 3S 超人占多大比例？

苏珊・霍克菲尔德：学习新知识是件苦差事。在规定的时间学习大量的新东西更是件辛苦的事，爱看书的学生通常运动少。而运动项目不过关则不够学分，此外学校还规定了必需的社会活动，在时间的分配上，对学生而言的确是件困难的事，好在我们的学生都很优秀。我同意“爱恨交加”的说法，不过应该理解为恨时间不够用，而不是恨学校。绝大多数学生都能够在规定时间完成学分毕业。

深圳特区报：麻省理工学院被誉为“世界的理工大学”，全世界优秀的学子、研究者云集于此。据悉，目前在麻省理工学院的留学生中，来自中国的学生最多，约占留学生总数的 14%。您对他们的总体印象是怎样的？

苏珊・霍克菲尔德：中国学生与麻省理工学院有着悠久的历史渊源。早在 1872 年，中国政府就派了几十名 10~15 岁的小留学生到美国留学，其中有八名来到麻省理工学院开始了他们长达十多年的学习。他们天资聪明，在分配到美国家庭住下后，很快便克服了语言障碍。这是来麻省理工学院最早的中国留学生。

20 世纪 30 年代，李郁荣（后为清华大学电机工程系教授）与麻省理工学院知名教授、控制论创始人诺伯特・维纳一起进行开创性研究；钱学森从我校获得博士学位后成为麻省理工学院历史上最年轻的全职教授，他是美国 NASA 喷气推进实验室的创立人之一，后来又创立了中国的太空项目。很多麻省理工学院的中国毕业生无论留在美国还是回到中国都发展得非常好。目前，我们有 33 位中国出生的麻省理工学院教职人员。中国建筑国际大师张开济的孙子、建筑大师张永和就是其中一位，他是上海世博会企业联合馆的设计师。四年前，麻省理工学院斯隆商学院毕业生、来自中国香港的唐裕年成为第一位不在美国的麻省理工学院校友协会主席。唐裕年的爷爷唐星海和父亲唐骥千也都是麻省理工学院奖学金的获得者，唐家三代共有 90 年的麻省理工学院求学历史。

多年来，麻省理工学院拥有数千名中国本科生和研究生。仅在过去一年中，就有将近 500 名来自中国的学生，占麻省理工学院国际学生总数的 14.27%，其中在我们电气工程和计算机科学、管理、机械工程研究生课程的入学率最高。他们的学习成绩和社会奉献精神都很好。

四、通过合作解决全球性的挑战

深圳特区报：2010 年 6 月 20—29 日，您率麻省理工学院代表团访问了中国。其间不仅与中国政府相关部门领导探讨了麻省理工学院与中国在教育、可持续能源研究等领域进行合作的可能，还访问了北京大学、清华大学、上海交通大学、上海世博会、香港和台湾。通过这次对中国的访问，请谈谈您理想的麻省理工学院未来二十年对中国地区的战略框架。

苏珊·霍克菲尔德：通过合作解决全球性的挑战，如今我们一起走到了一个关键时刻。麻省理工学院的使命一直是推进知识和教育学生为世界服务。今天，最重要的知识产权问题、解决人类最紧迫的共同挑战，从能源到水，从贫穷到流行性疾病，从特大城市对气候变化的应对，到全球经济挥之不去的疲软，麻省理工学院与中国的伙伴共享其鲜明的专业知识，培养创业精神和加快创新。与中国各地的实体服务，有力地放大了麻省理工学院的使命。

以创新为基础的经济增长问题至少体现在以下几个方面。首先，中国提供了一个独特的视角。世界上最有趣的一些技术问题，问题的规模，都要求创新性的反应，并提供新的实验范围。目前，中国面临着不同寻常的规模和紧迫性：第一是如何引导特大城市的可持续发展，以及如何整合高度多元化和分布式能源的发展。对于麻省理工学院参与这些问题的创新解决方案，我们必须与合作伙伴共同研究。第二，中国将继续成为一些最有灵感的解决方案的来源，正如我们已经看到超高压电网输电，高强度、轻质铝摩天大楼的兴起。从能源到公众健康，以及电子通信等领域，新的世界技术和新的世界解决方案将很可能在中国推出。第三，中国的合作者将成为越来越高超的同事源泉。据美国国家科学基金会数据显示，在中国，被授予科学和工程博士的学位人数在逐年上升。由 1993 年的大约 2 000 人到 2006 年的将近 22 000 人；如果这种趋势继续下去，中国将很快超过美国的博士学位总数。从 1995 年至 2007 年，来自中国的英语科学论文数量在以平均每年 16.5% 的速度增长。

其次，麻省理工学院要履行自己的使命，我们就必须紧密合作。根据定义，找到今天全球性问题的解决方案，必须涉及寻找解决方案的挑战。因为它们体现在中国。在这方面，我们有很大的希望，中国将是麻省理工学院最重要的全球合作伙伴之一。对中国社会以及我们所有人来说，解决当今最大的全球性问题和实现可持续发展的环环相扣的挑战，远远超过思想活动，它代表了中国未来的中心任务。

最后，通过伙伴关系促进创新。学术自由是追求科学和技术最好的方法。广泛合作的价值基础研究的重要性直接关系到教学的需要，例如，低碳能源大学联盟颁发的种子资金优势，其中包括来自清华大学和剑桥大学或麻省理工学院的教授研究团队。麻省理工学院与中国的机构和人员正准备开始进入富有成效的伙伴关系的新时代。我相信我们可以做出独特而强大的贡献，以解决我们这个时代的巨大挑战。

哈佛大学成立于1636年，是美国最早的私立大学之一，是一所以培养本科生、研究生和从事科学研究为主的综合性大学，位于波士顿的剑桥城。历史上，哈佛大学共产生了44位诺贝尔奖得主和6位美国总统。哈佛的座右铭（校训）是“真理（Veritas）”，由拉丁文“察验真理”演变而来。

哈佛大学的前身为哈佛学院。1636年10月28日，马萨诸塞海湾殖民地议会通过决议，决定筹建一所像英国剑桥大学那样的高等学府。之后，拨款400万英镑筹建。由于创始人中有不少人出身于英国剑桥大学，他们就把哈佛大学所在的新镇命名为剑桥。1638年学校正式开学，当时只有九名学生。1638年9月14日，牧师兼伊曼纽尔学院院长约翰·哈佛·查尔斯顿把一半积蓄720英镑和400余册图书捐赠给这所学校。1639年3月13日，马萨诸塞海湾殖民地议会通过决议，把这所学校命名为哈佛学院。1780年马萨诸塞州颁布新宪法，哈佛学院扩建，更名为哈佛大学。

如今，哈佛大学有11个主要的学术单位、10个学院（文理学院、商业管理学院、肯尼迪政治学院、设计学院、教育学院、法学院、神学院、医学院、牙医学院、公共卫生学院）和1个高等研究学院（拉德克利夫）。哈佛大学目前有约2 100名教职工和附属教学医院的10 000多名医学从业研究人员。有21 200名在校学生，其中，6 700名为专科（预科）学生，14 500名为本科生和研究生。此外，还有1 300多名来自世界各地进修的学员。

学校网址：www.harvard.edu

凯瑟琳·德鲁·吉尔平·福斯特（Catharine Drew Gilpin Faust）

凯瑟琳·德鲁·吉尔平·福斯特1947年9月18日出生于纽约，1964年毕业于马萨诸塞州的女子预备学校康科德学院，然后进入布林莫尔学院深造，1968年从历史系毕业获文学学士学位。接着，她进入了宾夕法尼亚大学攻读历史硕士学位，1975年又在那里获得了美洲文明专业的博士学位，同年起留校担任美洲文明专业的助教授。后由于出色的研究成果和教学，她获任历史学系教授。

2001年，福斯特进入哈佛大学，并担任拉德克利夫高等研究院的首任正式院长，该学院的前身是拉德克利夫学院。2007年7月1日，哈佛董事会决定任命福斯特为哈佛大学第28任校长。10月23日，福斯特走马上任。

福斯特是一位研究美国南方战前历史和美国内战历史的专家，在美国内战时期反映南方阵营思想的意识形态和南方女性生活方面都卓有成绩，并出版了五本相关书籍。其中，最著名的一本《创造之母：美国内战南方蓄奴州妇女》在1997年获得了美国历史学会美国题材年度非小说类最佳著作弗朗西斯·帕克孟奖。

（《深圳特区报》2011.11.29第A09版）

美国哈佛大学

终生的学问始于学校终于社会

深圳特区报记者　啸洋

2011 年 10 月 14 日，哈佛大学隆重举行建校 375 周年纪念活动。校长福斯特在接受记者采访和讲话中说：历史是一个伟大的老师，传授着变化和延续。

她还对一个棒球迷说：前辈为我们缔造了这个杰出的机构，我们生活在为我们创造未来的工作中。

采访哈佛校长福斯特并非易事，经过一个多月的持续联系，并在哈佛校董会法律顾问弗朗西斯·依·都诺万先生、特别助理柔恩·陈（June Chen）和哈佛国际事务部媒体组的帮助下，记者终于完成了这次采访。

美国哈佛大学校园内的约翰·哈佛先生铜像

哈佛学生乐团在 375 周年庆典之夜演奏

深圳特区报：尊敬的福斯特校长，感谢您在百忙中接受采访。很多中国人都知道您九岁时为反对种族歧视给总统写信的故事。转眼五十多年过去了，您不仅在事后写了大量有关种族、战争方面的书，还成了一个著名的历史学家，并成了现在的哈佛校长。依您来看，哈佛的主要精神和将来的方向是什么？

福斯特：在过去 375 年的历史中，哈佛经历了流行病、火灾、战争和经济萧条等各种考验。在一个个重大考验之后，我们不仅存活了下来，而且得到蓬勃发展。我们更加坚定地致力于学习和知识。我们和哈佛的前辈们一直致力于运用知识创造未来。这是因为我们是在我们的前辈建立的这个杰出的机构生活和工作，我们要努力创造未来，而历史是未来的开始。我们希望做更多更好的本科教育。我们想弄清楚如何做到跨学科发展，这将需要我们加强思考和寻找思考的新途径。哈佛大学非常重视和鼓励学生提出不同想法，去质疑、去寻求解决方法，鼓励学生开放思想，鼓励好奇心。哈佛现正在修改教学大纲，以便更好地培养学生拓展知识的能力，使他们成为具有创造性、善于思考、适应未来社会变化的人。大学的重要使命就在于用科学的方法教导学生追求真理。

深圳特区报：哈佛大学由第一届只有九名学生开始，发展为今天拥有 10 个研究生院、40 多个系科、100 多个专业、18 000 名学位注册候选人和 10 000 多名非学位学生的大型院校，并由当初的一名教师发展为今天的 2 000 多名教授和讲师，您认为哈佛发展的动力是什么？

福斯特：哈佛有自己坚守的办学理念，有宏大的志向，以对人类未来负责的态度开展教学和科研。来自世界各地的优秀学生带来了他们不同的需求和思想，哈佛需要解决他们的问题及实现他们的一些想法。因此，哈佛需要不断地将一些想法和需求进行分类分析，并要求教师和研究人员找出实现想法的方法。另外，哈佛自身的各个院系和研究人员每年都会找出自己的新的发展方向供学生和有关研究人员去探索。我们鼓励新思想，大力倡导跨学科的研究，无论是人文科学、自然科学，还是社会科学，这是哈佛能够不断发展和完善的主要原因。

深圳特区报：学校的一项重要使命就是要为社会提供充分的社会服务，请您谈谈哈佛大学在社会服务理念、社会服务能力、社会服务功效等方面的系统发展战略。

福斯特：在 20 世纪中期，约翰·肯尼迪担心“公众利益和私人的舒适性之间的潜在冲突”。我曾会见过海军后备军官训练队学员，谁都有可能很快发现自己在阿富汗和伊拉克战区的危险性和公共利益服务的矛盾。对于这些学生，服务并不代表没有牺牲，但最重要的是其中的一些人可超越自己的个人生活目的。大学的教师和学生的一个重要作用就是在促进公众利益方面发挥作用。通过分析研究发现那些大问题的解决方案，这将有助于社会解决卫生保健、应对气候变化、解决种族冲突、推进灾后恢复等方面的问题。哈佛学生和研究人员将霍乱疫苗和皮肤移植、水污染治理方面的研究成果运用于解决非洲广大农村的实际情况，取得了很好的效果。哈佛大学肯尼迪政治学院的教授重点研究了国际气候变化，他们的想法有助于减少酸雨的成因和有助于降低来自发电厂的二氧化硫排放。我们的公共卫生学院和工程学院的教师们发明了一种具有革命性的热传导，用于世界干燥地区的结核疫苗，而无需冷藏或水。2010 年 10 月份，我们还举行了“公共服务周”活动。

深圳特区报：哈佛是世界一流大学，其影响力远远超出了美国本土。哈佛有没有考虑在其他国家和地区建立分校？比如说商学院有没有可能在经济增长较快的亚洲国家开设分校？或者把一些研究项目放到美国以外的地方？

福斯特：2010 年 3 月 18 日，我参加了哈佛上海中心的运营典礼，这是哈佛在海外设立的最大的一个研究中心。目前我们在国外已有 15 个办事处，支持哈佛大学的教师和学生的研究和参与。实际上，我们已经在逐渐走出局限于美国本土的办学模式，越来越多地注重与其他国家和地区的交流合作。设计专业、临床和科研医学专业、公共卫生专业、国际法学专业等都越来越重视国际经验。从明年开始，对所有的商学院的 MBA 学生，我们将实现 40% 的国际案例研究。我们受益于一个日益国际化的教师队伍和占整体 20% 的国际学位学生群体。这里我要借用商学院的使命声明：哈佛大学的教职员工和学生希望通过创造和传播关键知识消灭“在世界上的差别”。

目前，哈佛商学院约有 40% 的学生来自美国以外的其他国家和地区，并且我们会坚持从根本上采取择优录取的做法。学生结构变得更加国际化是优秀学生群体的自然现象，我们不会追求某些利益去改变既定目标。也就是说，我们还没有制订在美国之外开设分校的计划。

深圳特区报：哈佛大学被誉为“美国的思想库”，事实上，从哈佛毕业的学生中，不仅有总统、诺贝尔和普利策奖获得者，更有众多的教育家、思想家、科学家和数不清的成功的企业家。您在就职典礼上说：“一所大学关乎学问，影响终生的学问，将传统传承千年的学问，创造未来的学问。”您认为影响终生的学问是什么？是在哈佛校园内，还是在哈佛校园外？

福斯特：托马斯·弗里德曼很早就有句名言宣称，世界在2005年将“扁平化”。他提请注意在思想、经济和知识方面，不再存在边界。然而，社会、文化和信仰不同将影响我们更加深入地交流。如果世界是平的，这是同质化。大学必须接受的想法和机会在于在世界各地开展的广度，并在同一时间提前了解独特的文化、历史和语言之间的差异。现在在哈佛，人们学习和使用包括近80种语言。

就学问来说，终生的学问始于学校，终于社会。一位将于明年毕业的马歇尔学者告诉我，她在哈佛大学进行中国研究，她走遍国内外公开讲：当你学习一门语言，就改变了与周边的关系。她说：“你有搜索引擎（Google），我有中国搜索引擎（中国的谷歌）。你就可以与不同语言类型的人在一起交谈，我们要在这种未来交织的世界一起成长。”我们创建了一个新的工程和应用科学院。我们正在探索新的教学方法。到了秋天，我们一个新的创新实验室将投入使用，以促进跨学科的衔接与研究。大学是人类的最大创新之一，通过大学，我们可以找到一个更好的未来。

都柏林大学（University College Dublin）创立于1854年，约翰·亨利·纽曼为首任校长。都柏林大学如今是欧洲领先的研究密集型大学，也是爱尔兰最大的综合性大学，共有2.5万名学生在此学习，其中有5 000名国际学生，占了爱尔兰高校国际学生人数的30%。近年来，都柏林大学的国际排名迅速上升，与都柏林圣三一学院在全球高校排名上长期位列爱尔兰共和国大学前两名。

都柏林大学培养了许多人才，最知名的校友包括爱尔兰多位前总统以及前总理。著名作家詹姆斯·乔伊斯曾就读于该校。

学校网址：www.ucd.ie

休·布雷迪（Hugh Brady）

休·布雷迪博士于2004年1月被任命为都柏林大学校长。他分别于1982年、1984年获得都柏林大学医药学、工学学位。随后他被授予博士学位及肾生理学研究和分子医学博士学位。布雷迪在1996年回到都柏林大学担任内科及药物治疗学教授之前，曾在哈佛大学任教职九年。

作为一名肾病学家，布雷迪博士的研究兴趣包括炎性疾病以及糖尿病并发症的分子基础。他已获得来自国际上广泛的研究资助，发表超过150篇临床及研究文章、评论、书本章节。

布雷迪博士曾担任卫生研究委员会的成员及主席、爱尔兰高等教育局成员、爱尔兰肾病学协会主席等职。

（《深圳特区报》2011.11.30 第 A07 版）

爱尔兰都柏林大学

高校全球化应发挥本地特色

深圳特区报记者　廖露蕾

今年8月14日，来深圳出席世界大学校长论坛的爱尔兰都柏林大学校长休·布雷迪与深圳大学校长章必功正式签署了谅解备忘录，两校将共同开设医学专业博士课程、联合建立健康科学与创新研究院。休·布雷迪校长在签署仪式上表示，两校还将在科研、医疗设施等领域进行合作，未来双方的合作会扩展到商业领域。在签署仪式现场，布雷迪校长接受了本报记者的专访，畅谈其对目前高校国际化趋势的观点，以及对如何打造一流的研究型大学提出了看法。

一、重视学生的海外经验

深圳特区报：您能否介绍一下爱尔兰都柏林大学？

布雷迪：都柏林大学是一所具有爱尔兰特色的大学，同时拥有全球影响力。都柏林大学在全球大学排名中位于前列，我们处于各领域前沿的讲师与教授为学生提供世界一流的教育。很重要的是，我们会根据最新的研究与发现不断更新、改进我们的学术课程。都柏林大学所提供的课程从我们的建校者约翰·亨

爱尔兰都柏林大学

利・纽曼所提出的教育理念中获得灵感，他的著作《大学的理念》(*The Idea of University*)是一部流传已久的关于大学教育理念的著述。我们寄望我们的毕业生不仅成为各自专业领域的专家，同时也要探索更广泛的知识领域。

深圳特区报：在世界大学校长论坛上，高等教育国际化是其中的一个重要议题。您对此有什么看法？

布雷迪：我想我们对于国际化是非常重视的。这里有多方面的原因，首先，我们的学生从毕业那天开始就可能要面临在世界各地不同国家、不同文化中生活和工作的现实，所以，培养世界公民就成了大学中的一个重要目标。一旦决定了要培养全球公民，我们就会检视我们所提供的课程以及为学生提供的全球交换计划。都柏林大学非常重视学生的海外留学经验，我们也有许多海外志愿项目。目前和其他英语国家相比，我们提供了最为广泛的学习项目。另外，都柏林大学也有一个和中国人民大学合作的关于中国商业的为期一学期的海外学习项目。

高等教育国际化的价值涵盖了许多方面。我们所提出的要培养一些全球公民、全球企业家对我们的经济、社会以及高等教育机构都有诸多利益。另外，如果我们与全球其他高校的合作是互利的话，肯定能给我们带来更高的价值，而且最好的是能不断传开出去。

二、高校全球化进程应发挥本地特色和优势

深圳特区报：论坛上有校长提出高校在全球开分校是否会“麦当劳化”的质疑，您又是怎么看的？

布雷迪：有些大学有能力将他们的校园和校区遍布世界各地，如果我们能有一个非常有创意的统一模式的话，是可以这么做的。当然我们也不会使用麦当劳这种全球统一的模式，这不是我理想中的全球化。

为了适应本地的特色，我们利用了最新技术，比如说远程会议技术等，以此来解决学生面临的问题。全球化现在成了一个热门话题，如果采用一模一样的模式，我肯定是不认同的。但是，如果说全球化能够进一步帮助我们发挥当地的特色和优势，同时能够求同存异，并且让我们的学生能够更好地应对因为文化差异而带来的挑战的话，这就是一件好事。

三、培养学生的多元文化敏感度

深圳特区报：那么都柏林大学通过哪些具体做法培养学生成为全球公民呢？

布雷迪：首先，我们必须要让学生们了解到这个世界的各个部分是相互依存的。金融危机、全球暖化等问题都反映了这一现实。所以我想，让学生们了解这点非常重要，同时这也促使我们在学术方面通过更好的课程设计和学生体验使学生们能够培养更高的多元文化敏感度和更强的意识。他们能够通过海外留学机会体验不同的社会、不同的教育体系。同时我们也通过增加可视化教室的使用，将全球各地的学生聚集到一起，去探索某些话题或完成某些研究。我想，这对于我们的学生而言是个很激动人心的时刻，因为他们有需要成为一个全球公民，同时最新技术以及学校提供的学术交流等机会让他们能够获得真正的全球体验。

四、爱尔兰与中国的交流由来已久

深圳特区报：贵校网站“国际化”这一栏目中特别提到了与中国高校的合作，为什么都柏林大学如此重视与中国高校建立联系？两者的合作包括哪些内容？

布雷迪：中国和爱尔兰虽然相隔了 8 000 公里，两国之间却有着高达 50 亿美元的贸易额，而我们的往来不仅仅建立在商业上，而且建立在文化和体育的紧密

联系上。这是自然而然发展而成的，不是通过专门的发展战略形成的，都柏林大学在这个过程中也发挥了它的微薄之力。1976 年 9 月，爱尔兰都柏林大学足球队成为世界上第一支来到中国访问的西方足球队，无论在中国还是在爱尔兰都有很多的媒体报道。在其后的二十至三十年中，我们建立了更为广泛的文化联系，爱尔兰有一个著名的乐队叫酋长乐队，获得了包括格莱美奖在内的很多大奖。他们获得格莱美大奖是因为他们与中国的音乐人合作做了一张名为“酋长乐队在中国”的专辑。

我们与中国高校的合作有包括学生交流计划在内的各种形式。许多中国学生来到都柏林大学学习，同样地，我们的许多学生也到中国高校去。此外，都柏林大学其中一个很受欢迎的学位课程就是中国商业。我们与中国高校之间还有联合学位课程计划、研究合作计划等，两者的合作是多面的，这对都柏林大学的学生或是研究来说都是相当有益的。

我们和深圳大学此次共同成立一个健康科学与创新研究院，共同开发医药学科方面的课程。我们知道深圳大学有一个非常棒的医学院，另外我们可以在生物医学等相关领域开展进一步交流与合作。我们希望能够实现互利合作，同时无论是在深圳还是都柏林，都能建立在医疗卫生方面的领导能力和管理能力。

深圳特区报：目前在都柏林大学有多少中国学生？您对他们的评价是什么？

布雷迪：都柏林大学大约有 500 名中国学生，他们都是很棒、很聪明的学生。他们选择到都柏林大学来，目的就是寻求和建立全球视野，他们在课堂上表现活跃，也取得了不错的成绩。同样地，他们对丰富都柏林大学的学生生活做了贡献。比如说在中国春节的时候，中国学生不仅自己庆祝这个传统节日，同时也让爱尔兰的学生参与其中，大家聚集在一起讲中文、唱中文歌等。我希望中国学生能够在都柏林大学得到最好的体验，同时也丰富爱尔兰学生的文化体验。这是一个双赢的过程。

五、创新是研究型大学的重要支柱

深圳特区报：都柏林大学是爱尔兰获得最多研究赞助的大学，能给我们分享一下这方面的经验吗？

布雷迪：是的，正如你所说，都柏林大学在吸引研究资金方面是全国第一的。在近几年，我们在研究方面有了非常令人瞩目的发展。都柏林大学拥有三个相互依存的支柱——教育、研究以及创新。我认为创新是一个相当重要的支柱，原因在于它促使人们不仅思考应如何产生新知识，还要思考怎样运用这些知识，无论是完善社会政策或是促进企业发展。所以，比如说我们为博士生提供创新与商业相关的课程，任何研究领域的学生都可以上这些课程。

此外，我们也改变了我们的晋升条件，这样我们就能对实现创新和技术转移进行奖励。都柏林大学还有一个相当重要的举措名为“创新都柏林大学”（NovaUCD），这是爱尔兰最成功的技术转移以及产业孵化单元。它为学生提供创业课程，也向员工和学生传授如何成立一家公司。这项举措也有一个种子基金计划，为大学的衍生企业或是大学以外新创立的企业提供资助。我们让这些公司在校园里成立、发展，为他们提供必要的人才与技术。

深圳特区报：那么都柏林大学如何培养学生的创新能力？

布雷迪：我们与爱尔兰另一所顶尖的研究型大学都柏林圣三一学院有一项名为“创新联盟”的合作计划。这项计划的目标涵盖范围广泛，包括利用两所高校的综合资源与国家及其机构、企业、创业资金团体相呼应，以发展一个世界级的创新生态系统来推动爱尔兰的企业发展。特别是，这个计划包含了一个“创新学院”的项目，旨在提高我们学生的创新能力。我们的博士生在他们的博士课程学习和研究时间之外聚在一起，共同进行一项研究项目。每一个进行共同计划的学生团队都是跨领域的，比如说，一个小组里会有来自人文学科、工程学科、生物科学的学生，他们学习如何与不同领域的人们合作，完成跨领域的项目。同时，也有来自各行业领域经验丰富的导师与他们进行交流。这些项目和合作过程能激发他们思考以及促使他们打破陈规，培养了创业家精神和团队合作精神。我们的创新学院目前也正在研究如何增加本科生在创新方面的体验，这是很有挑战性的一项工作。创新学院将会在爱尔兰逐渐成为全球创新中心这一过程中起到很重要的作用，我们通过这项计划培养的人才不仅拓宽了职业前景，也将帮助爱尔兰经济更好地发展。

深圳特区报：您对于办好一所研究型大学有什么建议？

布雷迪：办好一所研究型大学有许多因素。但我想，这里面最重要的是要有抱负。所以，首先大学的战略发展计划必须要正确。战略发展计划不能只有研究上的创新，还要有研究成果的应用或商业化。其次，研究资金必须到位，成为一所世界一流的研究型大学不能没有高质量的赞助资金。再次就是文化要正确，大学应当愿意从全球招揽最好的教职员工和学生。最后，教员不能只是埋头教学、撰写论文，还要思考如何应用他们的研究成果。

爱丁堡大学创建于1583年，是苏格兰第四、英国第六古老的大学，现已成为世界最著名的高等学府之一。在2011—2012年QS世界大学排名中位居世界第二十，欧洲第六，英国第五。由于具备深厚的历史传统和巨大的学术优势，爱丁堡大学是一些王室贵族和中产阶级的英国家庭高中毕业生的首选，哈罗和伊顿两所全英最负盛名的高中每年都有相当一部分的毕业生选择就读爱丁堡大学。

爱丁堡大学有教研人员近3 000人，全校分设三大学院并下设22个小学院，三大学院分别是人文与社会科学院、科学与工程学院、医学与兽医学院。爱丁堡大学是英国最具规模的院校之一，在校学生总数达到17 000人，其中16%是来自100多个国家的外国留学生。

爱丁堡大学是苏格兰唯一一所同时是罗素大学集团和欧洲研究型大学联盟（由欧洲21所知名大学组成）成员的大学。爱丁堡大学位于苏格兰首府爱丁堡，这座城市是联合国教科文组织评选出的世界遗产之一，其中许多古建筑都属于爱丁堡大学。

学校网址：www.edinburgh.ac.uk

蒂姆斯·奥谢（Timms O’shea）

蒂姆斯·奥谢1949年出生于德国汉堡，他曾在英国萨塞克斯大学学习数学与实验心理学，后获利兹大学计算机辅助教学博士学位。在2002年任爱丁堡大学校长之前，他曾任英国伦敦大学助理校长及公开大学助理校长。奥谢教授是苏格兰企业家联合会会员、苏格兰大学联盟召集人及信息系统联合委员会主席。

（《深圳特区报》2011.12.02 第A14版）

英国爱丁堡大学

一流大学应体现在对人类的贡献

深圳特区报记者　范京蓉　实习生　郭雁

和牛津、剑桥等英国“牛校”相比，位于苏格兰的爱丁堡大学较少进入国人的视线。作为英国最古老的大学之一，爱丁堡大学是世界现代大学制度的发源地之一，同时又自有其鲜明特色：它不仅长期雄踞各种世界大学排行榜前20名左

英国爱丁堡大学内的古建筑

右，是英国仅次于牛津、剑桥等的第四“难进”的大学，还因为其悠久的历史和严肃的学术传统备受英国王公贵族后代的喜爱，爱丁堡大学的荣誉校长就是英国安妮公主。

作为一所开放的现代化大学，爱丁堡大学培养了中国第一位留欧医学生黄宽，也是辜鸿铭、朱光潜等著名知识分子异国求学的校园。日前，爱丁堡大学校长蒂姆斯·奥谢欣然接受本报记者的采访，称世界一流大学必须是一所国际化的大学，而在爱丁堡大学的国际化战略中，中国的位置日益重要。

一、谈世界一流大学：学术成果要获国际认同

深圳特区报：在各种大学排名里，爱丁堡大学多年以来均位列世界前50强。您认为应该如何定义世界一流大学？

奥谢：对我们来说，最重要的是拥有国际影响。爱丁堡大学之所以成为世界一流大学，就是因为我们对人类所做的贡献——医学上的突破，如乙肝疫苗；现代化通信设备的研发，如手机摄像头；以及我们在发展碳捕获技术和其他绿色能源技术的主导地位。

也就是说，一所世界一流的大学首先必须是一所国际性大学。爱丁堡大学不仅仅是苏格兰最享负盛名的大学，在国际上也有相当的知名度，而国际声誉主要是我们的科研成果获得了广泛认同。爱丁堡大学在医学和兽医方面是苏格兰第一、英国第四，在科学和工程上也是苏格兰第一、英国第四，并在知识传播上有卓越的纪录。

深圳特区报：爱丁堡大学的使命和近期的目标是什么？怎样实现它们？

奥谢：大学的使命是探求知识与传播智慧。从1583年起，爱丁堡大学一直是推动世界改变的各项研究的温床。

近两年，我们成立了两个新的全球学院，明年还将推出另外一个，目标就是应对人类最紧迫的挑战。这三个学院分别为全球卫生学院、全球发展学院和全球可持续发展学院，它们将成为教学和研究中心，吸引来自世界各地的研究生加入，和爱丁堡大学一起共同研究如何满足发展中国家的需求、提高医疗健康事业水平，实现惠及全民的经济发展并应对可持续发展的挑战。

可持续发展是我们在研究领域需要进行国际合作的一个主要领域。可持续发展对于我们所有人来说都是一个巨大的挑战，它关系到我们人类的一些基本需求，比如说食品、健康、水以及能源。可持续发展是苏格兰和中国合作当中非常有潜力的可以达到互利共赢的一部分。

教育和社会能够为可持续发展做出突出的贡献，这是各国高校的共识。通过可持续发展迎接挑战，需要我们有更多的知识以及更先进的技术。全世界范围内的大学在促进可持续发展方面应发挥关键的作用，通过教育以及科研项目，通过跨国界的学术和科研交流，现在的高等教育越来越面向国际社会。大学应当通过传播思想、知识、能力和智慧为世界的可持续发展做出更加突出的贡献。

二、谈应对变革的挑战：始终聚集一流人才

深圳特区报：在当今瞬息万变的世界，您认为大学应该怎样让自己适应新的挑战？

奥谢：国际化是让我们适应新挑战的关键。爱丁堡大学有一个传统，即招收最优秀的学生，不仅仅是欧洲的学生，更是世界各地的学生。我们曾经培养了第一个到西方学习的中国学生，第一个到西方学习的日本学生，以及第一个到西方学习的非洲学生。

今天我们的海外学生大约占学生总数的30%，来自海外的教职员工的比例也大致如此。2009年，我们的国际化战略设立了一个目标，就是招募1 000名来自欧盟以外的学生，我现在可以很自豪地说，我们正在朝着这个方向迅速发展。我们已经推出了新的奖学金，以确保优秀的国际学生继续选择爱丁堡大学。

正是由于爱丁堡大学始终是一个聚集世界各地优秀人才的地方，我们对自身总是处在国际领先地位非常自信。

深圳特区报：如果让您列出五名贵校最杰出的校友，您会列出哪五个？

奥谢：爱丁堡大学有很多知名校友，其中有些在现代科学中拥有重要地位，例如，詹姆斯·哈顿，他是世界上最著名的地质学家之一，被认为是“地质学之父”；达尔文，他毕业于爱丁堡大学医学院，提出了进化论。在当代，重要的校友有伊恩·威尔默特，也就是“克隆羊之父”，目前他在做一些基因与医疗的研究；

还有约瑟夫·布莱克，他发现了二氧化碳的存在；最后一位是物理学家皮特·希格斯，他预言了希格斯玻色子的存在。

三、谈大学与城市关系：智慧将超越地理局限

深圳特区报：爱丁堡大学经常被誉为苏格兰最古老最优秀的大学，和英国其他地区的大学相比，贵校有哪些特点？在当今苏格兰的发展中，爱丁堡大学发挥着什么作用？

奥谢：苏格兰有着独特的学术传统。和英格兰的大学相比，苏格兰大学的综合性一向较强。不应该被遗忘的一点是，到 18 世纪，苏格兰已经有四所大学，而英格兰只有两所。

爱丁堡大学的教学体制特别承袭了荷兰莱顿大学及瑞士日内瓦学院的精髓。当时的教师并不分科，每个教师轮流讲授不同科目，学生和教师吃住在一起，有些学生还有私人家教陪伴以监督功课。在这一时期，爱丁堡大学只能算是地区性的人文及神学学院。

到了 18 世纪，随着大学的发展及专业的需求，不分科的教师制度逐渐由分科的教授制度所取代。每个教授均有专门的讲堂以传授不同的专业领域知识，而私人家教则演变为学校的公设制度，以监督考核所有学生的课业。

同时，爱丁堡大学也逐渐成为欧洲法律、科学及医学的研究重镇，它自由开放的风气及专业的学术训练不仅使英国本土的学生争相前往就学，同时也吸引了来自欧洲大陆和北美殖民地的众多学生，逐渐成了一所国际性知名大学。

爱丁堡大学校友，美国开国元勋富兰克林曾说："世界上没有任何一所大学可以和爱丁堡大学相提并论。"同时，由一些知名校友如哲学家休谟、历史学家罗伯森及思想家弗格森等领衔推动的"苏格兰启蒙运动"更成为现代理性思潮的基石。

此外，爱丁堡大学的实际影响远远超越了苏格兰地区。美国的大学制度就是参照了爱丁堡大学的教学体制和方法——我们的毕业生约翰·威瑟斯庞是普林斯顿大学的初创校长，他把爱丁堡大学的模式输出到美国。他是美国《独立宣言》的签名者之一，是著名的学者、宗教领导人、政治家和教育家。在北美他是第一

个将现代英语语法和写作纳入学校教育的人。

四、谈爱丁堡大学与中国：异国文化将丰富人生

深圳特区报：爱丁堡大学开设孔子学院是出于什么考虑？现在你们的孔子学院非常成功，采取了哪些措施吸引人们学习中文和中国文化？

奥谢：我们和中国的联系，不论是在过去、现在还是未来，对我们都很重要。在过去的几年中，我们已经和中国许多著名的大学和企业建立了合作关系，开展研发合作、互换学生等。

2005 年，爱丁堡大学与复旦大学合作共同设立了苏格兰孔子学院。孔子学院的设立是我们加强与中国合作的重大举措。我们为学院投入了大量的工作，而且也收到了显著成效。去年（2010 年），孔子学院在上海和世博会开设了巡回展，并且与中国文化部合作在爱丁堡举办了民间艺术节等。此外，孔子学院还主办了一系列文化交流会议、讲座、电影节等活动，并且常年开设汉语课程。设于爱丁堡大学的苏格兰孔子学院已经连续四年被评为世界第一。

由于中国的国际地位日益上升，苏格兰人自然而然地对中国文化产生了好奇心。孔子学院的存在使得爱丁堡大学成为苏格兰人民了解中国文化的桥梁。

深圳特区报：中国计划在海外推广孔子学院，有些人认为这样的文化输出是一种威胁，您认为呢？

奥谢：在爱丁堡，我们把中国当作伙伴，而不是竞争者。我希望苏格兰人通过学习中国文化使他们的生活更加丰富，就像很多中国学生来这里学习苏格兰文化一样。

五、建言中国学子：以兴趣为导向选择专业

深圳特区报：能否介绍一下爱丁堡大学与中国高等教育机构的合作现状？贵校的国际化战略是什么，中国在其中是什么位置？

奥谢：中国在我们大学的国际化战略里处于中心位置。2005 年，爱丁堡大学在北京设立了办公室；2006 年，大学开设了儒家协会。我们有很多合作伙伴：北京大学、复旦大学、中国科学研究院等。我们正在招募越来越多的中国学生，并

且提供了奖学金以确保最优秀的中国学生能够来这里学习。当然，我们也会注意平衡国际学生的数量，不会像某些大学那样，让某些课全部都是中国学生选修。我们要保证来爱丁堡大学就读的中国学生都能获得真正的国际化体验。

深圳特区报：对于到爱丁堡大学就读的中国学生，您会建议他们学习什么课程？

奥谢：最好的专业就是你最感兴趣的那个专业！爱丁堡大学是一个综合性的大学，能够满足在各种领域有天赋的中国学生：从历史和法律，到经济和商业，到建筑和工程，到一系列广泛的医学课程。爱丁堡大学最著名的一些课程包括居于世界领先地位的信息学（计算机科学），还有作为多莉羊的“家”，我们的干细胞研究和遗传学等也处于世界领先地位。

六、谈高校的创新角色：英美模式效果更佳

深圳特区报：在创新驱动型的经济里，大学应当发挥什么作用？在技术革新中，企业的作用是否更为重要？

奥谢：大学所做的工作对创新是至关重要的。在爱丁堡大学，我们和许多企业一起合作，而且我们设立有一个专门的单位帮助年轻人用自己的发明创造来创业，成为企业家。

爱丁堡大学近年来推出了许多技术革新，例如，为各种 iPod 提供电源的微芯片、手机的摄像头等，这些发明最后获得了巨大的商业成功，但如果没有大学这个推动创新的角色是不可能实现的。

由前沿创新推动的经济需要两个方面的支撑：优秀、普及的高等教育体系和具有国际竞争力的基础研究与创新。拥有上述能力以及能够促进创新的活跃机制的经济体，无论在经济建设还是社会与文化建设方面，都会取得丰硕的成果。

关键问题是前沿基础研究应在何处进行。在法国、德国等国家，公共财政支持的基础研究集中在大学以外的专门机构；而在英国、美国等国家，基础研究则集中在大学。现在人们越来越认识到后一种安排最为有效，因为大学具有公立或私立专门研究机构所没有的独特优势。

七、谈大学校长个性：为师生提供精彩舞台

深圳特区报：您如何概括自己的个性？作为一名大学校长，您认为应该具备哪些素质？

奥谢：我所做的就是不要遮蔽我的同事们的光彩。大学校长有各种各样的风格，从我个人来说，我认为自己的任务就是为大学里每个人的研究、教学和学习工作提供协助，然后帮助他们在苏格兰、英国、欧洲乃至全世界宣扬他们取得的伟大成就。

深圳特区报：作为一名世界知名大学的校长，您最大的挑战来自哪里？

奥谢：在爱丁堡大学这么“大”的地方，清楚地了解我们所有的杰出教授和学生们取得的巨大成就已经是很大的挑战了。每次听说大学里又有了最新的科研突破，或者是我们的学生又取得了不起的成绩，大学里最惊喜的就是我了。

德黑兰大学是伊朗最古老的大学，也是伊朗最负盛名的大学。基于其历史、社会文化和政治谱系，以及其研究和教学的成就，德黑兰大学又被称为“伊朗的母亲大学”。德黑兰大学目前提供111个学士学位课程，177个硕士学位课程以及156个博士学位课程。学校著名的工程学科本科及硕士课程要求申请者进行一个全面的入学考试，只有1%或更少的学生能够进入德黑兰大学就读该专业。

大学的主要校园坐落在德黑兰市中心，处于校园中心的广场景色秀丽，靠近足球场的是大学的中心图书馆，北面有一座古典与现代建筑结合的风格宏伟的清真寺。大学礼堂以古代波斯最著名的诗人菲尔多西的名字命名。

学校网址：www.ut.ac.ir/en

法尔哈德·拉赫巴尔（Farhad Rahbar）

法尔哈德·拉赫巴尔生于1959年，伊朗经济学家。拉赫巴尔在德黑兰大学获得经济学学士、硕士及博士学位，1995年至今担任德黑兰大学经济学系教授，2008年被任命为德黑兰大学校长。拉赫巴尔也曾担任伊朗伊斯兰共和国副总统和管理及规划机构主席等职。

（《深圳特区报》2011.12.12 第A07版）

伊朗德黑兰大学

适应时代变化，拥有国际视野

深圳特区报记者　廖露蕾

伊朗德黑兰大学校长法尔哈德·拉赫巴尔在八月份来深圳出席了世界大学校长论坛。他表示，教育合作和学术交流能够促进两个民族关系的发展，伊中两国学者的交流将促进两国在各领域关系的发展。日前，拉赫巴尔校长接受了本报记者采访，介绍了伊朗高等教育的状况、伊朗最著名大学德黑兰大学的特色，以及他在伊朗副总统与大学校长两种角色之间转换的感受。

一、对教育和知识的追求是伊朗家庭的价值观

深圳特区报：德黑兰大学是伊朗历史最悠久、规模最大的大学，您认为是什

伊朗德黑兰大学本校校门

么促使德黑兰大学取得了今天的地位？德黑兰大学的特色是什么？您如何定义一所世界一流的大学？

拉赫巴尔：德黑兰大学的传统形态建立于七个世纪以前。1928 年，伊朗现代物理学之父穆哈默德·赫沙比教授向前教育部长提出，伊朗须建立一所涵盖大部分学科的综合性大学机构。1934 年，从前只招收男性的大学机构开始招收女性学生，从此成了伊朗的一项教育政策。德黑兰大学也于同年正式落成。

最初，德黑兰大学是以传统宗教学院的形式建立的，除了宗教研究，其提供的教育覆盖了数学、天文学、医学、波斯文学、生物学、物理学和化学。到目前，德黑兰大学已从一个宗教机构发展为更加现代化、更为学术的高等教育机构。从建校之初至今，德黑兰大学全体人员的努力是我们成功的主要原因之一。一直以来，作为先驱，我们的大学积极创建、维持与校内群体之间的动态互动，同时，我们也密切留意着本地区以及这个世界的技术和科学的进步。一个世界一流的大学应该是一个充满活力的、灵活的、坚守人类价值的、拥有国际视野的大学，同时也应通过实现活跃在世界舞台的目标以改善本土环境。

深圳特区报：伊朗与中国一样有着非常悠久的历史，但伊朗对于我们来说仍是一个有些神秘的国家。您能介绍一下目前伊朗高等教育的状况吗？伊朗的高校目前面临什么样的挑战和机遇？

拉赫巴尔：伊朗拥有非常悠久的教育传统，现在位于伊朗西南部的城市约迪萨普是伊朗一家教学医院、一座图书馆和高等教育中心的所在地。而位于约迪萨普的贡德沙普尔是近古时代一所知名的研究院，提供医学、哲学、神学和科学的训练。几个世纪以来，这里培养出了许多科学家。伊朗、希腊、印度以及罗马的科学家都在那里进行研究。因此，伊朗的教育传统是深深扎根于其历史的，可以追溯到 1 700 年前。

近年来，伊朗积极运用伊斯兰科学家最新的学术成果，同时也从过去几代人那里获得多元的知识渠道。对教育以及知识的追求是伊朗家庭的价值观，每个家庭都渴望孩子能够有机会获得高等教育，并努力为孩子准备良好的条件让他们进修。

目前，伊朗的高等教育正在快速发展中，成了发展知识型社会理想的助力。

有数量庞大的年轻人申请大学希望获得高等教育，而这股伟大的力量可以作为伊朗未来发展的发动机。我们必须不断努力以填补技术差距，从某些发达国家获取知识来服务于人类。

深圳特区报：德黑兰大学的教学传统或理念是什么？德黑兰大学培养了许多人才，您能分享一下贵校培养人才的成功经验吗？德黑兰大学的课堂是什么样的？

拉赫巴尔：德黑兰大学正致力于知识发展，并为社会服务。我们已成立了专门的机构协助我们的精英，并尝试为他们提供设施，使他们能够更好地发挥能力并蓬勃发展。我们寄望学生们能够服务于为他们提供了晋升机会的社会。他们生活在这样一个充满活力的社会，面对快速的变化，他们渴求获取知识——为了知识本身、为了贡献社会的知识。当科学用于服务社会，帮助解决社会问题，就可以缓解社会的苦难。

在德黑兰大学的课堂里，我们运用多种互动方式的教学和新的教学工具，教授主要是从旁协助学生。同时，教授们也投入在研究方面，努力将知识与实际相结合。

二、高校应为产业提供智力支持，以提升社会福利为目标

深圳特区报：德黑兰大学在所在地的经济社会发展中扮演了什么角色？高校如何加强与所在地之间的联系？

拉赫巴尔：德黑兰大学对所在地的经济社会发展起到了先锋作用，同时与产业、地方及国外各级机构之间有许多密切的联系。产业委托大学教授和学生做研究，研究成果则用来支持国家的发展。我认为，产业应尝试与大学建立进一步的联系和加强财政上的支持，而大学也应该为产业提供智力上的支持，提升社会福利。

考虑到德黑兰大学的指导政策是为社会提供有形产品，尤其是在工程科学和应用科学领域，因此伊朗许多行业依靠大学的智力成果来开展不同的项目。除了上课，我们的教职员经常与学生集体协作参与产业的工作项目，这为大学和项目研究人员都带来了额外的收入。

值得一提的是德黑兰大学的科学技术园。德黑兰大学科学技术园成立于2010

年，这个园区建立的目标是训练毕业生在社会上创造、投资和发展企业，在学术环境里促进、宣传创新，进行科学、应用及发展研究以发现创建知识型企业过程中的制约。科学技术园下设几个不同的中心，其中，成立于2002年的创新和创业发展中心支持学生、毕业生、研究及学术人员提出创意，并将创意转化为创新和创业的想法。而育成中心则为企业家提供机会发展他们创新的技术理念，建立新的业务，使其商业化。育成中心的特点是其多学科的功能（托管工程、生物技术、纳米技术、农业、科学各领域企业）为企业提供进入国立大学、工业/商业中心的通道，以及与科技园区之间的融合。中心为企业家提供了办公空间、设备、礼堂、实验室和工作坊空间、管理和技术上的支持，还有金融、知识产权等方面的服务。

此外，在国家工业及矿业部门的支持下，科技园内的工业诊所为工业和矿业单位提供专业的技术咨询，针对问题提出解决方案，并建立专家、教授、实验室的网络，打造一个政府—大学—产业的关系，加强产业的研发和知识管理，提高行业的商品和服务标准。

三、通过成立中国研究学系，有效发展与中国的学术联系

深圳特区报：大学国际化是目前很重要的趋势，您怎么看这个趋势？德黑兰大学的国际化策略是什么？成果如何？

拉赫巴尔：国际化是我们的战略目标之一，在国际事务方面，德黑兰大学一直十分活跃。我们鼓励学校人员积极参与国际会议、进行联合研究项目和参与联合学位课程。我们在接收外国学生的同时，也努力装备我们的学生，使他们做好毕业后在全球范围内工作的准备。此外，德黑兰大学主持举办了不少国家和国际级别的文化、学术活动。在2008年，近1 000名德黑兰大学的教授和研究生在大学的资助下参与了国际会议。

不久前，我来到中国的北京大学与其校长进行了交流。两校之间签署了谅解备忘录，也建立了广泛的合作，特别是在波斯语和中文的领域，我们已经合作推出了不少出版物，包括波斯语—中文双语字典。我们的教授积极参与在中国举行的国际会议，反之亦然。许多中国学生已经获得了德黑兰大学的奖学金并在此进

修。我们很快将会成立中国研究学系，通过这个学系，我们将更有效地发展同中国的学术联系。北京大学处在正确的轨道上，并努力促进中国的发展。我认为，中国高校的发展迅速，他们的成就堪称典范。

目前，我们有超过 500 名国际学生在德黑兰大学的校园里学习、生活。其中有不少中国学生在这里获得学位，也有不少中国学生来到我们的校园进行短期学习，如学习波斯语和学术交流等。中文是我们的第二语言之一，我们也拥有孔子学院。

深圳特区报：德黑兰大学无疑是一个极具多元文化的大学，德黑兰大学如何促进在校园发生的多元文化之间更好地融合？

拉赫巴尔：我们尊重不同的文化，我们的文化事务处举办各种以不同群体为主体的活动。在这样一个多元文化的环境下，我们鼓励学术人员加强和谐与团结。每周五，德黑兰大学都会举行礼拜，这是德黑兰大学相当重要的一个活动。

四、副总统任职经验为大学管治提供宏观视野

深圳特区报：南方科技大学是深圳新成立的大学，它的目标是成为一所世界一流的研究型大学。您对新成立的大学达到这个目标有什么建议？

拉赫巴尔：任何一所大学的成功取决于它每一部分之间的和谐。它就像一个链条，每个组件发挥自己的功用、尽自己的职责。建立健全的基础设施，采用前沿技术，为学生和院系提供良好的福利设施、教学工具、优秀的教职员工，并与当地社会和全球相互交流，我相信，这样可以带来令人印象深刻的结果。

深圳特区报：您曾担任伊朗伊斯兰共和国的副总统，这个经历与您现在担任德黑兰大学校长的职务有什么相同和不同之处？在如今这样一个迅速变化、充满竞争的环境中，您将如何带领德黑兰大学向前发展？

拉赫巴尔：两个都是我能够为国家服务的职务。在成为伊朗的副总统之前，我一直是一名经济学教授，所以返回德黑兰大学就好像回家一样。担任伊朗伊斯兰共和国副总统的工作让我能够在宏观层面看问题，我运用这个经验来管理德黑兰大学。德黑兰大学是一个实现知识基础理论的模范，学校将这一经验扩展至全社会层面。我们必须适应快速的变化，在现代社会中发声的同时尊重我们人类基

本的价值观。

深圳特区报：德黑兰大学未来的发展战略是什么？

拉赫巴尔：德黑兰大学正尝试将学术课程“国际化”。本地问题也与国际问题相互关联，因此我们必须对问题有一个广泛的看法。装备了知识的人类力量可以创造奇迹，并推动社会向前发展。我们的政策是要加快获取知识的进程，并与世界互动，争取创建一个更和平的世界。

成立于1386年的海德堡大学是德国最古老的大学，也是世界顶级的研究型大学之一。海德堡大学拥有优秀的研究学者，并为来自世界各地的学生提供优质的教育机会。作为一所世界领先的综合性大学，海德堡大学致力于前瞻性的研究和教学。

海德堡大学还大力强调国际合作。多年来，海德堡大学建立了全球研究和教学的伙伴网络。亚洲特别是中国是海德堡大学国际合作战略的重要基石。

学校网址：www.uni-heidelberg.de

伯恩哈德·艾特尔（Bernhard Eitel）

伯恩哈德·艾特尔，生于1959年，1989年在斯图加特大学地理系获得博士学位，曾相继在德国卡尔斯鲁厄大学、斯图加特大学、帕绍大学、拜罗伊特大学和海德堡大学任教，自2007年起担任海德堡大学校长。

（《深圳都市报》2011.12.20 第A17版）

德国海德堡大学

开放治学解决人类“大问题”

深圳特区报记者　方胜

日前，德国海德堡大学伯恩哈德·艾特尔接受了《深圳特区报》记者的采访。

海德堡大学旧校园

一、六百多年来一直提倡“永远开放”

深圳特区报：海德堡大学是德国最古老的大学，也是欧洲科研实力最强的高校之一。请您介绍一下海德堡大学的使命和宗旨。

伯恩哈德·艾特尔：牢牢植根于我们的历史，海德堡大学致力于通过研究和教育，增进和传播有关人类与自然所有方面的知识。海德堡大学坚持研究和教育自由的原则，承担其对人类、社会和自然的责任。与我们的座右铭“永远开放”所一致，在德国海德堡大学，我们提倡以开放的胸襟宽容对待个人和思想，鼓励开创和使用有益于今天和明天的知识和技能。

深圳特区报：海德堡大学的特色有哪些？

伯恩哈德·艾特尔：首先，海德堡大学成立于1386年，有着悠久的历史和深厚的底蕴。六百多年来，海德堡大学的成功可以从国际公认的大学排名和由德国政府资助的科研项目中得到证明。海德堡良好的声誉使其在科学界的主导地位当之无愧。

其次，海德堡大学是一所综合性大学，提供包括人文、法律、社会科学、自然科学和生命科学以及医学在内的全方位的学科教学和科研。作为一所综合性大学，海德堡大学也深深致力于加强其学科建设和培养跨学科的合作，以及将其研究成果应用于社会和产业界中。 海德堡大学也与全球的研究和教学伙伴紧密相连。

海德堡大学为来自世界各地的学生和学者提供良好的教育和研究的机会。海德堡大学约有3万名全日制学生，其中包括5 000多名外国留学生。每年，海德堡大学也吸引了数百名来自全球的来访科学家和研究人员。

海德堡的另外一个特点是风景如画。我们的校园坐落在内卡河谷，笼罩在浪漫的小城镇氛围中，却又兼具国际大都会的吸引力。此外，这里生活便利，学生和学者都享有优越的研究设施，包括一个有310万册藏书的一流图书馆。

二、注重跨学科研究解决人类“大问题”

深圳特区报：海德堡大学曾经培养出了许多诺贝尔奖获得者和享誉世界的思想大师。几个世纪以来，海德堡是如何保持高水准的学术质量的？

伯恩哈德·艾特尔：几个世纪以来，海德堡大学因自身研究和教学的高标准而独树一帜。我们坚定地致力于进一步加强我们的学科建设，同时利用多学科的合作机会探索跨学科问题。我们的目标是通过利用海德堡大学和海德堡研究人员已经获取的卓越成就，以及跨学科的合作，来寻求解决人类及其环境面临的“大问题”的答案。

那么，哪些问题对于人类来说是根本性的“大问题”呢？我认为，我们所处时代的“大问题”至少包括环境问题、全球变化、国际冲突、老龄化进程、信息化社会、文化变迁以及贫穷。这些问题不能仅依靠一个或两个学科的努力，而需要一个积极的、合作的话语环境和学科之间的协作来找寻答案。这一构想自1386年海德堡大学成立以来就一直是海德堡自我认知的一部分。这种开放合作的新形式和对开创性思想的追求也符合我们的座右铭——“永远开放”。

众多的诺贝尔奖获得者为海德堡大学增添了光彩。共有55位诺贝尔奖得主与我们的大学相关，其中10人是或曾是海德堡大学的教授。我们最近的诺贝尔奖得主是1991年的伯特·萨科曼和2008年的哈拉尔德·楚尔豪森，他们两人都获得了诺贝尔生理学和医学奖。

深圳特区报：在19世纪，海德堡大学曾为美国大学设立研究生院起过示范作用。您能否解释一下美国大学从海德堡大学主要学习的是什么？

伯恩哈德·艾特尔：在19世纪下半叶，德国的大学，尤其是海德堡大学，成为美国研究型大学建设的榜样。1876年成立的美国约翰·霍普金斯大学就从海德堡大学借鉴了研究生院的研讨会模式，而这又反过来成为美国其他大学的标准模式。19世纪的德国大学有这样一个显著特点，就是将研究和以研究为导向的教学相结合，而在海德堡大学，这种特点尤其明显。美国的大学就是在这样的理念下设计或再设计的。

深圳特区报：在一个新的时代，您认为海德堡大学在巩固和加强其在全球大学中的地位，鼓励更多的外国学生、研究员和教员加入等方面，哪些是核心的要素？

伯恩哈德·艾特尔：海德堡大学坚定地致力于保持和推动其高标准的研究、教学，并高度重视跨学科和国际合作。通过促进跨机构的合作，我们将继续在海德堡大学建立优秀的跨学科研究中心。这种合作也将加强和推进海德堡大学在国内外网络中的卓越地位。

就教育学生和培养有前途的、处在职业生涯早期的学者而言，我们依靠我们最强的两个方面：研究型教学和最高级的、结构合理的博士候选人培养机制。我们在160多个不同的学科里进行教学和科研活动，这意味着海德堡大学可以提供一系列的研究组合，这在德国是独一无二的。此外，海德堡大学允许特殊的跨学科研究，拥有具备高度竞争力的基础设施，在这里，各学科的科学家可以短距离地进行交流合作。

三、与中国高校正在进行约 100 个合作项目

深圳特区报：海德堡大学是与中国开展国际交流和合作较早的德国大学之一，早在 20 世纪 80 年代就帮助中国医学院培养未来的医生。请您介绍一下这方面的情况。

伯恩哈德·艾特尔：海德堡大学在与中国和中国高校开展合作的方面有着悠久的传统。中国改革开放以后，海德堡大学很快就与多所中国的大学建立了密切的联系。

三十一年前，也就是在 1980 年 11 月，我们的前任校长阿道夫·劳福斯教授与当时的武汉同济医学院签署的这份谅解备忘录建立了我们两个机构之间的结构性合作。从那时起，每年都有一批来自武汉的博士生和医生到海德堡大学为继续教育和博士学位做研究。此外，这两个机构定期交换实习生到相应的诊所实习，我们还进行了多次大规模的联合研究项目。在过去的两年中，为了推进中国医学博士教育的现代化，我们双方开展了新的合作项目。

深圳特区报：近年来，海德堡大学与中国高校的合作如何？

伯恩哈德·艾特尔：海德堡大学与中国高校的合作远不止于医学项目。在 20 世纪 80 年代，我们分别同南开大学、上海外国语大学和北京外国语大学，推出了其他三个合作项目，这些合作项目包括学生交流、客座讲座和合作研究。所有这些伙伴关系一直持续到今天并保持着活力，许多个人的友谊和专业的关系在过去的三十年建成并得到巩固。

随着这些中国高等教育合作项目的成功，我们与中国高校的学术合作已逐渐拓展开来。近年来，我们已与清华大学、上海交通大学、香港中文大学、香港浸会大学等中国高校开展了交流计划。

此外，除了我刚才提到的交流计划，我们还有越来越多的联合研究项目，涉及广泛的学科范围。这些都是短期的项目，根据项目的具体要求和融资将运行几

年时间。

目前，海德堡大学与不同的中国高校合作，正在运行大约 100 个研究项目。

四、建议报考学生先具备德语能力

深圳特区报：请您介绍一些有关中国留学生的情况。如果可能的话，请特别介绍一下广东省和深圳地区的学生。

伯恩哈德·艾特尔：海德堡大学是深受中国学生喜爱、认知度很高的德国高校。据统计，在 2011 年夏季学期，有约 400 名来自中国内地的学生就读于海德堡大学。他们的表现十分优秀，与海德堡大学融为一体，成为我们国际化学生群体中积极的一部分，并努力地学习知识以回报社会。很遗憾，我们不能提供他们来自中国特定区域的任何细节，因为我们没有这方面的统计数字，但可以肯定的是，我们十分欢迎来自广东省和深圳地区的学生到海德堡大学来追求卓越学术和人生阅历。

深圳特区报：德语是一门很难的语言，德国优秀的大学特别是海德堡大学的入学标准也很高。您对希望入读海德堡大学的中国学生有哪些建议？

伯恩哈德·艾特尔：在海德堡大学，由于大部分课程是通过德语授课的，因此所有的外国学生都须掌握良好的德语能力。在一般情况下，“德国高校外国申请者入学德语考试 2 级”（DSH 2）或者“德语水平考试”（PNdS）是申请入读德国大学所须通过的德语水平考试。若要直接入读海德堡大学，来自中国的学生应通过高考，并在中国国内的大学至少学习了一年。申请德国大学时，来自中国的学生还需要提交其通过德国设在北京的学术评价中心认证的文件。

此外，海德堡大学还提供了一些以英语授课的科目，所有科目的列表以及上述入学的标准、所需的文件、有关语言等信息都可以在我们的官方网站找到。但是，如果条件允许，我们还是建议他们报读德语授课项目或者至少掌握德语，因为语言本身也是文化和留学生活的重要内容。

早稻田大学于1882年创立，创始人为曾任日本内阁总理大臣的大隈重信，其建校宗旨是为日本的现代化培养人才。早稻田大学创立之初校名为东京专门学校，1902年改为“早稻田大学”，现已发展成为具有13个院系、22个研究生院，拥有5.3万名学生的综合大学。

尊重传统、激发自豪感，早稻田大学灵活先进的思路孕育出引领日本教育界的教育方法和精神，培养了许多活跃在世界舞台的人才，包括日本首相野田佳彦在内，有七位日本首相是早稻田大学的毕业生。除了政界之外，早稻田大学毕业生在财界、商界、文艺界也人才辈出。索尼、卡西欧、优衣库、乐天、三星等很多优秀企业的创始人和总裁也毕业于早稻田大学。

学校网址：www.waseda.jp

镰田薰（Kaoru Kamata）

镰田薰，出生于1948年，毕业于早稻田大学，曾任法国巴黎第二大学客座研究员，法国巴黎大学区巴黎第一大学、第二大学交换研究员，专业学术领域为民法、不动产法和法国法等。镰田薰现担任日本文部科学省科学技术及学术审议会委员等社会职务。2010年开始担任早稻田大学校长。

（《深圳特区报》2011.12.30 第A13版）

日本早稻田大学

培养具有自主独立精神的国民

深圳特区报记者　方胜

“亚洲今后的发展，不仅需要我们拥有先进的科技，更需要有前瞻性的应对各种危机的能力，这都需要培养具有更广阔的视野、能引领世界前进方向的人才。”

“创建一所优秀的大学，不仅要引进优秀的教师、招收优秀的学生，更需要开放的胸怀和兼容并包的办学理念。”

“服务他人、社会与国家，这才是早稻田追求的高等教育的真义。”

正在进行国际化城市建设的深圳离不开高等教育的支持，而高校培养人才的方向如何与城市的发展目标一致，从而更好地为城市的发展服务？日前，日本早稻田大学校长镰田薰通过电子邮件在接受本报记者采访时对此进行了阐述。

早稻田大学校园

一、57 万校友成为各领域领军人物

深圳特区报：请问早稻田大学的使命和特点是什么？

镰田薰：早稻田大学的办学理念包含三个关键词：学术的独立、学术的活用、造就模范公民。这些理念强调的正是培养全球领导人的观点：超越眼前利益，在广阔世界有大作为，为社会做贡献。通过与现代社会相符的形式将这一使命与理念付诸具体实践便是早稻田大学的特点。

今天的世界形势分布发生了很大的变化，亚洲在国际社会中的地位日益重要。亚洲今后的发展不仅需要我们拥有先进的科技，更需要有前瞻性的应对各种危机的能力，这都需要培养具有更广阔的视野、能引领世界前进方向的人才。

这次“3·11”日本大地震使得这一社会需求进一步加强。社会的各个层面都需要危机管理和面对紧急关头能够妥善处理的人才。这非常吻合早稻田大学一直以来努力培养强有力的领导型人才的治学之道。

深圳特区报：早稻田大学为日本社会乃至亚洲、全球培养了很多人才。能够吸引和培养出这么多优秀人才的根本原因是什么？

镰田薰：早稻田大学迄今为止培养出了许多在各个领域发挥着领导作用的人才，其中包括中国共产党创始人之一李大钊、富士通前会长秋草直之、索尼前会长出井伸之、迅销会长柳井正、NHK 前会长海老泽胜二、日本国家队前主教练冈田武史、日本足球协会会长 /FIFA 前理事小仓纯二等等，涉及政治、新闻、实业、法律、学界、教育等广泛领域，最近还涉足了 NGO 和国际机构等。

自创设以来，早稻田大学一直秉承最大限度地尊重学术自由和独创性的校风，不同背景的学生来到这里互相切磋与交流，在教育、研究、文化、体育等广大领域拓展自己的才能。正是因为有了这样的平台，教育上也结出硕果，多达 57 万人的校友不断成为各个领域的领军人物。学校发挥综合大学的优势，在提供教育和

日本早稻田大学创始人大隈重信塑像

研究方面多种项目的同时，学生可以跨越所属院系的限制，从基础教育到健康医疗等尖端科技多领域选修课程，并且也可以通过参加研讨会、实习和志愿者活动在实践中得到锻炼。

所有的这些努力吸引了世界各地、个性丰富的人才，通过院系授课和课外活动来到早稻田大学学习知识。也正因此，我们才会有优秀人才的长期涌现。

二、追求“学术的独立”，体现“在野精神”

深圳特区报：您能否解释一下早稻田大学的办学理念之一的“学术的独立”？

镰田薰：我认为，“学术的独立”是“在野精神”和“反骨精神”相结合的产物。长期以来早稻田大学以培养具有自主独立精神的国民为理想，不为权力和时势所左右，开展科学的教育和研究。“学术的独立”体现了早稻田大学的“在野精神”，它并不是单纯的反权力，而是指在接受西方学术思想的同时加以验证，强调培养独创性学问的重要性。我们需要的不是照搬照抄，而是独立自主的学问。

一个世纪前的早稻田人就已经意识到“进口西洋制度”这种社会主流观点的局限性，认为培养善于运用制度的人才比单纯引进西方制度更为关键，并努力探寻西方文明融入与民族特色保留的平衡点。所以，“学术的独立”的思想精神很早就植根在早稻田的土壤之中，激励着一代代学子不仅在学术研究中进行独立思考与分析，而且还追求创造性的品格与自由世界的理想。

深圳特区报：早稻田大学的政治经济学对日本社会有着重大的影响力。请您介绍一下这个学部的情况？

镰田薰：现在的早稻田大学政治经济学院的前身是我校 1882 年以东京专门学校为名创办时开设的政治经济学科，由政治学科和经济学科组成。政治学科和经济学科同属一个院系，这不仅在日本，在世界大学中也属罕见。

2004 年 4 月，除这两个学科外，我们又新设了“国际政治经济学科”。新学科的宗旨是以政治学、经济学和公共哲学为三大支柱，培养具有国际性和政策性的学生。现代社会的许多问题背后经济和政治错综交织，相互依存，要解决这些问题，需要同时学习两个领域的知识。

深圳特区报：据说，日本年轻人如果考上早稻田大学，会放弃去哈佛大学等欧美顶级大学的机会。日本学生是如何看早稻田大学的？

镰田薰：不同于东京大学等为国家机关培养精英的国立教育机构，早稻田大学自建校之初就因为其对平民教育的推崇而享誉海内外。平民在大学经过教育再回到平民之中，将知识与思想的火种在平民中广泛传播，成为国民的模范，服务他人、社会与国家，这才是早稻田大学追求的高等教育的真义。

所以，在日本学生的眼里，早稻田大学是一所具有创新的氛围、会为学生提供自主和自由发挥的空间和机会的大学，还是一所面向社会开放的、为社会提供平等的教育机会的大学。

三、与中国47所大学签订校际协议

深圳特区报：作为一所世界名校的校长，您认为如何才能不断地加强大学的自身实力，实现可持续发展？

镰田薰：大学必须回应社会的各种需求以及利益相关者的要求，这是理所当然的。这些使命乍看上去似乎有互相矛盾之处，这是因为大学的使命中承载着一些短期无法预见的成果和非经济性因素。刚才所说的教育宗旨已经表明了早稻田大学背负的使命。

现代大学的发展离不开国际化，特别是如何在亚洲地区进一步提高合作水平是一个重要的课题。

深圳特区报：谈到国际化，早稻田大学是全球著名研究型大学组成的国际高校联合体U21（Universitas 21）的成员。加入这样的国际校级交流组织为早稻田大学带来了哪些机遇？

镰田薰：国际化是大学发展的重要途径。早稻田大学从创设之初起便不断推动国际化，1900年首次派留学生去德国，1905年设清朝留学生部，在随后的五年里接收了2 000多名中国留学生，20世纪初留学生人数达到全体学生的25%。许多中国新民主主义革命的领袖都曾在早稻田大学求学。

U21现有20所大学参加，日本的大学只有早稻田大学一所。U21的加盟大学数量还不多，我们发挥了重要的引导性作用。另外，我校还计划和加盟U21的大学之间开展暑期短期留学等项目。通过强化和这些协议院校之间的关系，我们的国际发展战略从两校间的合作伙伴关系进展到大学间的联盟、同盟，发生了质的变化。

此外，随着亚太地区日益成为世界格局的中心，亚洲高等学府之间的对话与合作对于扩大亚太的话语权、引领世界高等院校的发展具有重要意义。我们努力使类似于联盟学校之间的教学科研合作成为常态，加强双方学生的互换交流，使之相互了解、结下友谊，这对增进相互理解，维护东亚乃至世界和平均具有长远的积极意义。

深圳特区报：您格外强调亚洲地区、东亚地区高校之间的合作。请您介绍一下早稻田大学现在与中国高校的合作情况。

镰田薰：是的，我认为要提高早稻田大学的影响力，首先应当进一步加强与中国、韩国等这些近邻国家教育机构的合作关系，利用相互的协同作用，发展成为世界的早稻田。在立足亚洲、面向世界制定国际化战略的同时，吸引更多的外国学生在早稻田大学进行短期或长期的学习，邀请更多的研究员来我校工作可以提高早稻田大学的潜能。今后，我们将致力于在保证国际交流的质量的同时实现量的飞跃。

早稻田大学目前与中国 47 所大学及研究机构签订校际协议。其中，1982 年起与北京大学开展交流，除教师、学生交流外，还在双学位制度及共同研究方面取得成果。为加强两所大学间的交流，我们在北京大学校内设立早稻田大学北京事务所，成立早稻田大学北京大学共同教育研究中心。在这个基础上，两所大学正在筹备建立环境与可持续发展学联合研究生院。双方共同运营的世界首个研究性的孔子学院也不断取得研究成果。

同样，早稻田大学和清华大学联合建立了合作促进委员会，双方共同举办大学日等学术活动，在文理各个领域都有活跃的学术交流。在上海，我们与复旦大学建立双学位制度，与上海交通大学就法律及理工科共同研究和学生交流方面交换备忘录，持续开展实质性交流。我们还和中国科学院、中国社会科学院等顶级研究机构开展人员交流，推进共同研究项目。

四、期待深圳涌现更多的优秀大学

深圳特区报：深圳正在建设南方科技大学，并计划将它发展成为一流的研究型大学。可否请您就如何创办优秀的大学为深圳提一些建议？

镰田薰：长期以来，早稻田大学结合不同的时代对办学理念进行解读。现在早稻田所追求的是教育与科研并重的道路，而国际化是通往这个道路的重要的契机。我认为教学和科研都不应囿于一个国家或地区，高等教育本应为世界做出贡献，这才会提高人们对大学的评价。

中国改革开放以来，深圳作为中国经济发展的先锋，取得了举世瞩目的长足发展，而随着中国经济转型的不断深化，深圳也面临着新的挑战，这都急须培养大量优秀的人才。创建一所优秀的大学不仅要引进优秀的教师、招收优秀的学生，更需要开放的胸怀和兼容并包的办学理念。我们期待着充满活力的深圳会出现越来越多同样充满活力的大学。

深圳特区报：您可否介绍一下现在在早稻田大学求学的中国学子的情况，特别是来自广东和深圳的学生？

镰田薰：目前，早稻田大学有 4 100 多名留学生，其中中国留学生最多，为 1 800 名，其中很多来自广东地区。广州和深圳许多优秀的高中都与我校有长期友好关系。中国留学生与日本学生以及其他国家的留学生一起享受校园生活，互相切磋，共同成长。

日本在亚洲最早进入发达国家行列。如果说为自己祖国的未来到日本来留学，并努力学习政治、经济、制度和文化等知识，我觉得在早稻田度过大学生活是一件非常有益的事。我们也非常欢迎更多的中国学子能够来到早大学习、深造，并将所学回报给社会。

此外，2014 年早稻田大学将建成可容纳 900 人的与日本学生混住的学生宿舍。我们有 6 个院系 9 个研究科采用英语学位制度，这样入学时就不一定必须会日语。在顶新国际集团的协助下，我们为考取早稻田大学研究生院硕士课程的中国大学的优秀学生提供一年 300 万日元的奖学金等经济补助。早稻田大学不断完善多种助学措施，建设学习环境，等待求知欲旺盛的同学前来。

大学简介

日内瓦大学的前身日内瓦学院由宗教改革家让·卡尔文于1559年建立，在1873年建立医学院之后正式更名为日内瓦大学。经过四百多年的发展，日内瓦大学目前已成为瑞士规模最大的高等院校之一，仅次于苏黎世大学。目前，日内瓦大学有在校学生15 000人，其中超过三分之一的学生来自瑞士以外的国家，是一所名副其实的"国际大学"。日内瓦大学的女性学生比例也是全瑞士最高的，占61%。

日内瓦大学由八所学院组成，包括理学、医学、人文艺术、社会科学与经济、法律、心理及教育科学、神学、翻译学院，提供超过280种学位课程。日内瓦大学优先发展包括生命科学、物理科学、神经科学、历史科学、环境科学、金融及社会、脆弱性与老龄化、语言及沟通科学、国际关系及欧洲研究等九个领域。

日内瓦大学的三大使命为教学、研究以及为社会服务，其享有国际声誉，是集合了欧洲21所最优秀的研究型大学的欧洲研究型大学联盟（LERU）的成员之一。日内瓦大学在最新的QS大学排名中名列全球第69名。

学校网址：www.unige.ch

校长名片

让·多米尼克·瓦萨利（Vassalli Jean-Dominique）

让·多米尼克·瓦萨利出生在日内瓦，于1972年在日内瓦大学获得瑞士联邦医学文凭，于1977年在洛克菲勒大学获得博士学位，1984年在日内瓦大学获得医学博士学位。1986年，瓦萨利担任日内瓦大学医学院发展生物学教授，1994年至1999年担任医学院副院长。随后，他被提名为日内瓦大学副校长，负责技术转让与沃州—日内瓦的合作计划。随后，他主持医学院的基础研究组，并在2007年被任命为日内瓦大学校长。

（《深圳特区报》2012.01.13 第A13版）

瑞士日内瓦大学

人文主义是大学的核心价值观

深圳特区报记者　廖露蕾

一、谈教育理念：创造教育与研究间的良好交织

深圳特区报：日内瓦大学成立于1559年，历史相当悠久，直到今天贵校仍能一直保持着人文价值的传统。我们应该怎样理解日内瓦大学的人文价值？它的现代意义是什么？

瓦萨利：多年来，日内瓦大学一直保持着核心价值观，直到今天仍然适用，其中最重要的无疑是人文主义。人文主义涉及宽容、独立、好奇心和开放的态度，而这些概念正反映在我们大学的所有活动中。同时，这也意味着对知识的不断追求。一个人如果没有接受适当的教育，是不可能完全自由的。

深圳特区报：日内瓦大学目前是欧洲领先的大学之一。贵校的教育理念是什么？您如何定义“世界一流”大学？

瓦萨利：日内瓦大学对卓越的追求源于一个坚实的教育理念，它以综合性、跨学科，以及教育与研究之间的良好交织为基础。日内瓦大学着眼于高质量的研

究，吸引了著名的研究人员和教授，他们又为我们带来优秀的教学。在我看来，当一所大学重点关注保持与调整研究的质量时，是能够被称为“世界一流”的。事实上，一所大学拥有越优质的研究，那么它就会拥有越高的国际声誉。我认为基础研究是实现卓越的关键。

瑞士日内瓦大学教学楼

深圳特区报：日内瓦大学运用什么样的方法或机制来鼓励科研活动？教授如何做到科研和教学之间的良好平衡？

瓦萨利：为了促进研究活动，我们确定重点研究领域，并在这些领域里钻研。制订一个周全的战略学术计划对于研究活动是非常关键的。生命科学、物理、化学、天体物理学和社会科学各领域的研究都是日内瓦大学的旗舰研究领域。而提供国家最先进的基础设施和技术以促进研究人员的工作也同等重要。

我们同样建立了强大的研究网络，这与我们和科学家们的合作是息息相关的。我们与联合国环境规划署、欧洲核子研究中心、欧洲航天研究组织、欧洲航天局、美国国家航空航天局等机构进行合作。此外，我们的教学人员与其他大学的教学人员在瑞士国家研究能力中心进行合作，有四所国家研究能力中心都以日内瓦大学为基地。我们大学也参与了“欧洲研究与教学计划”，日内瓦大学与国际上一些机构的学术合作也使我们的研究人员获得了与其他研究人员交流的机会。

在日内瓦大学，学生们极大程度地参与到研究中，我们始终努力结合教育与科研，以确保最好的教育课程。硕士学位课程的一个重要组成部分是研究，博士学位课程则以研究作为最主要的部分。教学课程通常涉及研究，因此我们的教学和科研活动紧密地交织在一起。这两方面密切相关，因此两者之间的平衡是很自然而然的。

二、谈高校竞争：竞争对研究有积极推动作用

深圳特区报：目前，全球高校普遍面临着激烈的竞争，日内瓦大学如何应对

这样的情况？贵校在吸引、留住人才上有什么措施？

瓦萨利：我认为，竞争对于研究来说是有积极的推动作用的。它促进了知识的活跃，同时也打开了一个令人兴奋的辩论空间。我通常将竞争区分为两种类型：区域竞争和国际竞争。

在区域竞争这一层面，日内瓦大学将与其他大学的合作互补摆在最优先的位置。日内瓦大学已经与瑞士的许多大学共同举办硕士课程，这样的学术联系也反映在教授、研究人员和学生之间的交流上。这样有助于提高瑞士教育的国际声誉，实际上，我们凭借瑞士教育的声誉吸引和留住了许多人才。

在国际竞争层面，我们的特色在于对前沿科学的专注、先进的基础建设以及优秀的教职员工。日内瓦大学处于国际化程度极高的城市中，这个独特的地理位置显然是我们在竞争中区别于他人的高贵资产。日内瓦大学提供贴近享有盛名的国际组织和人物的机会，这些杰出的人物时常在我们的大学演讲，为卓越的教育水平做出了贡献。

深圳特区报：那么贵校又是如何培养学生，使其成为适应当今社会急速变化和发展的人才，应对目前的激烈竞争的？

瓦萨利：我们的学生受益于一流的教育和教学课程，在日内瓦大学，跨领域、跨学科的发展为研究和知识的新领域打开了一片新天地。同样地，日内瓦的国际化背景以及欧洲中心的位置也有助于丰富日内瓦大学所提供的精益求精的务实教育。

三、谈资源优势：利用独特的地理位置优势

深圳特区报：您多次提到日内瓦大学优越的地理位置所带来的优势，贵校又是如何利用这一优势的？以及是如何与位于日内瓦的国际机构展开合作的？

瓦萨利：一百多年来，瑞士是许多国际组织的所在地。日内瓦拥有 23 个国际组织、250 个非政府组织和 169 个常驻外交使团，被认为是多边外交的首府。

日内瓦大学所处的地理位置是我们的重要资源之一，我们一直沉浸在这样的国际化氛围当中。多年来，大学一直是“国际日内瓦”一个受尊敬的、不可或缺的合作伙伴。我们与政府和非政府国际组织之间的密切联系和协作已被证明是我们大学的宝贵资产，同时这也成了大学的显著特点。联合国欧洲总部、世界卫生

组织、红十字国际委员会、国际电信联盟、欧洲核子研究中心的全球总部都设在日内瓦。我们大学已经与这些机构开展了许多合作，这些合作不仅为日内瓦大学的学生提供了宝贵的实习机会，也促使了知名专家来我们的大学任教、演讲以及进行研究。日内瓦大学提供与这些组织有关的学位和课程，如欧洲与国际法硕士学位、国际关系学士学位、人道主义活动的硕士学位课程。

深圳特区报：日内瓦大学又是如何建立与所在地及业界的联系的？

瓦萨利：我们与业界和社区保持紧密的联系。日内瓦大学的技术转移办公室（UNITEC）负责促进我们大学和相关企业之间的合作关系。此外，我们的创意中心是为了应对行业面临的技术挑战而成立的。它鼓励业界和学术界之间的对话，引发一些旨在为当地经济发展造福的独特项目。例如，日内瓦大学与一家瑞士公司有着非常密切的合作，合作包括开发量子密码，这是最具前途的技术之一，将对数据保护这一领域产生重大的影响。

四、谈国际化趋势：关注中国的发展，扩大与中国的联系

深圳特区报：您如何看待当前大学的国际化趋势？在这方面，日内瓦大学的战略是什么？取得了什么成就？

瓦萨利：我认为当前的国际化趋势是具有积极意义的，尤其是在促进研究这一方面。在这个全球性的背景下，我们致力于以最好的方式迎接外国学生、教授以及研究人员。我们甚至还推出了日内瓦国际学生计划（GISP），这项计划为外国学生提供密集的法语课程，以及组织与日内瓦相关话题和事件的研讨会。我们与世界各地的知名大学建立了牢固的伙伴关系。

深圳特区报：那么日内瓦大学与中国高校有没有合作？进展如何？贵校有多少中国学生？您对他们的印象怎样？

瓦萨利：日内瓦大学对中国的迅速发展和重要性非常关注，并努力扩大与中国的合作关系。多年来，日内瓦大学都提供有关中国研究的课程，包括中文、文学与文化。为了增强日内瓦大学与中国之间的联系，我们最近成立了瑞士第一所孔子学院。

2010年，我们大学有将近100名中国学生。因为他们来自不同的年代，所以

很难对所有的中国学生做一个概括，但中国学生通常是非常努力勤奋的。他们似乎更尊重教授的指令，并能对新的形势和情况迅速适应。总而言之，中国和欧洲的学生是相辅相成、互补不足的。

深圳特区报：南方科技大学是深圳新成立的大学，其目标是要成为世界一流的研究型大学。作为一所著名的研究型大学的校长，您对一所新成立大学达成这个目标有何建议？

瓦萨利：我想最宝贵的意见之一，就是无论在本地或国际层面都要去支持和促进沟通与交流。同时，促进跨学科交流并提供先进的基础设施也是关键。我认为还需要强调基础研究，因为这是伟大发现和革命的驱动力。

韩国浦项工科大学于1986年建立，于2011年12月3日举行了建校25周年的庆典。浦项工科大学是韩国第一所以研究为导向的大学，在浦项制铁公司的资金支持下，浦项工科大学迅速成为韩国大学管理、教育和研究改革上的先锋。它的建立以世界顶尖学府加州理工学院为模型，其核心研究领域包括材料科学、信息技术、生物技术，并拥有全国唯一一个加速器实验室。

在英国《泰晤士报》最新发布的世界大学排行榜中，浦项工科大学名列全球第53位，在亚洲高校中排名第六。根据2011年《泰晤士报》发布的报告，浦项工科大学教授论文的引用次数为全球大学的第39位，亚洲排名第一。目前，浦项工科大学计划通过建立“双语校园”和以1亿6千万美元的全球化计划吸引世界级学术人才，致力提高国际影响力。

学校网址：www.postech.ac.kr

金龙民

金龙民于1971—1975年在韩国国立首尔大学获得电子工程学士学位，于1976—1982年在美国威斯康星大学麦迪逊分校获得硕士及博士学位。其后在美国华盛顿大学分别担任电子工程系、生物工程系、计算机科学与工程系、放射学系教授，期间担任生物工程系主任。于2011年9月起担任韩国浦项工科大学校长。

其研究领域包括医疗设备、超声成像和临床应用、电子医药、分布式诊断、家庭医疗保健及计算机系统结构。1998年被IEEE医药与生物工程协会授予早期职业成就奖，以表彰他在医学成像领域作出的贡献。2003年获颁韩国Ho-AM工程奖，2005年被威斯康星大学麦迪逊分校工程学院授予杰出成就奖。

（《深圳特区报》2012.02.08 第A06版）

韩国浦项工科大学

每年只招收300名本科生

深圳特区报记者　廖露蕾

一、独特来自“专注”和“高品质”

深圳特区报：浦项工科大学只有25年的历史，却迅速成了韩国乃至亚洲顶尖的研究型大学。您认为浦项工科大学在短时间内取得这样成绩的独特因素是什么？

金龙民：浦项工科大学成立时有三个基本原则，分别是提供最好的教育、进行尖端研究、为国家和全球科学界作出贡献。浦项工科大学自1986年成立以来一直努力追求卓越。我们确保学生获得科学界的最高学术水平，注重有成效的研究，促进学术、研究和工业的三方关系，并致力于为国家和人类服务。

我想，我们取得成功最重要的因素是在我们大学的形成阶段加入高素质的师资队伍，他们反过来吸引优秀学生加入浦项工科大学。此外，浦项工科大学基金会、浦项制铁公司以及韩国政府的大力支持也起到了关键作用。

我们的独特来自“专注”和“高品质”。浦项工科大学是一所规模较小的大学，

韩国浦项工科大学

我们专注在选定的科学和技术领域，而不是在所有领域“撒网”。我们从一开始就招募高品质的师资（截至目前有262名教职员工），也尝试帮助他们在教育和研究方面挖掘他们的最大潜力，并提高他们的研究竞争力。我们每年只招收300名本科生，因此，我们可以为这些学生提供“高品质”的教育及面对面、手把手的个人指导。

除了人才，浦项工科大学的全球竞争力来自一流的科研环境和校园基础设施，例如，我们有韩国唯一的同步辐射加速器“浦项光源”。我们的目标是继续领跑，进行开拓性的研究以接受全球最严峻的挑战，并产生对人类有利的学术成就和实际影响力。

二、学生为自己制订个性化教育方案

深圳特区报：2006年，浦项工科大学宣布了“2020年远景规划”，表明了贵校要成为世界一流大学的决心。您如何定义“世界一流”大学？要达到这个目标，浦项工科大学将会实行怎样的策略？

金龙民："2020 年远景规划" 确定了浦项工科大学作为一所大学的目标，分别是教育和培养具创造性和全球领导力的科学家和工程师，进行高影响力的学术和工业研究，创造经济价值，以及成为全球前 20 名的研究型大学。

一所世界一流的大学，作为高品质尖端研究以及培养未来全球领导者的地方，应该被世界各地的许多人所认同。我们的目标是培养全球领导者，他们在拥有坚实的科学和技术基础之外，还拥有创新、创业精神和领导力，并能实现具有强劲学术、社会影响力的研究突破。为了实现这个目标，我们着重在以下几个方面努力：个性化教育、高影响力的研究、卓越的师资、行政能力和管理创新，并确保必要的财政资源。我们不能安于现状，而是要挑战极限，并通过实现当前内部可用资源的效率最大化、创建外部新资源来满足这一需要。基于这一点，教育和研究与政府、产业、基金会、个人的有意义的合作与交流是至关重要的。

深圳特区报：浦项工科大学提供什么样的个性化教育？

金龙民：由于我们的本科学生 / 教师比例非常低，只有 4.9，因此我们能够在课堂内外为学生提供个性化教育。每个学生根据自己的目标、个性和兴趣，可以在顾问的帮助和指导下量身定制教育方案。要做到这一点，我们每年只录取 300 名本科生。教师们要通过亲自参与成为学生的榜样，激励他们在早期就参与研究，激励他们在教育、研究、个人及专业成长上追求卓越。

另一方面，在新生和二年级学生的宿舍，学校都会为他们提供指导计划、特别课程以及小组活动，如为本地及区域的社区进行讲座和志愿者工作。指导计划、小组活动以每个楼层为单位，每个楼层都配有一名教师和两名住宿助理，他们都与学生住在同一楼层，发挥了重要的导师和支持者的作用。这一设置有助于新生和二年级学生适应与家里相当不一样的新环境，也使我们能更好地了解每个学生，更好地引导和定制属于他们的教育。

三、每名学生可获 4 000 美元项目资金

深圳特区报：浦项工科大学如何鼓励包括学生在内的大学成员进行研究？我听说，即使超出了预算，贵校给予学生的研究资助仍是非常慷慨的，是这样吗？

金龙民：我们非常积极地鼓励学生参与研究。由于我们拥有高品质的师资与

研究质量，同时学生数量少，因此我们给予本科生充分的机会，在指导老师的意见下进行他们自己的研究是很自然的事。这项计划允许我们未来的科学家和工程师发展、追求自己的想法，并体验成功和挫折，去了解什么是真正的研究。这对于培养未来领导者来说非常重要。每名学生可以收到高达 4 000 美元的项目资金，学校也会为他们在研究上实现的成就给予承认和奖励。

深圳特区报：作为一所研究型大学，浦项工科大学如何确保教授在教学和科研之间取得良好的平衡？

金龙民：“研究型大学”这一标签应该只表示学校对研究的高度重视和大力支持，但决不意味着研究是“盖过”教育的。作为一所高等教育机构，我们认为浦项工科大学的首要任务始终是教育。因此，我们努力把重点放在激励、鼓舞我们的学生去发展、培养和追求自己的梦想上。这就是我们如何进一步发展为一个“受启发的学生能够向具有启发性的教授学习的好地方”，这是我们的愿景。

按照这个愿景，浦项工科大学针对每位教师的评价体系，包括对其教学的评估、指导质量的评估，以及教育创新、研究成就、领导力、服务质量的评估，这些评估的结果直接反映在对其任期、晋升、续约和奖励的决定上。

四、地区创业生态系统的形成离不开大学教育

深圳特区报：浦项工科大学非常强调院校与产业间的合作，您能和我们分享一下贵校在这方面的成功经验吗？一所大学与其所在地区或城市应如何通过合作实现双赢？

金龙民：通过与工业合作伙伴的协作努力，浦项工科大学积极寻求及利用工业界和学术界合作所产生的优势，以建立范围广泛的创新技术和应用。例如，我们预计浦项科技园区的建成不仅有利于技术转移，也大大提升了韩国浦项市作为韩国技术中心的优势。

去年，我们从产业获得的研究资金和合同总额为 461 万美元，占所有研究经费的 28%。与世界上其他的研究型大学相比，这是非常高的比例。从建校开始，我们就已经与韩国大型的钢铁公司浦项制铁建立了一个强有力的伙伴关系。发展与业界的互利关系需要很多耐心、尊重、努力和理解。

城市或地区在发展为一个充满活力的创业生态系统的过程中，一所大学可以发挥至关重要的作用。学术界的教职员工、学生和其他研究人员可以应对高风险、高回报的想法，这可能带来突破性和颠覆性的技术。由于其固有的高风险，大型企业很难很好地处理这些突破性的技术，那么就需要经验丰富的企业家和种子资金来进一步证明这些技术的可行性和实用性。最终，这些技术可以转移为商业用途，通过初创公司或授权给现有的公司进入市场。从上游（大学的研究实验室）到下游（制造和日常使用），这样一个活跃的创业生态系统的存在可以创造更多的就业机会，这个地区也可能成为某一个行业的枢纽。浦项工科大学正在努力发挥这种作用。虽然在世界各地有一些成功的案例，但在现实中，一所大学或地区要实现这一目标也是有困难的。

五、与中国高校的合作是战略选择

深圳特区报：大学的国际化是时下的热门话题之一，您对此有何看法？贵校的国际化战略是什么？

金龙民：要教育和培养未来的全球领袖，使他们毕业后在全球的任何地方获得成功，其中让我们的学生了解和接触不同的文化和系统是非常重要的。此外，为了提高我们在研究方面的竞争力和领导力，我们的研究人员也必须积极地建立国际连接。我们的许多学生在浦项工科大学的学习期间到国外去交流、接受教育，同时，也有许多来自其他国家的交流学生来到我们这里交流。每年约有 100 名本校学生参加交流和暑期课程，同时有 130 名国外交流学生会来到浦项工科大学。目前，我们有 173 名全日制国际学生，以研究生居多，所有的高级课程（大三、大四和研究生）都用英语教学。此外，我们拥有 129 名全职或兼职的国际教师队伍（非韩国国民）。我们尝试争取更高程度的国际化，并为此尽可能拨出额外的资源。

深圳特区报：浦项工科大学和中国的大学之间有些什么样的合作？进展如何？贵校每年录取的学生很少，那么目前有多少中国学生在贵校学习呢？

金龙民：我们与 13 所中国的知名大学有合作关系，包括北京大学、清华大学、复旦大学、上海交通大学、哈尔滨工业大学、中国科技大学、西安交通大学、浙江大学和南京大学等等，每年都有来自这些大学的学生作为交流学生来到浦项工科大学。

2011 年夏季，浦项工科大学为外国本科生提供了一个实习计划，来自中国九所大学的 24 名大学生参与到了研究项目中。此外，我们也与清华大学、北京大学共同举办了一天的交流讲座，涵盖了数学、化学、生物、材料科学与工程以及机械工程等领域。作为东亚研究型大学（AEARU）协会的成员，每年我们还与北京大学、复旦大学、清华大学、中国科技大学和南京大学举办联合研讨会和学生营。

与中国高校保持密切的合作关系在战略上对于浦项工科大学来说是很重要的，因为这不仅有利于我们和中国大学实现教育与研究的联合努力、韩国和中国之间科学和技术的国际合作，更促进了相互理解和尊重。

另一个例子是，浦项工科大学和香港科技大学在 2011 年 4 月签署了一项关于广泛合作和联合博士学位课程的协议。虽然要说明它的影响还为时过早，但我们希望这一个合作伙伴关系，以及预期在 2012 年秋季开始进行的本科生交流计划，能够为两所大学带来很多正面的发展机遇。

目前，有 50 名中国学生在浦项工科大学留学，在 2012 年 3 月还将有五名新学生加入。我们希望能有更多有才华的中国学生来到我们学校接受一流的教育和进行研究，以及建立对韩国的第一手了解。

六、学校需建立“追求卓越”的文化

深圳特区报：您在加入浦项工科大学之前在美国的华盛顿大学任教，是什么原因让您回到了韩国，并担任浦项工科大学校长一职？这一工作有哪些挑战？

金龙民：作为一名在华盛顿大学工作了 29 年的教授，离开不是一件容易的事，许多我以前的学生和合作者仍然留在西雅图。但我看到了领导浦项工科大学成为世界上最好的大学之一的极好机会。担任校长总是有无数的挑战，例如，建立共同的愿景，内部及外部的关系与沟通，教师的招聘留任，校园治理，产生新的资源和优化现有资源等方面。

深圳特区报：您的治校理念是什么？作为新的大学领导者，您会为浦项工科大学带来什么样的变化?

金龙民：在领导学校这一方面，我将致力于保护、促进和奖励在教育和研究上创造的卓越成就。我会聆听、观察具有创造力的举措，做到公开、公平，并保持一致性。我也会竭力让所有大学成员分享我们共同的目标和愿景，并以饱满的工作激情和创造力向这个目标努力。

浦项工科大学需要新的"软件"，尽管在短期内这一点很难实现，或者要经历短期的阵痛，但我们仍需要建立一个"追求卓越"的文化。在这个文化中，我们需要做出正确的支持"卓越"的决策（而不是基于和睦、方便）。我们要对"卓越"持续促进、严格保护，并进行大力奖励。此外，我们也需要在教育和研究之间取得良好的平衡。还有，许多人也谈到了"有选择性"和"专注"，由于浦项工科大学是一所规模很小的大学，因此我们要真正实践这一原则。

南洋理工大学的“云南园”校区是东南亚第一所中文大学——南洋大学的诞生地。1981 年，新加坡政府在南洋大学校址成立南洋理工学院，1991 年南洋理工学院进行重组，将国立教育学院纳入旗下，更名为南洋理工大学。2006 年 4 月，南洋理工大学正式企业化。

南洋理工大学是新加坡一所科研密集型大学，分文、理、工、商四大学院，为 33 000 余名本科生和研究生提供全方位的跨学科教育。南洋理工大学和伦敦帝国大学联办的李光前医学院已在 2013 年录取第一批学生。年轻的南洋理工大学以卓越的教学与科研质量跻身于亚洲顶尖大学之列，在最新 QS 世界大学排名上名列第 58 位，比上一次排名上升了 16 个名次。

学校网址：www.ntu.edu.sg

贝蒂尔·安博迪（Bertil Andersson）

贝蒂尔·安博迪，瑞典生物化学家。他于瑞典默奥大学取得本科、硕士学位，于瑞典隆德大学取得哲学博士、理学博士学位。随后，安博迪在斯德哥尔摩大学分别担任教授、生物化学学系主任、化学科学学院院长。作为世界知名的生物化学家，安博迪于 2010 年 11 月凭借人工叶相关的研究成果荣获“威廉埃斯内”奖章。

2007 年，安博迪担任南洋理工大学常务副校长，2011 年 7 月 1 日起正式担任南洋理工大学校长。在任职南洋理工大学之前，他曾任诺贝尔化学奖委员会主席、诺贝尔基金会董事会成员、欧洲科学基金会首席执行官、英国伦敦帝国理工学院客座教授和研究员及瑞典林雪平大学校长。

（《深圳特区报》2012.02.09 第 A10 版）

新加坡南洋理工大学

国际化校园吸引了 70 多个国家的学生就读

深圳特区报记者　廖露蕾

一、全球聘“大牌”研究性人才

深圳特区报：南洋理工大学是一所非常年轻的大学，但它现在已经成长为亚洲顶尖的大学，同时也是全球成长最快的研究型大学之一。近年来，包括贵校在内的不少年轻的研究型大学快速崛起，甚至成了全球的一个现象。对于这一类大学，此前有研究者表示，它们成功的因素可以归类为“学术人才”“财政资源”“大学管治”（尤其是自治和学术自由）。对于这些观点，您同意吗？

安博迪：南洋理工大学的研究活动从五年前开始升温，在过去三年发展势头持续增强。这其中的一个因素是因为新加坡政府打造知识型经济且重点发展科研的国际声誉日益增长。

2006 年，南大正式自主治学，我们有了更大的空间来规划我校的方向和学术活动。在董事会的指导下，包括“2015 战略计划”在内的许多新举措已经实施。同时，战略计划向我们描绘了南大将如何在 2015 年之前成为全球一流大学，以及如何在可持续发展、新创意媒体、保健医疗体制科技、新丝绸之路和创业创新生态模式这五个领域形成全球影响力的画面。

2008 年，南大首个卓越研究中心——新加坡地球观测与研究所获得了新元 1.5 亿（约合 7.43 亿人民币）的资助。2011 年，我们的第二个卓越研究中心——新加坡环境生物工程中心也获得了新元 1.2 亿的资助。

澳洲海洋生物创新中心创办人斯塔凡·谢尔列伯格（Staffan Kjelleberg）教授，现在也成了我们新加坡环境生物工程中心的主任。此外，因成功破译猛犸象 DNA 而被《时代》杂志评为“2009 年 100 位最具影响力人物”的斯杰凡·舒斯特（Stephen Schuster），也于今年加入了该中心。来自加州理工学院的地质学家西凯瑞（Kerry Sieh）教授，是我们新加坡地球观测与研究所的创所所长，他与世界知名专家克里斯·纽霍尔（Chris Newhall）教授、保罗·塔波尼尔（Paul Tapponnier）教授一起，在新加坡的地球科学领域引起了一场“地震”。

除了这些在地球科学和生命科学领域的“大牌”之外，我们还成功吸引到了许多其他的国际顶尖人才和年轻有为的科学家加入我们的队伍。对于我们来说，吸引这些有才华的年轻人是一项更具挑战性的任务，但我们会用更强的实力让他们相信，今后他们一定能够在南大大展宏图。

世界著名的科学家不会在没有认真考虑的情况下就贸然改变他们的研究据点。对于科学家来说，科研经费的可用性是一个因素，与其他顶尖人才合作的机会、研究所及其设施的声誉也是很重要的因素。南大很幸运地拥有了所有这些关键的因素，而这也促使我们中心成了吸引知名的以及具有前途的新科学家的地方。

二、成功离不开政府的支持

深圳特区报：南大与其他新崛起的研究型大学相比，有什么独特之处？

安博迪：首先，新加坡政府给予了我们很大的支持。例如，南大已从国家研究基金会、新加坡科技研究局等机构获得了新元 8.3 亿（约合 41 亿人民币）的科研经费用作可持续发展。我不知道欧洲有哪一所大学能够像我们一样，获得这样大笔的科研资金用于科研的可持续发展。为了壮大我们大学的师资，我们用这笔科研经费招募了许多高水准的教员，并且大力促进我们的研究成果和能力，而这也真正改变了外界对我们的看法。

此外，我们将超过 10 亿新元的发展预算用作建立新的会堂、学术空间和新的医学院。新的医学院是我们与伦敦帝国理工学院的联合学院，而我们也荣幸地成了伦敦帝国理工学院首批海外的合作伙伴。

新加坡南洋理工学院

三、精英实现雄心之处

深圳特区报：您在来南洋理工大学任职之前，是在欧洲科学基金会担任首席执行官。是什么让您放弃这么好的职位来到新加坡担任南洋理工大学的校长？

安博迪：此前我一直是欧洲科学基金会的负责人，随后来到南洋理工大学担任校长。当时就有媒体问我，为什么我要放弃一个那么有威望的工作来到这里。我的回答是：在新加坡，人们不说太多，而是落实到实际行动上，并且非常迅速。

现在我在新加坡差不多五年了，我相信我此前说的都是正确的。在新加坡的高等教育机构工作太值得了，因为在这里我实现了人生的一个质的飞跃，并且让我相信，如果你有雄心完成好的学术研究和教育，你可以在新加坡，可以在南洋理工大学完成。

南洋理工大学和新加坡之所以成为一个整体的成功案例之一，就是因为我们成功地吸引了来自世界各地的顶尖研究人员。而当我在我的家乡瑞典谈及这一点时，人们往往认为，肯定是这些人在欧洲没有成功，没有取得荣誉的职位，什么都做不成所以才去了新加坡。这是绝对错误的，来到新加坡的人都是精英中的精英，因为他们看到了这里的机会。在20世纪七八十年代，雄心勃勃的科学家们多是到欧洲和美国去，但如今，拥有相同思维定式的人会来到新加坡或者去香港，以往人才是向西移动，现在却是东移。

深圳特区报：那么您认为，一个好的大学领袖应具备什么特质？

安博迪：优秀的大学领袖要拥有好的直觉和性情，这些是需要被发现和培养的，也是现代领袖最需要培养的特质。此外，好的大学领袖还需要有善于聆听的耳朵以及勇于改变的精神。

四、未来专注五个跨学科领域

深圳特区报：您作为新校长，与南洋理工大学这个年轻的大学一样都有着很大的“野心”及抱负。您将如何带领该大学向前发展？您觉得您会为该大学带来什么样的变化？这里的挑战又是什么？

安博迪：五年前，南洋理工大学才刚刚开始往研究型大学的方向前进。而今年，我们实现了一个非常大的飞跃，我们在QS世界大学排名中名列第58位。我收到许多要我分享南洋理工大学的成功方法的邀请，甚至一些国际评估小组来到新加坡后也表示，南洋理工大学一定会是世界上发展最快的大学之一。我们有这样的信心，加上来自新加坡政府的大力支持，这也使得南洋理工大学能够成为一所快速发展的大学。

近年来，南洋理工大学已经发生了重大转变，并且也开展了更广泛的学科课程。我们不是一个传统的综合性大学，而是一所以广泛的科学与技术领域为基础，为跨学科研究与发展创造潜力的大学。例如，我们的人文及社会科学学院是不同于其他综合性大学的。我在诺贝尔基金会多年的工作经验告诉我，新知识来于不同领域的交汇之处，而这也是南洋理工大学比传统综合性大学有优势的地方。

在南洋理工大学的五年战略蓝图中，我们已确定了五个专注的跨学科领域，包括“可持续发展”“新创意媒体”“保健医疗体制科技”“新丝绸之路”和“创业创新生态模式”。这些都是全世界迫切需要得到解决方案的领域，尤其是可持续发展和医疗。我坚信，社会所需要的绝不是只在自己领域领先的专家，而是具有适应能力，能够在多学科领域工作的综合性人才。

我相信，未来的毕业生需要具有多学科技能和全球性思维。在这方面，我和我的同事已经实施了新的举措，这会使得我们的学生可以谈论技术、展示人文技能、欣赏艺术，成为一个真正拥有全球公民所具有的社会文化技能的人。在此我们希望，学生能够带着对校园生活的美好回忆离开学校，并且满怀信心地去面对世界，而这只能在学生成为全球公民之后才能够实现。

深圳特区报：南洋理工大学致力于培育具有创意和企业精神的人才，您能否举例说明贵校培养人才的方式是什么？您如何让您的学生为迎接当前的挑战和不断变化的社会做好准备？

安博迪：在这个充满挑战和瞬息万变的社会，越来越多的毕业生需要有创新和创业的心态。以我的观察来看，新加坡人都是杰出的工作者，但我们需要让学生具有更多的创意和创业精神。而要做到这点，我们的教育还有许多要改变的地方，因为世界的需求在不断地变化。例如，如何在商界和公共行政部门行事已经发生了很大改变，我们必须尽快适应这些改变。学生的学习过程必须要更加积极主动以及更具有融合性，同时教学方法也一直在改变，并且结合了课堂学习、小组讨论和自我总结反思的方法。此外，作为校园总体规划的一部分，我们将推出新的基础设施以满足新的教学需求，并促进跨校园的对话和互动，下一个伟大的想法可能就会从这些讨论中诞生。

五、立足理工，重视跨学科发展

深圳特区报：您曾经说，在正确的投入下，南洋理工大学可能也可以产生诺贝尔奖得主。在您看来，什么是“正确的投入”？您认为一所研究型大学成长和发展的养分是什么?

安博迪：我曾经担任诺贝尔化学奖委员会主席以及多年的诺贝尔基金会董事会成员。我认为，一个有价值的诺贝尔奖得主是在其领域取得显著突破的人才，其可能凭借一个发现或一项发明获得成功。诺贝尔奖得主是打开大门的人，而不是其后通过此门的人。要获得诺贝尔奖，必须要做好以高风险获取高效益的准备。要实现这样影响世界的突破，你必须为研究投入大量的时间和精力。此外，你的研究也必须能够经受同行严格的监督。

以色列是一个很好的例子。它是一个成立于1948年的年轻国家，但它高度重视科研，并在2004年第一次获得了诺贝尔化学奖。我相信，如果新加坡政府和高校继续大力地支持科学研究，而且研究人员又能够为其追求奉献，那么新加坡和南洋理工大学都有可能产生诺贝尔奖获得者。在过去的五年里，南洋理工大学的研究人员数量已经从700名升至1 600名。此外，来自不同领域的研究人员聚集在一起，校园里频繁的互动和沟通以及来自不同学科交叠的新知，都有助于南洋理工大学做好准备产生诺贝尔奖得主。可能不是明天，不是明年，但是会在非常短的时间内。

深圳特区报：近年来，南洋理工大学获得了可观的科研经费，您能分享一下贵校在这方面的成功经验吗？学校又是如何确保科研经费正确和有效地使用?

安博迪：从2006年到2010年，我们获得的科研经费大约有新元16亿（约合人民币79亿元），这些经费已投入在环境可持续发展、医疗保健、新媒体等跨学科研究上。一方面，我们取得如此瞩目的成绩，是由于我们积极地促进多学科研究团队的发展，并且我们的科研院由此研究领域的领军人物所执导；另一方面，我们积极引进最高水平的高级研究人员和优秀的年轻研究人员，使我们又能够从著名大学、知名研究所、国际网络吸引在尖端研究领域工作的一流人才。

为了确保科研经费正确、有效地使用，南洋理工大学在资金有了保证后就会对研究人员提供指导。这些研究人员学习如何通过专利、许可和行业协作等做法有效地执行、实现他们的研究计划。另外，我们也给予工作人员有关研究资金报告、资金审计要求等方面的培训。

深圳特区报：南洋理工大学最初是一个理工学院，现在已经逐渐扩展了其他学科领域，增加了艺术学院、人文学院以及医学院等等。为什么贵校会开始进行这样的学科扩展？这对于南洋理工大学这样一个原本是专注于科学、工程的学院来说，有没有造成什么样的困扰？比如说，这会不会削弱学校重点学科的优势？

安博迪：我们拥有世界上最大的工程学院，有 16 000 名学生。南大是一个以理工为基础的大学，但同时为人文、艺术、社会科学、金融、教育以及医学等学科所支持。这里一个重要的方面是“跨学科”，我相信，解决重要问题的新知识需要跨学科的支持。因此，我此前提到的“五大卓越高峰”本身就有跨学科的性质。例如，我们与伦敦帝国理工学院的联合医学院就是南洋理工大学一个令人振奋的发展。医学院的毕业生不仅会从伦敦帝国理工学院和南洋理工大学获得联合学位，而且我们的医学院也将为生物医学工程、卫生健康传播、卫生经济学等跨领域研究创造更多的机会。

六、重国际合作，欲办全球一流大学

深圳特区报：大学国际化是时下高等教育的热门话题之一，南洋理工大学的愿望是成为一流的全球大学，那么贵校实现此目标的国际战略是什么？

安博迪：为了吸引新加坡最优秀的学生，我们必须成为一个全球性的大学。现今我们有一个国际化的校园，并且有 70 多个国家的学生在这里学习。

南大已与世界顶尖的大学，例如麻省理工学院、康奈尔大学、伦敦帝国理工学院、斯坦福大学、加州大学伯克利分校、卡耐基梅隆大学、慕尼黑技术大学、北京大学、华威大学和挪威管理学院共同开设了联合学位。同时，我们也已与慕尼黑技术大学、华盛顿大学、华威大学、早稻田大学和北京大学等高校开展了学生交流计划以及其他的合作。这使得我们的学生能接触到国际上其他大学所提供的课程、教学方法及研究活动。

此外，我们也与最好的学术、行业伙伴维持好的合作关系。例如，欧洲最大的应用科学研究机构弗劳恩霍夫应用研究促进协会（Fraunhofer-Gesellschaft）与南大共同在亚洲成立了首个研究中心，促进互动数字媒体研究和创新（如虚拟现实和三维成像）。在行业合作方面，博世、劳斯莱斯等公司也已在我们的校园内建立了联合工程研究设施。

深圳特区报：南洋理工大学与中国的高校有什么样的合作？

安博迪：南洋理工大学与中国高校有着长期的合作关系。我们已与近 120 所中国高校签署了谅解备忘录，并与大约 20 个著名大学有学生交流计划，包括北京大学、清华大学、浙江大学、复旦大学、上海交通大学、厦门大学等等。我们的学生可以通过全球教育计划在海外的企业进行一个学期的实习，同时利用周末在我们的“伙伴大学”上课。有 10 个具有声誉的中国高校、跨国公司、国有企业、民营企业参与到这个计划当中。此外，南洋理工大学也与中国教育部紧密合作，在 2005 年我们设立了孔子学院以加强新加坡的普通话和中国文化的学习，并于 2005 年与北京中医药大学共同开设了双学位课程，到目前为止，我们已经培训了大约 110 名学生。

深圳特区报：现在世界看到了亚洲国家的崛起，人们普遍认为这是一个亚洲的世纪。您认为，亚洲的大学应该如何抓住这个机会成长、发展，并为世界发展做出贡献？

安博迪：以目前的发展来看，中国有潜力在未来成为一个科学超级大国。

这个世界上的任何国家，包括新加坡，以及全球任何主要的大学，包括南洋理工大学在内，在与中国合作方面必须要有一个长期的战略计划。中国是南洋理工大学最重要的伙伴之一，而印度则是另一个在亚洲创造大跨越的国家。

“新丝绸之路”是我们提出的“五大卓越高峰”之一。在这一方面，我们的目标是利用南洋理工大学的传统建立一个知识中心，这一中心结合了东方和西方最好的成分。我们面前的道路并不是全盘接受西方或东方的知识，而是从两个领域中摄取最好的，为世界创造良好的解决方案。

大学简介

密歇根大学（University of Michigan）在美国密歇根州有三个分校，分别是安娜堡（Ann Arbor）、迪尔伯恩（Dearborn）和弗林特（Flint）。主校区安娜堡于1817年建校，是美国历史最悠久的大学之一，被誉为“公立常春藤”，与加州大学伯克利分校以及威斯康星大学麦迪逊分校素有“公立大学典范”之称。在美国国家研究委员会对美国各大学研究生院41个学科的评估中，密歇根大学总分排名第三。著名校友包括“讯息理论与数位电路之父”克劳德·艾尔伍德·香农，谷歌创办人拉里·佩奇，“iPod之父”托尼·法戴尔、美林证券创办人查尔斯·美林、麻省理工学院校长查尔斯·维斯特和物理学家丁肇中。

学校网址：www.umich.edu

玛丽·苏·珂曼（Marie Su Keman）

玛丽·苏·珂曼，2002年8月就任第13任密歇根大学校长，《时代》杂志曾将她评选为美国“最佳10位大学校长”之一。珂曼先后获得格林内尔学院化学学士学位和北卡罗来纳州大学生化学博士学位。作为美国著名的生化学家，珂曼在免疫系统和恶性肿瘤领域取得了显著的研究成就，她还曾经担任过伊阿华大学校长、新墨西哥大学副校长、北卡罗来纳大学教堂山分校教务长以及多个大学的董事，并在1997年获选为美国科学院医学研究中心院士。目前，她仍在密歇根大学医学、文学、科学与艺术学院担任教授，同时她还是美国重要的学术联盟——美国大学联合会现任主席。

（《深圳特区报》2012.02.10第A12版）

美国密歇根大学

为全球可持续发展培养世界领袖

深圳特区报记者 孙锦

在世界名校林立的美国，密歇根大学并未拥有常春藤盟校天生的优越。然而，它却以公立大学的身份跻身世界一流，超过 75% 的专业排在全美前十名，一所如此顶尖的美国大学，它的校长在想些什么、做些什么？带着这个问题，记者通过电子邮件的方式采访了密歇根大学校长玛丽·苏·珂曼。在珂曼校长看来，今天的大学校园就是整个世界，而一所公立大学更应以“让世界变得更加美好”为使命，为推动全球可持续发展培养未来的世界领袖，彰显一流大学真正的国际影响力。

密歇根大学迪尔伯恩校区

一、规模与品质并重

深圳特区报：提起美国的名校，很多人都会想到私立名校如哈佛大学、耶鲁大学等。与它们相比，贵校有什么独特之处？

珂曼：哈佛大学、耶鲁大学等私立名校的规模都非常小，美国的公立大学规模普遍都比私立大学要大。密歇根大学与众不同的是，它既保证了高等教育的一流品质，又保持了较大的学生规模，这是一件很不容易的事情。密歇根大学的专业非常广泛，在任何一个专业和研究领域，你都能找到世界级的教授。同时，我们在为学生提供个性化服务方面也被评为美国最好的大学之一。虽然我们的学校规模很大，有将近四万名学生，却能保证学生得到个人关怀。

深圳特区报：听说在密歇根大学每年给高中应届毕业生寄去的学校简介中，第一句话通常就是："密歇根大学不能被简单地归纳"，这是否意味着贵校的特点呢？

珂曼：密歇根大学的确是一所庞大的学校，有 19 个学院及研究生院、26 个图书馆、4 000 多门课程、1 000 多个学生团体、100 多个体育队以及来自美国 50 个州和世界 120 多个国家的 3.86 万名学生。学校的资源和特色都远远不是一句话能说得清的。

深圳特区报：那您认为贵校吸引全球学生的王牌是什么？

珂曼：密歇根大学最有吸引力的就是种类繁多的跨学科学习计划。学校里有 190 多个特殊学习计划供学生们选择，有的竞争性极强，如文学、科学与艺术学院荣誉计划，这些都是为那些"进取心强、思想上有雄心的学生"开设的。150 名特别杰出的新生还可以参加优先入学计划，学生只要保证他们在本科期间有卓越的表现，就可以在毕业后进入密歇根大学五所相当出色的研究所之一深造。我们这样做，主要是为了减少学生们在本科期间为将来就业所承受的压力，让他们能够在学术方面得到更大的自由和自主。另外，学校还有一个八年的医科计划，每年只收 50 名学生，竞争也相当激烈。学生们很看重学习成绩，一晚上复习、预习三四个小时是司空见惯的。在期末考试期间，学生一大早起来在图书馆门外排队，等开门后进去占个好座位，这种景象在密歇根大学很普遍。

二、肩负使命:“让世界变得更加美好”

深圳特区报:我注意到您曾经在接受美国媒体采访时说过，大学不应当太看重排名，那您认为应该如何衡量一所大学？建设一所一流大学最重要的是什么？

珂曼:衡量一所大学是否卓越的方法有很多，首先是有一支优秀的教师队伍，他们就像是大学的心脏。其次，要有精益求精的学术环境、学生个人经历、学业成就等方面的多样性，而这些可以使一所大学的学习环境更加丰富。此外，作为一所全球知名的大学，我认为更重要的是在公共服务、经济发展等方面发挥自己的社会责任，以显示其真正的国际影响力。而作为一所公立大学，我们还有一个重要使命就是“让世界变得更加美好”，这不是一句空话。2011 年 9 月 27 日，我代表学校做出一个承诺:Going Green Staying Blue（低碳生活），并在学校正式启动了密歇根大学可持续发展计划，我们将通过制定评估体系和鼓励师生采取绿色的生活方式来实现学校本身的可持续性发展，同时也将围绕可持续性发展来制定学校学术和科研的重点。

深圳特区报:“可持续性发展”是否可以理解为贵校未来的一项重要战略呢？

珂曼:2011 年 9 月，我开始担任美国大学联合会主席，在随后多次联合会的会议上，我都不断地听到美国各大学学生对世界的可持续性发展所做出的努力，我着实被他们的热情所打动，但是，环境威胁绝不是哪一个群体或某一国家和地区所能应对的，这需要全球范围的共同努力。有关可持续发展的问题，无论是能源、蓄水，还是空气污染、交通拥堵等等，其解决之道都需要综合的眼光和专业的知识，涉及科学、工程、社会科学、经济、法律、商业、医学、公共健康甚至是艺术领域。

一所优秀的研究型大学的定位应当放在应对全球危机的高度上，密歇根大学有 19 个院系，跨学科合作是我们的独特文化。我们学校在基础研究、医学和公共卫生领域的专业知识，还有解决社会问题的独特方式都是应对气候变化最为关键的突破口。作为全美学科最全的学校之一，密歇根大学从规模上来说就具备优势，有 640 门课程都与可持续性发展有关，也有 670 名老师专门从事这方面的教研工作，同时我们仍然在世界范围内招聘相关领域的年轻师资作为后备力量。

2009 年，我提议设立一个新的职位：可持续发展特别顾问，直接向我报告有关教育、科研、日常事务领域中有关可持续发展的任何新主意、新举措和新动向。

密歇根大学有一项在全球极富竞争力的“格兰姆可持续性发展学者计划”，招收博士生，学生毕业之后主要在非政府组织和大学里从事教学科研。从去年开始，这个项目招收了第一批优秀的本科生 25 名，今年又招收了 60 名本科生。目前，这个项目的学生除了来自美国本土，还有来自智利、中国、肯尼亚等国家。在这两年 100 个招聘老师的新职位里，有 25 个职位都是与气候变化、能源、建筑设计等可持续性发展关键领域有关的。当然，我们的努力也换来了令人兴奋的成果，在过去一年多的时间里，美国联邦政府曾经多次找到密歇根大学，要求由我们主导，与国家级研究中心共同对五大湖气候变化、太阳能和绿色交通的课题开展项目研究。

深圳特区报：您刚才也提到了跨学科是贵校的独特文化，在当今世界高等教育领域中，这是否是大势所趋呢？

珂曼：学科交叉的现象越来越多，学科的界限正在逐渐消失。自然科学如此，社会科学也是这样。解决一个问题，往往需要来自很多学科的教授和科学家共同努力。在密歇根大学，学科齐全本身就是我们的特点，跨学科跨系跨学院的交流也就更多，甚至到了让人目不暇接的地步。在我校，学生跨系选课非常普遍，不同专业的教授经常在一个研究项目中合作。例如，历史系教授经常与社会学系教授交流；生物系、化学系的教授经常跟医学院的教授交流。当今大学的一个重要功能，就是不断打破旧的学科分野，不断制造新的学科和知识，努力成为新学科和新知识成长的基地和试验室。

三、培养可持续性发展领域的领导者

深圳特区报：您能否谈谈“可持续性发展”怎样融入学生日常的学习过程当中？

珂曼：可持续发展的挑战永远都不会消失，也不可能有一个一劳永逸的解决方案，学校会教给学生一种可持续发展的观念以及一些实用的知识，从而让他们在今后的工作当中始终能想到：解决问题不能只想到今天，要想到未来我们的后代有可能面临的问题。我们希望为可持续发展培养未来的世界领袖。志在可持续发展的学生在密歇根大学学习是很幸运的，因为我们的教学完全突破了常规的方式，打破了学科的界限，通过不同院系和校区的合作，我们设计了很多创新性的课程，给学生创造了带有实验性质的学习机会，让校园和实习基地成为学生“活动的实验室”。另外，学生可以从本科的 10 个专业、硕士的 12 个专业、博士的 15 个专业中选择与可持续发展有关的课程，同时还有动手实践课程让学生们亲身面对并解决实际问题。

深圳特区报：听说密歇根大学的校园本身就是一个“可持续性发展”的现实案例，您也提到校园是学生“活动的实验室”，那么，你们是如何做到这点的？

珂曼：密歇根大学最早建成的主校区安娜堡校区在校园可持续发展方面有着悠久的历史，包括校园的能源管理、公共交通、废物处理、校舍翻新、蓄水管理等方面。其中，学校也成立了校园可持续发展办公室，不仅保证校园日常管理符合可持续性发展标准，同时也为学生提供了很多在可持续发展领域的实践案例。例如在能源管理方面，学校共有 78 000 名师生员工，这意味着巨大的能源需求，学校也有自己的发电厂，校园里随处可以看到用来发电的风车。另外，我们鼓励所有师生使用电力咪表测算所有电器的耗电量，同时倡导大家多使用节能模式，多使用笔记本电脑并降低屏幕亮度等方式来减少电能的使用。在校园里，我们鼓励师生选择步行、自行车、校园巴士以及拼车的方式来减少机动车的使用频率。平时你还可以时常看到采用轮滑代步的学生，非常酷，也很环保。另外，我们即将购买 40 辆混合动力车，其中包括 7 辆巴士。据统计，我们校园的巴士每年运送的人数大约是 650 万，几乎是芝加哥和洛杉矶的人口总和，所以环保汽车的使用将大大减少学校的碳足迹。

四、大学校园就是整个世界

深圳特区报：我们注意到，申请贵校的中国学生很多，而在美国一流大学中，贵校是为数不多的给少数族裔申请者加分的学校，作为校长，您对此是如何考虑的？

珂曼：给少数族裔申请者加分，目的就是为了保证整个大学的种族和文化多元性。这是密歇根大学能够成为世界一流大学的重要原因。我们在学术领域的成就有一个必不可少的要素就是多元化，一所优秀的大学一定是能吸引世界各地不同文化和社会背景的人才的地方，因为当这些人汇聚在一起的时候，很自然地就会创造出一场智慧的盛宴，这就是高等教育的魅力所在，不论是老师还是学生，都与中学、小学的基础教育有着本质上的差别。

2003 年，我在学校成立了一个多元化委员会，专门来评估并促进学校的多元化，成员来自不同院系、行政部门的教职员工，有从事教学、行政事务的，也有从事研究的，从而保证学校的不同领域对推动多元化进程的作用。他们不仅要对学校管理层在决策过程中针对多元化提出具体建议，而且也要负责一些日常事务，例如建立多元化大学社团，筹办学校多元化峰会，制定学校多元化策略，等等。

深圳特区报：中国人普遍对美国比较熟悉和了解，但相比之下，美国人对中国和外部世界的了解似乎要少得多，这与美国的教育体制有关系吗？

珂曼：我倒不完全赞同这个观点，在了解外部世界方面，我不认为中国人和美国人有多大的不同。如果有什么不同，那也可能是不同的环境造成的。这些年来，这种情况也有所改善，尤其是在美国大学，大家对外国文化和知识的兴趣越来越浓厚。其实，密歇根大学之所以大规模地从全世界范围内招收学生和教授，就是为了创造一种多元文化共处的学术环境，不同文化和种族的师生在一起接触交流，取长补短，这让学生和老师都受益匪浅。

深圳特区报：让师生更多地了解美国之外的世界，贵校有什么特别的举措吗？

珂曼：今天的大学校园就是整个世界，这让我们深刻地感受到，我们必须去深入了解并学习各国的文化，这样才能谈得上“全球化”或者是“国际化”。我相信来自各地的学生们可能对这一点的体会更深，因为他们也期待通过密歇根大学的全球网络来拓宽自己的国际化视野。其实，我们的老师早已将研究的触角延伸到了三个校区以外，在教学、研究和其他学校事务方面已经与世界各国建立了合作机制，例如加纳、墨西哥、中国和阿根廷都是我校重点合作的国家。

为了鼓励师生们走出去，学校还启动了一个“Global Michigan”（全球化的密歇根）计划，建立了一个专门的“Global Michigan”网站和密歇根大学国际中心，通过这些平台，我们可以查询到海外学习、科研和实习机会的详细资料，同时这些平台也实时发布学校国际合作的最新信息。

除此之外，我们也鼓励学生和教授在条件许可的前提下多到国外去旅行，借此多了解外国社会和文化，因为这会在很大程度上影响和丰富一个人的世界观。最令人兴奋的是，学校还对师生出国所需要准备的旅行计划提供一切便利和支持，包括签证、保险、住宿等等。同时，我也在不同场合鼓励所有师生：学校为“Global Michigan”计划的大量投入只有一个目的，就是增加你们去国外学习和做科研的机会，尤其是对于学生。我一直坚信，只有共同的经历才能增进不同文化之间的相互理解，全球化的学习也让这种共同经历成为可能。

五、为学生提供“无穷无尽的可能性”

深圳特区报：除了学术之外，密歇根大学的校园生活也是很多中国学子所向往的，一所近四万名学生的大学，贵校是如何保证每个学生都能得到个人关怀？

珂曼：事实上，学习并不都在教室里进行。密歇根大学有 1 200 多个学生团体，开学第二个星期，这些团体会有规模庞大的展示活动，这绝对超乎了你的想象，我们每个学生都可以在这里找到自己的小天地。密歇根大学拥有一个非常棒的音乐厅，几乎每天都有演出，学生只要花十美元就可以欣赏世界级交响乐团的音乐会。另外，学校还有艺术博物馆、建筑博物馆以及自然历史博物馆，所有体育设施也都免费向学生开放。密歇根大学最突出的就是体育，我们的橄榄球队、篮球队每年比赛都是全国的前十名。在这里，密歇根学子的星期六一定是属于橄榄球的，这是学校的第一号传统。学生们向密歇根体育场涌去，这是全美最大的橄榄球场地，同时也是世界第四大体育场，一到比赛就座无虚席，十万余人一起站起来为球队呐喊助阵，场面十分壮观。

密歇根大学为学生提供了“无穷无尽的可能性”，把日渐显著的长处发挥到了极致，让校园成为一个自给自足的学术、科研和生活的大社区。很多学生开玩笑说，“在密歇根大学里，如果你觉得无聊的话，那一定是你自己的错。”

深圳特区报：我从媒体上看到，2010 年密歇根大学的毕业典礼请来了一位重量级人物——美国总统奥巴马，学校这样做是出于什么考虑呢？

珂曼：这是密歇根大学一项历史悠久的传统，其实不只是奥巴马，历史上有四位美国总统为密歇根大学的毕业生做过演讲，其中，还有曾任联合国秘书长的科菲·安南。我们邀请的嘉宾都是值得尊敬并且对世界发展有卓越贡献的人，我想这是对所有学生尤其是毕业生最好的鼓励。其实，能邀请到奥巴马总统，这其中也有我们毕业生的功劳，因为白宫里到处都有我们的校友。但现在我们也面临一项更艰巨的任务——以后要找一个国际名誉超过奥巴马的人给毕业生做演讲。

六、与中国高校共同应对世界难题

深圳特区报：目前，密歇根大学与中国的大学有哪些合作？今后会与深圳在高等教育领域合作吗？

珂曼：中国是一个快速成长的国家，无论是在经济、社会还是科技的领域都为当今世界高等教育提供了很多非常生动的教学案例，中国在某些方面的研究甚至是处于领先地位的，因此，美国很多大学都非常乐意并重视与中国的合作。密歇根大学当然也不例外，与中国的许多重点大学都保持了密切的合作关系，校际交流频繁，涉及科学、艺术、公共卫生、商学及工程等诸多学科。我们与北京大学、上海交通大学保持着长期的合作关系，主要的研究领域是替代能源和生物医学方面。深圳是中国的一个新兴的高科技城市，我们希望有机会在一些前沿领域和深圳以及其他中国高校合作，共同解决 21 世纪人类面临的共同难题。

深圳特区报：中国绝大部分大学都是公立大学，近年来，很多中国高校掀起了合并风潮，似乎认为大学的规模越大越好。作为全美一流且规模最大的公立大学，您是如何看待中国高等教育界的此种现象的？

珂曼：我接触过中国许多的大学校长。我的印象是：中国高等教育目前正在经历翻天覆地的变革，在招生、招聘以及大学管理等方面寻求一种新的模式。他们对美国的大学管理模式也非常感兴趣。不过，每个国家都应该选择符合自己国情的教育模式，美国模式不一定适合中国，中国目前正在探索自己的大学发展模式，我认为这值得鼓励。

说到规模，美国有许多小而不好的大学，也有许多大而优秀的大学。例如密歇根大学，学生接近四万名；加州大学的规模也不小，其中包括有伯克利分校、洛杉矶分校、圣地亚哥分校等；北卡罗来纳大学的分校就有 16 所。这些大学的规模都十分庞大，有许多分校，整体来说教育质量也非常高。中国如果要建设规模庞大的好大学，我认为倒是可以参考一下这些大学的发展模式。

大学简介

瑞典隆德大学是一所现代化、国际化、具有高度活力和历史悠久的大学，是世界百强大学之一。它建于1666年，其中八个院系以及各研究中心和专业学术机构涉及自然科学、法律、社会科学、经济管理、医学、工程技术、人文科学、神学和艺术（包括音乐、美术和戏剧）等各领域，学校有将近47 000名学生和6 300名教职员工，是U21和欧洲研究型大学联盟的成员，是北欧最大的高等教育和科研机构，被誉为瑞典的“科学首都”。

隆德的学术传统可以追溯到中世纪，由于隆德当时是斯堪的纳维亚大主教的所在地，因此它也成了中世纪斯堪的纳维亚的思想中心。发展至今，隆德大学无论在瑞典国内还是在国际上都处于学术领先地位。

学校网址：www.lunduniversity.lu.se

佩尔·埃里克森（Pell Erickson）

佩尔·埃里克森于1981年在隆德大学获得电子通讯理论专业博士学位，毕业后留校任教，在工程学院担任电子通讯和信号处理专业的讲师，后来担任远程传送理论系系主任。1989年至2000年，佩尔·埃里克森出任瑞典布莱津理工大学的校长，2001年出任代表瑞典政府构建创新体制的具体执行单位——瑞典创新局（VINNOVA）的局长。2007年他回到隆德大学，担任信号处理专业的教授，2009年成为隆德大学校长。

（《深圳特区报》2012.02.14 第A10版）

瑞典隆德大学

培养学生的批判性思维

深圳特区报见习记者　林洲璐

欧洲大学排名居前十位的瑞典隆德大学在许多方面都独具特色，如民主的视点、批判的思维、对全球环境的关注，以及对种族多样性和社会多样性的关注等。另外，改革思想与人文主义关照相结合也是隆德大学特有的价值观。日前，佩尔·埃里克森校长就办学理念等接受了本报记者的电子邮件采访。

瑞典隆德大学教学楼

一、核心价值观：学术正直、批判思考、敢于质疑

深圳特区报：隆德大学建于1666年，历史十分悠久，学校的文化底蕴深厚。能否请您简单介绍一下隆德大学创建之初的历史？

佩尔·埃里克森：隆德市是一个历史悠久的教育和宗教中心，曾是丹麦大主教驻地。1085年，这里设立了一所培训神职人员的圣公会学校，是今天斯堪的纳维亚最古老的学校之一。1485年，隆德曾尝试开展中世纪大学教育，但这个努力未获成功，后被放弃了。根据1658年签订的罗斯基勒条约，瑞典王室取得了丹麦南端的三个省，王室随即于1666年建立了隆德大学，作为对新领土进行瑞典化的手段，这是瑞典国王建立的第五所大学。

深圳特区报：隆德大学的校徽很有意思，可以解释一下其中的含义吗？

佩尔·埃里克森：隆德大学的校徽是头戴皇冠的狮子一手拿书、一手持剑，代表着隆德大学为国家和人类去学习知识、去捍卫真理，我们的校训是“为学习和捍卫做准备”，如今这个表述也可以延伸理解为隆德大学坚持的双重价值观，如传统和革新、广度和深度等。

深圳特区报：隆德大学办学的核心价值观是什么？

佩尔·埃里克森：隆德大学致力成为一所学术正直、批判思考、敢于质疑既定现实的大学，我们一直认为大学应该成为社会发展的驱动力。作为领先的、有创造力的、跨学科的高等院校，隆德大学坚守着人类和学术的基本价值。首先，学术正直是毋庸置疑的，诚实是第一要律。在知识和道德的层面上，科研和教育都应该独立于其他各种力量。第二，理性和平等的理念要渗透到日常的教研活动中。各种观点和讨论都应该被鼓励和包容，尊重不同的观点和客观事实能更好地帮助我们开展教学。第三，我们一直都鼓励学生进行批判性的、有建设性的思考，并用心为他们创造一个革新的、有创造力的环境。其中，幽默感、建设性的质疑和人文主义是关键词。此外，隆德大学也十分注重民主价值，并在平等和种族多样性的背景下践行民主价值，我们不能接受任何冒犯和歧视的对待，因为尊重、包容和关爱有助于师生在和谐的环境中成长。

深圳特区报：作为一校之长，您的领导理念是什么？

佩尔·埃里克森：我努力尝试分散我一人的领导权，比如说，把领导权和决策权分散给副校长们，同时我们有一个副校长助理的团队和一群优秀的系主任，我更愿意给他们极大的自由度，不做太多的指导和干涉，只是检查工作成效，这样一来，也许我们的合作会十分紧密而又有默契。

二、学术卓越：众多诺贝尔得奖者专程前往演讲

深圳特区报：隆德大学在国际上以斯堪的纳维亚地区最大的研究型大学而著名，其世界排名经常保持在100名以内，那么，是哪些重要的原因使得它一直保

持卓越？

佩尔·埃里克森：成为欧洲数一数二的学校，是我们“战略计划”（Strategic Plan）的其中一个目标，我们致力于把不同的学科结合起来，同时在筹集基金支持各个领域开展科研活动这一方面我们也做得很成功。隆德是个很小的城市，但学生人数却很多，所以这是个被学校和学生主导的城市，学生在这个“城市校园”的生活多姿多彩。我相信，所有的这些因素加起来促使了隆德大学跻身世界一流大学之列。

深圳特区报：隆德大学拥有30多个世界顶级研究机构，此外，瑞典政府对隆德大学的资助不断增加使得隆德大学成为瑞典最强的研究型大学之一，请您介绍一下隆德大学在学术研究方面的竞争力和优势。

佩尔·埃里克森：隆德大学是瑞典实力最强的综合研究型大学，我们的研究团队通常都具备跨学科的科研能力，我们建立了许多有实力、有吸引力的研究机构，研究的过程和成果都与课程设置紧密结合。目前，我们正在进行同步加速器辐射装置MAX IV和欧洲散裂中子源项目（European Spallation Source），这些都证明我们正在成为材料科学的“学科首都”。

深圳特区报：几乎所有到斯德哥尔摩领取当年度诺贝尔奖的学者都会专程来隆德大学做演讲，隆德大学如何把握这一独特的优势？

佩尔·埃里克森：没错，诺贝尔是瑞典的金字招牌，瑞典的很多学术机构、工业企业和宏伟建筑都与它密切相关，或者直接用“诺贝尔”来命名。诺贝尔故居纪念馆还成为世界级学术活动的中心，每年都有多场学术研讨会在这里举行，它成了学术思想的集散地。事实上，许多隆德大学的教授都是瑞典皇家科学院的成员。就在前几天，2011年诺贝尔化学奖得主丹·舍特曼（Dan Shechtman）就来到隆德大学演讲。显然，这是一个很好的传统，我们与很多诺贝尔得奖者都保持紧密的联系，这一点就足以让隆德这座大学之城屹立于世界学术之巅。

深圳特区报：许多世界著名的大学都大力吸引人才，请问贵校如何吸引世界各地的顶尖研究人员？

佩尔·埃里克森：我们看到，近些年来中国大学的待遇和条件越来越好，很多原本在国外工作的学者都愿意回到中国，隆德大学也尝试以同样的方法，吸引长期在国外做学问的校友返校工作。最近，我们收到一笔捐赠，这笔善款将用作癌症治疗的相关研究，现正面向全世界吸纳该领域的顶尖人才。

三、教育模式：课程设置与前沿研究相结合

深圳特区报：许多隆德大学的中国留学生都对贵校的民主视角、批判思维和全球视野留下了很好的印象，请您介绍一下贵校的教学模式。

佩尔·埃里克森：确实如此，我与很多中国留学生交流过，他们告诉我，他们很认同和欣赏“隆德大学学习模式”（The Lund Learning Model），即以学生为中心的教学和学习方法，目标就是增强学生面对难题的解决能力、决策能力，我们的课程都是基于各个领域最前沿、尖端的研究来开展的，我们鼓励学生在研究中学习，从中提升批判性思考和实际应用的能力。隆德大学的另一特色是，为了增强学生的民主意识、为民主素质创造环境，学校各个重要的决策部门包括学校董事会都有学生代表，这是我们民主的传统，我们十分引以为豪。

深圳特区报：隆德大学如何与当地的文化进行互动？

佩尔·埃里克森：隆德市位于瑞典南部的斯科讷省，该省自古以来就以文化著称，有瑞典最富饶的土地，也有瑞典最成功的公司。隆德与丹麦首都哥本哈根隔海相望，人口仅有 11 万，其中一半居民与隆德大学有关。隆德市已有一千多年的历史，它至今保留着中世纪的街道布局，因而具有一种特别亲切的气息。现在的隆德是一个国际性城市，也是一个繁荣兴旺的文化科学城，它既重视古老的学术传统，又注重文化、教育和科研中的新动向、新思想。在瑞典，有两所最古老的大学——隆德大学和乌普萨拉大学，被人们誉为瑞典的“牛津大学”和“剑桥大学”。说到隆德大学和当地文化的互动，我觉得有两个很好的例子，就是学校开办了公共艺术博物馆和植物园，其中公共艺术博物馆收集了 20 世纪北欧顶尖艺术家的漫画和素描，展示了巨大的公共艺术作品，如壁画、雕塑和浮雕。

四、国际化战略：国际合作交流纵深发展

深圳特区报：隆德大学是瑞典国际化程度最高的高等院校，您如何看待当前大学的国际化趋势？在这方面，隆德大学的战略是什么？

佩尔·埃里克森：要成为欧洲大学中的佼佼者，国际化是隆德大学的重要战略目标之一。通过双方协议、教研项目和联盟学校之间的合作，我们与全世界各国的大学进行紧密的联系与合作。如今，我们与超过 50 个国家的 680 所大学进行了合作，每年来隆德学习的国际学生有 3 000 名左右，而且隆德大学的科研环境也非常国际化，不断地吸引世界各地的教授和学者来隆德大学参加科研合作。只有这样，我们才能向世界展示我们的进步与发展。

深圳特区报：隆德大学十分受国际学生的青睐，请您介绍一下贵校国际学生的概况。

佩尔·埃里克森：隆德大学的国际学生都是高水平的学生，他们都有丰富的经历和独到的观点。瑞典是个很小的国家，我们确实需要吸引顶尖的研究人员和国际学生，才能更好地提供高质量的教育。现在约 10% 的学生是来自海外，我们希望这个数字可以增加到 20% 左右，目前各项工作也都进展得很顺利。为了成为世界一流大学，我们需要来自世界各地的学生和老师在此交流知识与文化。同时，我们比较青睐独立思考、独立判断、有冒险精神和坚持真理的学生。

深圳特区报：实施国际化战略，隆德大学如何发挥“研究型”这一突出的优势？

佩尔·埃里克森：隆德大学的国际合作不仅广泛，并且纵深。隆德大学是诸如牛津、剑桥等大学参与的欧洲研究型大学联盟 League of European Research Universities（简称 LERU）的成员，也是著名国际大学联盟 U21（一个由世界上若干所优秀研究型大学组成的国际高校联合体）中唯一的斯堪的纳维亚大学，同时，隆德大学还是哥本哈根、马尔默和隆德厄尔松地区的 12 所大学组成的大学联盟——厄尔松大的成员。2007 年隆德大学被誉为“Erasmus Mundus”项目的成功先例，Erasmus Mundus是在高等教育领域的一个合作性的学生交流项目，它支持高质量的欧洲研究生课程，每一课程都是由欧洲几所大学联合经营，并把欧洲及世界上其他国家的学生紧密地联系在一起，这些都证明了隆德大学是国际交流活动最为活跃的欧洲大学之一。

深圳特区报：隆德大学与中国高校的合作进展如何？

佩尔·埃里克森：自 20 世纪 80 年代，隆德大学与中国的联系就已经十分紧密。我们主要和中国的顶尖大学进行合作交流，比如北京大学、清华大学、复旦大学、浙江大学等。除了欧洲学生以外，我们学校最多的就是中国和美国的学生。我们有传统的交换项目和协议，我们与中国大学也有同样的奖学金项目，比如“Erasmus Mundus”项目，我们十分希望能保持这种关系，因为这种合作对双方都十分有利。隆德大学在1997年至2002年担任“欧盟—中国高等教育合作项目”主席期间，积累了与中国各高校科研合作的宝贵经验，并在欧盟以及中国合作对象和范围内树立了很高的威信。2007年9月，隆德大学组织了“北欧中国合作论坛”，北欧科教组织和中科院的专家学者们就生命科学、信息科学、纳米科学以及环境资源科学方面的合作进行了深入的讨论。

深圳特区报：南方科技大学是深圳新成立的大学，其目标是要成为世界一流的研究型大学。作为一所著名的研究型大学，您对一所新成立的大学在达成这个目标的努力方面有何建议？

佩尔·埃里克森：给其他大学建言不是一件容易的事，因为每所学校的风格和特点都不一样，但是，我认为向其他学校学习，发现好的东西可以运用到自己的学校，这点十分关键。隆德大学最突出的优势是培养学生的批判性思维、跨学科研究的能力以及良好的领导才能，作为U21和欧洲研究型大学联盟的一员，我们也经常向其他成员学校学习讨教，这一点对隆德大学的长期发展尤为重要。

清华大学是中国著名高等学府，是中国高层次人才培养和科学技术研究的重要基地。清华大学的前身是清华学堂，成立于1911年，当初是清政府建立的留美预备学校。1912年更名为清华学校，1938年迁至昆明，改名为国立西南联合大学。1946年，清华大学迁回清华园原址复校。1999年，原中央工艺美术学院并入，成立清华大学美术学院。目前，清华大学设有16个学院、56个系，已成为一所具有理学、工学、文学、艺术学、历史学、哲学、经济学、管理学、法学、教育学和医学等学科的综合性、研究型和开放式大学。

学校网址：www.tsinghua.edu.cn

顾秉林

顾秉林，1945年生，吉林德惠人，中国科学院院士，著名的物理学家和材料科学家。1965年进入清华大学学习。1982年在丹麦奥尔胡斯大学获得博士学位。先后担任清华大学物理系教授、系主任、研究生院院长、副校长等职，2003年起任清华大学校长。目前兼任国务院学位委员会委员、物理学与天文学学科评议组召集人，国家科学技术奖励委员会委员，教育部物理与天文学教学指导委员会主任委员，中国物理学会副理事长。

（《深圳特区报》2010.08.12 第 A04 版）

清华大学

做一等的事业，做中国的脊梁

深圳特区报记者　马璇

在深圳经济特区建立30周年之际，深圳又迎来了第26届世界大学生运动会一周年倒计时。清华大学作为中国著名的高等学府，在这个新的历史节点上，会如何看待深圳的发展，又如何促进与深圳的合作？

最近，深圳特区报记者在西丽湖畔清华大学深圳研究生院美丽的校园中，对清华大学校长、中国科学院院士顾秉林进行了专访。在采访过程中，这位杰出的物理学家畅谈了对深圳大运会和深圳高等教育的见解，以及对新时期如何培养创新型人才、大学生如何融入国际社会等问题发表了看法，从他的言谈中记者也充分领略到清华大学这所近百年名校的风采与魅力。

2011年4月25日，第26届世界大学生夏季运动会火种采集仪式在清华大学举行，图为参加火种采集仪式的嘉宾与观众。

一、建议中国学生在国内上完大学再到国外求学

深圳特区报：在全球化的潮流中，许多高校都非常重视学生的国际交流。您认为国际视野对大学生来说是否很重要？清华大学通过什么措施来扩大学生的国际视野？

顾秉林：清华大学选拔人才的标准之一就是要有国际视野。因为我们身处这样一个全球化时代，未来各行各业的领导人，包括学术方面的领导人肯定会参与国际上各种各样的活动，他们必须具备国际视野，只有这样，他们才能理解不同文化的差异，同时理解不同国家人们的思维方式，这是非常重要的。也只有这样，他们才能团结不同的人一起工作，或者与不同的人合作。

清华大学一直坚持国际化办学。我们要求至少有 30% 的本科生在校学习期间有到国外学习或实习的经历，要求至少有 40% 的研究生有到国外访问或学习工作的经历。这个要求指的是在校期间，不是指毕业以后。我校为学生们提供各种各样的机会：我们设立了专门基金，每年资助 1 500 名研究生出国参加各种各样的学术会议；我们积极与世界一流大学联合办学，并聘请海外著名学者，目前每年大约有 800 位海外学者来清华讲学授课，联合指导学生；我们与国外著名高等学校合作开展科学研究，与很多国外名校互办“大学周”“在学日”等活动，让学生在高水平的研究机构和浓厚的国际学术交流气氛中受到熏陶，比如我们与剑桥大学、麻省理工学院成立了低碳能源联盟。我们与其他名校合作并签订了 200 多个相关合作协议，也是要求对方为我校学生提供这样的机会——让他们出国学习和锻炼。而学生们回国后的结果是：更加热爱我们的国家。

深圳特区报：现在许多家长热衷于把孩子送到国外读大学，甚至读中学，您怎么看待这个问题？

顾秉林：每个家庭与每个孩子的情况不一样，个人有个人的选择。但我的建议是：最好让孩子在国内上完大学，再到国外求学，可以在外读研究生。这样的好处是，孩子大学毕业后世界观才基本形成，自己有了一个基本的处世理念和哲学后，再到国外学习，这样更可以增加他们的学识、锻炼他们的能力。很小就出国的中国孩子会感觉到不同文化冲突的困扰。因为东西方文化有很大差异，而

这时必须有一种文化作为他的“根”，然后再生长出其他的文化作为枝叶与补充。如果没有这个“根”，人会像浮萍一样飘浮，感觉很空洞。如果是我朋友的孩子或是我自己的孩子，我都建议或主张他在国内上完小学、中学、大学，然后由他自己做选择，他喜欢去国外读书就去国外读书，喜欢在国内发展就在国内发展。

二、清华选拔人才标准：创新意识、社会责任感和国际视野

深圳特区报：清华大学是深圳高中学子非常向往的大学，除了您刚才提到的国际视野，清华大学还有哪些选拔人才的标准？

顾秉林：其实人才都是不一样的，很难有一个非常固定的标准。总的来讲，清华大学希望我们的年轻学生一要有非常强烈的创新意识，二要有强烈的社会责任感，把祖国前途、民族命运与自己连在一起，三要有宽阔的国际胸怀与视野，这三条很重要。但这只是笼统的概念，具体对每一个人来讲，又是不一样的，世上有偏才、怪才，只有他们充分发挥自己的潜能，才能变成真正的人才。所以我从不把学生看作产品，从进校到毕业都像大工业生产似的，是一个模子里出来的。我把来到清华的每个学生都看作一块“璞玉”，希望他们能够通过在学校的教育，获得充分的滋养和磨炼，最后成为非常有特色、独一无二的艺术品，能够对社会有影响、有贡献。

深圳特区报：每所大学都有自己的风格，您认为清华大学的风格是什么？

顾秉林：我曾经在我们学生的毕业典礼上说，希望清华学生做第一等的事业，做中国的脊梁。我认为我们的学生应该做到这一点。

清华的校训是“自强不息，厚德载物”。老子曰：胜人者力，胜己者强。能不断战胜自己，这才叫强。我希望我们的学生在未来成长和工作的道路上，不论遇到什么困难和挫折，都能够战胜自我，这就叫自强不息。再一个理解是，清华的人要不断追求卓越，做第一等的事业。我校老校友、著名历史学家何炳棣回忆称：1965 年，毕业于清华大学的应用数学家、物理学家和天文学家林家翘应邀到芝加哥大学访问时，曾对他说：“要紧的是不管搞哪一行，千万不要做第二等的题目！”这就是老清华人的抱负——做事就要做到一等，永远追求卓越，战胜自我，不怕挫折。中国未来将在世界上发挥越来越大的作用，作为这个时代的清华

人，我们没有理由不树立这样的雄心和抱负。

厚德载物，即对自己很严，对他人很宽厚，能够团结周围的人一起工作，不勾心斗角。清华大学的前身是清华学堂，成立于1911年，当初是清政府建立的留美预备学校。清华的建立与国耻相连，救亡图强、爱国奉献从来就是每个清华人心中最重的传统与责任。在此，我希望清华的学生和当代中国的青年人能够把自己的满腔热忱化为一生坚持的行动，为人民幸福和国家富强而努力，不因社会的磨砺而褪色，不因个人的坎坷而动摇，坚定地做中国的脊梁。

三、建议孩子们多接触社会，注重实践

深圳特区报：您如何看待关于我们的教育为什么培养不出顶尖帅才的“钱学森之问”？您曾经提出清华致力于培养高素质、高层次、多样化和创造性的拔尖创新人才，请问清华通过什么样的办学措施来实现此目标？

顾秉林：“钱学森之问”问得很有道理。新中国成立60年来，我们需要培养一批学术大师，需要培养一批治国之才，需要培养一批兴业之师，这是我们高等教育机构不可推卸的责任。所以，“钱学森之问”引起我们深思：如何在大学里培养拔尖人才？我们深刻地反思：究竟我们的教育出了什么样的问题？我认为，我们原来的关注点在于不让一个人掉队，这当然是很好的，但我们还需要关注，在不让一个人掉队的情况下，如何能让拔尖的、创新的人才脱颖而出。既照顾到全面教育，又照顾到杰出人才的扶植与培养，这是非常重要的。

所以我们清华大学办了“清华学堂班”，遴选有潜质的学生，为他们配备一流的师资、提供最好的条件，使入选这个班的学生作为领跑者，在全校起到示范和引领的作用；我们办了计算机科学实验班，由姚期智先生亲自制订培养方案和计划，让学生参与到清华和微软亚洲研究院等机构的科学研究项目中，同时也能与国际顶尖学者有非常多的交流机会；我们办了“钱学森力学班”，这是在钱学森生前关照下办起来的，我们把这些热心搞基础工程研究的年轻学生集中在一起因材施教，希望能为拔尖创新人才的培养建立一个良好平台。

深圳特区报：对尚未踏进大学校门的孩子们，您有何建言？

顾秉林：我建议孩子们多接触社会，多到社会上走一走，特别是物质条件相

对较好的深圳孩子们。大家从小学、中学到大学，都是在学校里面，所以更要接触社会，吃得起苦，这样的磨砺对人的一生都是有很大帮助的，而家长的溺爱对孩子的成长没有任何好处。清华大学是一所非常强调实践的学校，可以总结为“厚基础、强实践、求创新”。首先，让学生在一、二年级打下坚实的基础，然后再通过实验室和社会上的实践活动，培养他们的创新能力。我们科研的六字方针是“顶天，立地，树人”，“顶天”是要紧跟科学技术前沿，“立地”是要服务社会、服务国家的发展需要，“树人”就是培养人才，努力通过发挥前沿研究的优势来为学生提供创造、创新的空间。

四、南科大筹建应与珠三角区域经济发展紧密结合

深圳特区报：大学的发展和国家的发展、城市的发展密不可分，深圳正逐步跨越式发展高等教育，作为中国顶尖高等学府的校长，您对此有何建议？

顾秉林：的确，世界上一些科技先进的国家，正是依托高水平研究型大学，通过政府或社会长期稳定的经费支持，建立相对独立的学术研究机构，聚集和培养高水平学者开展前沿基础研究和高层次学术研究，从而持续不断地取得影响世界科学、技术和社会的重大研究成果。例如，由美国联邦政府投资，设在美国加州大学的劳伦斯伯克利国家实验室，先后培养出了九位诺贝尔奖获得者。在1901年至2001年的100年间，世界一流大学囊括了75%的诺贝尔奖得主（不含文学奖与和平奖）。

深圳作为一个新兴城市，高等教育从零起步，发展到今天很不容易。现在我还记得20多年前深圳大学的建立，当时清华大学给予了大力支持，倾注了很大的心血。深圳大学首任党委书记罗征启教授和深圳大学首任校长、两院院士张维教授就是清华大学派出的，后来清华大学又在深圳建立了研究院和研究生院。现在我非常高兴地看到深圳正在全力筹建南方科技大学，我认为重视教育，把教育放在优先发展的地位，是非常好的事情，这也体现了这座城市的发展眼光。而我们清华也会通过各种方式全力支持深圳的社会经济和高等教育的发展。

深圳特区报：记得您几年前就表示大力支持深圳筹建南方科技大学，您对此有何看法和建议？

顾秉林：没错，早在三年前，我就说过，“举双手赞成深圳筹建南方科技大学”，清华愿意把深圳新的大学扶上去。因为任何一个伟大的城市都有非常杰出的高等院校，而且不止一所杰出的高等院校，高水平研究型大学往往是国家和城市创新体系中极具活力的组成部分。深圳愿意投入更多的资金、人力，更加关注高等教育的发展，关注高水平研究型大学的建立，这是很难得的，我们也会全力支持。同时，我也希望一些资金上充足的省市向深圳学习，把教育放在优先发展的位置。只有教育优先发展，城市领导人的关注点放在教育上，这个城市的居民才能享受到由于教育水平的提高所带来的无限好处。

另外，我认为南方科技大学的筹建应该与珠三角区域经济发展紧密结合。因为大学是在一个区域当中的，应该为该区域的经济社会发展服务，这也将成为这所大学的最大特色。深圳是一个快速发展的城市，是改革开放以来最成功的城市，深圳的产业、社会上需要解决的问题都可以在南方科技大学体现出来。当然，大学的根本目的是培养人，希望南方科技大学不仅仅是为珠三角，也为全国，为世界人才的培养作出贡献。

五、加强与深圳合作，做大做强两个基地

深圳特区报：清华大学在深圳的两个基地（研究院和研究生院）为深圳的发展做出了重要贡献。据了解，仅清华大学深圳校友会就有 6 000 余人在册，深圳的清华学子当中有大批创业型人才在深圳各行各业叱咤风云，可以说在特区建设的 30 年中，清华人功不可没。那么，请问清华今后将如何加强与深圳的合作？

顾秉林：1996 年，清华大学深圳研究院由深圳市政府和清华大学联合设立，市校合建研究院，探索产学研结合的新模式，当时开创了中国学界之先河；而清华大学深圳研究生院是清华大学和深圳市合作创建的高层次人才培养基地和科技创新基地，是清华大学唯一的异地办学机构。一个以科技成果转化为主，一个以人才培养为主，在清华与深圳的合作当中起着重要作用。

清华大学深圳研究院和研究生院自创办以来，在国内和业界都引起很好的反响，不仅成为清华大学推进地方科技经济发展的典范和人才培养的重要基地，而且有力地促进了学校自身的发展。今年是深圳经济特区建立 30 周年，让清华大

学感到非常骄傲和自豪的是，特区 30 年的发展建设也留下了清华人的足迹。

深圳对整个中国的改革开放来讲，起到了引领的作用，我们非常看重深圳。今后，清华大学将一如既往地关心、支持深圳作为改革开放排头兵的发展建设，继续加强与深圳的合作，把清华大学深圳研究院和研究生院办好，同时紧紧围绕深圳的中心工作，为特区未来 30 年的发展贡献更大的力量。

深圳特区报：清华大学今后将如何具体加强研究院和研究生院两个基地的建设，从而推动学校与企业的双赢？

顾秉林：清华大学一直非常重视和企业、社会之间的联系，我们很早就建立了“清华大学与企业合作委员会”，每年在清华大学校本部召开年会。此外，我们还非常重视与各地政府的联系，我们和 23 个省份签订了合作协议，就我们的科技园、技术转移等与当地政府进行合作，而且这些合作大都非常成功。

为了加强与深圳的合作，清华大学打算加强深圳两个基地的建设，为区域经济建设和创建世界一流大学做出新的贡献。对研究生院，清华提出“北斗七星理论”：政、学、产、研、金、介、用七个方面紧密结合，政府、学校结合成立基地，通过产业研究工作、金融机构的支持以及中介机构的介入，最后将研究成果用到社会上去。对于这七个方面，深圳是一个最好的结合点。今后清华大学打算将深圳研究生院做大做强，真正成为根系清华、立足深圳、面向世界的高层次人才培养基地。我校强调“创新”，深圳是中国改革开放的前沿阵地，具有改革创新的良好环境，深圳研究生院作为清华大学教育改革的试点，应敢于打破固有观念，营造整体创新环境，提高整体创新意识和社会意识，在学术上保持独立的精神、批判的思维，以严谨、求实的态度追求创新。对于研究院，我们希望其进一步建设成为高新技术产品孵化基地，能“孵化”出更多的企业与产品，为深圳、广东以及全国的成果转化起到引领作用。

香港大学简称港大，是香港第一所大学。其前身是创立于1887年的香港西医书院，孙中山先生曾习医于此。1911年，香港西医书院及香港官立技术专科学校合并，成立香港大学，1912年举行了正式的创校典礼。

香港大学校园本部坐落香港岛西部的薄扶林道以东，中文校训为“明德格物”，立校以来一贯采用英语教学，在人文、法律、政治及医学等学术领域极为出色。至2008—2009年度学生数目达到21 652名，其中包括2 068名内地生及国际学生。

2009年的英国泰晤士高等教育——QS世界大学排名将港大列为世界第24位、亚洲第2位，与日本东京大学不分伯仲。

学校网址：www.hku.hk

校长名片

徐立之

徐立之，分子遗传学家。出生于上海，后随父母移居香港，香港中文大学学士、硕士，美国匹兹堡大学哲学博士。曾任加拿大多伦多病童医院研究中心遗传学及基因工程计划的主管兼首席遗传专家，多伦多大学教授及H.E.Sellers囊状纤维症讲座教授。

1989年，徐立之领导的研究小组准确发现人体第七条染色体内的囊状纤维症基因缺陷，从而奠定了他在世界遗传学界的权威地位。2002年9月起任香港大学第14任校长。2005年10月，徐立之率领香港三所大学，完成破解“人类基因组单体型图”2.5%的研究工作，为发现人类疾病与致病基因之间的关系，做出了成功的探索。同年，徐立之被香港市民评为“最佳大学校长”。目前，徐立之教授仍致力研究囊状纤维症，同时积极探讨其他遗传及疾病基因，并在香港大学负责督导基因研究中心的工作。

（《深圳特区报》2010.08.30 第 A04 版）

香港大学

深港合作教育应领先一步

深圳特区报记者　刘秋伟

日前，本报记者走进多次蝉联亚洲地区最佳学府的香港大学，与香港大学校长徐立之先生作了一席深谈。在近一个小时的采访中，徐立之校长谈到了中国如何建设世界一流大学、深圳与香港一体化发展的前景以及香港大学在深圳的发展等问题，言谈之中透出作为一名教育家、科学家对香港、对国家发展的深思。

一、排名靠前，并不一定等于一流大学

深圳特区报：今年五月，一家国际高等教育研究机构发布了最新的亚洲大学排名榜，香港大学在评分中取得满分 100 分，继续蝉联亚洲区最佳学府，香港科技大学排名第二。而在这个名单里的前十位中，几乎找不到一所内地大学。请问徐校长，您怎么看待香港大学的这个排名？

徐立之：您刚刚说了两件事情，第一件是排名，第二件是世界一流大学，现在人人常把这两件事混为一谈，其实不然。我打个比方，排名就像是人在比高比重，而世界一流大学则是比漂亮，二者是两回事。

看一所大学做得好不好，能不能进入世界一流大学，其实不是比高比重，是

比漂亮。这个“漂亮”，是从你的科学、学科、研究，以及学校训练学生、为社会培育人才等方面去看的。即使是这样，我们也很难比较，因为每所大学的背景不一样、每个国家的情况不一样。美国的大学跟香港的大学、欧洲的大学，其发展背景、面临的情况都是不同的，怎么能放在一起比呢？所以，这些排名机构就会找一系列指标，如国际化、老师跟学生的比例等，这些指标做起来比较简单。但单去看这些指标，就容易忽略深层次的问题和矛盾。

有一年香港大学比美国的斯坦福大学排名还高一名，有人就觉得奇怪。细看时才发现，在比较国际化这项指标时，我们的分数比斯坦福大学高。所以，在排名方面，一系列的指标堆积起来，并不等于就是一所世界一流大学。

对于世界一流大学，我们有自己的看法。比如，某一学科开国际会议的时候，你的老师被请去做主题演讲，这可以说明这个学科是达到国际一流标准的。我们学校也有几个学科是这样的。而在学校的教学方面，学生、校友对社会的贡献方面，其实也是很难去考量的。但是，如果学校办得不好的话，你就什么指标都排不上去。香港大学有些东西是做得好的。譬如，除了强调国际化，国际学生很多，坚持在全球招聘最好的人才，我们还特别看重学生对社会的贡献，如校友毕业生对社会的贡献，通过训练鼓励学生独立思考，培养社会责任感，等等。这是香港大学的一个传统，也造就了香港大学成为一所在国际排名很高的大学。

二、内地办世界一流大学需要时间

深圳特区报：这些年来，内地一直在探讨，为什么我们的高校与世界一流大学差距还比较远。您对内地建设世界一流大学有什么看法？

徐立之：现在，很多内地的大学都提出了建世界一流大学的目标，这需要时间慢慢培育。一种新的文化需要时间来培育。其实，内地大学的机会也很多，很多大学也做得非常好，现在很多国际的会议都有请内地大学的老师去做报告。但是，这只是好大学的一个方面，是大学排名中的一部分。

深圳特区报：您是说，主要是时间的问题？

徐立之：对，我觉得就是时间的问题。内地有些大学用钱去吸引一些国际著名学者，这样做新闻价值非常高，也确实可以吸引到不少学者。但是，如果学校没有文化背景，没有多层次的人才培育方案，没有政策在后面跟进，而只是好看，实际作用不会很大。所以我认为，时间是最主要的问题，这方面内地大学需要有耐心。

长期来说，大学的建设需要一个稳固的发展。就像建金字塔一样，大学不仅要培育金字塔上的顶尖人才，也要训练更多可以支撑金字塔的普通人才。我们既要有国际一流的大学，也要有更多其他的普通大学。高等教育是人生的一个过程，一个国家富强起来了，就希望更多的老百姓能接受高等教育，但其实并非所有大学提供的教育都是一样的，关键是培养、训练的人才是否对社会有用。

深圳特区报：现在，中国的大学体制改革存在一个核心问题，就是如何实现大学管理由行政主导向学术主导的转变，这在国内已议论多年。

徐立之：去行政化这个问题说了很久了。我觉得，内地大学的行政管理太多。内地大学一方面希望不要有太多来自外面的管制，另一方面也想做好学校自身的管理，主要是不要浪费资源。这个只能是慢慢来，要在一个好的方向和政策下，慢慢找到自己的一个环境。事实上，每个国家、每个大学的背景和情况都不一样，我们不能照搬美国的一套。因为办学环境不一样，不能直接比较。

三、要找到适合中国大学发展的模式

深圳特区报：中国内地的大学数量不少，为什么培养不出世界级的顶尖人才？

徐立之：我是做基因研究的，我觉得以中国人的头脑，能做好科学研究的人是很多的。譬如说，国际上在基因研究方面，很多好的科学家都是华裔的。为什么我们自己培养不了顶尖人才呢？关键在于环境，环境不是一天就能把它弄好的，它包括硬件，还有软件，软件就是制度，这也需要时间。

现在内地也很重视环境、制度的建设，我相信坚持下去一定可以慢慢打造出世界一流的科学家、研究员和学者。内地大学的方向是正确的，只是还存在很多其他的制约因素，而这些阻碍需要时间慢慢来克服。

一个国家教育的发展是长期的发展，方向对了，其他的都可以慢慢调整。但是，我们也不能全部照搬别的国家、地区的方式，关键是要找到适合我们中国大学教育发展的模式。

四、希望学生思想开放，眼界开阔

深圳特区报：香港高等教育素以国际视野、学科前沿、学术领先以及多元化等享誉世界，特别是历史最悠久的香港大学，无论是在办学理念、教学方式、课程设置，还是在教育管理和全球人才招聘等方面，都充分显示出一所国际一流大学的优势与特色。您可否谈谈香港高校在这些方面有哪些值得国内大学借鉴。

徐立之：借鉴就不敢当，因为每个地方、每所大学的情况不一样。我们每年都有学生到国外去交流，我们叫交换生。现在差不多每年有 1 000 人出去，大概占本科生的三分之一。每年我们招生 3 000 人，有 1 000 人出去的话，是一个很大的比例。因为同时也有 1 000 人进来，我们要求那些外来的学生一定要跟本地生住在同一个房间，这样在宿舍里面就可以有浓厚的学术氛围，而不仅仅是在课堂上。

这一点在教育上是很重要的，虽然在香港也有人有不同的看法，但我们一定会坚持。因为让学生在一个国际化的环境里学习、生活和成长，他将来的视野就会更广阔，而不会只看到自己的地方，以小地方文化的背景去做事。所以，港大的学生很灵活，到什么地方都可以适应。

深圳特区报：所以内地很多高考状元都愿意选择香港大学。

徐立之：是的。一个学生在另外一种学习环境下成长，他学到的东西是不一样的，尤其是把他放在一个他觉得陌生的地方，就可能会把他潜在的能力全部释放出来。我们去面试学生时，会问一些问题，希望他们能表达自己，有时甚至会让他们随便说。这样半个小时下来，你就可以发现哪个比较灵活，哪个思想比较开放。越开放，就越能吸收新的知识。所以我们欢迎这样的学生，但他（她）不一定是状元。

五、深港合作，教育应先行

深圳特区报：2010 年 2 月，香港大学对外公布将与深圳市政府合作，由深圳市政府免费提供一块位于南山区面积达 100 公顷的土地设立校区，而港大则负责安排与高新科技相关的部门进驻。对于深圳高等教育的发展而言，这肯定是一个很好的消息。请问徐校长，在深圳设校区的愿景是什么？

徐立之：其实，我们这样做，是希望港大的同学有机会在内地生活。现在也开始在小规模地进行。比如，有一群建筑学院的学生每年都会有一个时期在上海，我们想让这些学生熟悉内地建筑的文化和环境，所以就把上海作为一个教学中心。老师跟学生一起去，同时还聘请很多其他国际上的老师，与内地的老师一起，给学生们上课。这种模式，很多外国大学觉得非常好，有的甚至希望能加入我们。

说到在深圳设校区，我们设想，要把一部分学科的教学时间放在深圳，而不是在深圳扩充我们的招生。当然，深圳的学生我们也会照顾，这方面也可以跟深圳的大学合作。中国是一个经济快速发展的国家，大家都想了解，而我们的英语教学对于国际交流比较容易，利用这个机会也可以把深圳整个教育的气氛提升起来。这是我们自己的想法。另外，香港确实是一个很小的地方，香港的大学生以前都是说在本地找个事情做算了，但现在很多学生都到内地找工作。我们的学生也越来越国际化，而且不只收本地生。

对我们来讲，深圳是一个很好的发展地方。以前交通不发达，从港岛坐船到九龙都要花很长时间，现在香港到深圳非常方便，有什么分别呢？我觉得香港跟深圳将来是一体的，而要真正变成一体，教育应该作为领先的一步。所以，香港大学将来可能有很多的活动都会在香港边界之北的深圳进行。

六、深圳的发展是一个奇迹

深圳特区报：深圳现在正在筹办南方科技大学，并且对它寄予了很高的期望，对此，您有什么建议？

徐立之：我觉得，深圳的发展是一个奇迹。在短短30年的时间里建设得那么好。深圳这些年的发展也刚刚处在全球经济发生变化的时候，所以深圳就顺了这个风，顺了这个水，抓住了这个机遇，建造了这座城市。开始搞建设的时候，它也没有特别迫切需要自己培育大学生，但现在确实很需要。每个城市都需要自己的大学。现在深圳有这个条件，有办大学的实力，也有机遇，所以一定要尽量去利用。但是，大学是有不同类型的，不是每所大学都要做得一样。从这个角度讲，我没有太多的建议。

“花堤蔼蔼，北运滔滔，巍巍学府北洋高。”天津大学是中国现代高等教育史上的第一所大学，其前身为国立北洋大学，始建于1895年10月2日，至今已走过115年的历程。1959年，天津大学被定为首批16所全国重点大学之一，同时它也是全国首批“211工程”、“985工程”建设的重点高校。

天津大学校园与南开大学毗邻，占地面积约2 000亩。天津大学环境优美，门前卫津河潺潺流过，碧波荡漾；校园内青年湖、敬业湖、爱晚湖和友谊湖四大湖泊镶嵌其中；加上北洋园绿树葱郁，古朴典雅，风景秀丽，被誉为“花园大学”。北洋广场正中的北洋大学堂纪念亭是天津大学的标志性建筑，内部镌刻着北洋校歌和校训等，集中体现了天津大学的百年历史。

学校网址：www.tju.edu.cn

校长名片

龚 克

龚克，1955年生，祖籍湖南长沙。1982年本科毕业于北京理工大学，后由教育部派遣出国留学。1986年，在奥地利格拉茨技术大学获技术科学博士学位。1987年回国到清华大学工作。长期从事无线通信等研究工作，多次获得国家和省部级科技进步奖，2002年获选俄罗斯宇航科学院外籍院士。曾任清华大学微波与数字通信国家重点实验室主任、清华信息科学技术国家实验室主任、清华大学副校长等职。2006年7月起任天津大学校长。

（《深圳特区报》2010.09.22 第A06版）

天津大学

大学文化应以育人为本

深圳特区报记者　方胜

1895 年，天津海关道盛宣怀创建天津北洋西学学堂，后命名为国立北洋大学。北洋大学的创建，开创了中国现代高等教育之先河，素以“实事求是”的校训享誉海内外。

沧海桑田，斗转星移。今天的天津大学是我国规模最大的综合性工业大学之一，被国家列为国内外知名高水平大学建设单位之一。一个盛夏的午后，本报记者来到了这座久负盛名的百年名校，对天津大学校长龚克教授进行了三个小时的专访。

天津大学 9 号楼

一、愿南方科大成为中国高校改革发展的探路者

深圳特区报：南方科技大学校长朱清时教授也是您熟悉的老朋友。您对南方科大的办学有什么好的建议？

龚克：新的大学宛若一张白纸，更有新的机遇做出创新和突破。办好这所立足深圳的高水平大学，我希望能在评价体系上特别下功夫，这样才能牵到“牛鼻子”。我们都说素质教育很重要，但没有建立起面向素质的评价体系，实际评价的还是学生掌握了多少知识点。知识点不是不重要，只是不应该唯一化。如果不建立“全面发展”的评价体系，实施素质教育就不是“牵牛鼻子”，而是“搬牛腿”。而改变评价体系，就是要做“牵牛鼻子”的工作。

朱清时教授是一位令人尊敬的教育家，我祝愿他和南方科技大学能够在大学的教育体制、运行机制、培养模式和评价体系的创新上取得成功，成为中国高校改革发展的探路者。

深圳特区报：天津大学是一所久负盛名的大学，但是距离广东较远，很多深圳学生也不太熟悉。能否请您介绍一下深圳学子在天大（天津大学的简称）的学习情况？

龚克：广东省一直是天津大学最为重视的生源地之一。今年天大原计划在粤招生 30 人，结果因为报考的高分考生人数较多，天大特别扩招至 44 人。其中，深圳的生源就有 10 人。天津大学工科的优势专业与深圳发展电子信息、医疗器械等重点行业相吻合，每年都有大量的天津大学毕业生奔赴特区，为特区的发展建设作出重要的贡献。电子信息、生物医药和精密仪器等天津大学的优势学科同时也是深圳重要的支柱产业，这些也都是深圳学子可以考虑报读的优秀专业。

在天大学习的深圳学生，有着很强的自主意识和创新精神，他们的思想更为活跃和开放。深圳是改革开放率先富裕起来的地区，我认为深圳学生更应该有一种回报祖国的社会责任感，更应有让祖国各地都像深圳那样“改革开放富起来”的志向，在学校学得更好，走进社会后做得更好。

二、“实事求是”和“严谨严格”是天津大学的百年追求

深圳特区报：天津大学的前身是创办于1895年的北洋大学，也是中国现代最早的大学。那么，您觉得天津大学的办学风格是什么？有无随着时代的发展而改变？

龚克：天津大学的办学风格可以用“实事求是”和“严谨严格”八个字来概括。1895年，天津海关道盛宣怀创建了天津北洋西学学堂，后命名为北洋大学堂、国立北洋大学，至新中国成立后定名天津大学。学校以“实事求是”为校训，这110多年来，“实事求是”的精神在全校教学科研等各项工作中蔚然成风。天大的“实事求是”的核心内涵从未改变，但结合着时代精神，也有着不同的阐释。现在我们强调，“实事求是”就是立足世情、国情、校情之“实”际，向着“是”，即真、善、美，扎实“求”索、突破和创新，就是在“把中华实地改造”的过程中追求真理。

“严谨严格”是天津大学的另一个鲜明特色。天津大学自创办起，目标就是培养实业人才，而这就必然要求办学理念要做到“严谨严格”。“严谨严格”代表着天大人110多年来对“高标准”的追求，这就是追求卓越。这种追求不是来自于外部的压力，而是发自自身的要求，长期以来也就成为学校的文化风格。

“实事求是”和“严谨严格”是天大师德和学风的核心，天大办学特别强调师德和学风的建设。在师资建设中，我们把师德摆在第一位，以德为先，实事求是也是我们追求的“德”；在学风建设里，我们特别注重学术诚信。这既是天大办学特色的要求，也是时代赋予的使命。

深圳特区报：当今世界，大学生越来越多地参与到国际交流当中，大学的国际化办学氛围日益浓郁，请您介绍一下天津大学在这方面的探索与成绩。

龚克：我们处在全球化时代，我们的毕业生必将要在更加国际化的环境中工作。这种大背景决定了国际化是中国高等教育发展的趋势。目前，天津大学在国际化办学上主要进行四个方面的努力。

一是让学生有全球视野，包括在学期间取得国际交流的经历。我们积极创造条件让学生有机会“走出去”，比如，每年在美国佐治亚理工大学等海外大学

的暑期班、与英国好几所大学开展的学生交换项目、学生出国实习、参加竞赛及学术会议、北洋艺术团在欧洲和美国的巡演等等。我们计划在“十二五”期间让15% 的学生能有海外学习的经历。另外，我们还努力创造学生在校园中的国际交流经历，比如，我校的学生组织成立了“国际交流协会”，各院系学生都有机会广泛参与校园内的各种国际交流活动，参与国际人士的讲座、接待和培训工作，成为学校对外交往的“学生大使”。

二是大力加强国际科技合作。我们的技术和专利已经走向海外，化学工程、电力系统、机械工程、建筑设计、计算机科学以及工业工程等方面都有国际合作。比如，我们有三个国家重点实验室是国家外国专家局的“引智基地”，每年都有大批国外研究人员来校交流。此外，我们在“十二五”期间计划使得国际合作课题在学校科研中的比重有了明显提高。

三是加速推进师资发展的国际化。首先是所有学术职位向海内外开放，重点引进优秀海外留学回国人才；其次是坚决改善教师组成结构，限制“留校”人员在 1/3 以下，争取海外回国人员在 1/3 以上；再次是要求晋升高级职称的年轻教师必须拥有较长时间的海外学术经历。此外，我们还引进了不少外籍教师，目前，有数十名外籍专家在建筑学院、化工学院、精仪学院以及药学院等进行教学和科研活动。

四是实施“留学天大”工程。天津大学目前在读的留学生来自于 105 个国家和地区。我们计划在“十二五”期间使天大留学生从目前的 1 000 多人增长到 3 000 多人，占全校总学生数的 10%，其中攻读学位者从 200 多人增长到 1 000 人。

深圳特区报：位于天津东部沿海的滨海新区 2006 年正式成为中国继深圳经济特区和上海浦东新区之后重点开发开放的区域。天津大学为滨海新区的建设贡献了重大力量。请您从天津大学的实践谈一下大学和城市发展的关系。

龚克：天大虽然是教育部直属重点高校，但地处天津，我们必须认识到天大的发展离不开天津。天津成为北方经济中心、制造研发转化基地和生态宜居城市，这些就是我们发展的外部条件。作为 110 多年来生长在天津的学校，天大必须主动适应天津发展、服务天津发展。除了有许多毕业生留在天津建设天津外，我们现在有 1 000 多个与天津特别是滨海新区企业的合作项目。值得一提的是正在滨海新区建设的天津大学滨海工业研究院。该研究院占地450亩，它不仅是天津大学现有科技成果的产业化，更是天大立足滨海，为产业发展研发解决重大技术问题，孵化新产业，延伸产业链的尝试。

三、大学要坚守大学之道，不被“浮名”所绊

深圳特区报：您提出，大学文化应是“育人为本”的文化。您能否解释一下这样说的原因和“育人为本”的具体含义？

龚克：我之所以特别强调这一点，是因为大学文化作为一种组织文化不能脱离组织的根本任务，就像军队文化不能离开打仗一样，大学文化不能离开育人，这是大学的根本。可是我看到现在有一种脱离育人为本的文化扭曲现象，比如有人认为大学应只讲学术不讲学生，主张的是“学术为本”的文化。当然大学要重视学术，但是大学学术归根结底是为了培养学生。现在大学的功能不断拓展，教学、科研、社会服务、国际交流合作，还有安全、卫生和财务等等，这些都是重要的工作。但是追根溯源，社会为什么需要大学？大学的根本任务是什么？大学是培养人才的专业组织，其根本任务必然是“育人”，所以说大学的文化本质就是“育人为本”。育人为本，就是以育人为根本任务，围绕它来配置资源部署工作；育人为本，就是以学生的成长作为基本的价值追求，以是否有利于学生的成长作为价值判断的标准。现在有的老师把学生当成学术的工具、论文的写手，这样就严重偏离了大学文化的价值观。

深圳特区报：您曾经对国内形形色色的大学排行榜提出过批评，并多次抨击某些大学排行榜收取“赞助费”。天津大学在国内外同一时期的不同排行榜中名次大相径庭，既有《英国泰晤士教育增刊》上的中国内地第8名，也有武书连主持的《中国大学评价》的第21名。您认为我们应当如何看待这些大学排行榜？

龚克：对于大学排行榜，我们认为目前它有许多不足，甚至形成了错误的导向，但也不能一棍子打死，因为它有社会需求。我希望大学评价能够健康地发展，希望它产生促进大学改革发展、提高育人水平的正确导向。为此，我想提三点：

第一，大学评价要形成正确的导向。客观上说，大学排行榜对大学的发展、对普通民众都有着一个导向作用。大学评价是一个严肃的问题，从事大学评价的

人员要明确自己肩负的社会责任，要存实事求是之心，摒哗众取宠之意。要用科学的态度和精神从事大学评价，要真正理解大学，了解大学的根本任务是育人。大学的学术本是育人，现在的大学排行大多没有真正理解大学，而是将它作为专门研究机构来评价。这就容易产生偏向，就像对军队的评价若离开核心战斗力而评它的唱歌跳舞，对旅馆的评价离开客房和服务而评比大堂的装潢，这种评价如果形成影响，将会把整个大学发展引上歧途。

第二，大学评价要公开透明，接受公众监督。大学评价采用的数据和算法要亮在明处，数据的正确性、完整性要接受公众的检验，算法的科学性也要接受公众的评判。也就是说，无论是谁，根据排行者的排名方法，都能得出同样的结果。

第三，大学要清醒地认识排行榜。大学要坚守大学之道，坚持育人为本，不被“浮名”所绊，不被排行榜牵着鼻子走。另外，也要科学吸取其中的合理成分，正视自己的差距，促使自己更好地发展。比如，对于不同排行榜上天大的排名情况，我们也在分析。我们注意到优秀的大学在各种榜上总是名列前茅的，在分析中，我们注意到天大在有些榜上的排位在下降，也注意到不同榜排名的差异，我们试图弄清原因，当然这就需要其数据和算法的公开，所以大学在这些“浮名”面前既要有定力又要善找动力。

四、改革工程教育，全面提高我国工程师培养质量

深圳特区报：教育部“卓越工程师教育培养计划”启动会于今年6月23日在天津大学召开。这项计划的主要目标是促进工程教育改革创新，全面提高我国工程教育人才培养质量，努力建设具有世界先进水平和中国特色的现代高等工程教育体系。天津大学是一所工程学科突出的大学，在该项计划实施中您有怎样的打算？

龚克：北洋大学的建立是我国高等工程教育的开端，一百多年来，工程教育一直伴随和支持工业化的进程。但是，我们也必须看到，上世纪末的科技革命使工程教育所处的时代环境发生了翻天覆地的变化，人类社会迈向了后工业化时代。科技作为第一生产力广泛地融入社会生活的各个方面和层次，产业形态深刻变化，经济结构明显转型，工业比重下降，现代服务业规模扩大。在这种新的形势下，

社会需要什么样的工程师？如何培养面向未来的工程师？而这一次“卓越工程师教育培养计划”就可以称作是中国工程教育的改革转型计划。

2009 年 10 月，天津大学成立了“求是学部”，迈出了我们工程教育改革的步伐。“求是学部”是工程拔尖创新人才培养的“试验田”，负责组织学校试点专业培养方案的制订实施、教学改革及试验的组织落实和改革经验的总结推广，为全面推进工程教育改革进行试验探索。

从培养模式看，“求是学部”的学生将按照德智体美全面发展的新模式来培养；从培养类型看，学部将探索技术科学型和工程专业型等不同类型的培养；从教学方式看，学部将优化课程体系，调整教学内容，创新教学方法，完善考核评价体系，探索面向问题以学为主的方式。我们正在总结和完善已经开展的数理基础强化型、专业基础强化型的实验，即将开展实践强化型、中外合作型等新的多样化的改革实验。学部不是尖子班，而是试验班，这些在“求是学部”中取得成功的经验，将逐步推广到全校的工程以及其他各类教学当中。

台湾大学，简称台大，是一所创立于台湾地区的全科性公立综合大学，亦为台湾规模最大的研究型大学。校训为“敦品、励学、爱国、爱人”。主要院系包括文学院、理学院、医学院、工学院、社会科学院、管理学院以及电机资讯学院等。在强调基本理论的纯学术性研究与提倡学术思想的自由学风下，自始就朝着人文学、社会科学、生物科学和物理科学四大领域的目标发展。

台湾大学自改制起以傅斯年校长为代表的自由主义学风著称，其教授、学生与校友皆对当代台湾社会历史的发展有着莫大影响。发展迄今已是华人社会颇具声望的高等学术机构，学校所有学科在岛内大多处于领先的地位，其入学分数不仅是其他院校相同学系的最高，而且其大批毕业生亦担任各行各业的领军人物。台大也成为台湾地区最完整、历史最悠久和最具代表性的综合性高等学府，素有“台湾第一学府”之称。

学校网址：www.ntu.edu.tw

李嗣涔

李嗣涔，1952 年出生，1974 年毕业于台湾大学电机系学士班，并于 1977 年及 1980 年在美国斯坦福大学电机系分别取得硕士及博士学位，主要从事 GaAs/

AlGaAs异质接面元件的研究。1982年返台后，任教于台大电机系，1996年至2002年间任台湾大学教务长，2005年起任台湾大学校长。

李嗣涔主要研究半导体领域，是台湾地区早期研究非晶矽的学者，并为国际电机电子工程师学会会士，在该领域有较高声望。

（《深圳特区报》2010.11.02第A08版）

台湾大学

培养创造力要敢做人所未做

深圳特区报记者　马强

走进宝岛，当然少不了要拜访素有“台湾第一学府”之称的台湾大学。在校长办公室里，校长李嗣涔接受了本报记者一个小时的专访。访谈中，李嗣涔校长谈到了台湾大学的历史、现况和绵延传承的校训、办学风格，谈到了当今时代大学教育面临的困境和未来的出路，也谈到了对加深两岸高校交流合作、共创双赢局面的期许。

当说起深圳正在积极筹办的南方科技大学时，李嗣涔校长更是提出了中肯的建言。他表示，南方科技大学应该借鉴香港科技大学的成功经验，集中力量以科技为重心，选定一两个领域全力做强做大，带出名气，之后再慢慢进行扩展。

台湾大学校园

一、关于台湾大学——学风自由、追求卓越

深圳特区报：台湾大学（以下简称台大）素有“台湾第一学府”的美誉，请问它的办学理念以及校风校训是如何一步步形成并且深化的？

李嗣涔：台大的前身是日据时期也就是 1928 年成立的台北帝国大学。1945 年改制为台湾大学。1945 年到 1949 年这一阶段，台大主要受日本文化影响，1949 年以后，逐步过渡到以中国传统文化为核心。可以这样说，在台大的历史发展进程中，1949 年担任台大第四任校长的傅斯年先生有着至关重要的影响，他在当时提出的“敦品、励学、爱国、爱人”至今仍是台大的校训。正是在傅斯年先生的倡导和影响下，多年以来台大具有和北京大学很相像的风格，比如说学风自由，追求卓越。在学术方面，我们主要有三个方面，即教学、研究和服务社会，这是我们一直都在追求的。

可以这样说，今天整个台湾 3% 的最好学生都以进台大为荣。而台大也培养出了一批批出色的精英分子，在世界各地、各个领域扮演着中坚力量的角色。比如说国际毒素学会会长李镇源、前美国加州大学伯克莱分校校长田长霖等等，许多台大的毕业生都成为研究领域的学术带头人。在其他一些领域中，台大的校友也都非常优秀，比如说作家白先勇、李敖，画家陈锦芳，歌手齐豫、周华健，企业家蔡宏图、林百里等等，他们都是台大的毕业生。

深圳特区报：您能具体解释一下台大校训的内涵吗？

李嗣涔：所谓“敦品”，强调的是正直诚信；“励学”，则是要努力学习、追求卓越；“爱国”，就是要有社会关怀和奉献精神；“爱人”，是指要有同理心，用通俗的话来讲，就是要合群。

二、关于创造力——要敢做人所未做

深圳特区报：您知道中国大陆学术界的“钱学森之问”这一现象吗？您是怎样看待的？

李嗣涔：对于顶尖的科研学术人才的追求，是全世界高校的共同目标。这种学术文化的养成归根结底还是要敢于做人所未做的，敢于挑战学术权威，不能亦

步亦趋地跟着西方学。同时，还要有大师指导，形成一个学派，在大师风范的影响下，追求创新，寻求挑战。不过，这种氛围的形成需要积淀，需要时间。哈佛大学也是经过数百年的发展才取得今天的成就和地位。等到有一天，大家在态度上都认识到要做前人所未做，而且也不存在生存问题的时候，一切都会水到渠成了。这就像滚雪球那样，都需要一个积累的过程。

深圳特区报：社会上也有这样一种认识，就是说现在的高校普遍存在着创造力匮乏的问题。

李嗣涔：创造力是需要学习的。举个例子，我们曾聘任过一位教师，他从没有发表过论文，却有两百多项专利。我们聘任他教授学生的发明创造课，期末学生的作业就是要完成一项发明。而最终的效果很好，这说明创造力是要学习和启发的，一旦养成习惯就好了。

这一代的学生显然没有我们那一代用功，但创造力要比我们那一代强很多，在设计、创新方面的发展也很快。这具体体现在由设计方面的精致和创意带来的高附加价值。比如说电脑，制造一台电脑只有3%到5%的利润空间，这就凸显出外形设计的重要性来，当这种创意与设计逐渐变成一种风气时，也就自然会打造出品牌来。

三、关于交流合作——两岸应携手共进

深圳特区报：台大在交流合作方面有哪些心得？

李嗣涔：首先是校与校之间的交流，台大有三百多个交流对象，主要是学生的交换。我们希望未来的三年里，有三分之一的台大本科生能够有机会以短期交换的形式到其他的名校学习。此外，台大还与许多的世界名校进行师资方面的战略合作，以进一步提高台大的学术水准。

深圳特区报：您认为大陆和台湾的高校之间存在着哪种互补的关系？

李嗣涔：大陆的高校这些年发展得非常快，尤其是在吸引人才方面，经常会有大手笔的动作。我们常说，办教育有钱不一定能办得好，但没钱一定办不好。台湾最近也认识到了这一点，也加大了投入，取得了一定的进步，去年在世界高校排名上，台大就超过了首尔大学。

说到互补，我认为，台湾高校的建设和发展是一直延续下去的，中间没有中断期，这也使台湾高校更好地保留了中国传统文化的底蕴。而在留学方面，台湾也比大陆早了二三十年，这些留学生回到台湾后，无论是在学术界还是在产业界都发挥了重要的作用。但我要强调的是，大陆的高校进步得非常快。随着两岸交流的更加频繁，大陆与台湾高校之间互相观摩、学习和交流的机会也会逐步增加，我想一定会出现一个携手共进、共创双赢的局面。

深圳特区报：您怎样看待大陆学生赴台求学？

李嗣涔：大陆学生来台求学是非常好的事情，两岸的学生在相互交流中可以取长补短，开阔视野，对两岸教育的进步与发展都会产生积极的影响。我们台大第一批的交流合作对象是北京大学、清华大学、复旦大学和南京大学等，未来我们之间的交换生会更多更频繁，互动的机会也会更多。

四、关于南方科大——应先选择一两个领域做强做大

深圳特区报：深圳目前正在积极筹办南方科技大学，您对这所大学有什么好的建议吗？

李嗣涔：一所新大学的成立，关键还是要经费充足。在此基础上，这里我要举香港科技大学的例子，这所大学当年是从很小的规模做起的，但重点发展它的管理专业，全力提升这一专业的学术水平，于是名声一下就起来了，也因此奠定了香港科技大学的地位，使它成了一所世界知名大学。我觉得南方科技大学也可以借鉴这样的经验，集中力量以科技为重心，选定一两个领域全力做强做大，这样名气就会出来，之后再慢慢进行扩展。

武汉大学是国家教育部直属重点综合性大学，是国家“985 工程”和“211 工程”重点建设高校。武汉大学的办学源头溯源于清末 1893 年湖广总督张之洞奏请清政府创办的自强学堂，历经传承演变，1928 年定名为“国立武汉大学”，是近代中国建立最早的国立大学之一。

一百多年来，武汉大学汇集了中华民族近现代史上众多精彩的华章，形成了优良的革命传统，积淀了厚重的人文底蕴，培育了“自强、弘毅、求是、拓新”的大学精神。2000 年，武汉大学与武汉水利电力大学、武汉测绘科技大学以及湖北医科大学合并组建成新的武汉大学，掀开了学校改革发展新的一页。

学校网址：www.whu.edu.cn

顾海良

顾海良，生于 1951 年，现任武汉大学校长、教授、博士生导师，是中国著名的经济学家和马克思主义理论家，中央马克思主义理论研究和建设工程首席专家，长期致力于马克思经济思想史、马克思主义发展史以及中国特色社会主义经济理论和市场经济理论的研究。《与中国著名经济学家对话》一书称其为中国“第四代经济学人”的杰出代表。他先后发表学术论文近 300 篇，出版和翻译了 20 多部著作，主持《西方发达国家市场经济理论政策和制度架构变迁及其借鉴》等多项国家社科基金重大项目，是多个中央和教育部社会科学研究重大项目的负责人。

（《深圳特区报》2010.11.16 第 A11 版）

武汉大学

大学校长要走职业化之路

深圳特区报记者 方胜

近日，武汉大学校长顾海良在深圳欣然接受了本报记者的专访。作为我国著名经济学家和马克思主义理论家，顾海良校长从对大学“去行政化”的理解，大学校长的职业化，到对筹办南方科技大学的建言……向记者一一道来，既有对中国高等教育发展的深入思考，又有对高校服务社会、服务城市的真切体察。在采访中，他表示大学校长应走职业化之路。

一、大学“去行政化”≠去掉行政体系

深圳特区报：深圳的南方科技大学正在紧张地筹办之中，并立志成为国际知名的高水平研究型科技大学。作为一所著名大学的校长，对于这所新生的大学，您有什么好的建议？

顾海良：大学对于城市来说具有很多功能。大学不仅可以招募学生、培养人才，实际上也凝聚了城市的文化，承载了城市的精神。纵观世界历史，许多城市可能衰落了，但凡是有大学存在，城市的文化和精神还是会被保留下来的。我在四五年前就曾建议：像深圳这样汇聚了我国改革开放30年成果，汇聚了改革创新时代精神的地方，应该有若干所优秀的大学，这也是城市发展的必然趋势，否则深圳就成不了一座永久的城市。

令人欣喜的是，深圳的南方科技大学即将拔地而起。办好南方科技大学，首先需要明确：我们办大学不是为了解决本地人的入学问题。香港科技大学许多专业并不是本地需要的，或者说本地不需要那么多，但是香港科技大学还是照办不误，并且成功了。南方科技大学不仅是为了培养深圳本地所需要的人才，更是要面向全国，乃至面向世界，所以一开始就要有面向国际的视野和气魄。深圳的许

多人才是来自外地的，深圳培养的人才也可以到全国和世界去。

其次，专业设置要反映社会发展的需要、反映整个世界的潮流，眼光要放远一点；在大学制度和大学内部治理上，要去行政化，要设立一种与时代发展要求相适应的大学治理结构，我们可以借助公司治理的经验来进行大学治理结构的建设。大学发展不要过于急功近利，媒体不要过于炒作，大学需要一个安静和宽松的环境，这样它才能够慢慢地探索出一条较好的发展道路。外部环境的嘈杂对于大学是不利的，所以我们要静下心来办个十年二十年。

朱清时教授是一位很有建树的教育家，他在中国科学技术大学当过很长时间的领导，清楚地知道中国大学体制的弊端和优势。深圳提供了很好的环境，至于师资、招生等一系列的问题，按照朱校长的思路应该比较容易得到解决。

深圳特区报：您提到高校要“去行政化”，但是“去行政化”对于很多高校来说实际操作存在很多困难。您眼中的“去行政化”有哪些措施？

顾海良：大学“去行政化”必须找到症结所在。我认为大学的行政化和当年的教育产业化提法一样，存在着表达上的失误。就像高等教育需要“去产业化”一样，大学也需要“去行政化”，但同时大学是需要行政的，行政体系不能去掉。就拿武汉大学来说，在校学生近五万人，如果庞杂的学校事务都让教授来管，而不是由专门的行政机构和行政人员来管理的话，是不可能有办学成效的，这样不仅管不好，而且还会影响教授们的本职工作。

现在有一种说法，认为大学“去行政化”就是去掉大学的行政级别，这样理解有些简单化。大学“去行政化”是去掉那些官僚主义的弊端，我们必须找到症结才能做好这项工作。现在症结主要表现在三个方面：一是行政权力包办代替学术权力；二是用行政方式来配置学术和教学科研资源；三是把部门行政管理的方法简单地移植到大学。比如说，学校对较大数额科研或学科建设资金的配置，教授们应有发言权，但许多学校通常都是行政配置，校长作为学校行政职权的第一执行人，甚至可能把资源向自己的学科上靠。到了下一级学院，院长利用自己的行政职权，也可能把资源向自己的学科上靠。这样便可能出现资源配置的无效率，使行政领导垄断了学术资源的配置权，学术资源得不到优化配置，引起教授的不满，进而阻碍学校的发展。

深圳特区报：那么在您看来，学校该如何“去行政化”呢？

顾海良：按照《中华人民共和国高等教育法》的规定，校一级应该设立学术委员会，那么院一级也应该设立相应的教授委员会，而校长和院长是不能出任该委员会主任或副主任的。学校的学术资源配置权力应该交给学术委员会或教授委员会这类机构。另一方面，大学的行政管理是一种专业化的管理，它必须适合大学，而不是将社会上的行政管理移植到大学。现在有些大学校长被任命前或是在行政系统或其他系统，而从来没有在大学工作过，所以当他走上校长或党委书记的岗位时，就会把他之前的工作理念移植到大学，从而造成学校工作的行政化趋向。从这个角度上看，比“去行政化”更关键的是大学校长要职业化。

校长应该是教育家，时代呼唤杰出的教育家。高校的所谓“去行政化”的对应面应该是大学校长的职业化，这也是完善大学治理结构的必然要求。实行教育家治校，首先要求有职业化的校长和专业化的行政管理人员，明确大学治理结构中行政管理的权力边界。实际上，在国外许多高校中，大学校长的职业化已经是一项推行多年并已见成效的制度。在我国高校中，校长的职业化进程还没有开始，相反却有一些校长岗位因为行政级别的存在而成为安排官员出路的渠道，硬化了高校的行政化趋向。最近颁布的《国家中长期教育改革和发展规划纲要（2010—2020）》强调的“完善大学校长选拔任用办法”是完善大学治理结构的必然路径，应该成为完善大学治理结构的突破口。

二、希望更多学子选择基础学科

深圳特区报：武汉大学是一所久负盛名的大学，很受深圳学子的青睐。能否介绍一下深圳学子在武大的学习情况？

顾海良：武汉大学每年在深圳乃至广东省的生源情况都非常好。深圳学生选择应用类学科的比较多，像计算机、经济管理和法学专业都很受欢迎。这一方面跟深圳的科研院所多少有关，另外这些应用学科也都是武汉大学比较好的专业，这说明家长和考生对学校的了解程度是比较高的。

其实，我们也希望有更多的本科生喜欢上基础学科，特别是那些有后发优势的学生学习基础学科对于他们未来继续深造是很有好处的。武汉大学的文、史、哲以及数学、物理、化学和生命科学专业都在国内名列前茅，很多毕业生也都进入国内外一流高校的研究生院学习。

三、合校十年感悟："和合""通变"

深圳特区报：2000 年 8 月 2 日，原武汉大学、武汉水利电力大学、武汉测绘科技大学和湖北医科大学合并组建新的武汉大学。十年来，各校优势互补、互相合作取得了长足发展，但据媒体报道，武大的各类资源也出现了紧张状况，如人均图书占有量少等。如今十年过去了，您觉得武大从合并中获得的最大收益是什么？

顾海良：回顾十年来武汉大学的改革和发展、成长和进步，可以用"十年和合，十年通变"加以概括。"和合""通变"初见于《易经》。"和"意在和谐、和平、谦和也；"合"意在联合、融通、协作也。"一阖一辟谓之变，往来不穷谓之通"。"通变"的意蕴在于"通则不乏""变则可久"，其重在通晓变化之理，讲求应时而动、顺势而为、适时而变，强调"会通"与"运变"的统一，追求与时俱进、锐意改革和着力创新。

进入新世纪，四校合并的新武汉大学办学定位科学、发展目标明确，在继承中发展、在创新中前进，学科门类更加齐全、学科特色愈加凸显、人才培养质量逐步提升、综合实力和核心竞争力不断增强。特别是在建设综合性、研究型和国际化的高水平大学方面，推动学者、学科、学术、学风、学生的协调发展，更显示了蓬勃生机和显著绩效。但是我们也要看到，十年时间对于高校的发展历史来说还很短，现在做全面评判为时过早，因此还需要有更长期的观察。

深圳特区报：继武汉大学之后，不少国内高校都进行了合并，合并似乎成了国内高校快速发展的一条捷径和趋势。您对此如何看？

顾海良：学校合并不一定都是好事。学校之间是否该合并、是否能合并，首先要看学科是否有互补性。武汉大学四校合并时各校之间的互补性是全国高校中最强的。原武汉大学以文理见长，武汉测绘科技大学以遥感信息学科等工科知名，武汉水利电力大学、湖北医科大学也各有所专。如果学科雷同，就不具备合并的学科基础了。

第二要看各校的传统，合并学校之间有合作的渊源、血脉关系，合校后才能高度认同。武汉水利电力大学是从老武汉大学分离出去的，武汉测绘科技大学在合校之前已经与武汉大学实现了互选课程。这些都是合并的良好起点。

最后要看校园的情况。如果各个学校相隔得很远，那不便于管理，不利于降低成本，更不便于精神上的融合。这三点是合校的先天条件。武汉大学在这三点上都比较具备，因此合校后的发展也相对顺利。

四、高校要在竞争中找准定位

深圳特区报：您曾提出“未来十年某些高校或将破产”等观点。我们知道，虽然中国的大学比较多，但是人均高等学位拥有量在世界上还是比较低的。社会对高等教育的需求不是越来越大吗？怎么会出现这种情况？

顾海良：这是一个比较复杂的问题。但是高校破产绝不是对于未来的猜测，而是每年都发生在我们身边的客观事实。为什么会这样呢？1998 年，我国适龄青年的高校毛入学率是 9.8%，到了去年，也就是短短的 11 年，这个数字增加到 24.2%。从绝对量来看，高校学生总规模从约 800 万增加到了约 3 000 万。未来十年，我们的适龄青年高校毛入学率将提高到 40%，也就是差不多增加了 15 个百分点，绝对数量从约 3 000 万提高到 3 600 万。这意味着，今后十年，作为计算毛入学率分子，部分高校在读人数每年只要增加 60 万人，毛入学率就会大幅度增加，而我国 18~22 岁适龄青年的人数将下降。所以不要以为毛入学率提高了，就意味着高校大幅扩大了招生规模。

深圳特区报：这就意味着一些高校会出现生源不足的情况？那么，我们的高等教育应该如何面对这一变化？

顾海良：对。其实，这种情况下，部分高校的招生会出现困难也是正常现象。现在有些新闻报道说，从来没有填过志愿的高校都发来了录取通知书，甚至是有些考生收到了十几所学校的录取通知书，这都是个别高校处境非常困难的表现。扩张型的高等教育已经走不通了，未来大学的发展趋势一定是重视高校的质量和内涵建设。因此我说大学的数量会减少，大学的规模效应会增加，有些大学被迫倒闭也是必然的现象。高校也要在竞争中找到自己的定位，不要一味地追求高水平。从优胜劣汰、结构调整的角度看，这对于整个教育事业发展来说也未必不是好现象。

大学简介

中山大学由孙中山先生亲手创立，是有着多年办学传统的综合性重点大学。2001 年 10 月，原中山大学和中山医科大学合并组成新的中山大学，进一步拓宽了学科结构，成为一所包括人文科学、社会科学、自然科学、技术科学、工学、医学、药学、经济学和管理学等专业在内的综合性大学。

中山大学有着深厚的历史渊源及学术传统。鲁迅、郭沫若、冯友兰、傅斯年、赵元任、顾颉刚、周谷城、俞平伯、陈寅恪、岑仲勉、姜立夫、王亚南、马采、容庚、商承祚、王季思、王力、钟敬文、朱谦之、丁颖、蒲蛰龙等蜚声海内外的专家学者都曾在此任教。柯麟、梁伯强、谢志光、陈心陶、陈耀真、秦光煜、林树模、周寿恺、钟世藩、毛文书、陈国祯、李绍珍等著名医学专家也曾在中山医科大学任教。

学校网址：www.sysu.edu.cn

校长名片

黄达人

黄达人，男，1945 年 4 月生，浙江象山人。中共党员，数学教授、博士生导师。1999 年 8 月起任中山大学校长。2001 年 10 月至今任合并后新的中山大学校长。学术研究领域为函数逼近论、小波分析、信号和图像处理，并在相关研究领域发表学术论文 120 余篇，著有专著《样条函数与逼近论》和《多进制小波分析》，在信息安全领域获发明专利三项。先后担任《数学进展》《Approximation Theory and its Applications》杂志的编委。

（《深圳特区报》2010.11.29 第 A12 版）

中山大学

理想大学生应是“文明现代人”

深圳特区报记者　李明

中山大学是一所以世纪伟人名字命名的大学。孙中山先生亲手创立的这所大学，在中国高等教育发展史上有着特殊的地位。它跨越了两个世纪的历史长河，风雨兼程地走过了86年，最终形成了建设现代研究型大学的基本格局。

早年毕业于浙江大学数学系的黄达人，在中山大学校长这个岗位上已任职十余年，积累了丰富的治校经验。近日，他在接受本报记者专访时，谈到该校在深圳产学研结合的成果，以及对南方科技大学的关注。他阐述的办学理念以及中大对高等教育改革的探索与尝试，不失为深圳高校建设的借鉴。

一、办学风格：三大核心理念使中大傲立时代前沿

深圳特区报：您在一篇文章里说过，一所大学如果能够在悠久的办学历程中，坚持自己特有的气质和办学理念，就有可能成为一所好的大学。正如人有个性一样，每所大学都有自己的风格，那么中山大学的气质和办学理念是什么？

黄达人：从中山先生建校开始，中大的气质就在不断的成长壮大中逐渐形成。这种气质体现在：既开放又内敛，既维护原则又包容差异。而“大学是学术共同体”“教授就是大学”“善待学生”则是中大的三大核心理念。正是由于坚持了这些气质和理念，中山大学的发展才能始终站在时代的前沿。

为什么说“大学是一个学术共同体”？这是由它产生的历史原因和固有使命决定的。大学必须以学术为目的，以科学精神为核心凝聚力。同时，大学必须有所作为，即能够通过创造知识和培养优秀人才来传承精神和物质的知识力量。一言概之，大学是以科学思想为基础，是追求真理、创造知识的地方，通过学术性的教学、创造性的科学研究，全面地塑造学生，传承和创新人类的知识与文化，

面向未来，服务乃至引领社会的发展。

强调知行合一、学以致用，强调大学与国家、社会的紧密联系，强调关注民生，强调培养富有社会责任感和历史使命感的学生，这一直是中山大学的优良传统，也是我们这个学术共同体的价值追求。

什么才是根本意义上的“善待学生”？我认为，大学要让学生有机会面对最好的老师，要把最好的课程提供给学生。中山大学一直在探索提高本科和研究生教学质量的方式和途径。一名优秀的大学生不能仅满足于专业，我们更在乎的是提升学生的科学素养和人文素质。“善待学生”是为了培养人才，人才培养是大学最重要的任务。总而言之，衡量高校发展水平的首要指标就是看人才培养水平。

二、高校国际合作：力争后年交换生人数占本年级学生总数的 10%

深圳特区报：知识无国界，学术界应该在世界范围内寻求密切的合作关系。当下国内不少高校在积极“联姻”世界名校。中山大学在开展国际化教育、中外办学方面有什么探索与成绩？

黄达人：中山大学一直在积极推动各学科步入国际先进行列。以医学教育为例，我们瞄准国际一流大学医学教改主流方向，借鉴哈佛、耶鲁、斯坦福、约翰霍普金斯大学和麦克马斯特大学，以及香港大学等学府的课程改革经验，推出了一套创新的课程体系。这套课程结合了本土特点，避免“水土不服”。整个构架不但有核心学科，还可选修人文科学、艺术、社会科学与行为科学等，教学过程中还讲究医学人文精神与科学方法的渗透等，医学伦理学、国际医学贸易等跨学科知识很受医学院学生的欢迎。

一批中外名校与中山大学建立了长期交换生合作关系，双方每年都会互派优秀学生到对方院校学习。与我们合作国际交换生的，很多是世界知名高校，如美国的哈佛大学、加州大学三藩市分校、印第安纳大学、英国牛津大学医学院、加拿大多伦多大学等。据不完全统计，近期中大已派出约 1 000 名本科生到海外交换学习。2012 年我们力争交换生的数量占到本年级学生总数的 10%。

中大的对外学术交流很频繁。我们会不断邀请海外优秀专家、教师到学校进行互动讲座、授课，聘请外籍教授上本科课程。同时，我们引进的国际原版优质教材有近百本，近百门医学专业课程也开始实行双语课程教学。

近年高考招生的情况可以表明，中大的中外合作办学专业得到了社会的认可。今年中外合作办学专业的录取分数都挺高，超出了重点线好几十分。比如与香港中文大学合办的电子信息科学与技术专业，录取平均分为671.5分；中法核工程与技术学院虽然是首届招生，录取平均分也达到667.8的高分。我们还要继续提高本科教学的国际化进度，推进“2+2”培养模式。“2+2”培养模式指的是，学生前两年在中大完成学业后，通过相关考核可前往合作高校继续后两年的学习。完成学业达到要求后，可以拿到相应的中山大学的毕业证书、学位证书和合作高校的学位证书。与中大开展这项合作的有法国、美国、澳洲、中国香港等地的共十余所大学。

三、“钱学森之问”：寄望南科大为高等教育改革探索出新路

深圳特区报：“钱学森之问”触动了我们总是培养不出杰出人才的困惑，它是沉重的，也是不容回避的。中山大学作为中国最好的大学之一，对这方面有什么思路和行动？

黄达人：“钱学森之问”是值得中国教育界关注的焦点，需要社会各方共同破解。中大也在努力，尝试大学教育改革，倡导学生投身科学实验、综合实践，培养广泛的兴趣爱好，培养学生的全面素养。目前，国内一流大学普遍提倡通识教育，中大在这方面有自己鲜明的特色，但要想有所突破并不容易。

为此，中大专门成立了通识教育部，通识教育课原来在珠海校区试行，现在已全面推行。从今年开始，进中大的学生全部要修16个学分的通识教育课。这个课程分四个板块：一是中国文明；二是全球视野，这是全国高校唯一设置的课程；三是科学经济与社会，下个学期，70多门通识课里有20多门是自然科学类的；四是经典阅读。学生在这四个板块里各完成4个学分。

通识教育是大班上课小班讨论，30个学生配一个博士生做助教，每个月至少有一个课时进行课堂讨论，这个讨论要提交报告。通常我们把通识教育课上得比专业课还要严格。

开展通识教育，我们还有一个有益尝试，就是开设了体现精英教育的中山大学博雅学院。学生们读《诗经》，研究《荷马史诗》等，四年学习不分专业，培养目标是“大思想家、大学问家”。博雅学院院长甘阳是香港大学教授，也是目前华人社会首屈一指的通识教育专家。他是中大多年来引进的第一个全面面向本科教育的高层次人才。

中大还有“拔尖人才”培养计划，理科开“逸仙班”，文科设“博雅班”，医科的临床八年制毕业可达博士水平。中大每年在全国各地招收的都是排名前3%的考生，这些优秀的学生进入中大后，我们也希望他们在不同的学科能进一步提高水平。本科教育的实践教学也是中大特别重视的。学生要了解社会、接触大众，这对全面发展很有好处。我们教育学生要进行大范围的实践，除实习之外，还要做社会调查，比如“三下乡”等志愿者活动。广东省委书记汪洋来中大调研时，也非常关心实践教学。

深圳筹建南方科技大学，目标是办国际知名的高水平研究型科技大学，这是一个很高的起点。我们希望这所学校能够成为高等教育改革的“试验田”，摸索出一条新路。

四、人才培育：理想的大学生应是“文明的现代人”

深圳特区报：每年都有不少深圳考生报读中山大学，作为一校之长，您心目中的理想大学生是什么样的？

黄达人：“得天下英才而育之”，这是一所大学最大的责任，也是最大的光荣。人才培养是大学的根本使命，素质教育是高等教育的核心之一。对进入中大读书的同学们，我提出了七点希望：知礼、诚信、勤奋、阳光、敢于超越、勇于担当并具有职业准备。比如说担当，敢于担当是一个大学生社会责任感的体现。一个有担当、有责任心的大学生进入社会就是社会的建设者。这种责任心，从大处讲是将自己的发展与社会进步、民族发展联系在一起的爱国精神；从小处讲是一种遇事不折不挠、意志坚韧的精神。

总而言之，我心目中理想的大学生，应该是一个“文明的现代人”，他们能够顺应时代的发展，善于吸收现代世界文明的成果，富有开拓进取的创造精神。我相信，这样的大学生才是真正适应中华民族伟大复兴事业的人才。

华南理工大学是直属教育部的全国重点大学，原名华南工学院，组建于1952年全国高等学校院系调整时期，由包括中山大学、岭南大学、湖南大学以及广西大学等几所当时中国著名大学在内的中南5省12所院校的有关系科调整合并而成。1988年1月更名为华南理工大学。1995年进入国家面向21世纪重点建设的大学行列。2001年实行新一轮部省重点共建，学校进入国家高水平大学建设行列。

经过50多年的建设和发展，华南理工大学成为立足华南，面向全国的重点大学，目前共设有28个学院，有6个国家重点学科，9个“211工程”重点建设学科。

学校网址：www.scut.edu.cn

李元元

李元元，汉族，1958年10月生，广东梅县人，1981年11月加入中国共产党，1973年10月参加工作。华南理工大学机械制造专业毕业，博士研究生学历。主要从事材料加工工程专业、机械制造及其自动化专业的教学、科研及产业化工作。研究领域包括铝合金、锌合金、铜合金新材料的设计与研制，金属新材料及复合材料制备、成形的研究开发。

1998 年任华南理工大学副校长、校党委委员、金属新材料制备与成形研究开发中心主任；1999 年 3 月至 2000 年 11 月兼任华南理工大学党委副书记；2003 年 9 月起任华南理工大学校长、校党委委员、广东省金属新材料制备与成形重点实验室主任。

（《深圳特区报》2010.12.27 第 A14 版）

华南理工大学

用实际行动回答钱学森“世纪之问”

深圳报业集团驻穗记者　严俊伟

华南理工大学是直属教育部的全国重点大学，是“以工见长、理工结合”的综合性研究型大学。近日，记者采访了这所华南名校的领军人物、华南理工大学校长李元元，请他畅谈如何办好大学、如何加强人才培养以及如何回答“钱学森之问”等话题时，他认为，“钱学森之问”是一个不容回避的深刻命题，需要我们每一个人来认真作答。面对这一历史性命题，华南理工大学将解放思想、先行先试，以开放的气象和改革的勇气来认真作答。

华南理工大学

一、人才培养是高校的根本任务

深圳特区报：每所大学都有自己鲜明的风格，华南理工大学（以下简称华工）可以说是华南工科院校的“老大哥”，您认为贵校的办学风格是什么？

李元元：经过50多年的建设和发展，华工目前已经成为立足华南，面向全国，以工见长，理工结合，管、经、文、法多学科协调发展的综合性研究型大学。华工治学严谨，秉承“博学慎思，明辨笃行”的校训，形成了“团结、勤奋、求实、创新”的优良校风，坚持“重人品、厚基础、强能力、宽适应”的人才培养指导思想和高素质、“三创型（创新、创造、创业）”、国际化专门人才的培养目标，实行产学研一体化的培养模式，着力培养创新型、复合型人才。建校50多年来，学校为国家培养了高等教育各类学生16万人，一大批毕业校友成为我国科技骨干、著名企业家和领导干部，学校被社会誉为“工程师的摇篮”“企业家的摇篮”。

深圳特区报：华工一直“以工见长”，请问贵校的办学理念会不会随着时代的发展而发生改变?

李元元：纵观新中国成立60年，尤其是改革开放30年，我国高等教育事业取得了举世瞩目的成就，但是与经济社会发展的要求和国家对人才培养的要求还存在一定的差距。就我校而言，当前学校办学的两个结构性矛盾还比较突出，特别是在经济社会发展快速转型的过程中，在广东加速经济结构调整和产业升级的过程中，我们的学科适应、支撑和引领经济社会发展的能力还不够强；有许多面向科技前沿和国家组织的重大战略项目，华工的参与度仍较低；对广东省即将发展的一些现代产业项目的支撑能力还不够强；人才培养质量还不能很好地满足现代产业发展对高素质人才的需求，创新型人才的培养模式还需进一步改革。

近年来，围绕《国家中长期教育改革发展规划纲要》（以下简称《规划纲要》）的制订，社会上就教育改革发展问题进行了广泛而热烈的讨论。温家宝总理把纲要的制订作为本届政府最重要的工作之一，亲任《规划纲要》编制领导小组组长，召集教育主管单位领导、专家和各方面代表召开多场会议，就高等教育改革和发展问题进行了专题研究和讨论。其中，大学如何才能培养出更多的创新（杰出）人才，以及如何真正落实高校的办学自主权成为问题的焦点。

人才培养是高校的根本任务。为适应国家对人才培养的要求，我们不仅要维持一定的人才培养规模，更重要的是要不断提高人才培养的质量。近年来，通过不断深化人才培养模式改革，华工在创新人才培养工作上积累了一些经验，也取得了一定的成绩，特别是特色就是质量，走高校内涵发展的道路。培养高质量的创新人才，关键是要办出自己的特色，培养有自身特色的创新人才。应该说，华工今后要争当国内高等教育科学发展的排头兵和领头羊，要为推动国家经济社会发展做出更大贡献，关键是要走出一条能够彰显自身优势的特色发展、高水平发展之路。我们要用好解放思想这一重要法宝，坚持把改革创新作为推进学校科学发展的根本动力，只要是有利于推动学术发展、有利于促进创新人才培养、有利于提升自主创新能力，有利于增强学校综合实力和影响力的事情，我们都可以而且必须大胆去尝试、放开手脚去干，为早日将华工建设成为高水平、有特色的研究型大学做出努力。

二、大学是城市获得持续发展的原动力

深圳特区报：大学的发展和城市的发展密不可分，您认为新时期大学建设和大学教育应如何适应城市的发展呢？

李元元：大学不仅拉动了城市经济的增长，更重要的是向城市输送了知识型人才和高新技术。鼓励大学在城市经济与社会发展过程中起更大作用，这已经是各国一个普遍的政策。大学是个不断涌现创新成果、不断创造精神财富的地方。大学研究在创新中越来越大的作用也引发了城市新商业概念的产生，其中有些就来源于大学的研究成果，这样的例子国内外不胜枚举，这也正是创新型城市倚重大学的地方。在英国，牛津地区 80% 的高科技企业由牛津大学的毕业生创立，该地区的人均 GDP 高于国家水平。牛津大学在工程、物理、生命科学以及 IT 等领域广泛地进行跨学科合作，还与所在城市建立企业创业中心，专门成立技术转让公司，其平均每六周到八周的转化收入即可成立一家新企业。

就我校而言，华南理工大学科技园已经成立十周年，从十年前的一间地下室到现在拥有现代化国家级大学科技园，从最初的几个小公司到现有上百家极具潜力的高新技术企业。十年来，华南理工大学科技园取得了累累硕果，不仅直接体现出华工科技园良好的经济效益和社会效益，更折射出华南理工大学服务广东乃至国家经济发展的工作思路与显著成绩。

种种迹象表明，在中国，大学正在或已经成为所在城市区域创新和创业活动的主力军。创新型城市的建设和发展、城市竞争力的提升，都需要大学切实组织

科技人才等各种资源，创建一系列生产或研究组织机构，在城市区域的创新系统中发挥龙头作用。大学在适应城市发展的同时，也在潜移默化地影响着城市的发展。一所好的大学会具备具有责任意识的知识分子积极参与政府决策，以其思想学术的内在积淀影响着一个城市的文化品格。今天的城市正面临着非常严峻的挑战：空间的匮乏、能源的短缺以及环境的污染等，这些都有可能把城市变为文化和精神的荒地。

所以，我们必须寻找综合性的解决方案，使城市成为生活工作娱乐的场所。在这个发展过程中，大学起着至关重要的作用。因为大学可以诞生新的观点、新的思维，使城市获得持续发展的原动力。

三、“钱学森之问”需要我们每一个人来认真作答

深圳特区报：“为什么我们的学校总是培养不出杰出人才？”2005 年以来，这一著名的“钱学森之问”引起社会各界的广泛思考，中国大学能不能培养创新人才、如何培养创新人才尤其成为教育界每一位有识之士苦苦思索、倾力破解的深刻命题。您如何看待这个问题？

李元元：如何看待“钱学森之问”？我认为，应更多地理解为钱学森对中国涌现出一批拔尖创新人才的殷切期望，以及赋予我们大学教育工作者的一种重大责任。实际上，我们正在用实际行动回答钱学森老先生留下来的“世纪之问”，总结一条基本经验，就是要以解放思想为先导，大胆探索和改革创新人才培养模式，为创新人才提供发展平台，开辟更多的成才通道和更大的发展空间。

华工把解放思想和转变观念作为探索创新人才培养模式的第一要务。解放思想、敢为人先一直以来是华南理工大学办学的传统。1993 年初，国家教委、广东省政府和华南理工大学首开“共建与联合办学”先河，引发了历时十多年的我国高等教育的重大体制改革和结构调整，被称为是“新中国成立以来我国对高等教育进行的涉及面最广、力度最大的改革”。而华南理工大学创新人才培养工作的显著成效正是来源于坚持不懈地解放思想。

华工在仔细研究传统教育模式的过程中发现，传统千人一面、按部就班的教育模式适用于批量培养合格的专门人才，在特殊的发展时期符合一定的教育发展

规律，但是在当前社会经济高速发展，国际人才竞争日益激烈的形势下，这些模式是不利于拔尖创新人才的发现与培养的；而创新人才的培养恰恰是反其道而行之，需要制订个性化的教育，需要因材施教、优才优育。

据此，华工提出人才培养应该更加多元化的观点，在教育实践中大力推行个性化、多样化教育机制，通过产学研合作培养、创新学院、国际化联合培养等具体手段，培养工程研发型人才、学术研究型人才、交叉复合型人才、外向型人才以及新型应用型等多种类型的创新人才。拔尖创新人才的培养还得益于学校敢于创新、善于创新的深厚文化底蕴。

毫无疑问，“钱学森之问”在将来相当长的一段时间里都是一个不容回避的深刻命题，需要我们每一个人来认真作答。面对这一历史性命题，华南理工大学解放思想、先行先试，以开放的气象和改革的勇气，迈出了培养高层次杰出人才的坚定步伐。

四、期待南方科技大学创造辉煌

深圳特区报：南方科技大学是在中国高等教育改革发展的宏观背景下，深圳市政府落实《国家中长期教育改革和发展规划纲要》《珠江三角洲地区改革发展规划纲要（2008—2020）》要求，以新的思维和机制筹建的一所新大学，它是国家高等教育综合改革试验校，承载着探索中国培养创新人才模式的重任。那么，您对办好南方科大有什么建议？

李元元：我国正处于从教育大国向教育强国的发展期，面临着经济结构调整和发展方式的转变，需要一大批拔尖创新科技人才，因此，亟须加快世界一流大学的建设步伐。

《国家中长期教育改革和发展规划纲要》的主要内容和核心精神就是改革，纲要的颁布为南方科大顺势而生、借势而发、探索和完善具有中国特色的现代大学制度、建设世界一流大学提供了难得的机遇。在深圳“举全市之力加快筹建南方科技大学”的总体部署下，南方科技大学的招生方案、课程设置和首批教师的招聘工作已经基本就绪。

从南方科大的办学方案可以看出当中诸多的亮点，比如在学校治理结构、学术组织设计、教学管理模式和校内管理机制等多个方面，大胆打破传统大学办学的方式和方法，做出很多创新性的尝试。国家鼓励高等教育治学多样化创新，这既符合《国家中长期教育改革和发展规划纲要》文件精神，也符合广东省教育科学发展先行先试的要求。改革和探索需要一个过程，我们期待南方科技大学积淀成果，创造辉煌。

五、欢迎深圳学子加入华南理工大家庭

深圳特区报：华南理工大学建校 58 年来，为国家培养了各类高等教育学生近 18 万人。您想借这个机会对广大深圳学子说点什么吗？

李元元：我热情欢迎深圳的莘莘学子报考华南理工、加入华南理工，和全体华南理工人一起分享学校的荣誉，共同承担起建设学校的责任。

面对建设人力资源强国的新要求和经济社会发展的新形势，华南理工正以产学研结合教育、国际化教育和创业教育为重点，不断创新人才培养机制，强化人才培养特色，目前已经取得了明显的成效。在金融危机影响全球，就业形势严峻的情况下，2009 年，学校毕业生就业率“逆势飘红”，超过 96%，继续在全国和广东省名列前茅。

希望深圳学子要成长为理想远大、信念坚定的新一代，品德高尚、意志顽强的新一代，视野开阔、知识丰富的新一代，开拓进取、艰苦创业的新一代，希望同学们胸怀祖国、志存高远，努力成为中国特色社会主义事业的合格建设者和可靠的接班人；博学修身、增强本领，为国家的现代化建设贡献力量；学以致用，勇于实践，为祖国的繁荣和人民的幸福不懈努力。

大学简介

北京师范大学是教育部直属全国重点大学，是国家重点建设的“211 工程”和“985 工程”，是一所以教师教育、教育科学和文理基础学科为主要特色的著名学府。学校的前身是1902年创立的京师大学堂师范馆，1908年改称京师优级师范学堂，并独立设校。1912年改名为北京高等师范学校。1923年更名为北京师范大学，成为中国历史上第一所师范大学。1931年、1952年北平女子师范大学、辅仁大学先后并入北京师范大学。在新的历史时期，北京师范大学确立了建设“综合性、有特色、研究型世界知名高水平大学”的发展目标。

学校网址：www.bnu.edu.cn

校长名片

钟秉林

钟秉林，留英博士，教授。从事机械故障诊断学研究和高等教育管理与研究工作。1994年回国后任东南大学副校长，1996年调任教育部高等教育司司长，2001年由国务院任命为北京师范大学校长。兼任全国政协委员、国务院学位委员会委员、中国教育国际交流协会副会长、全国教育专业学位教育指导委员会主任委员、中国高等教育学会教育评估分会会长，英国加迪夫大学名誉副校长、香港学术及职业资历评审局理事等职。

（《深圳特区报》2011.01.14 第 A16 版）

北京师范大学

培养教育名师而非教书匠

深圳报业集团驻京记者　姜媛

时光荏苒，北京师范大学从初创、发展到辗转迁徙，再到壮大腾飞，走过了108年的岁月，它也见证了历史的沧桑和时代的变迁。金秋十月，走进这所为国家民族复兴、科学文化薪火相传做出了重要贡献的百年名校，与校长钟秉林的专访对话可谓谈笑风生，从高等教育体制到创新型人才的培养，从大学对城市发展的促进到南方科技大学的筹建与学生的全面进步，无不渗透着这位高校“掌舵人”对于教育事业全方位的关切和思考。

北京师范大学

一、诚信质朴，追求卓越

深圳特区报：每所著名大学都有自己的风格，您认为北师大的办学风格是什么？北师大的办学理念有无随着时代的发展而发生变化？

钟秉林：每所大学都有自己的办学理念，每所大学在长期的办学过程中，必将形成自己的优势和特色，形成自己的办学风格。北师大在一个多世纪的办学过程中，形成了“爱国进步，诚信质朴，求真创新，为人师表”的优良传统，“学为人师，行为世范”的校训精神，以及“治学修身，兼济天下”的育人理念，这些都体现出了北师大的办学理念和办学风格。“学为人师，行为世范”是国学大师启功先生题写的，意即“所学要为世人之师，所行应为世人之范”。“学”指的是每位师生应具有的学问、知识和技能，“学为人师”就是要使“学”成为后学的师表；而“行”指的是每位师生应具有的品行，“行为世范”就是要让“行”成为社会的模范。这八字校训体现了北师大人在治学修身方面的追求。北师大师生始终把热爱祖国、追求进步作为自己学习、工作的动力；把诚信待人、质朴立身作为自己的行为准则；将求真创新作为恪守学术规则的道德要求；将为人师表作为塑造教师社会形象的最佳体现。

我认为可以用“诚信质朴，追求卓越”来归纳北师大的办学风格。北师大创建于 1902 年，是中国最早创办的现代公立大学之一，它开启了中国现代高等师范教育的先河。在一个多世纪的办学历程中，一代又一代的北师大人脚踏实地、勤奋耕耘，始终坚持培养人才和发展学术并重，培养了一大批道德高尚、学业精深的人民教师和优秀人才，涌现出了许多杰出的革命家、教育家、科学家和社会活动家，为党和人民的事业做出了重要贡献。同时学校也坚持与时俱进、志向高远，敢于引领风气之先，在历史上一些重大事件中都有突出的表现。作为中国教师教育的旗帜，北京师范大学在教师教育制度、模式以及机制的改革和创新上，深刻影响着中国百年的教师教育变革。在新的历史发展时期，北师大大胆进行教育创新探索，大力提升办学水平，积极服务国家战略，不仅在全国高校中发挥了引领作用，而且就综合办学实力来说，北京师范大学也位居全国高校前列。

深圳特区报：请问北师大致力于培养什么样的青年人才？

钟秉林：北师大一直致力于精英教育，为社会培养英才。具体而言，主要培养两类人才：一类是国家基础教育发展所需要的高素质教师，另一类是建设创新型国家所需要的学术型人才。

北师大在百余年的办校历程中，形成了鲜明的特色和突出的优势，即教师教育、教育科学和文理基础学科。人文科学领域中的中文、历史、哲学、艺术；社会科学领域中的教育学、心理学、经济学、法学；自然科学领域中的数学、物理学、化学、地理学、生命科学、天文学以及工程领域中的环境科学与技术等，在全国高校中都名列前茅。我们致力于发挥北师大的综合学科优势，培养好上述两类人才。

二、直面体制机制改革，应对“钱学森之问”

深圳特区报：2005 年 7 月 29 日，在温家宝总理看望著名物理学家钱学森时，钱老提出“为什么我们的学校总是培养不出杰出人才”这一问题。您如何看待“钱学森之问”？

钟秉林：与“钱学森之问”类似，著有《中国科学技术史》的英国著名科学家李约瑟 20 世纪也提出“为什么近代自然科学只能起源于西欧，而不是中国或其他文明？”，由此引出一个悖论，“为什么古代中国人发明了指南针、火药、造纸术和印刷术，而工业革命却没有发端于中国？”。这被称为“李约瑟之谜”。这些问题实质上涉及创新型人才的培养方面。

一般而言，创新型人才应具备创新意识、创新精神、创新思维和创新能力，并能在工作实践中取得创新成果。就内涵角度而言，则更应关注创新型人才的知识结构、能力结构和个性品质。概括地说，创新型人才应具有六个方面的基本素质：一是博专结合的扎实的知识基础；二是以创新能力为特征的高度发达的智力和能力；三是以创新精神为核心的自由发展的个性；四是积极的人生价值取向和崇高的献身精神；五是宽广的国际视野和强烈的竞争意识；六是良好的身体和心理素质。

我们必须注意到，创新型人才的检验标准是学校教育培养出来的人才能够在工作实践中脱颖而出，取得创新性的成果和创造性的业绩，并同时能得到社会的认可的关键。显然，这又取决于社会及用人单位的制度环境、工作条件和文化氛围，取决于人才成长的大环境和经济社会发展的大背景。从这个角度而言，对于“钱学森之问”“李约瑟之谜”，不仅高等教育界要反思，基础教育界也要反思；

不仅教育界要反思，用人单位、政府和社会也要反思。只有高等教育和基础教育协调改革、共同探索，教育领域内外各方明晰责任、形成合力，创新型人才的培养才会真正落到实处。

三、培养未来的教育名师和教育家，而不是教书匠

深圳特区报：北师大作为中国最好的大学之一，今后有没有针对创新型人才培养的具体措施？

钟秉林：高等教育是培养创新型人才的关键阶段，这是由大学生的身心发展特征和思维能力等因素所决定的；高等学校是培养创新型人才的重要基地，是创新型人才从校园培养走向社会实践的转折点。

高等教育在创新型人才培养体系中责无旁贷。改革学校内部影响创新型人才培养的体制机制和培养模式，包括人才培养模式、课程体系和教学内容、教学方法和教学手段、教学管理体制等方面的改革。以教师教育为例，当前其走向突出了与国际教师教育相一致的四个特点：一是教师培养大学化；二是教师来源多样化；三是教师培养一体化；四是教师职业专业化。这给师范大学的改革与发展带来了巨大的压力。师范大学要强化教师教育的特色，不能回到计划经济的老路上，而是要大胆地进行系统的探索。大学不是培养教书匠，而是要培养未来的教学名师和教育家。北师大提出建设综合性、有特色、研究型的发展目标，其主要目标之一就是要在综合学科和高学术水平的平台上培养高素质教师，不断提升教师教育水平，满足社会对教师的高端需求，而且综合发展和强化特色之间并不矛盾，两者是相辅相成、相互促进、辩证统一的。

近十年来，北师大坚持教育创新，强调以学生为本，尊重学生的选择权，注重学生个性特长的发挥，积极探索开放灵活的创新型人才培养体系和多样化的教师培养模式。在深入研究创新型人才的构成要素及其之间的逻辑关系、精心进行制度设计和构建支撑体系的基础上，北师大构思了一整套以先进教育教学理念为指导，以多元模式、大课程观、师生互动及质量保障为核心要素，以名师、实验室、科研任务、国际化资源和特色软环境为支撑条件的创新型人才培养总体框架——以通识教育为基础，形成两条培养主线，即由学科方向课程模块构成的学术型人

才培养方案和由教师教育课程模块构成的教师人才培养方案，分别服务于建设创新型国家对学术型人才的需求和实施科教兴国战略对高素质教师的需求。在整个培养过程中，国内外、校内外学习资源互通，两条主线的学习内容通过专业二次选择、主辅修、模块互选、院际交换培养等方式互通，为学生提供个性化培养通道，从而实现人才培养的高水平互动。

四、国际化要走出去，也要引进来

深圳特区报：当今世界，大学生越来越多地参与到国际交流当中，大学的国际化办学氛围日益浓郁，请您介绍一下北师大在这方面的探索与成绩。

钟秉林：北师大一直坚持积极的国际交流合作政策。目前，学校已与 30 多个国家和地区的 200 余所大学、国际组织和企业建立了学术交流与合作关系。在合作办学方面，我们已先后与新加坡、马来西亚以及香港特别行政区的教育机构联合举办了多个学历和非学历教育项目。例如，我校在新加坡开展汉语言文学及学前教育专业的大专、本科、硕士的联合办学项目，已有十多年历史，共培养了 1 300 余名毕业生。另外，学校鼓励本校师生与国外同行开展学术交流与合作，每年派出教师和学生 1 000 余人次赴国外和港澳台地区进行交流活动。同时，学校每年主办、协办国际会议 20 余次。

教育国际化是大趋势，是一种双向的交流，不只是走出去，还要引进来。近年来，北师大积极引进国外人才资源，应邀来校讲学、访问的外国及港澳台专家学者年均近 300 人次，长短期的外籍教师数量已经达到了 200 人；同时积极发展留学生项目，目前有来自 69 个国家和地区的长期留学生 2 000 余人，占全日制在校生的 10%，其中攻读博士、硕士和学士的学生占 65%，留学生规模居全国高校前列。我们还与 20 多所国际知名大学有交换留学生项目，并与国外大学合作建立了五所孔子学院。

我还想特别指出，自上世纪末中国实施大众化高等教育战略以来，高等教育事业发展迅速，成绩显著。目前专科生、本科生、硕士生和博士生规模都是世界第一，已经在规模上成了名副其实的世界高等教育大国。《国家中长期教育改革和发展规划纲要》提出了建设世界高等教育强国的战略目标，提升高等教育质量，促进高等教育公平，推进高等教育国际化已经成为中国高等教育发展的时代任务。建设世界一流大学和世界知名高水平大学，将中国大学的学术研究成果和杰出人才推到世界上去，增强中国高等教育的国际话语权，是实现这一目标的重要方面。

五、办好南方科技大学，创新是关键

深圳特区报：大学的发展和国家的发展、城市的发展密不可分，您认为新时期大学建设和大学教育应如何适应国家和城市的发展？

钟秉林：随着经济社会的发展，大学已经从社会的边缘走向社会的中心，这就要求大学在办学过程中一方面要保持大学精神和学术品位，另一方面也要考虑到经济社会发展对大学提出的要求和挑战。适应国家和地方经济发展变化的需求，促进国家和地方经济社会的发展，这是现代大学的重要使命。

大学对一个城市的贡献，主要是发挥大学在人才培养、科学研究等方面的优势，通过知识创新与传播、成果创造与转化、决策咨询与服务以及文化引领与辐射等途径来实现的。大学要增强主动服务意识，努力为社会发展提供人才与智力支持，提供全方位服务。

深圳特区报：深圳计划进一步跨越式发展高等教育，目前正在积极筹建南方科技大学，您对此有何看法和建议？

钟秉林：我个人支持深圳市政府建设南方科技大学的构想。在深圳这样一个国际化城市，创建一所以培养理工科精英人才为主的大学，是符合城市发展需求的、有远见的想法。

但要建好这样一所大学，需要进行很好的规划，特别要在教育创新上下功夫，包括学校的目标定位、学校内部治理结构的设计、学科专业结构的设计和教师的聘用和管理等，都需要进行大胆的创新探索，只有这样才有可能在不太长的时间内，办成一所比较好的大学。

办教育要遵循教育的规律，办好一所大学需要长期积累，没有钱办不好大学，但光靠钱也是堆不出一所好大学的。经费来源、规划设计，硬件设施以及基础设施建设，仪器设备及图书资料的购置，可以在一两年内见到实效，软件管理水平也可以在不太长的三五年内得到明显提升；但是光有硬件软件并不足以办好一所高水平大学，关键还要有精良的教师队伍，以及优良的办学传统和校风学风。而这些都需要长期积累，不可能一蹴而就。香港科技大学仅仅通过十几年就成为一所名校，有其特殊的发展路径。从这个角度讲，办好南方科技大学必须在体制机制上坚持创新，这就需要政府有关部门大力扶持，在政策上有所突破。

六、寄望深圳学子脚踏实地，厚积薄发

深圳特区报：北师大是深圳学子向往的大学，您对尚未踏进大学校门的深圳学生有何建言？

钟秉林：北师大与珠海市人民政府合作举办的珠海分校已创建七年，办学水平和社会声誉不断提升，每年招收 4 000 余人，其中一半是广东省生源，为地方高等教育发展做出了重要贡献。我们还与香港浸会大学合作在珠海举办了联合国际学院，招收海内外学生。另外，我们也在努力提高质量，争取不辜负地方政府和老百姓的期望。

深圳位于改革开放的前沿，当地的学生观念开放、知识面宽、能力较强，我希望更多的深圳学生报考北师大。而且我想提出八个字与深圳学子们共勉：脚踏实地，厚积薄发。把基础打好，提升全面素质，深圳学子们将会大有用武之地。

北京航空航天大学（简称北航）成立于1952年，是一所具有航空航天特色和工程技术优势的多科性、开放式、研究型的大学。作为新中国第一所航空航天高等学府，北航现隶属于工业和信息化部，是国家“211工程”和“985工程”建设的重点高校，为国家特别是航空航天领域高层次的人才培养和科学研究做出了重要贡献。

面向未来，北航正在努力向空天信融合特色的世界一流大学的目标迈进。

学校网址：www.buaa.edu.cn

怀进鹏

怀进鹏，北京航空航天大学校长，中国科学院院士，国家“十一五”863计划信息技术领域专家组组长、国务院学位委员会第六届学科评议组计算机科学与技术组成员、“核高基”国家重大科技专项总体组副组长与基础软件组组长、中国计算机学会副理事长。他长期从事网络化软件技术与系统研究工作，曾获国家科技进步二等奖2项和国家技术发明二等奖1项、“何梁何利基金”科学与技术进步奖、IET-北大方正大学校长奖等多项奖励。

（《深圳特区》2011.03.22第A08版）

北京航空航天大学

一流大学要根植中国，面向世界

深圳特区报记者　方胜

一、做“学生的校长”，培养未来的人才

深圳特区报：在北航的毕业典礼上，您曾对毕业生们说：“仰望星空，德才兼备报效祖国；脚踏实地，知行合一成就梦想。”这不禁让人心潮澎湃。那请问北航的办学理念是什么？

怀进鹏：就任校长的时候，我提出了一个基本的办学理念，就是要做“学生的校长”。

做“学生的校长”，我们就要善待学生，要承载社会责任，要着眼于培养未来十年、二十年中国乃至国际社会的领军和领导人才；在国际化的背景下，我们要培养具有国际视野的领军和领导人才。

未来的社会是动态变化的，未来的竞争也是动态变化的，未来的人才在国际化背景下更是动态变化的。一所大学不可能把未来的知识都教给学生。当然这也对大学提出了一个基本问题：如何让他们在十年后仍然有竞争力？如何让他们适应这种动态变化的环境？这是大学培养人才的目标，也是在国际化背景下，全球人才流动、技术交流和产业合作中大学的历史责任。

深圳特区报：您希望北航的毕业生在离开校门时，具备哪些能力？

怀进鹏：我希望学生具备三种能力。一是工程能力，就是说学生知道问题“是什么”、知道“为什么”，并且能够解决这个问题。我把这叫作“第一宇宙速度”。二是科学基础。这包括数学、物理和可能跟专业无关的生命科学、化学等基础知识。这些基础知识虽然可能不会立刻用上，但将为他们未来的发展提供很好的前提，有着眼于未来的基本功。这就是“第二宇宙速度”。三是人文素养。在全球

化和国际化的背景下，我们永远都要大力弘扬中国的文化和文明，特别是在经济高速发展当中，我们更要培养学生深厚的人文素养，这是凝聚力量、推动和引领发展不可或缺的基本素质。这是“第三宇宙速度”。

我们希望每一位北航毕业生离开校门时都具备这三种能力。有了这三种能力，他们就具有了终身学习的能力，具有了不断调整和优化、面向未来的基本素养。

深圳特区报：北航又通过哪些途径让学生们具备这些能力？

怀进鹏：大学的一个重要的任务就是承载社会责任，把人才培养放在优先地位，把科技发展和人才培养结合起来，把社会服务和人才培养相结合，把文化的继承发展和人才培养相结合。

首先，我们的科研要做到根植于中国，解决国家重大战略需求及实际问题。北航七年获得七项国家级科技奖励一等奖，在科研过程中，本科生、研究生得到了锻炼、经受了考验。在实验室中，学生们的工程基础和科学基础有效地结合，从而让他们深刻地感受到科学基础的重要性。

其次，北航开展了16年的“冯如杯”科技竞赛活动，每年的五月份举办科技节，每年有4 000人参加。学生们从提出创意、选择技术到完成一部分工作，为他们进入社会提前“热身”。在全国大学生“挑战杯”竞赛中，北航是多年来唯一一直获得优胜杯的大学，去年还获得了挑战杯。在这方面我们一直积极鼓励学生参加大赛，锻炼三种能力。

再次，国际化的合作使学生在多文化的背景下学习合作与交流。中国的大学生要学会对新知识的把握，对多文化的包容。

最后，近八年来，我们一直探索精英教育模式。北航先后成立了工科实验班暨高等工程学院和国际化的精英班暨中法工程师学院，跟中科院合作创立了华罗庚数学实验班，还有知行文科实验班暨高等人文与社会科学研究院等，并基于示范学院实践探索本科通识教育。我们希望通过这种通识教育加专业培养，突出实践工程能力、科学基础和人文素养的能力打造，现在初步的实践经验已经在全校推广。

二、国际化是大学的基本功能

深圳特区报：您刚刚提到，国际化的合作是北航培养学生的重要途径。国际化也是中国高等教育面临的重要课题。我国高等教育的国际化面临着什么样的环境和挑战？

怀进鹏：无论我们怎么评价全球化和国际化，这都是一个必然的趋势。大趋势下，我们该采取什么样的对策和战略？高等教育如何抓住发展机遇，从而为国家经济发展、人民生活水平提高做出贡献？这些都需要我们思考。

我想，在全球化、国际化的潮流中，有三类情况：一类是引领国际化潮流的，一类是被全球化和国际化的，还有一类是被全球化和国际化所隔离的。中国改革开放30年，取得了举世瞩目的成绩。在国际化的必然背景下，我们需要冷静慎重但又积极的发展策略。

首先，我们看到英语或者其他国际语言日益成为国际交流的主要工具，人才的国际化已经成为现实。在深圳、北京、上海这样的发达城市，特别是奥运会和世博会的成功举办，让经济的交往、企业的合作和科研人员的接触，已经发展到了跟过去完全不同的阶段。其次，从科技和教育的角度看，个体科技创造的时代已经过去，我们进入了全球合作的时代。国际化推动文化、经济和教育的交流成为常态。再次，建立在经济和教育发展之上，民族文化的作用凸显出来。特别是在全球化和国际化的背景下，中国的和平发展和中国文化所具备的融合和交流要素格外重要。

中国的国际化尚在起步阶段，以知识的流向来看，我们还处于边缘状态，主要的知识集中在发达国家，知识从高端向低端转化，人才从低端向高端转移。在这种情况下，我们更需要成熟的高等教育。如果一个国家没有一流的研究型大学存在，那么在未来的国际化中，国家的收益将非常有限。

深圳特区报：那么，我国的高等教育和一流大学应该如何适应国际化的要求？

怀进鹏：中国的高等教育在现阶段有两个基本特征。其一，我国的整体国情是工业化尚未完成就进入了信息化，也就是说西方发达国家用了200年完成的工业化，我们要在50年中完成，而且要在与发达国家的信息化竞争中抓住机遇。这就要求我们在经济发展中既需要追赶，又需要超越。其二，高等教育用了30年，特别是最近20年，刚刚完成了大众化阶段，中央又提出建设世界一流大学这个宏伟目标，这也要求我们既要追赶，又要超越。这两个“既要追赶，又要超越”，在我国中长期教育纲要、科技纲要和人才纲要三个纲要中也都有体现。

在这样的背景下，中国的高等教育就处在转型和深刻的变革中。我认为，这就要求大学的功能定位要包含以下四种：人才培养、科学研究、社会服务以及国际化和文化。国际化和文化功能应该成为大学的第四个功能。特别是在中国的转型过程中，国际化和文化的功能就更加重要。

北航作为一所中国一流大学，其基本定位是：首先，必须根植于中国。一个世界一流的大学必须为本国和本地区的经济发展做出历史性的贡献，它才有可能成为世界一流大学；其次，必须遵从国际化的通用准则，在无边界的科学面前，形成可比较的竞争优势。根植于中国，同时又遵守国际化的准则、面向世界，这应该是中国建设世界一流大学的必经之路。

北京航空航天大学正门

三、心有梦想让年轻人梦圆太空

深圳特区报：深圳正在筹建的南方科技大学定位于建成高水平研究型科技大

学。作为国内著名工科院校的校长，您对南方科大有何好建议？

怀进鹏：深圳在中国社会转型的时期应当具有领头和示范作用。南方科大是深圳非常重视的大学，也将成为新形势下面向世界的一流大学。我认为大学要根植于本国本地区的发展情况，并解决本国和本地区的实际问题。各个学校对地区和国家的贡献可能进入不了排名指标，但是这和SCI论文发表数量可能同样重要。在深圳这样改革开放最前沿的城市，南方科大一定会有所作为并大放异彩。

深圳特区报：在深圳和广东，有很多年轻人希望能够为祖国的航空航天事业做出贡献。您对他们报考北航有哪些建议？

怀进鹏：北航是一所优秀的研究型大学，在过去59年中，北航以航空航天服务于国家战略需求，取得了很多重要成果，培养了十几万的人才，在许多让国人感到骄傲的重大工程建设中，都有北航人的贡献。进入新的世纪，北航重新确立了新的历史责任，瞄准了新的目标——把航空航天和信息技术结合起来，这也是今后十年甚至二十年中国社会经济发展的重要内容。

热爱航空航天，对太空留有梦想，这是年轻人有朝气、有活力的表现。航空航天专业是北航的优势学科，航空航天事业也是我国在新世纪探索太空、发展科技、寻求突破的重要事业，需要大量的有志青年投身其中。从事航空航天事业首先需要的是对太空的梦想和航空航天事业的热爱，我们特别欢迎深圳和广东的学子们踊跃报考。在这里，我想对他们说：成就航空航天梦想，就到北京航空航天大学！

大学简介

厦门大学由著名爱国华侨领袖陈嘉庚先生于1921年创办，是中国近代教育史上第一所华侨创办的大学，也是国家“211工程”和“985工程”重点建设的高水平大学。建校以来，学校秉承“自强不息，止于至善”的校训，积累了丰富的办学经验，形成了鲜明的办学特色，成了一所学科门类齐全、师资力量雄厚、居国内一流、在国际上有广泛影响的综合性大学。建校迄今，已先后为国家培养了20多万名本科生和研究生，在厦大学习、工作过的两院院士达60多人。

学校网址：www.xmu.edu.cn

朱崇实

朱崇实，1954年12月生，福建建瓯人，教授、博士生导师。1982年2月毕业于厦门大学经济系，1990年5月在南斯拉夫贝尔格莱德大学国际经济系国际经济专业获得博士研究生学历。2004年7月起就任厦门大学校长。长期从事金融法教学和研究工作，出版了《外商投资的经济社会效益评价》《经济法》《金融法教程》等多部著作。

（《深圳特区报》2011.04.06第A06版）

厦门大学

急功近利的大学培养不出创新人才

深圳特区报记者　翁惠娟

90年前，爱国华侨陈嘉庚先生在美丽的鹭岛建起厦门大学。时光荏苒，几代厦大人励精图治，让厦大成为了一所学科门类齐全、师资力量雄厚、居国内一流、在国际上有广泛影响的综合性大学。

日前，记者走进我国经济特区中唯一一所国家重点大学——厦门大学，专访厦大校长朱崇实。在两个小时的交流中，朱校长与记者分享了厦大的办学理念，谈到了他对厦大学生和教师的期许，畅叙了人才培养的路径……

“任何一所大学都不是生活在真空里面，因此，任何一所大学都要接受社会和市场的评价，关键在于我们在这个过程中怎么把握住自己的方向，守得住自己的理想。也就是说，要有这样的一批人，他既要做今天的事情，又要为明天的生活去打拼，同时还要有理想，拿出自己的精力、时间、爱好去做明天的事情，去想后天的事情，这就是理想！”

一、我们要为国家培养一批社会精英

深圳特区报：厦门大学的校训是“自强不息，止于至善”，多年来积累了丰富的办学经验，形成了鲜明的办学特色。多年来，厦大一直致力于培养什么样的人才？您提出高校要培养社会精英，在您看来，什么样的人是社会精英？

朱崇实：学校最根本的任务就是培养人才。厦门大学在建校之初，就定下了培养人才的目标和宗旨。厦大是陈嘉庚先生在90年前创办的。20世纪20年代，当时的中国处在四分五裂、外忧内患的年代，正因如此，陈嘉庚先生非常希望厦大能够为国家培养栋梁之材，为国家的解放和进步培养人才，他确定的办校宗旨总结起来就是三句话——“养成专门人才，研究高深学问，阐扬世界文化”，这是厦大多年来一直在追求、努力和践行的目标，在育人上，我们希望能为国家的富强、社会的进步培养优秀人才。

这几年，厦门大学一直在提倡，中国应该有一批学校把培养社会精英作为自己的目标。什么是社会精英？我的理解是，有一批这样的人，他们有非常高尚的理想，愿意为国家、社会贡献自己的一切力量；同时，这些人又脚踏实地，无私地、包容地团结周边每一个人去实现这个理想，这就是社会精英。社会精英，他一定是领袖，但是他不一定是领导。领袖和领导是不一样的概念，作为领袖，他的岗位可以是平凡的，但是他在平凡岗位上仍要有着远大理想，能带领周边群众去实现理想。举个例子，上海有一个港口装卸工人叫包起帆，他从事的岗位再平凡不过了，但是他在平凡岗位上始终没有忘记自己的社会责任、社会使命，几十年来一直在坚持科技创新，提高工作效率，完成了 80 多项技术革新与创造，成了中国的“抓斗大王”。他在平凡岗位上做出了不平凡的成绩，而且是带领大家共同为理想而奋斗，这样的人就是领袖，就是社会精英。厦门大学的目标之一就是培养出一批这样的优秀人才，从而为国家、为社会的发展和进步做出贡献。

深圳特区报：在培养社会精英的过程中，厦大是怎么做的？

朱崇实：要实现这个目标，首先，要有优秀的教师。陈嘉庚先生当年办厦大时不惜重金聘请了一大批优秀教师，像郑贞文、鲁迅、林语堂、莱德、戴密微、萨本栋、傅鹰、王亚南、郭大力、卢嘉锡等都在厦大任教过，都是非常杰出的教授，厦大一直坚持这样的传统。这几年，厦大不断提升师资队伍，现在我们已有一支结构合理，师德、品格和学识等各方面都很优秀的教师队伍。其次，学生的成长需要有一个非常好的育人环境，包括要给学生的学习成长提供最好的条件、提供宽松自由的氛围、提供优秀的文化。厦大这几年一直在不断提升育人环境，加强学校各方面的建设，尽最大努力为学生创造一个好的成长环境和氛围。

二、急功近利的大学培养不出创新人才

深圳特区报：您怎么理解“钱学森之问”，在您看来，社会精英最需具备的素质是什么？

朱崇实：钱老之问是希望中国一流大学在人才培养上要更加注重人才的创新

意识和创新能力的培养，这是非常好的。实际上，这是他从某一个方面对一批大学要把培养精英作为主要目标而提出了一个标准。

创新是精英人才最应具有的一个素质。作为精英人才，要能为国家为社会做出杰出贡献，应具备创新意识、创新能力，勇于实践、敢于创新。我认为，对于大多数人来说，能不断学习、不断进步，不断地把前人留下的优秀遗产继承好发扬好，就是对社会的一种贡献。但是，这对中国社会来讲，是远远不够的，我们需要有一批人不仅能够学习传承，还要能够在这个基础上不断地有所创新。所以，我们应该把创新作为培养杰出人才的一个重要要求，并努力朝着这要求去实践探索。

深圳特区报：大家都明白培养创新人才的重要性，但要做到却不容易，您觉得目前的高等教育在培养创新型人才中存在怎样的症结？厦大在营造宽松的创新氛围中有何心得？

朱崇实：现在，有些大学对于如何实现自己的使命，定位还不是非常准确。我认为，大学无疑应该适应市场的发展，即一定要符合市场的需求，但是又要有一部分大学既根植于市场而又高于市场，甚至引领市场，它不能完全跟着市场走。如果有一批大学是这样定位的，那么它就一定会目标更加远大、视野更加开阔。现在大学很难出创新人才，就是因为很多学校过于急功近利甚至讨好市场。

我觉得，创新人才一定是在有意无意之间产生出来的，如古人所言，“有心栽花花不开，无心插柳柳成荫”。我们只要为学生成长创造一个宽松环境，真正把他们的兴趣爱好跟学习结合在一起，让他们自由成长，就能把他们的潜能充分发挥出来，此外，再加上好的教师给予指导和帮助，创新型人才就一定能够培养出来。如果急功近利，恨不得三五个月就出大成果，那么创新人才是很难培养出来的。

在人才的培养上，怎么让学生的个性得到自由发挥，潜能得到更好挖掘？在人才培养上，许多地方设定的目标是从小学开始就是三好学生，一直到了大学还是三好学生。我常说，到了厦门大学，每一个人都是优秀学生。我们要让学生更加自由地去发展，但不是追求啥都好，都是全能，这样的导向是不利于培养创新型人才的。

三、希望与国际同行竞争合作

深圳特区报：每所著名大学都有自己的风格，您毕业于厦门大学，在厦门大学工作和生活了 33 年，您是怎么理解厦大的特质和精神的？

朱崇实：厦门大学是一所有自己特质的学校，我用八个字概括厦门大学的精神，那就是——爱国、革命、自强和科学。其中，散尽家产办厦门大学的陈嘉庚先生，代表的是厦大的爱国精神；在 22 岁为追求民主而献身的厦大学生罗扬才，代表的是厦大的革命精神；抗战时期为厦大呕心沥血的萨本栋校长，代表的是厦门大学的自强精神；翻译《资本论》的厦门大学老校长王亚南以及陈景润，代表的是厦门大学的科学精神。

深圳特区报：现在，厦门大学确定了一个发展目标，即“世界知名的高水平研究型大学”，您如何理解这一目标呢？

朱崇实：这个目标有三层意思：第一层，世界知名，所谓世界知名，就是这所大学要融入整个世界，它所做的工作、所追求的目标是国际性的。我们要建成一所国际性的大学，自然这所大学的教师和学生都要有这样的一个追求，就是能够与国际上的同行在同一个舞台上相互竞争、共同合作，努力推动科学的进步和发展。第二层，高水平，我们要建成一所质量非常好、水平非常高的大学。第三层，研究型大学，这种分类有争议，但不管如何争议，我们把自己学校定位为研究型就是希望我们在人才的培养上能够创新，更多地培养学生的创新意识和创新能力。所以让我们的教师把教学和科研有机地融为一体，不仅是让他们传播知识、传输文明，更是让他们发现知识、创造文明，明白研究型大学的意义在于创新。

四、大学是一个既宽容又严格的地方

深圳特区报：现在，厦门大学毕业生的就业率保持在 95% 以上。您觉得厦大的学生有什么共同点，何以如此受欢迎？

朱崇实：首先，厦门大学的学生最明显的特点是比较实在，工作比较踏实；其次，厦大的学生比较谦虚，谦虚就有包容，就有团队精神，容易跟大家一起合作；最后，厦大的学生虽然实在、谦虚，但不迂腐，是属于最为开放、最为自由的群体之一，比较受欢迎。

深圳特区报：在许多厦大学生的眼中，厦大是一所以学生为本的学校，为学生创造了很好的学习生活条件，您还有个创举，就是和学生举行早餐会，听取他们对学校的意见和建议。对于厦大的学生，您有怎样的期许和忠告？

朱崇实：大学是一个最宽容的地方，作为大学生是最自由的。大学真的是学生一生中最美好最幸福的时光，在这里，你调皮一点、散漫一点都没有关系，但是离开了大学，这样自由的地方恐怕就没有了，你如果还是这样恐怕就要碰壁了。因此，我们就要教育学生懂得遵守最基本的社会准则，要实事求是地告诉学生，今天你可能在大学里面比较自由散漫，明天到了社会就不能这样了。所以，学校是一个宽容的地方，也是一个严格的地方。大学一方面要创造自由宽松的环境，另一方面要有非常严明严格的纪律。

前不久我到台湾去，见到一位 1948 年毕业的老学长。他记得当年入学时，萨本栋校长定了一条规矩，每年新学期的报到，一到截止时间，报到处就关门了，如果晚到一分钟，你就得下个学期再来报到。就是这么严格！当年不像现在交通方便，有的同学在路上走了十天半个月，结果到了这里报到处关门了。萨校长说"你下个学期再来"，怎么求情都没用。校长说："今天我不这么严格要求你，以后就是害了你，我今天这么严格要求你，以后就是帮了你。"老学长说，经过厦大多年的锻炼，自己养成了很多非常好的习惯，为什么很多厦大校友在台湾做出了非常大的贡献，这确实是和厦大的一种培养、一种熏陶密不可分的。

五、鼓励更多"易中天"走出校园传播知识

深圳特区报：厦大办学以来，涌现出许多杰出人才，从数学家陈景润到复旦大学校长谢希德等。近几年，厦大的易中天教授更因为央视的百家讲坛而红遍全国，您是如何看待厦大教授这种"走出去"的现象？

朱崇实：易中天作为厦门大学人文学院的教授，在百家讲坛开讲，是在做一件非常有意义的科学普及工作，很多人都认为科普只有自然科学才有，认为人文科学好像没有一个普及的问题，其实也有，易教授就是在做人文社会科学的普及工作。为什么他受到了这么热情的欢迎，得到了这么高的评价，就是因为这个社

会太缺乏人文社科方面的知识普及了。像易中天教授这样的教师在厦大还有很多，我们非常鼓励教授们走出校园、融入社会，把自己的知识才能以各种方式贡献给社会。

深圳特区报：现在，对于厦大教授有一种这样的评价，认为他们谦虚内敛，但锐气不够，您怎么看?

朱崇实：我也有这种感觉。厦大不论是教师还是干部都比较内敛。不管是开什么会，只要有会议代表合影，要找厦大的人一定要到后排去找。这也反映出一所学校的文化传统，这种文化传统我觉得它是非常好的，跟中华文化的一些优秀价值观是相吻合的。当然，在另外一个方面，也反映了有些教授的确锐气不够、个性不够。要更好地促进我们的学生敢于挑战权威，敢于问“为什么”，敢于表达意见和诉求，而要想让学生做到，老师就要先做到。我个人觉得，谦虚是一种美德，但同时要敢于创新，敢于对任何事情都问一下为什么，只有这样，我们才能够不断进步。

六、力争 20% 的在校生都有机会到国外访学

深圳特区报：当今世界，大学生越来越多地参与到国际交流当中，大学的国际化办学氛围日益浓郁，请您介绍一下厦大在这方面的探索。

朱崇实：厦大的教育是非常开放的，陈嘉庚先生常年生活在海外，因此他办这所大学一开始的定位就是一所国际性的大学，是能跟世界上其他高校相互交流、相互合作的一所大学，它培养出来的学生也应该有这样的视野，所以厦大的学生确确实实是相当国际化。这种国际化不是最近几年才有的，而是一开始就有的。据不完全统计，我们有几万名校友在海外生活工作，几乎遍布世界各个角落。

我们秉承陈嘉庚先生定下的办学宗旨，近年来一直在加快推进学校国际化进程，加大学校与国际上的兄弟院校的交流与合作。现在，在厦大校园里已有 2 000 多名外国留学生，每年我们也有将近 1 000 名学生到国外访学，我们争取再过几年，20% 的学生在校期间都有一次机会到国外去访学。厦大还有一个优势，就是与台湾、香港、澳门的一种天然联系。我们非常重视与港澳台高校的交流，目前厦大是接收台湾学生最多的一所内地高校，也是跟台湾联系最密切的一所内地高校。

中国科学技术大学是中国科学院所属的一所以前沿科学和高新技术为主、兼有特色管理和人文学科的综合性重点大学。

1958年9月，学校创建于北京，首任校长由郭沫若担任。当时它的创办被称为“我国教育史和科学史上的一项重大事件”。1970年初，学校迁至安徽省合肥市，开始了第二次创建。自20世纪90年代以来，学校主动适应国内外科技、教育和社会经济发展的要求与挑战，认真贯彻《中国教育改革和发展纲要》，大力推行教学科研改革和结构性调整，进行了第三次创建。同时，中国科学技术大学是国家首批实施“985工程”和“211工程”的大学之一，也是唯一参与国家知识创新工程的大学。

学校网址：www.ustc.edu.cn

侯建国

侯建国，我国著名化学家、中国科学院院士、发展中国家科学院院士。1978—1989年在中国科学技术大学学习，并获凝聚态物理专业博士学位。现为中国科学技术大学校长、第十一届全国人大常委。

（《深圳特区报》2011.04.22 第A16版）

中国科学技术大学

培养尖端人才不能急于求成

深圳特区报记者　沈清华

春暖花开时节，记者来到位于合肥的中国科学技术大学（以下简称中科大），在校园行政楼专访了中科大校长、中国科学院院士侯建国。这位儒雅的学者谈起“钱学森之问”“去行政化”“人才培养模式改革”等教育的热点问题，娓娓道来，不时冒出智慧的火花，给人诸多启示。

一、回答“钱学森之问”：心态不能太着急

深圳特区报：钱学森是中科大的主要创办者和直接参与者，曾兼任力学系主任长达 20 年之久。您作为现任中科大校长，是如何看待备受关注的“钱学森之问”的？

侯建国：钱老在建校之初就提出了他的办学思想，后来虽然离开了中科大，但对人才培养问题却一直非常关注。他从国家长远的发展考虑，提出要培养像诺贝尔奖获得者和比尔·盖茨这样的科学家、企业家，因此对我们的学校当时没有培养出这样的人才感到忧虑。

中国科学技术大学是全国唯一拥有两个国家实验室的高校。图为该校的国家同步辐射实验室。

“为什么我们的学校总是培养不出杰出人才？”这就是著名的“钱学森之问”。我认为，我们过去的教育成就还是比较巨大的，如果没有大学培养的数以千万计的人才，这个社会就不可能发展如此快速。但

是，面对“钱学森之问”，我们也必须充分认识到，现在的高等教育需要大力改革。

在培养尖端人才问题上，我想特别强调一点，就是心态不能太急，要从容一些，培养人才需要时间。就像体育比赛一样，一着急，心态一不稳，动作就容易变形，就容易犯规、犯错误。过去我们在这方面也有教训。十年磨一剑，大家要冷静下来，扎扎实实把一件一件的事情做好，要营造一片肥沃的“土壤”，并在这片“土壤”上进行自由的科学探索、理性地质疑、学术上包容，而且有了这样的“土壤”，把“种子”撒下去，哪颗“种子”会成才，虽然一开始我们不知道，但只要我们大学和社会营造了这种“土壤”，按照教育规律办事，中国大学丰富多彩的生态环境就能形成，各种各样的人才就能自然而然成长起来，就像现在欧美的一流高校那样。

任何一所大学，办得再大，学科再全，也不能解决所有问题，但是只要我们沉下心来办好自己的事情，我们的整个高等教育就能解决大问题。

深圳特区报：中科大在回答“钱学森之问”上有哪些举措？

侯建国：作为高校的办学者，首先必须认清信息化和国际化时代教育对象的变化。80后、90后学生知识面非常广，但多数是在应试教育环境下成长起来的，主动学习的能力还有待提高。此外，现在的孩子从小学开始学业压力就很大，上大学之后，反而有一种想放松的感觉，再加上社会价值多元化，成为科学家和工程师已不是很多年轻人的首选。这些因素都在影响着我们的大学教育，影响着我们如何来教育这一代人。近两年来，我们进行了新一轮教育教学改革，更加强调了因材施教和个性化培养，希望打破过去“流水线式”的传统大学教育模式，激发学生学习的兴趣和激情，同时尊重学生的多元选择，为他们选择非科技职业生涯提供有效的教育。

我们所做的具体措施有：一是和中国科学院的研究所成立了11个科技英才班。学生到了一定时候就到校内科研机构和科学院研究所去，研究所专家也经常会来学校开课，让一流学生和一流科学家尽早见面，让学生尽早接触科技前沿，从而激发学生的兴趣。二是把一学年的学期从两个改成三个。6月到8月有个短学期，在这段时期我们从国内外请一流教师来校开精品课，给学生有更多选择的机会。这项措施从去年试行，今年正式实施。此外还有很多其他的措施，如中科大本科生转专业基本不受限制，我们鼓励跨系学习和选专业，把研究生课程和本科生课程融会贯通，让一些学有余力的学生能够提前学习研究生课程，也让70%的本科生有机会参与科研实践活动等。

深圳特区报：作为因材施教措施的中科大少年班，这几年有什么改革？

侯建国：中科大少年班于1978年成立，33年来在培养拔尖人才上发挥了巨大作用。现在少年班已经变成了少年班学院，每年把新生中数理基础比较好、对科学兴趣比较大的同学吸收到这里。这个学院的学生前两年不分专业，可以在全校范围选课。同时，实行书院制管理，安排学导对学生进行学业辅导，学习上非常灵活，到大三才开始分专业。

深圳特区报：教育部去年开始投入大量资源实施“基础学科拔尖学生培养试验计划”，中科大成为首批试点高校之一，您如何看待这种举措？

侯建国：我认为只要有资源往教育上投入就是好事，当然我们要把它用好。目前看来，现在还算做得比较好。教育部、财政部把项目定下来了，经费也给我们了，但具体怎样实施，他们基本不管，都交给了我们大学，让各个大学按照自己的文化、传统和目标来制定培养计划。我参加了几次会议，感觉给了大学很多自主权。

二、取消行政级别不是“去行政化”的关键

深圳特区报：您是杰出的化学家和中国科学院院士，又是大学校长，您在工作中是如何处理学术权力与行政权力之间的关系的？

侯建国：中科大在民主办学、学术优先方面有非常好的传统。我们比较注意处理三个方面：一是在学术事务中以学术权力为主导。中科大校一级设有学术委员会、学位委员会、教学委员会和职称评定委员会，他们是有实质性权力的，学科的设置、学位的授予、职称的评审等都由他们说了算。中科大的校领导从来不在学术委员会任职。院系里面还有教授委员会，引进教师要经过教授委员会投票。二是在学校最主要的行政事务中尊重学术的声音，倾听教授意见，发挥教授们在决策和管理中的作用。比如学校的预算，我们设有预算专家委员会，充分发挥专家在资源分配和使用中的作用，为学校决策提供依据和参考。三是管理向服务转

变，淡化行政管理权力，强化服务意识。学校所有的管理必须是建立在为学术服务的基础之上，要服务于老师和学生，服务于学校的人才培养和科研工作。另外，学校建立了学生服务中心和行政服务中心，为师生提供“一站式”便捷服务。

深圳特区报：现在社会上有一种看法，似乎认为高校“去行政化”就是要取消大学校长的行政级别，您对此怎么看？

侯建国：我不反对取消行政级别，但我认为这不是最本质的问题，因为大学校长不可能靠行政级别来体现他的权威和能力。认为取消了行政级别，高校行政化的问题就解决了，这不现实。去不去行政化，关键要看大学的行政权力是否尊重学术权力，并在学术事务中依靠教授，行政机构是否真正为教师和学生服务，是否以学术优先和教书育人作为一切工作的出发点。官再小，如果滥用权力，也能让大家做不成事情。

深圳特区报：说到“去行政化”，从大学外部来看，还涉及大学办学自主权问题。

侯建国：是的，这方面讨论很多了。我认为究竟要有哪些自主权，不能一概而论，每个大学都不同。省属与国立、研究型大学与教学型大学，不同类型的大学要的自主权都不一样，不要搞大一统。我认为关键是政府在办学经费和政策上给予充分保障之后，具体如何办学应当由各个大学来做。当然，作为公办大学，你也不能无限制地想干什么就干什么。

三、人才培养的规律也是“根深才能叶茂”

深圳特区报：在影响力较大的主要大学排行榜中，中科大近年来的综合实力在国内高校中一直位居前四，那么，中科大在人才培养上有何特点？

侯建国：这和中科大的使命、传统和特色是联系在一起的。1958 年中国科学院成立中科大时，聂荣臻元帅在开学典礼上说，中科大的办学目标“就是为‘两弹一星’培养尖端科技人才”。围绕这个目标，中科大汇聚了一大批著名科学家，如钱学森、华罗庚、郭永怀等人。学校成立的时候，强调“全院办校，所系结合”，强调理论与实际结合、科研与教学结合，目标就是培养科技拔尖人才。53 年过去了，办学地点和环境都发生了变化，但是我们培养科技拔尖人才的使命和目标始终没有变。

简单地说，中科大人才培养的特点就是十个字：基础宽、厚、实，专业精、新、活。“基础宽、厚、实”是指中科大学生所有专业所学的数学和物理课程要比其他大学学生学的要多。在深厚的数理基础上，通过大学教育机构与中国科学院这一国立科研机构的结合，使得学校能够不断以科研发展的最新趋势来调整专业知识教育。作为理工科大学，培养学生具有宽厚的数理基础非常重要，这是“根”，“根深”才能“叶茂”，“根深”就是通识教育。在此基础上，我们还要具备理性思维能力、综合人文素质和国际化视野，这就是我们所要培养的“树型人才”，这种人才将来必能适应各方面的挑战。

深圳特区报：这种教育理念是怎么形成的？

侯建国：中科大人才培养理念的形成，与钱学森先生的教育思想有很大关系。1959 年他在《人民日报》上发表了《中国科学技术大学里的基础课》一文，文章提到中科大是为我国培养尖端科学研究技术工作者的，学生必须在学校里打下将来研究工作的基础，因此，学习基础理论的比重要比一般工科学院要高，而基础技术的比重又要比一般理科专业要高。

事实证明，这种培养模式是成功的。比如，中科大办学头十年毕业的 7 700 多名学生中，成为两院院士的多达 30 余人，科技将军 20 多位。今年是国际化学年，国际学术机构评出了过去十年国际上最活跃的 100 位化学家，有 12 位华人化学家入选，其中有 6 位是中科大校友；同时，在最活跃的 100 位材料科学家中，排名前 5 位的有 4 位是中科大校友。目前，中科大本科毕业生有 70% 顺利进入国内外知名教育和科研机构继续深造，博士生毕业论文质量在全国也名列前茅。

在学校 50 周年校庆总结时，我们非常高兴的就是培养了大量的优秀人才。所以，我认为作为大学，核心使命还是培养人才。

四、是否是一流大学与规模大小没有关系

深圳特区报：看中科大的历史，我们发现一个很特别的现象，就是本科生的规模几乎是 50 多年保持不变。

侯建国：是这样的，很少有高校像我们这样。1958 年中科大第一届本科生招

了 1 600 多人，去年我们招了 1 700 多人。坚持 50 多年不扩招，这与我们一贯强调的重质不重量有关。

深圳特区报：国内多所大学都提出创建国际一流大学的目标，中科大同样如此，您认为国际一流大学有哪些重要标志？

侯建国：我是这样理解一流大学标准的：一流大学不在于它有多少学生和多少学科，关键是一流大学要有杰出的科学家和学者，要不断涌现出一流的科研成果，要能够培养出一流的学生，最重要的是还要有不断追求卓越的精神和文化传统，为人类社会的文明进步与发展做出贡献。

今天我们的目标是为国家培养杰出的创新人才。现在国家非常重视改善民生，而民生改善说到底要靠经济发展。下面的路怎么走，靠劳动密集型和资源消耗型的传统发展方式是不行的，要转变传统的经济增长方式，还是要靠科技，靠大学培养大量的具有创新能力的人才。我们要为社会未来 10 ~ 20 年培养科学研究、工程技术和其他领域的创新人才，使命崇高，我们的目标就是国际一流大学。

深圳特区报：创建国际一流大学最关键的因素是什么？

侯建国：我认为，最关键的是队伍建设，怎样把最好的学者和老师吸引到大学里来，人始终是决定性因素。

五、理工科学生也必须有良好的人文素养

深圳特区报：包括钱学森、华罗庚在内的老一辈科学家，他们不仅自然科学很好，人文素养也很高。那么，中科大是如何培养学生的人文素养的？

侯建国：社会上有不少人总觉得理工科大学的学生知识比较单一，这不准确。实际上中科大对学生人文素质的培养非常重视，因为我们清楚，没有良好的人文素养，很难成为杰出的科学家。首先我们设有人文与社会科学学院，有近 200 名教师专门负责为全校理工科学生开设历史、文学、艺术、心理和体育等方面的课。其次，通过各种讲座，聘请校外各个领域的名家来做人文知识讲座。最后，我们有各种学生社团，这些社团组织了大量的社会实践活动，可以大大提升学生各方面的综合能力，增加对社会的了解。此外，还有非常重要的一点，在人文素养里面，求真务实的科学精神本身就是非常关键的人文素养。严格的科研训练，本身

也是对学生科学素养和科学精神的培养。真正到了一定阶段，科学、艺术和人文都是相通的。

我们对教师和学生的人文关怀是一脉相承的。20世纪60年代，在学校很困难的时候，钱学森、郭沫若拿自己的稿费给学生做伙食补贴。现在学校条件最好的地方，一定是教学科研设施。学校管理中也渗透和体现了人文精神，比如对那些不愿意申请补助的经济困难学生，几年前我们利用“一卡通”系统进行“隐形资助”，发现一个学生平均一个月只在食堂消费60次，如果女生平均每餐少于2.6元，男生少于3.1元，那么我们的“一卡通”系统就自动打入160元的补助。这种尊重学生自尊的人性化管理，实际上也是在营造学校的人文氛围。

六、要从分数崇拜和迷信中解放出来

深圳特区报：您对年轻一代的成才成长有什么建议？

侯建国：成才是条条大路通罗马。哪一类书写得最多、卖得最火？我估计可能是成才经验以及成才励志方面的。很多名人都会写一本自己的成才故事书，这也说明成才的路是多样的。从我个人的体会来看，要想成才，首先要对你所从事的工作有兴趣、有激情，有兴趣、有激情才能从科学研究中找到乐趣，这是做好科研工作的前提。科学家图的不是升官发财，而是在探索未知世界过程中始终相伴的心理感受，是科学研究过程中不断发现、创新带来的快乐。其次，要有很扎实的知识。最后，还要有持之以恒和甘于寂寞的精神。追求真理的道路上不会总伴着鲜花和掌声，只有坚持不懈、平心静气地做学问，科研上的创新才会水到渠成。特别是在当前社会和学术界的风气比较浮躁的情况下，这一点尤其重要。

对在校的中学生和大学生，我还想说不要太看重考试分数。现在考试分数多点少点并不能决定将来的发展怎样。前面说到中科大有六位杰出化学家校友，我查了一下他们当时考入中科大的分数，发现他们的平均分在当年学校录取平均分之下，有一名甚至是当时进中科大学生中那个省份最低的。所以，大家要从分数崇拜和迷信中解放出来。

暨南大学是中国第一所由国家创办的华侨学府，是目前全国境外生最多的大学，是国家“211 工程”重点综合性大学，直属国务院侨务办公室领导。“暨南”二字出自《尚书·禹贡》篇:“东渐于海，西被于流沙，朔南暨，声教讫于四海。”意即面向南洋，将中华文化远播到五湖四海。

素有“华侨最高学府”之称的暨南大学，恪守“忠信笃敬”之校训，注重以中华民族优秀的传统道德文化培养造就人才。学校积极贯彻“面向海外，面向港澳台”的办学方针，建校至今，共培养了来自世界五大洲 131 个国家和香港、澳门、台湾等地区的各类人才 20 余万人，堪称“桃李满天下”。

学校网址：www.jnu.edu.cn

胡　军

胡军，经济学教授、博士生导师，现任暨南大学校长，兼任中国工业经济学会副会长、中国企业管理研究会副理事长。学术研究的主要方向是产业经济与产业组织、广东经济与工业产业竞争力、企业文化与跨文化管理。曾先后承担国家社会科学基金重点项目、国家自然科学基金重点项目子项目以及广东省政府大型研究项目“广东工业产业竞争力研究”等研究工作。2002 年获国务院特殊贡献专家津贴。

（《深圳特区报》2011.05.27 第 A12 版）

暨南大学

国际化视野培养“侨校”学生

深圳报业集团驻穗记者　李明　通讯员　卢建民

一个“侨”字，是暨南大学与生俱来的最大特色，也注定使它成为一所与众不同的大学。在这所“侨校”，学生来自世界各地，不同的成长背景和文化熏陶使他们个性迥异。怎样对这些起步于不同“起跑线”的学子因材施教，暨南大学的育才之道必定有其可供借鉴之处。

“我们打破传统的办学模式，以国际化视野来培养学生。”在接受记者采访时，暨南大学校长胡军一语中的。看似简单的一句“非传统”，却蕴含着丰富的内涵。

“忠信笃敬”是暨南大学的校训，也代表着一种暨南精神。“忠”是诚实，“信”是信用，“笃”是指务实，“敬”是敬畏。从这里走出的一代又一代毕业生，深深

来自世界各地的学子在暨南大学校门前欢庆毕业

刻下了这个烙印。行者无疆，暨南大学在全世界拥有众多姐妹学校，学校每年都派出近百名学生前往20多个国家和地区的30多所学校学习，校友遍布海内外。

105岁的暨南大学像一棵常青藤，在漫长的岁月里，有坎坷更有激情。它积淀了博大深厚的人文底蕴，不断创新发展，跻身于中国名校之列。暨南大学的成长历程是中国高校发展的一个缩影。

一、学风严谨，文化多元

深圳特区报：每所大学都应该有自己的风格，作为百年侨校的暨南大学，办学风格有什么鲜明特色？

胡军：谈论一所大学的时候，人们总喜欢说它的风格。这确实是一个很重要的问题。拥有自己独特的风格，是一所大学的“烙印”，也是一笔丰厚的无形资产。从全世界教育发展的趋势来看，没有自己办学风格的学校很难在激烈的竞争中持续发展。

办学风格，简单理解就是识别和把握不同学校特色的标志。从目前国内大学的情况来看，有一个不得不引起思考的现象，即“千人一面”的大学多，有独特办学风格的大学少。大家都争着追求学科的齐全，像不少理工科大学也在办社会科学类的专业，大学都在趋同化发展。

以“侨”为特色的暨南大学，经过百年发展，逐步摸索出一条适合自己的发展道路。我认为，暨南大学的办学风格更多地体现在“忠信笃敬，知行合一，自强不息，和而不同”这16字上。“忠信笃敬”是我们的校训，是学生做人、做事、做学问的一个标准，是老师教书育人的一个标准，也是学校办学的一个方向。“知行合一”体现的也是暨南大学注重理论联系实际的传统。“自强不息”则诠释了暨南大学在经历百年风雨以后依然薪火不断的精神。暨南大学历经多次搬迁、停办、复办的坎坷，没有这种精神我们很难走到今天。而“和而不同”代表了一种多元化与宽容的胸怀。

暨南大学的学生来自不同的国家，有不同的文化背景，我们更加倡导的是一种多元化的管理模式。这种模式既要提倡严谨的学风，也要放手让学生自我把握，而不是只靠学校的管束。

二、办好“侨校”首先要办成“名校”

深圳特区报：贵校致力于培养什么样的人才？办学理念有无随着时代的发展而发生改变？

胡军：暨南大学是一所“侨校”，我们一直在坚持“侨校＋名校”的发展战略。我们认为要办好“侨校”，首先必须办成“名校”。

现在所有的大学都可以招收港澳台学生，如果不是名校，人家可能就不一定要读暨南大学。现在的海外华人回国求学，不仅仅是想得到一个读书的机会，更看重的是对高质量教育的追求。暨南大学必须主动适应这种变化，打造“名校”，让“侨校”如虎添翼。

在这种思路下，我们坚持“面向海外，面向港澳台”的办学方针，并在此基础上，针对内地学生（内招生）、海外和港澳台学生（外招生）不同的教育背景、学习特点和学业需求，坚持因材施教原则，实行分类培养。

其中，“六个坚定不移”是暨南大学在新的历史发展时期的总体发展战略。就是说，要坚持教育创新、内涵发展、国际化办学；坚持特色立校、人才强校、文化兴校，主动适应现代教育和社会经济发展的新需要，创新办学理念；妥善处理人才培养、科学研究和社会服务三大职能的关系；构建更加完善的办学模式和人才培养模式。

另外，我们提出了“质量是生命，创新是灵魂”的办学理念，意思就是要在坚持不断扩大海外学生数量的同时，更加重视培养的质量。实践证明，明晰的办学思路有力地推动了学校发展迈上新的台阶。

建校以来，暨南大学培养了20余万各类人才，其中港澳台侨各类人才达6万余名，学校已成为中国内地最大的港澳台侨高素质人才的培养基地。暨南校友活跃在港澳台及海外华侨华人社会的各个领域，为祖国统一、港澳地区的稳定繁荣和国家侨务事业做出了特殊的贡献。

今年四月中旬，国务院侨办李海峰主任提出，暨南大学要着眼于服务国家侨务事业，服务国家及泛珠三角地区经济社会发展，进一步加大改革创新力度，将学校建设成为海内外知名的高水平研究大学，为华侨高等教育事业的发展、为中外文化的交流、为实现中华民族的伟大复兴建功立业，再创辉煌。为此我们很受鼓舞，当然这也是暨大未来的努力方向。

三、鼓励创新，宽容失败

深圳特区报：您如何看待“钱学森之问”？我们的教育要怎样才能培养出顶尖人才？贵校作为中国最好的大学之一，有没有针对这方面的措施？

胡军：“钱学森之问”不管是呼唤还是疑问，都蕴含了对创新人才、杰出人才的渴望与期待。但它是一个系统工程，人才的成长与成就离不开校园系统性、创造性的教育，更离不开校园之外的社会实践。

大学是一个学术机构，学术机构就要有学术机构应有的氛围，在这个氛围中，教师能够潜心进行科学研究，不同学派、不同学术能够充分发表观点。此外，学校也要注重学生质量的提升，营造一定的环境让学生进行科学创新，让他们可以发表自己的观点，敢于挑战教师的权威。

近几年来，我们学校一直就如何提高学生的质量进行了探索。在本科教育方面，我校的外招生人数已达 12 000 多人，这些来自不同国家和地区的学生更强调知识的实际应用性。根据外招生的这一学习特点，我们因材施教，构建了一个符合他们需求的培养模式：以面向世界和应用为主的培养目标为导向，实行宽口径的专业教育。比如，在去年成立的四海书院，学生第一学年不开专业课，采取的是通识教育与基础教育相结合的方式，课程内容注重基础性、科学性、公民意识和人格培养。学生可以根据自己的兴趣和发展目标，用一年的时间去思考自己该选择什么专业，以后要走什么样的路。

另外，我们还全面推行了研究生培养机制改革，实施了“优秀博士生攀登计划”等措施。“攀登计划”最突出的特点是提出目标，但不过多干预；鼓励创新，但宽容失败。关键在于形成崇尚创新、敢于创新的学术文化氛围，从而达到使更多拔尖创新人才脱颖而出的目的。目前，国务院侨办已经批复同意暨南大学成立研究生院，我们将在适当的时候挂牌，并借此东风继续在如何提升学生培养质量上进行改革创新。

四、高等教育须国际化

深圳特区报：现在越来越多的大学生参与国际交流，国际化办学很流行。您能根据贵校的实践，谈谈这方面的探索与收获吗？您认为深圳的高校应如何通过大运会进一步提升办学的国际化程度？

胡军：高等教育国际化是当今高等教育发展的必然趋势，它是一个把跨国家、跨地区的文化、大学教育理念和办学模式与本国大学的教学、科研、社会服务以及内部管理都结合起来的持续过程，也是一个国家面向世界发展高等教育、推进本国教育的进程，是全球化时代的必然选择。暨南大学对于走国际化办学之路是很执着的。

其中，拓展海外优质生源是我校国际化办学的主要体现之一。我们把招生工作铺向了全球 20 多个国家和地区，目前已有 30 多个境外招生点。暨南大学校园就是一个国际大家庭。在这里，有来自世界 80 多个国家和地区的 12 000 多名学子一起学习和生活。多种文化相互碰撞、交融并存，各种民族风情异彩纷呈，很有意思，也很有意义。

另外，双语教学也是我们提高国际化水平的一项改革。早在 1993 年，学校就要求各专业至少有两门课程实行双语教学。2001 年，我们创建了全英语教学的国际学院。这是国内综合性大学第一所全英语教学的国际学院，采用的是英语原版教材，至今已开办了八个全英语专业，其实行的是与国际接轨的标准学分制。目前，国际学院已成为我校国际化办学特色的最大亮点，其所开设的专业深受学生欢迎，近几年学生的录取分数都是比较高的，该学院学生毕业后大多在国外名校继续深造，或在跨国企业如世界 500 强和四大会计师事务所，或在政府部门等就业发展。

我们近年来新开拓的一些项目，比如共建联合实验室、学生境外研修、孔子学院和海外实验中学等，都是在国际化合作模式上取得的创新成果。我校还先后与香港中文大学、香港大学、香港科技大学、法国天文台—天体力学与历表计算研究所等共建联合实验室，开展再生医学、脑科学、创新药物和空间科学等世界科技前沿领域的研究，这在全国高校中并不多见。

深圳大运会是一次以当代大学生为主体的国际性体育、文化交流盛会，必将开拓深圳各高校的国际化视野，为深圳各高校与世界同行之间提供一个很好的交流平台，带来合作的机会。

五、大学与城市共兴共荣

深圳特区报：大学的发展和国家以及城市的发展密不可分，您认为新时期大学建设和大学教育应如何适应国家与城市的发展？

胡军：已有105年办学历史的暨南大学历经了三落三起，五度搬迁，始终与国家命运共浮沉，与时代脉搏同起伏，国兴校兴，国衰校衰。当今社会，大学建设在城市发展中扮演着什么样的角色？我思考过这个问题，得出的结论是：大学和城市已经成了一个互相依存、共兴共荣、不可分割的整体。

随着现代社会结构的变化，大学已不仅仅是一所学校和一个教育层次的概念了，它已经成为经济文化和知识科技的主要载体，可以说大学已经从它产生的初期处于经济社会边缘、游离于主流社会之外，发展到进入社会中心，成为现代社会的重要组成部分、先进生产力发展的动力源以及现代城市素质的标志。

中国是一个市场经济起步不久的国家，城市的发展越来越依赖于大学所具备的创新能力，大学成了城市创新的源泉。高素质劳动力需要大学培养，知识科技需要大学孕育，新文化、新思想需要大学创造，城市文明需要大学辐射。大学集合了一个区域文化层次最高的人群，大学装备了一个城市最先进的设施，大学拥有了学习型社会所需要的宝贵资源，大学可以提供现代社会生活所应有的特殊人文环境。特别是随着知识经济和高等教育大众化时代的到来，大学已成为现代社会生产和生活不可或缺的部分，大学的地位和作用已发生了历史性变化。

在2006年暨南大学百年校庆庆典大会上，时任广州市委书记朱小丹就说过，“忠信笃敬”的暨南精神已经融入云山珠水，成为推动广州这座英雄城市与时俱进的重要动力之一。

六、创新办学之路

深圳特区报：新建的南方科技大学已在招生，您对深圳致力于进一步跨越式发展高等教育有什么看法与建议？

胡军：改革开放以来，深圳市的高等教育有了长足的发展，但与深圳在国内占有重要地位的经济建设相比，还有很大的发展空间。深圳市委市政府决心要创办一所高水平、新机制的科技大学，适应深圳经济社会发展对高等教育的强烈需求，开辟一条办高水平大学的创新之路，是对我国高等教育体制机制改革的有益探索，是非常有必要的。

南方科技大学的创办，我认为是我国高等教育体制机制改革的一块“试验田”。朱清时院士是令我钦佩的一位教育家，我相信在朱校长的带领下，南方科技大学一定会朝着它既定的目标奋进。

七、人才选拔有教无类

深圳特区报：贵校是深圳学子向往的大学，许多毕业生成为深圳各行各业的中坚力量。请问贵校选拔人才的标准是什么？作为校长，您对有志报考暨南大学的深圳学生有何建言？

胡军：大学的使命之一就是把最好的老师和最好的学生吸引进来，为他们提供一个展现才华、实现理想的平台。暨南大学之所以是名校，是因为它拥有最好的老师和最优秀的学生。

暨南大学一直是海外华侨华人、港澳台学子回祖国内地读大学的首选。近十来年，暨南大学在内地的招生分数线平均高出当地重点线 20 分以上，在部分省份高出重点线 90 分之多；且在广东的理科、文科录取线一直位居全省高校前三位。而这些考生中有不少是来自深圳的。

我们对人才的选拔没有具体的标准，更倾向于有教无类。办学的性质决定了暨南大学生源比较广泛且程度不一，但是我们始终坚持“质量是生命，创新是灵魂”的办学理念，倡导培养学生的创造能力。

大学是人生的转折点，是进一步深造的中转站，更是未来事业的起点。对于即将踏进大学校门的学生，我希望他们在四年的大学生活里学会学习、学会做事、学会做人、学会与人相处，做一个关心国家命运的人。

哈尔滨工业大学是国家“985 工程”重点建设的九所大学之一，学校坐落在哈尔滨市，同时在威海市设有分校，并在深圳市设立哈尔滨工业大学深圳研究生院，形成了“一校三区”的办学格局。

多年来，哈尔滨工业大学立足航天，服务国防，面向国民经济建设主战场，发挥多学科交叉优势，不断主动承接国家高、精、尖大型科技项目，科研实力始终位居全国高校前列。今天的哈尔滨工业大学为实施科教兴国和人才强国战略不懈努力，向综合性、研究型、国际化的世界一流大学的目标不断奋斗。

学校网址：www.hit.edu.cn

王树国

王树国，1958 年 10 月生于河北盐山，毕业于哈尔滨工业大学机电控制与自动化专业，2002 年 3 月起任哈尔滨工业大学校长。王树国自 20 世纪 90 年代起从事机器人技术研究，主持了国家“863 计划”重点项目——“智能机器人仿真系统”的研究开发工作，建立了我国第一个空间智能机器人地面综合仿真实验平台。21 世纪初，他开创了医工学结合的新研究领域，成功研制出世界第一个创伤康复仿生手、中国第一个人脑解剖电子图谱、中国第一个胸腔介入式手术机器人。

（《深圳特区报》2011.06.17 第 A09 版）

哈尔滨工业大学

大学要有特色，不能千篇一律

深圳特区报记者 马彦

一、规格严格，功夫到家：校训内涵深刻

深圳特区报：哈尔滨工业大学（以下简称哈工大）的校训为“规格严格，功夫到家”，这么朴实的校训并不多见，我们先从校训开始谈起，有助于包括记者在内的门外汉了解哈工大。

哈尔滨工业大学校训石

王树国：“规格严格，功夫到家”是哈工大的办学传统。这两句话看似普通，内涵却非常深刻。哈工大的前身是哈尔滨中俄工业学校，1920 年在苏联的帮助下创办，立校目标是为地方培养高级专业人才。专业人才要有一定的“规格”，因此，

“规格”就成了办校的一个宗旨。

哈工大去年正逢90周年校庆，恰好走过了三个“30年”的历程：新中国成立以前30年，改革开放以前30年，改革开放以后30年。新中国成立后，党中央派当时的团中央书记处书记李昌到哈工大任校长，李昌总结了前30年的办学传统，提出了“规格严格，功夫到家”这样一个口号。

新中国成立之初，中国的高等教育处于重新建立和恢复的时期，中国与苏联签订了全面合作协议，苏联帮助我们建设了两所示范性高校，一所是中国人民大学，另一所就是哈尔滨工业大学。当时，国家急需专业技术人才，而哈工大提出了“工程师的摇篮”的建设方向。当时的任教老师多是苏联专家，国家从全国高校选派年轻教师到哈工大学习，把苏联的高等教育模式在中国的高校铺开。

深圳特区报：这有点类似于特区的功能？

王树国：对，就像深圳特区一样，先做出一个样板来，再把经验推广到各个省区。以点带面是我们党一贯坚持的工作方法，这种方法对中国高等教育的恢复起了很大的作用。

“规格严格”一直是哈工大的人才培养标准，也是对人才质量的一种要求。我们着力培养“英才”，老师对学生必须了解到位、指导到位，必须围绕学生如何成才来施展才能，“功夫到家”就是这样产生的。

苏联专家培养的第一批年轻教师被我们称作“八百壮士”，他们是哈工大的创业者。“八百壮士”把对国家的责任感落实到具体的人才培养和学术研究当中，为了新中国的发展兢兢业业地培养人才。其中出了一批知名学者，比如马祖光院士，他把一生都献给了教育事业，最终成为著名的光学专家。

“规格严格，功夫到家”一路传承下来，我们今天发现，支撑校训也是一种爱国精神，一种对国家的使命感和责任感。很多人说这个校训太土气了，但是全校一致认为，这八个字记载了哈工大90年的发展历程，记载了哈工大与国家、民族命运的起伏，因此，我们还是要尊重历史，不要随意去改变它。

二、哈工大为中国航天事业做出了不可磨灭的贡献

深圳特区报：哈工大人为国家和社会做出了哪些突出贡献？请您介绍一下。

王树国：哈工大的贡献通过校友可见一斑。如从哈工大走出的一批党和国家领导人——叶选平、邹家华、宋健、李长春、王兆国等。另外，朝鲜原政务院总理李钟玉也是哈工大的校友。中科院院士、“两弹一星”元勋孙家栋，2009年荣获“国家最高科学技术奖”。在中国的航天史上，孙家栋是中国第一枚导弹总体、第一颗人造地球卫星、第一颗遥感探测卫星、第一颗返回式卫星的技术负责人和总设计师，中国绕月探测工程总设计师，被业界公认为中国的“卫星之父”。李继耐、胡世祥、栾恩杰、许达哲、马兴瑞、袁家军、尚志、张柏楠等航天领军人物也是校友的杰出代表。

哈工大杰出校友中既有党和国家领导人，也有共和国的将军；既有科技领域的骨干，也有著名的企业家，他们为祖国的繁荣强盛和人类的文明进步贡献着自己的才智。

新中国成立至今，哈工大创造了许多“中国第一”，如第一台会下棋、能说话的计算机，第一部具有世界先进水平的新体制雷达，第一台弧焊机器人、点焊机器人，2004年还发射了我国第一颗由高校自主研制的小卫星“试验卫星一号”，2008年再次成功发射“试验三号”卫星。无论是人才培养还是技术研发，哈工大都为中国航天事业做出了不可磨灭的贡献。

现代人才不可能学什么做什么，因为社会需求总在不断调整着人的坐标。哈工大着重培养的是一种素质、一种精神，这种素质和精神支撑着我们的毕业生，使他们在任何一个岗位上都能做得很出色，并成为社会的脊梁。

三、把自己的专业和国家的需求结合起来，不可能做不出大事

深圳特区报：哈工大目前承担着国家的一些重大科研课题，有哪些是可以公开的？

王树国：很多人不了解哈工大，用一句古诗来说，就是“不识庐山真面目”。在国家16个重大科技专项中，我们参与了12项，并在部分项目中承担着重要的，甚至是核心的位置。这些重大课题项目代表着国家未来十年的产业、科技发展的方向。比如，北京航天城航天员地面训练用的真空装置以及浮力装置等大型装置

是哈工大制造的；超大规模集成电路项目中，哈工大的核心技术目前属于世界一流；大型射电望远镜的镜面呈抛物线形，精度要求很高，这一项目也由哈工大负责设计；大尺寸的蓝宝石对 LED 产业十分重要，没有这个基本材料其他都无从谈起，目前只有包括中国在内的少数国家能做人造蓝宝石，而哈工大在这方面的相关技术在国内遥遥领先。

无论是人才培养还是学术研究，哈工大始终坚持两个面向：面向国家重大需求，面向国际学术前沿。哈工大把一个国家、一个民族的事业和自己的具体工作联系起来，代表中国人去挑战世界最前沿、最尖端的科学技术，推动着国家科学技术的发展。哈工大科研项目都是凭着真才实学争取来的，老师们经常在想，我们国家未来的发展有哪些重大需求？把自己的专业和国家的需求结合起来，不可能做不出大事。

四、高校应该成为社会发展的一个示范性样板

深圳特区报：“钱学森之问”提出了一个重要问题，即为什么我们的学校总是培养不出杰出人才？作为哈工大校长，您有什么想法？

王树国：“钱学森之问”给中国高等教育敲了一记警钟，它是对当前高等教育的批评，其核心是为什么中国培养不出“大师”。当年的“两弹一星”是在“一穷二白”的情况下研发出来的，而现在经济发展了，条件好了，反而没有这样的人才产生了，所以钱先生感到非常忧虑。

高等教育的主要任务就是培养人才，培养可以冲击世界前沿、解决国民经济重大需求和引领行业产业发展潮流的人才。但是现在我们都是靠论文篇数评职称，人才怎么能这样量化评价？那么多科学家聚集在西北沙漠里卧薪尝胆，最后“两弹一星”成功了，但他们发表了几篇论文？

深圳特区报：从观察者的角度，我觉得关于教育改革的争论停留在一些细节问题上，反而回避了根本问题。改革开放 30 年，与经济发展相比，高等教育的格局似乎变化不大？

王树国：症结在于教育改革滞后。在“文革”之前，高等教育走在经济发展前面，改革开放实现了从计划经济向社会主义市场经济的根本转变，但高等教育

的发展反而滞后了。高校扩招，规模扩大，但内涵没有丰富起来。

高等教育改革不妨采取更积极一点的办法，如管办分离，把大学推向社会，让市场去检验。在国民经济快速发展的环境下，我觉得高等教育在不同的领域、不同的层面都可以改革，不能避而不谈，甚至谈了也不动，这是最让人着急的。

深圳特区报：作为校长，您理想中的高等教育模式是什么样的？

王树国：我主张专家学者要自由地去探索，为国家要解决的问题寻找答案。我希望学生有更大的自主空间，凭着兴趣去学习，但不丧失责任感。大学与社会不可脱节，学生在大学期间应该得到必要的社会化训练，应该有三个方面素质的养成：人文素质的养成，社会责任感的养成，知识、技能和创造能力的提高。

哈工大现有 180 多个社团，学生凭着兴趣广泛参与。学校很多实验室都对学生开放，我们有一个机器人研究社团，学生的研究成果拿了世界大奖，当时我看到他们的作品都非常吃惊，他们未来可能不搞机器人研究，但是这种创造能力将伴其一生。

大学讲究的是思想要自由，行为要规范。高校应该成为社会发展的一个示范性样板，走在前列。

五、大学是文化的发源地，深圳作为改革开放的前沿，必须发展高等教育

记者：哈工大深圳研究生院目前的办学情况怎么样？

王树国：应深圳市委市政府的邀请，清华、北大、哈工大在深圳开设了研究生院。深圳特区发展到一定阶段，需要大批高端人才，并希望国内最好的大学去培养人才，哈工大义无反顾地加入到了这个行列当中。

哈工大深圳研究生院成立九年了，发展状况比预期要好。我们招揽全国各地的人才到深圳研究生院学习，学成之后留在深圳，满足深圳社会发展的需求。这些年来，深圳研究生院培养出了几千名人才留在深圳工作，华为、中兴有很多哈工大的学生，这种校企结合的形式非常好。现在已进入了第二个发展阶段，我们承担了一种职责，就是如何让深圳本地的学生接受更好的教育。哈工大深圳研究生院从去年开始招收了 50 名本硕连读生。我们所招的专业都与国际一流的大学

有联合培养协议，学生高分考进哈工大，六年以后可以作为一个高端技术人才或者学术人才走向社会。

作为一个特区，高等教育是不可或缺的一部分，高等教育对城市内涵、文化品位和市民素质的提高会起到潜移默化的作用。所以，大学是文化的发源地，深圳作为改革开放的前沿城市，必须发展高等教育，我们也希望为深圳多做一些贡献。

深圳特区报：南方科技大学推出许多创新举措，未成功先成名，您怎么看待深圳创办南科大？

王树国：深圳创办南科大是一种必然，城市发展到特定阶段一定会有这样的事情发生，我对此事非常关注。而且朱清时校长是我的好朋友，我们也经常交流。朱校长的办学理念一直比较超前，南科大要做成亚洲一流大学的定位还是很高的。不过我觉得可能会面临很多困难，创校过程本身也很艰难。

香港科技大学十年办成了一流大学，不仅仅依靠雄厚的资本。世界上有钱的地方很多，但是不一定都能办好大学。我特别关注的是，南科大能不能凝聚一批一流的人才，这是非常关键的。

香港科技大学的教师很多是外籍的，实际上是华人居多。南科大招聘教师，不必拘泥于国籍，只要是顶级人才就可以了。然而，顶级人才不会为待遇而来，他们在任何一个地方都会享有良好的待遇，他们更关心的是事业发展和学术环境。

我对南科大的创业者致以良好的祝愿，希望他们能够做好，同时也希望他们要有充分的思想准备，毕竟创业的过程真的太艰辛了。

六、力争创建世界一流大学

深圳特区报：哈工大的发展目标是“创建世界一流大学”，如何才能成为“世界一流大学”呢？

王树国：《国家中长期教育改革和发展规划纲要》中提出，在2020年前后，国内一批大学跻身要于“世界一流大学”。我们为什么提出创建世界一流大学？其实还是源于哈工大的挑战思维。以发展的眼光看，即便是现有的世界一流大学，也需要改造和调整，牛津、剑桥这些世界顶级的大学，也在反思能不能适应社会发展的问题。亦步亦趋地去复制他校经验，永远都不会是一流的，我们所说的创建世界一流大学，是想在若干年以后领先于世界。

深圳特区报：我看到中国的不少大学惊人地相似，甚至连校训、校门、校园的结构布局都十分雷同。这种固定的模式可能是历史形成的，但是当前社会需求变得多元化，高等教育是否应该呈现多样化的面貌？

王树国：改革开放以后，为了追求“世界一流大学”这个梦想，我们显得过于机械了，这样就出现了你所看到的“大一统”现象，校园建设、学科门类设置甚至教材都一致。“大一统”反映出学术的浅薄和教育的浮躁。

在《国家中长期教育改革和发展规划纲要》出台之前，中央多次组织大家讨论，提出人才培养必须多样化，才能满足社会的需求。教育开始逐渐回归到本源，国家提出了高等教育、职业教育等这样的层次划分。就高等教育本身来说，大学一定要有特色，不能千篇一律。

尽管中央强调高等教育要办出特色，但是巨大的惯性仍然存在。很多学校热衷于排名，农科和工科在一起怎么排名？原有一些很不错的特色高校，后来办成了综合性大学，由于“大一统”而销声匿迹了。我们太喜欢把所有的优质资源集中在一起，去摘那个“皇冠”。

改革开放以后，有人过度批判苏联的教育体制，认为苏联把学科分得过细，强调应该彻底学习欧美宽基础的培养人才模式。其实他们不了解，俄罗斯有很多原始创新，基础教育做得也相当好。

我曾在法国留学，法国有一种“精英人才”教育体制，学校规模很小，在校生仅几百人或者一两千人，虽然考取的人凤毛麟角，但培养出来的人才都是精英。

当今的世界一流大学也只是在某些方面领先，社会正在呈多元化发展。哈工大不可能在所有方面都做到最优秀，但是一定要在某些方面做到最优秀，这样才能成为一流大学。

创建于1896年的上海交通大学，历经115年的风风雨雨，伴随着近代中国教育的发展走过了一条从兴学自强、实业救国到科教兴国、人才强国的道路。百余年来，学校已培养了20余万各类优秀人才，如曾任中共中央总书记的江泽民同志、中国“航天之父”钱学森、国家最高科学技术奖获得者——数学家吴文俊、化学家徐光宪、血液学家王振义等；同时，在中国科学院、中国工程院院士中，有200多位交大校友；在国家23位“两弹一星”元勋中，6位交大校友榜上有名。在科技、教育和医疗等社会各领域，交大人创造了中国近、现代发展史上的众多“第一”。

学校网址：www.sjtu.edu.cn

张　杰

张杰，中国科学院院士、德国科学院院士、第三世界科学院院士。于1982年和1985年在内蒙古大学先后获得学士和硕士学位。1988年在中国科学院物理研究所获博士学位。1989—1990年在德国马普学会量子光学所从事博士后研究工作。1990—1998年在英国牛津大学从事教学和科研工作。1999年1月起任中国科学院物理研究所研究员、光物理重点实验室主任、副所长，2003年任中国科学院基础科学局局长，2006年11月起任上海交通大学校长、兼任亚太物理学会联合会（AAPPS）主席等。

（《深圳特区报》2011.07.21第A08版）

上海交通大学

培养创新型人才重在“人格养成”

深圳报业集团驻沪记者　马信芳

未来十年，中国高等教育将完成“由大变强”的历史性转变，进入世界一流、快速迈向世界高等教育体系前端的关键阶段。

日前，记者有幸应邀参加了上海交通大学115周年校庆活动，校长张杰院士在百忙中接受了本报记者的采访。这位被广大师生亲切称为“杰哥”的张校长气宇不凡，激情四射，与其说是这一场采访，不如说是聆听他的一场演讲。在与张校长的对话中，我深深感受到，站在新的历史起点上的交大人，肩负着光荣使命，正向创建世界一流大学的目标挺进。

一、对接国家战略，服务社会民生

深圳特区报：十分感谢上海交大邀请本人参加贵校115周年的校庆活动，一踏进校园，春风扑面而来，我不仅看到广阔的校园一片生机，更看到交大人才济济以及百年来为国为民取得的傲人成绩。我是不是可以说，上海交大已经具备跻身世界一流大学行列的实力？

张杰：上海交大是我国历史最悠久的高等学府之一，百年来，它始终把培养人才作为办学的根本任务。无论是创始人盛宣怀的图强自救，还是唐文治校长的实业救国；无论是叶公绰、孙科校长的“取长补短”和“将来或能与国外大学并驾齐驱”的气魄，还是黎照寰校长以麻省理工学院为标尺，建构“东方MIT”的实践。自诞生之日起，交通大学就不仅仅是一所学校，而是中华民族储才、强国、兴邦的理想之所在，梦想之寄托！这样的梦想，让交大人与国家同呼吸共命运，并因此成就了交大跨越三个世纪的辉煌。

上海交大学生三度问鼎ACM（国际大学生程序设计大赛）全球总冠军的故

事已家喻户晓。ACM 被称为“世界上最聪明人的比赛”，上海交大力克麻省理工、斯坦福以及东京大学等世界一流大学的参赛劲旅，这让世界对中国大学生刮目相看。当然，这并不是个例。在交大密西根学院首届毕业生中，有近 90% 的学生进入了美国工科排名前十的高校继续深造，在选择直接就业的同学中，95% 以上的学生进入国内大型企业和著名跨国公司工作；交大博士生关于水稻基因组研究的成果刊载在顶级学术刊物上；本科生的学术成果在与世界著名院校科研人员的激烈竞争中胜出，被全球学术盛会录用；交大学子在机器人、数学建模、商务、机械设计等国内外大学生赛事中争金夺银、屡创佳绩。我还想说的是，学校创新人才培养的国际化水平正日益提高，目前本科生参与海外交流的比例已经达到 30%，力争在未来五年内达到 50%。除此之外，交大毕业生在国家重点行业和国际舞台上也充分展现了各自的风采，为人类的进步和民族的振兴奉献青春和激情。作为校长，我为有这样胸怀凌云壮志、敢为天下先的学生感到骄傲。

深圳特区报：我注意到，上海交大在学术研究、科技创新和服务社会方面更是成绩斐然。以解决社会民生问题为己任，以国家重大战略需求为导向，交大社会服务的领域已经超越了上海、超越了长三角，正向国家战略需求领域扩展……

张杰：作为“自主创新国家队”的上海交通大学，我们把对接国家战略、服务社会民生作为大学科学研究和创新发展的意义所在，而学校也在这一过程中，获得了新一轮的超常发挥。

说起“癌症”，这是令人胆寒的字眼，因为人类目前尚无法征服它。但上海交通大学医学院附属瑞金医院终身教授、上海血液学研究所名誉所长王振义院士带领团队“已经攻克了一种癌症”，即临床表现最为凶险的白血病——急性早幼粒细胞白血病。经过 20 多年的不断探索，王振义院士率领团队，采取药物诱导分化的方法，让癌细胞“改邪归正”，为人类探索出一条全新的癌症治疗途径，王振义院士因此获得了 2010 年国家最高科学技术奖。

在中国，有 2 亿多户农村及城郊家庭只能收看到 3 ~ 4 套模糊不清的模拟电视节目。交大人立志为广大农村用户解决这一困扰。为此，上海交大团队根据国家数字电视地面传输标准设计出符合中国国情的“神州家家通”地面数字电视广播系统，用户只需花 200 元买机顶盒，就可以看到几十套清晰的数字电视节目，有效地解决了我国农村居住分散、地域偏远状况下电视覆盖的难题。

我国是氯碱生产第一大国。长期以来，这个行业所需离子膜全部需从美、日两国进口，巨人般的产业上安装着“洋心脏”，一旦进口受阻，整个行业将处于瘫痪状态。为了消除这一威胁国家经济安全的隐患，上海交大张永明教授担任这一项目的首席科学家，经过八年的不懈努力，取得了技术上的重大突破，氯碱工业用离子膜的制备和生产完全实现了自主化和产业化，膜的性能达到世界先进水平。

风光旖旎的云南大理洱海，水质一度因严重污染而发绿发臭，牵动着全国人的心。2003 年，上海交大孔海南教授将土壤净化槽技术带到洱海边，参与到保卫洱海水质的战斗中。经过多年应用和推广，该技术取得了丰硕的成果。现在，洱海总体水质已连续三年保持在国家Ⅲ类水质标准，每年还有约三个月时间达到Ⅱ类水质标准，有的湖区水体透明度达 3 至 5 米。

如今国家“十二五”有关科技方面的指标已成了交大科研工作追求的新目标。科学的高峰仰之弥高、钻之弥坚，交大人有信心成为科技兴国的中坚力量。借这个机会，我想更正一下大家对上海交通大学校名中“交通”两字的印象，其实“交通”两个字来自三千年前的《易经》，取自“天地交而万物通，上下交而其志同”，这两个字中富含着一种大学的精神，我们相信在这样的大学精神和大学文化指引下，上海交通大学的未来是辉煌的。

二、回答“钱学森之问”，创“三位一体”新模式

深圳特区报：2005 年，病榻上的钱学森向温总理提出了著名的“钱学森之问”。张校长，我们都知道上海交大是钱老的母校，对此您可能有更深的理解，您怎么看待这个问题？

张杰：改革开放 30 年来，中国的高等教育取得了很大的进步，培养出了各行各业的中坚力量，假如没有他们，中国经济社会的发展不会取得今天这样的成就，所以，我们首先应该肯定中国高等教育过去 30 年来的伟大贡献。我想，钱老提出的杰出人才，主要指的是创新型领袖人才，这样的人才能够引领中国的科学教育事业走向未来。我们教育中的确存在一些问题，有大环境的因素，比如说，

改革开放刚开始时，需要更多地去学习别人，那时大学的教育主要是以传授知识为主。

但30年后的今天，回过头来看，这样的一种教育方式，显然已不适用于未来30年中国的发展，因为未来中国的发展注定要走一条我们自己开创的道路，这需要我们更多地去培养创新型人才，尤其是那些可以引领中国经济社会发展以及引领世界科技进步的领袖型人才，这也就是钱老所说的杰出人才。钱老心目中的中国大学应该逐步成为学术大师云集，创新人才辈出，同时在中国和世界的科学技术、人文思想等方面不断做出巨大贡献的大学。

深圳特区报：据我了解，上海交大曾为此作过几次大讨论，关于如何培养拔尖创新人才逐渐形成了共识，并总结出“三位一体”的培养新模式。

张杰：对。这里我要先引用钱学森先生1989年2月为纪念大学毕业55年写给交大的一段话。他说：“要考虑21世纪会需要什么样的工科教育……理工科的数学课必须改革，数学课不是为了让学生学会自己去求解，而是为了学生学会让电子计算机去求解，学会理解电子计算机给出的答案，知其所以然，这就是工科教学改革的部分内容。”

钱老的话很有启示。为响应钱老的呼吁，上海交大1998年、2004年以及2008年先后在全校开展了教育教学思想大讨论。随着大家越来越认识到，面对中国的未来，我们过去的以知识传授为主的培养模式已经不能满足对创新人才的需求，我们逐渐形成了“三位一体”的育人理念，那就是知识探究、能力建设和人格养成，其中知识探究是基础，能力建设是核心，而人格养成是根本。如今，上海交大已实施拔尖创新人才培养的新模式，并以“三位一体”为出发点，对课程、教学和实践活动开展系列改革，提出“一个中心，三个结合”的具体方法。“一个中心”是以学生为中心，“三个结合”就是注重课内与课外相结合、教学和科研相结合以及科学素养与人文情怀相结合。

深圳特区报：据说，为更好地培养拔尖创新人才，学校还有三大举措，这三大举措是什么，您能给我们介绍一下吗？

张杰：“三位一体”其实是一个全过程的推进。首先，我们认为大学创新人才培养的阶段应该前移，前移到中学去，为此，我们在上海四所最好的中学设立了创新人才培养基地，主要目的是希望把大学培养的理念，融合到高中的课程中去。其中有一些课程，我们还会比较多地去参与。大学的本质，其实就是把一群极有创新思维的老师和一群极具创新潜质的学生放在一起，让他们互相激发，在这个激发的过程中，可以给学生产生让他们终身受益的智慧和创造力。我相信这种方式更加符合钱老所希望的拔尖创新人才培养的要求。

其次是我们的自主招生。上海交大从 2003 年开始实施自主招生，2006 年开始实施自主选拔录取改革试验。每年我们在上海地区通过文化课笔试，以及面试考试来选拔 500 名优秀的高中生进入上海交大，这些学生我们可以按照相对比较个性化的方法来对他们成长的方式进行塑造。从 2010 年开始，我们又开始了新的尝试——高水平大学自主选拔学业能力测试，我们先后与清华大学、中国科学技术大学、南京大学、西安交通大学、浙江大学和人民大学联合进行学业水平测试，实际上是把招生和考试分离，更加保证了教育的公正和公平，同时，也是在更大的范围里，把大学的培养理念和大学对创新人才培养的要求，通过这样的一个形式传递到社会中去。

最后，我们在大学里设置特殊人才培养的基地。为培养科学大师，从 2008 年开始，我们开设了理科班，通过特殊的方式找出一些特别好的学生，然后为他们配备特殊的教学方式和教学理念，同时突出学科的交叉。2009 年我们把这个理科班扩大，成立了致远学院，发展到今天共有四个学科——数学、物理、生命科学和计算机科学。致远学院是导师制，高年级的时候基本是一名学生配备一名导师，而且这些导师是这个领域最好的老师。

这种培养拔尖创新人才的特殊方式，要从学校最高层推动，为此，我亲自担任致远学院的院长。应该说这是交大的传统，南洋公学刚成立的时候，创始人盛宣怀先生开设了一个特班，请蔡元培先生担任这个特班的班主任，仅两年多的时间，就为中国民主革命培养出了大批人才，包括黄炎培、邵力子、李叔同、蔡锷等，都是这个特班的学生。所以说，致远学院实际上就是交通大学特班精神的源头。

三、创新型领袖人才的“人格养成”

深圳特区报：在“三位一体”的改革中，您把对学生人格养成的塑造提到一个非常高的高度去认识，为什么您对此那么重视？

张杰：在创新型领袖人才培养的过程中，我最看重的是“人格养成”，这是根本。为什么大家如此尊敬钱老？不只是因为他的科学成就，更在于他的高尚人格。“爱国、奉献、创新”诠释了他的科学人生。所以，健全的人格和完善的世界观、价值观对创新型人才的培养来说是根本。上世纪初，交大老校长唐文治提出要成就“一等人才，一等事业，一等学问”，最重要的是“第一等品行”。这“第一等品行”中，最受重视的是学生的爱国心、感恩心、责任心以及激情和梦想。

“饮水思源，爱国荣校”是我们的校训。一所大学的伟大不在校园的广阔，亦不在大楼的雄伟，而在大学独有的精神。交大的精神影响每一位交大人的人生，推而广之，也影响着我们的国家。交大精神的原动力就是我们的激情和梦想，就是对真理与光明的永恒追求，对国家民族的使命责任。我们从交大先贤那里传承下来的激情与梦想，以及由此所创造出来的成就与辉煌，我们一定会发扬光大。

同济大学创建于1907年，是教育部直属全国重点大学，国家“211工程”和“985工程”重点建设高校，也是首批经国务院批准成立研究生院的高校。在百余年的办学历程中，同济大学始终注重“人才培养、科学研究、社会服务、国际交往”四大功能均衡发展，目前其综合实力位居国内高校前列。

学校网址：www.tongji.edu.cn

裴　钢

裴钢，中国科学院院士、第三世界科学院院士。现为中国细胞生物学会理事长，中国创造学会理事长，中药全球化联盟副主席。1978年入沈阳药科大学学习，1984获硕士学位。1987年进入美国北卡罗来纳大学学习，1991年获生物化学和生物物理学博士学位。1992年至1995年2月在美国杜克大学进行博士后研究。1995年3月回国，应聘担任德国马普学会和中科院共同支持的青年科学家小组组长、研究员。2000年5月至2007年11月任中科院上海生命科学研究院院长。2007年8月起任同济大学校长。

（《深圳特区报》2011.08.03第A09版）

同济大学

知识是基础，能力是关键，人格是核心

深圳报业集团驻沪记者　马信芳

中国2010年上海世博会的成功举办令世界瞩目。参观和游览过世博园的人都知道，同济大学对于本届世博会可谓功勋卓著——同济大学全面参与了上海世博会的申办、规划、设计、建设、研究以及运营等全过程，承担世博专项研究项目179项，完成规划设计任务90多项，并有八位教授被聘为上海世博会主题演绎总策划、世博会园区总规划、城市最佳实践区总策划和世博交通规划等八大领域的总负责。

百年同济在人才培养、科学研究和社会服务中硕果累累，享誉海内外。借着第26届世界大学生运动会8月将在深圳举行的东风，《深圳特区报》记者日前专程来到同济校园。校长裴钢院士告诉记者，同济大学的发展正步入最好的时期，办学理念和目标更加清晰明确，人才培养质量进一步提高。他表示学校正以“卓越人才”培养计划的实践与探索为契机，着力做好“人才”“学术”和“质量”三方面重点工作，为同济大学早日跻身世界一流大学行列的目标而不懈奋斗。

百年同济，我心飞翔

一、创建世界一流的高水平研究型大学

深圳特区报：胡锦涛总书记在清华大学建校100周年大会上的讲话中指出，建设若干所世界一流大学和一批高水平大学是我们建设人才强国和创新型国家的重大战略举措。请谈一下您的看法。

裴钢：把建设一流大学提高到建设人才强国和创新型国家重大战略的高度，其表明了胡总书记对我国高校发展有着更高的要求和期望。他在讲话中还提出“要以重点学科建设为基础，以体制机制改革为重点，以创新能力提高为突破，加大支持力度，健全长效机制，鼓励重点建设高校成为知识创新的策源地、深化教育改革的试验田、扩大开放的桥头堡。”应该说，胡总书记的讲话为我们加快建设世界一流大学的进程指明了方向。我的体会是，世界一流大学必定是一所综合性、研究型、国际化的大学。同济大学的目标是要进入中国最具学科整体竞争力和世界影响力的一流大学行列。在这个过程中，综合性、研究型和国际化三者既是目标也是抓手，它们就好像舞台上的三盏明灯，只有聚焦到一起，才能发出最璀璨的光芒。

说到综合性发展，它既是杰出人才所走过的路，也是世界一流研究型大学成功的保证。比如钱学森和李四光，作为中国科学界的泰斗，他们的主要成就体现在自然科学领域，但在其他领域，他们同样有不小的建树。钱学森先生画画很棒，李四光先生则谱写了我国第一部小提琴协奏曲。又比如麻省理工学院和加州理工学院，虽然都是以理工科为主的世界一流研究型大学，但它们在学科组成上的综合性架构、它们的科学研究与创新，对于提升学校的综合实力和竞争力，对于高层次人才的培养，都起到了重要的推动作用。

在坚持走综合性发展道路的同时，还必须强调办学的国际化。国际化也是高素质创新型人才培养不可或缺的手段。只有通过广泛参与国际学术交流合作，我们才能及时了解国外最新学术动态和学科发展趋势，才能不断提高学术成果的国际化水平，也只有在坚持开放办学的过程中，才能使学生真正具有国际化视野。

二、以学生为本，培养高素质创新型人才

深圳特区报：根据您的海内外经历和经验，我们该把学生培养成什么样的人？

裴钢：回国后，我一直在从事生命科学的研究工作。2007 年，我接受任命担任同济大学校长，这确实与我过去的工作大不相同，因此首先有一个角色转换的过程。

期间，我考虑最多的一个问题是：何谓大学？简而言之，大学之所以为大学，就是因为有大学生，集聚了包括本科生和研究生在内的数量众多的青年群体。有鉴于此，大学在发展过程中，必须牢固树立“以学生为本”的办学理念。围绕学生成长、成才的每一个重要环节，千方百计创造条件，促使青年学生经过大学阶段几年的学习和熏陶之后，成为既具有很高的综合素养，又极具创新能力的人才，最终成为德智体美全面发展的社会主义建设者和接班人。同样从这个角度来说，衡量一所大学的办学水平，一个重要的指标就是它所培养的大学生的质量。一流大学要培养一流的学生，引导学生成为一流的人才。

深圳特区报：那么，学生在大学阶段，应该接受怎样的教育；在培养一流创新型人才过程中，我们又该如何着力？

裴钢：大学教育本质上是一个潜移默化的过程。作为受教育者，学生在大学里受到的影响主要体现在两个环节：一是课堂教学，包括第一课堂和第二课堂；二是校园文化的熏陶，包括优良校风、学风建设等氛围的营造，以及开放办学的心态，等等。因此，围绕上述两个环节做足了准备，那么我们也就抓住了学生成长成才过程的核心，从而也就可以最大限度保证所培养的学生不仅具有很高的综合素质、不错的创新意识和创新能力，而且也必然拥有很强的国际竞争能力。

深圳特区报：那作为同济大学的毕业生的标准是什么？

裴钢：同济大学作为综合性大学，我们培养的学生要有特色。关于同济大学毕业生的特色体现，可以从两个方面来表述：

一方面，我希望我们的学生具有四个方面的综合特质：包括工程基础、科学精神、人文修养和国际视野。也就是要打好工科的基础，用科学武装头脑，具有创造力，同时要胸怀人文、人本意识，具有强烈的社会责任感和广阔的国际视野，最终成为对国家和社会有用的人才。这是我们对学生综合素质培养的要求，也可以说是承诺。

另一方面，我是学生命科学的，所以就用一个人的身体来做比喻。不少大学定位要培养社会领袖，就好像是人的头。同济大学当然也希望培养领袖，即头，但我们更基本的培养目标是培养“脊梁骨”，就是要让学生具有“脊梁骨”精神。其实，脊梁骨的重要性不亚于头。“脊梁骨”有几个特点：一个是团队精神，脊梁骨不是一个是一群，需要相互通力合作；另外一个特点是不事张扬，我们平常虽然看不到脊梁骨，但人没有脊梁骨不行；还有，哪天“脑袋”出事了，“脊梁骨”就要挺出来当头，责无旁贷。我们的定位是培养行业领袖，做对的事情，把事情做好。尤为重要的是，行业领袖人物将来未必不能成为社会领袖。

深圳特区报：记得温家宝总理曾提出“仰望星空”和“脚踏实地”的看法，您是怎样理解并借此引导学生的？

裴钢：“仰望星空”和“脚踏实地”是密不可分的。同济学子的实践能力、动手能力历来是非常强的，在这个基础上，我们要培养学生的创造力。“仰望星空”，就是要有想象、有理想、要创造。我们提出要培养拔尖创新人才，就是他既能脚踏实地，又能仰望星空，而且还要有社会责任感。

三、“三位一体”协调发展培养人才

深圳特区报：近年来，同济大学在探索中已逐步形成了有自己特色的现代教育思想和办学理念：以本科教育为立校之本，以研究生教育为强校之路，并确立了“知识、能力、人格”——“三位一体”的全面素质教育和复合型人才培养模式。对于这些，裴校长能否给我们介绍一下？

裴钢：同济大学致力于高素质创新型人才培养模式的探索，并结合自身特色，逐步凝练形成了知识、能力、人格“三位一体”协调发展的人才培养模式。这里，知识是基础，能力是关键，人格是核心。围绕这个理念，我们还着重从六方面做出了探索和努力，那就是，学科建设向交叉集成方向发展；课程设置力求博、专平衡；教学与科研相互促进；建立实践基地培养综合素质；加强跨国交流，拓展学生国际视野；建立全方位监控、循环闭合的质量保证体系。

深圳特区报：无论在上海生命科学院还是在同济大学，除了繁重的科研和管理工作之外，您还坚持指导研究生，并取得了堪称表率的成绩。您对培养方法又有什么具体建议？

裴钢：作为一个导师，即便他本人在专业领域做得很好，但如果他指导的学生不能做很好的工作，那么也是不合格的。我认为作为研究生导师，首先态度和理念要端正，既要教学生做好科研，让他在学术上有长进，也要教育、引导学生讲求德智体美全面发展，具有道德心和社会责任感；其次要在科研和教育协调发展的基础上，坚持因材施教、有教无类这样的思想，要根据每个学生的不同情况来确定个性化的培养方案；最后要教育、引导研究生既树立远大的理想，又具有脚踏实地的作风。

深圳特区报：目前深圳正在积极创建一所新的大学——南方科技大学，目标是办成国际知名的高水平研究型科技大学。就如何在较短时间内办成一所知名的大学，您有什么好的建议？

裴钢：对于产业发达，对科研有着强烈需求的深圳来说，创办南科大十分必要，肯定也会对处于改革开放前沿的深圳产生不可估量的影响。

南方科技大学的目标是办成国际知名的高水平研究型科技大学，我想这样的定位是必要的。特别是对“研究型”的强调，因为研究型大学是各国高等教育发展的重点。考察世界大学排行榜，排名靠前的哈佛大学、斯坦福大学、加州大学伯克利分校和剑桥大学等世界一流大学，无一例外都是研究型大学。想必朱清时校长已看到了这一点。我也相信南科大的探索一定能够成功。

大学简介

深圳大学于1983年经国务院批准创办。建校29年，实现了办学规模由建校规划4 000人到实际在校生30 000余人的快速发展，实现了办学层次由学士、硕士到博士教育的三级提升，成为有一定影响力的综合性大学。

深圳大学现有后海、西丽两个校区，校园总面积2.9平方公里。老校区1.44平方公里，坐落在深圳市南山后海湾，依山傍水，荔枝成林，花木繁荣，环境优美；而新校区位于西丽大学城，规划用地1.46平方公里，现已开始动工兴建。

深圳大学全日制在校生3.4万余人，其中本科生2.8万人，研究生5 500余人（含博士110人），留学生700多人。学校形成了“视野开阔、注重实际、热衷创新、崇尚竞争”的人才培养特色，8万多毕业生绝大多数扎根特区，用人单位总体评价优良，办学满意度不断提高。该校还涌现了马化腾、史玉柱和周海江等一批创新创业型杰出校友。

学校网址：www.szu.edu.cn

章必功

章必功，1949年11月生，汉族，安徽铜陵人，中共党员。1984年10月起任教深圳大学。历任助教、讲师、副教授、教授；中文系夜大专科主任、系副主任、中国文化与传播系主任、副校长兼师范学院院长、校长。全国优秀教师、国务院特殊津贴专家。

（《深圳特区报》2011.08.16第A28版）

深圳大学

始终彰显改革创新的特区特色

深圳特区报记者 姚卓文 沈清华

1980年，中国建立深圳经济特区。1983年，深圳经济特区创办深圳大学。作为特区里的大学，深大与特区一同成长，从创办之初，便坚持以改革为动力办新型大学，从早期实行的交费上学、不包分配，到20世纪90年代的中外合作办学，再到近年来的民主化管理、人事制度改革等对现代大学制度的不懈追求，表明改革与创新一直在深圳大学不断推进。

记者走进深圳大学，专访了深大校长章必功，在两个多小时的交流中，章校长与记者分享了该校办学理念、高校体制改革以及大学的精神所在，处处体现出深圳大学锐意改革创新的一面，如同深圳经济特区是改革开放的排头兵一样，深大在与特区同成长中，也成为高校改革的排头兵。

深圳大学校园

一、谈过去：深大从创办之初就以改革为特色

深圳特区报：深圳大学是在特区中成长起来的，与其他学校相比有何不同，有哪些自身的特色？

章必功：深圳大学在1983年创办之初时，就有一个目标：希望办一所和当时国内的大学体制不同、办学特色自成一路、有所创新的新型学校。教师从四面八方来深圳大学任教，他们的心里都有一个期盼，就是希望在深圳的新环境以及深圳大学办学的新体制下工作。

从20世纪80年代起，学校创办之初就围绕着一个办学目标和四项改革措施走出了一条特色的办学之路。在80年代初，我们的办学思路是创办一所应用型的大学，也就是深圳这片热土需要什么样的人才，深大就培养什么样的人才。这个目标当时确实实用，因为在深圳经济特区建立之初，各方面的人才都缺乏，尤其应用型人才十分紧缺。那时有一个说法，深圳大学的另一半是成教（成人教育）。这是深大适应当时社会经济发展需要提出的，因为在那时，有一大批的人都缺少文凭，绝大多数人都没有受过高等教育，有部队的、当地土生土长的以及外来的青年等，他们的工作需要他们尽快“充电”。这是深圳大学创办的第一个阶段，重点是探索如何办好应用型大学。

另外，四项改革措施包括：毕业生不包分配、交费上学、教师聘用制以及勤工俭学。深大创办时就明确告诉第一届学生不包分配，学生交费上学，这两项改变了过去福利性大学的做法，与国际高等教育接轨。80年代我校还尝试了教师聘用制，虽然只是签订了一个合同，并没有太多实质性的变化，但这也是一项改革的实验。

到了90年代后，深圳开始了二次创业，要求发展高科技、集约型企业，它开始需要高端人才，而不仅仅满足于一般的应用型人才了。这就迫使深大要走一条新的道路，从应用型大学的道路上转了一个弯，转向办一所高水平大学。

而在体制改革方面，深大在保持和继续推进原有改革的基础上，全力推进中外合作办学，在这方面深大有一个很好的突破。深圳大学十分重视国际交流与合作，先后与英国、美国、澳大利亚、新西兰、日本、韩国、法国、德国、俄罗斯、荷兰、中国香港等国家与地区的50多所高校建立了长期稳定的教育合作关系。爱尔兰现任总统玛丽·麦卡利斯、原日本总理大臣海部俊树，著名学者池田大作、饶宗颐、赵浩生、吴家玮、潘毓刚，著名科学家杨振宁、李远哲、牛满江等都受聘为学校的名誉教授。

世纪之交，在改革方面我们又有了新的思路，就是追求现代大学制度，然而改革比过去难度更大，困难更多，问题更复杂。20世纪80年代的改革解决的是学校如何招生、如何分配的问题，改革停留在学校和学生层面上，某种意义上是学校与政府的关系问题和如何组织、管理师生员工的相对深层的问题。

二、谈当前：改革一如既往——做中国高等教育改革的马前卒，以人才培养为出发点和最终目的

深圳特区报：进入21世纪，深圳大学的改革力度比过去更大了，您认为改革的出发点和目的是什么？改革应围绕着什么推进？

章必功：大学的最主要任务是培养人，是主要由学者和学生组成的为培养人才开展研究的场所，不是培训机构，也不是科研机构，更不是工厂。因此，大学的一切规章制度要从是否有利于学生成长的角度出发。深大的改革就是以坚持人才培养为根本，近些年来，深大始终把人才培养放在第一位。这也是深圳大学师生关系开始活跃，学校的社会声誉开始上扬的根本原因。这意味着全校的老师都要关心学生，注重他们的上课质量，更要注意他们在学生中的言行是否引起学生对社会的不良看法。这要求全校的工作围绕着人才培养进行，这也是凝聚深圳大学师生关系和人气的至关重要的内涵。

可以说，深大是以学生为本的措施实施最得力的中国高校。在中国高校，一般而言多修一个学分需要收费，多修一个专业、学位更是要收费的，而在深大这些都是免费的，深大为了鼓励学习，双专业免费、双学位免费、主辅修免费、多修学分免费，只要学生想学就不需额外地再花钱。第二，深大为了鼓励学生德智体全面发展，每个学生的校园卡上有一笔体育运动专项经费，数额已从原来的200元提高到今年的300元，这笔经费只准学生本人使用且只可用于体育活动项目消费，年底用不完将清零，这样就可以鞭策学生锻炼身体。此外，2009年7月，深圳大学还为学生创办了学生创业园，创业园区首期规划场地为690平方米，学校除支付场地租金外，每年还投入200万元人民币设立深圳大学学生创业基金。

三、人事制度是高校内部管理的核心制度

深圳特区报：深圳大学现在以什么作为推进改革的突破口？

章必功：目前我们发展的思路就是追求现代大学制度，与国际接轨的先进大学制度。我们的改革并非为改革而改革，而是围绕人才培养进行，要改的地方很多，但要从何下手？我认为所有的改革都要靠人来执行，千条万绪最要紧的一条

是人事制度，人事制度是高等学校追求现代大学制度的核心制度。深大目前的战略是以人事改革为突破口，以教学改革紧随其后，如果这两个改革有所突破，其他的改革也都能迎刃而解。

深大一直在追求现代大学制度，在追求民主化管理上进行了大胆的探索，成立了两个教授委员会——教授人事委员会和教授财经委员会。一个管人、一个管钱，组成人员全是没有“官职”的“布衣教授”，每个委员会各由九位有代表性的教授组成，这些教授一旦荣升学校中层正职以上职务，就必须辞去委员职务。

2010 年 9 月，酝酿了四年之久的深圳大学人事改革方案在“布衣教代会”以 80% 以上的赞成票通过。所有人分属教师、管理和技术岗位，凭合约和学校建立关系，所有的学院院长、副院长、党委书记都是教师，身份不是干部也不是官，原有人员考聘不合格，就要调整岗位乃至解除合约。新进人员一定期限非升即走，所有岗位面向全球招聘，校内人员与校外人员同场竞争。

这次人事制度改革其中一个明显的效果就是老师们开课的积极性提高了。以本学期为例，本学期与上学期相比增加了 480 门课。因为在人事改革中对工作量有严格的规定，480 门课中教授的课有 120 门。

在人事制度改革中有一个误解，认为校长是高校行政官僚的代表，实际上，校长既是行政权力的代表又是学术权力的代表，他其实是教授的总代理，是平衡学术权与行政权的中介，不然，为何选校长一定要求他是教授？我们不应将校长和教授们对立起来。“去行政化”关键在于处理好学校和政府之间的关系，要让学校依法自主办学。

深圳特区报：我们知道深圳大学的教学改革一直走在全国前面，这其中有哪些亮点？

章必功：在人事制度改革取得突破后，教学改革将紧随其后，我们一直都在不遗余力地推进当中。如今国内大学的教学状况是平时松懈期末抱佛脚，而教学改革的目的则是让学生们全程紧张，这要求在考核方式上做文章。过去是作业占三成，考试占七成，如今要颠倒过来，作业要占到七成，考试仅占三成，而且这个平时的作业也与过去不同，不只是交一次这么简单，平时要研讨、要评议，学生的作业、读书报告的质量将得到前所未有的重视，教师也必须认真批改并发回学生作业，同时作业将成为考核学生的重点。

为了配合这种全新的考核方式，课程也要进行联动的改革。此项改革概括起来主要是“七个为主”：借鉴以外国为主，重点学习欧美；课堂以小班化为主，提高教学质量；考核以作业为主，教师应批改并发回学生作业；选课以组合为主，加强学生综合素质培养；考勤以教育为主；教学质量考核坚持以学生测评为主；课外学习一、二年级以读书为主，三、四年级以兴趣为主，一、二年级坚持“读书报告”制度，三、四年级开展“聚徒讲学”的教学方式。“聚徒讲学”是深大独一无二的大胆尝试，今后我们将采取主讲与助讲相结合的方式，每个主讲老师配一名助讲，给学生上课时前者主要讲理论，后者则负责组织讨论、批改试卷。

深圳大学的体育课改革小有名气。利用一流的体育场馆设施，先后开设了乒乓球、围棋、体操和越野等31个体育俱乐部，学生按照自身条件和愿望进行选择，并允许中途转会。改变体育课的考核模式，取消传统硬性规定的跑步、跳远、掷铅球等让学生头疼的测试项目，只要学生认真参加体育俱乐部的教学与活动，体育成绩就能合格。这一以人为本的体育课程改革，荣获国家教育成果二等奖。

所有的改革说明一点，深圳大学是一所努力进取的学校，我们努力创新，成为名副其实的特区大学、窗口大学、实验大学。特区大学是立足深圳、服务特区；窗口大学是放眼世界，成为中外教育关注的窗口；实验大学则是要做中国高等教育改革的马前卒。

四、深圳大学不拘一格降人才

深圳特区报：深大的人事制度改革正在推进当中，与过去的大学相比，像过去的北大、清华、西南联大等，这些学校的校长就能决定一个中学学历、甚至没有多少资历的人来大学当教授，并且允许很多偏才、怪才在学校里。如今的深大也是这样吗?

章必功：当然，深圳大学同样是不拘一格降人才。2009年，年仅23岁的沈文裕就被破格聘为深圳大学师范学院的副教授。他如今站上深圳大学的讲台两年多了，成为目前深大最年轻的副教授。按说，要成为一所高校的副教授，审核程序和标准都是非常严格的。但深圳大学在引进人才方面是聘用人才，而不是聘用头衔。今后的“特聘教授”聘用也将不一定非院士或长江学者不可，我们注重聘用真正有能力的人才。

五、谈未来：致力改革，仰望星空

深圳特区报：深圳大学在不遗余力地推动高校的改革，在改革当中什么是让您这个校长最为苦恼的？

章必功：最苦恼的应该是体制的问题，凡事都需要批示，不批就干不成。我们深大的改革算是比较大了，即在既有的框架内自己招聘老师。另外，我希望能够切切实实地落实高校的办学自主权，包括用人权、招生权、内部机构设置的权力和经费治理的权力等，简单来说就是“人、财、物”的自主管理。

深圳特区报：如今高等教育所面临的最大难题是什么？

章必功：最大难题是在大众化的基础上，如何推进精英教育。也就是说，如何在大规模的高等教育环境中因材施教，提高人才培养的质量。如何在最大限度地满足公民受教育权利的基础上开展高端人才培养，这是目前高等教育的一个非常要紧的课题。老办法已经不适用。什么是老办法？就是用最好的最充足的老师来教最好的、最少量的学生。这是18世纪以来，各国办高等教育所用的传统套路，民间把它称作“贵族式教育”，只教精英不教中庸的学生，这个办法人类已经践行200年了。可是世界发展到今天，全世界的大学包括剑桥、哈佛等办学规模都在扩大，这说明办学圈子不能局限在好且少的学生格局里，如何让大众化学生队伍享受好的教育，并让大众化队伍里的优秀人才得到精心培养，这是全世界大学教育的主体性问题。如果人才培养的方式仅仅是用最好的、最充足的老师来教最好的、最少量的学生，这种办法模式如今已经明显不适应经济、政治发展所带来的公民受教育面的扩展。

在大规模招生和学生数量增多的同时，高校的教师队伍也在不断地扩大，带来的一个趋向是学者化程度在下降，深大人事改革的目的就是要使学者化程度上升。简单地说，大学老师要是学者，而非一般的庸才。

深圳特区报：您对现行的高考制度改革有什么建议？

章必功：我主张取消“一本二本”。“一本二本”是计划等级，对学校的竞争和考生的意愿均有束缚。先是提前单独录取，然后是一本、再后是二本，二本中还分A线和B线，这是人为地分等级，这样的制度是不合理的。首先，混淆学校类型。其次，给多数学生留下一等、二等、三等的等级阴影。再次，学生选择学校及专业的权利很小。另外，这也挫伤不少学校的办学积极性。

有领导曾经问我，深大能不能在五年内变成全国重点大学，我明确告诉他不行，他说十年如何？我说五十年都不行，除非深大换老板，投资主体变为中央政府，这显然是办不到的。在如今的体制下，中央财政办的大学，重点办好的是国家重点，省财政办的，重点办好的是省重点，市财政办的，重点办好的是市重点，三个重点不能转换，要转换先得变更老板。所以，我主张取消一本二本，学生趋之若鹜它就是重点，学生冷落它就不是重点。如今的高考制度实际上就是给高校"发学生"。

深大在外省招生是一本，而在广东是二本，这表明计划经济下划出的等级有问题。应该改良高考制度，高考在制度上要继续实行，并保持选才的公平性。我主张以高考作为资格考试，学生通过高考，即取得上大学的资格，他凭这个资格，自己联系学校、报读学校，学校则根据自己的要求，通过一定的程序，自主选择学生。我期待中国的高考加速改革。

六、谈大学精神：关怀人类，探索真理

深圳特区报：每个大学应该有自己的大学精神，如今有些学校提得并不多，请问深圳大学的大学精神是什么？

章必功：深圳大学很重视大学精神的塑造，我请你去体育馆门前看看，最近树立起来了一个艺术装置作品，这项大型作品命名为"仰望星空"。该作品取材自体育场灯光设备提升工程中截断的四根钢制灯柱，原本将作废钢或废料处理的，深大的艺术家建议与其废之，不如立之，乃有此作。

创作以黑、蓝、红、黄四根钢柱仰望星空，寄托了深圳大学脚踏实地、仰望星空的追求。这正是深大的大学精神所在，我们提倡大学生不应只问柴米油盐，还要问日月星辰，大学精神的要义是关怀人类、探索真理。

北京理工大学坐落于北京中关村大街，是一所以理工为主、工理管文协调发展的全国重点大学，是新中国成立以来国家历批次重点建设的高校，首批设立研究生院，首批进入国家“211 工程”和“985 工程”建设行列。

1940 年，北京理工大学的前身——中共中央命名的“自然科学院”在延安杜甫川诞生。这是中国共产党创办的第一所理工科大学。李富春、徐特立和李强等老一辈无产阶级革命家先后担任学校的主要领导。1949 年学校迁入北京，1988 年更名为北京理工大学。

近年来，学校瞄准国家重大战略需求和世界科技发展前沿，确立了“强地、扬信、拓天”的特色发展路径，在精确打击、高效毁伤、机动突防、远程压制和军用信息系统与对抗等国防科技领域代表了国家水平，为我国拥有世界一流的陆军装备做了重要贡献。

当前，学校正进一步积聚 70 年的办学经验，坚持正确的办学方向，努力培养高素质人才，大力增强科学研究能力，进一步突出国防科技办学特色，着力打造优秀的北理工文化，努力向“世界一流理工大学”的宏伟建设目标迈进。

学校网址：www.bit.edu.cn/

校长名片

胡海岩

胡海岩，1956 年生于上海，教授，中国科学院院士，发展中国家科学院院士。1988 年毕业于南京航空航天大学固体力学专业，获工学博士。曾任德国斯图加特大学洪堡基金研究员，美国杜克大学访问教授。1994 年任南京航空航天大学教授，1998 年任副校长、党委常委，2001 年任校长、研究生院院长。2007 年起任北京理工大学校长。现兼任国际理论与应用力学联盟（IUTAM）理事，中国力学学会理事长，中国航空学会副理事长，中国兵工学会副理事长。

（《深圳特区报》2011.09.14 第 A07 版）

北京理工大学

理工院校不可缺失人文精神

深圳特区报记者　潘若濛

1940 年，北京理工大学的前身——中共中央命名的“自然科学院”在延安杜甫川诞生，这是中国共产党创办的第一所理工科大学。李富春、徐特立和李强等

北京理工大学体育馆雄姿

老一辈无产阶级革命家先后担任学校的主要领导。1942 年秋，毛泽东亲自为延安自然科学院题写了校名。

在北京理工大学的校园里，庄严整齐的校舍布局体现了这所理工院校治学严谨的特点，而当你走进学校足球场和奥运排球馆时，你又能感受到学校青春洋溢的气息。日前，记者走进了这所带有“红色记忆”的大学。如今，这里不仅积淀了丰厚的自然科学基础，也散发着浓郁的人文气息。“你有什么样的人文精神，就会制定什么样的大学制度，大学师生就会按什么样的制度构架去学习和生活。”校长胡海岩说。

一、大学应培养具有家国情怀的人才

深圳特区报：社会非常需要杰出人才，对于“钱学森之问”，您有什么看法？在您看来，如何才能培养出杰出人才？

胡海岩：现在许多用人单位、企业抱怨大学没有培养出人才，我觉得这是过于狭隘和片面的说法，大学本科的四年仅是成才道路的一个组成部分，并不是培养人才的唯一途径，我不赞成这样片面理解钱老提出的问题。

钱学森 40 多岁成为世界公认的著名学者，大学本科的学习只占这 40 多年的十分之一，所以不能仅仅说中国大学存在问题。我们知道家庭影响、工作环境、社会环境和自身的心理环境，这些都是影响成才的因素，所以中国的学校难以培养出顶尖人才的命题应从更深层面去理解。有人认为钱学森那代人上的大学比现在的大学更好，这些说法我不太赞同。

我们知道，以钱老为代表的老一代大学生都有难得的家国情怀，即使在国外已经身居高位，当祖国需要他们、召唤他们的时候，他们总是义不容辞地回来，哪怕国内给他们的工资、学术平台等软硬件远不如国外。如果说这是培养人才的成功，我非常赞同。这些学生的爱国情结、家国情怀让人敬佩，但反过来，如果我们大量流失顶尖人才，如果学子们没有满怀爱国之情，那么国家的前途命运将很难想象。要培养出顶尖的人才，我们更应该加强全面素质教育，包括更注重爱国情怀的培养、对国家建设事业执着追求的精神等，这些大方面可能更重要。

深圳特区报：您认为评判“人才”的标准是什么？您希望走出北理工的学子

具备哪些素质？

胡海岩：我觉得在如今对人才需求多元化的社会大环境下，北京理工大学对优秀毕业生的评价也没有统一的标准和模式。但在人生观和价值观方面，我希望北理工的学子都有正确的认识。首先，要热爱国家、热爱人民，要有责任感，这也是北理工过去引以为自豪的传统；其次，要有好的学术基础，把在这里学习的精深学问转化成建设祖国的力量。把这两点放在一起就是现在北理工的校训：德以明理，学以精工。我希望我们的学生崇尚道德，达到以追求客观真理为己任的境界；学术精深，能够用精深学问报效国家。

当然这是基本要求，对一部分优秀的学生，在他们的知识结构、创新能力以及动手实践能力等方面，我们有更高的要求。北理工作为一所以国防科技为特色的工科院校，培养学生的主体是工程师，当然还有一部分学生成为科学家、政治家以及企业家等。我们并不设定统一的人才培养标准，无论你将来成为物理、化学、生命科学等学科的科学家，还是人文社会科学领域的专家，我们都引以为豪。现在年轻人的追求是多元化、丰富多彩的，但是回到最基本的，还是需要有一种热爱国家的感恩精神，有一种社会责任感，这恐怕是非常基本的要求。

深圳特区报：请您具体解释一下北理工校训“德以明理，学以精工”的内涵。

胡海岩：校训的制定者不是具体的某个人，而是全体北理工人智慧的结晶，大家共同商议的结果。从字面上看，校训体现了理工类学院的特色，内涵上强调德和才。另外也是大学精神的体现，我们注意到有些大学的校训拿去做一个工厂的厂训、一个研究所的所训好像都可以通用，没有强调学术的内容。

2006 年北理工开始启动校训的制定工作，2007 年我到北理工工作的时候，当时已经征求了很多教师、学生以及离退休老职工的意见。经过反复提炼，我们觉得有两点要坚持：一是德才并举，二是要有特色。不要一些全国许多高校都在用的词，比如“团结紧张”“严肃活泼”“团结求实”等，这不太像一所高等学府该有的内涵校训。同时，我们也希望校训能涵括北理工的独特之处。经过反复推敲，一直到 2010 年 8 月校训才正式确立，且是在北理工 70 周年校庆之前新生入学时发布的。过去学校的一些好的口号，比如“实事求是，不自以为是”等确立为学风，这样共同形成了北理工大学精神的体系。

二、办了文科院系未必就有人文精神

深圳特区报：有一个现象，很多理工类院校越来越重视“文史哲”院系的发展，认为理工科院校也不能缺少“人文精神”，您如何看待人文精神与理工院校的辩证关系？

胡海岩：几乎所有以理工科为主的高校后来都发现，没有文科，学校人文精神的缺失对于人才的培养和发展是不利的，但又不能脱胎换骨改造成一所综合性大学，所以很多这类高校开始增设一些文科。

同时我们也在思考，办了文科院系是不是就有人文精神了？我觉得未必，特别是以应用文科为主的，恐怕人文精神体现得还是不够。传统的“文、史、哲”和现在的“经、管、法”相比，显然是“经、管、法”比“文、史、哲”要热门得多，那么这样的专业结构是不是可以说就有“人文精神”了？我看要打一个问号。如果天天都围着市场经济转，围着讲经、管、法的事情，恐怕人文精神也还是缺失的。

北理工讲人文精神，我认为很大程度上受延安精神的影响。人文精神不是靠我们办了几个文科学院就会自然改善的，而是说我们在办大学的过程中要把校园的“精神层面”始终放在很重要的位置。我认为，把一所大学办好，除了基本的物质条件，最重要的是高水平的师资，另外一个就是人文精神，你有什么样的人文精神，就会制定什么样的大学制度，大学师生就会按什么样的制度构架去学习和生活。

其实，人文精神是最高层次的东西。盖大楼 10 年足够，人才培养却是 20 年、30 年一代人，人文精神对大学来讲则需要更长时间的积淀。北理工已经建校 70 年了，人文精神当然有，但是和理想中的大学相比，还是有欠缺的，所以我们最近刚刚制定完“十二五”期间的人文建设纲要——大到思想层面，小到学院楼宇应该如何体现学院的文化，我们对此都有一些设想和要求。

在具体操作中，人文精神建设需要从更多方面着手，我记得去年和艺术学院院长从台湾访问回来后，就请他谈感想，希望他在北理工的形象设计、塑造方面要有作品。我认为学院不能仅仅满足于培养自己的学生，还要在孵化校园人文精神方面做更多的事情。

三、实行学部制体现“教授治学”

深圳特区报：谈到建世界一流水平大学，就不得不谈大学内部管理模式的创新，不得不思考大学“去行政化”的老问题，您怎么看这个问题？

胡海岩：前段时间大家对大学行政化的抨击比较多，本质上不是讲大学老师的行政级别问题，而是讲大学运行管理充满过多的行政色彩。这里又涉及两个方面，一是政府对大学的管理，没有把大学看成是学术机构，而是看成政府的一部分即一个事业单位来管理；另一方面，大学也效仿政府来管理，政府有什么部门，有什么处，大学也有相应的机构与之对应，按照同样的模式来管理。这样做使行政主导作用越来越大，学术色彩越来越淡。

我觉得，这一年多来教育界对这个问题讨论比较多，大家看得也越来越清楚了，既然看到了问题所在，那么就要从这两个方面着手去改进。政府与大学之间的改进很难靠大学来改，主要是靠政府来改，因为大学是被管理者，大学自己能够做的是大学内部的管理，即怎么样把学术权力和行政权力协调好。

北理工是比较早认识到这个问题的，我们经过几年的努力，去年已经制定完成了北京理工大学的章程，在基本管理制度的创新研究上下的功夫很大。章程非常显著的特征就是突出“学术机构”地位，而不是政治组织或政府部门，学术治理的内容占的比重非常大，对于学术的构架、教师与学生的责任权利，都有很全面的界定。

在学校的内部机制调整方面，章程也做了比较大的突破，并将我们已经做的一些调整形成制度。比如，2008 年我们开始启动学院设置的调整，这使得我们的学院不像以前那样庞大，而是大小适中，有更多发展活力和发展空间；另外，学院院长的管理权限大大加强，学校的行政管理权限更多地转移到学术干部手里。

学院细分后，规模比较小，这也带来了一个问题，学院间的跨学科发展怎么办？所以，我们创新制度，设置了学部这样的机构。我们学校的学部制度在国内应该是首创，一个学部覆盖 3~5 个学院的学科领域，但它不是行政机构，而是学术组织，它实行委员制，委员由教授选出来，且学校的领导是不能当委员的，它是根据各个学科教授人数的多少来进行选择的。

大家推选学术水平较高、办事公正、有责任感的一批教授组成一个委员会，在这个层面上制定学术标准，教授副教授的评聘、博士生硕士生的学位授予以及学科建设发展规划等，把这部分的学术权利都交给了教授们，这体现了教授治学，当然这是优秀教授代表治学，不是所有的代表。此外，我们觉得现阶段我们还不适合让所有的教授都参与治学，因为教授的人数非常多，而人数过多会导致民主决策的效率非常低，所以还是应该选出他们中的优秀代表替他们行使权力。这个制度从 2010 年起正式运行，目前来看，效果非常好。

四、关于南科大改革：值得肯定，冀其成功

深圳特区报：您在去年全国两会上曾呼吁建立一个我国高等教育改革的“特区”，而南科大如今已经先行先试，有人认为这是重大的突破，也有人质疑这种单打独斗搞改革成效有限。请问您对南科大改革有何期待，对高等教育改革的发展路径有何见解？

胡海岩：去年两会时我的确就南方科技大学教育改革发出过呼吁。当时在教育界联组会议上，我正式发言呼吁国家设立一个高等教育改革的特区，不要只是一个南科大，其他类型的学校也应该有，比如在“985 工程”高校里选一所，省属院校选一所，东部、西部各种类型的选五六所，去进行一些力度较大的改革。

南科大这种全新的构架可能没有历史的包袱，制约也相对少一些，我们希望它能取得重大突破。但我想高等教育的改革靠这一所学校是远远不够的，假如改革失败了怎么办，是不是我们就不改革了？当然，南科大的改革无论成功失败都值得肯定，但我认为多几所不同类型的学校共同推进会更好些，同时我也希望能与中小学教育改革联动，如果中小学培养的都是应试教育下的“好”学生，那么寄希望于通过大学的几年教育把学生变成创新人才，也不现实。

台湾清华大学与北京清华大学同出一源，1956年在梅贻琦的主持下成立于台湾新竹。建校初期，台湾清华大学的重点为原子科学，其后则扩展至理工方面，1957年正式开始招收本科生，恢复为一所完备的大学。近十余年更积极发展人文科学、生命科学、电机资讯与科技管理，逐渐成为文、理、工均衡发展的学府。新竹清华定位为研究型大学，是台湾地区最重要的四所大学之一（台湾大学、成功大学、清华大学、交通大学）。梅贻琦既担任过北京清华大学的校长，同时也是台湾清华大学的创校校长。

在台湾清华大学的校友中，前后共有3位诺贝尔奖得主及1位数学伍尔夫奖得主，足见其深厚的学术底蕴和优良学风。

台湾清华大学还有一项值得讲述的特色，就是与台湾交通大学联合举办的“梅竹锦标对抗赛”（包括球类比赛、接力、拔河、棋桥、中英文演讲及辩论等项目）。梅竹锦标赛是分别纪念对两所大学有着卓越贡献的台湾清华前校长梅贻琦与台湾交通大学前校长凌竹铭，“梅”代表清华大学，“竹”代表交通大学，以梅竹冰清高洁，并立于岁暮严寒，代表两校友谊永固及合作无间的精神。

学校网址：www.nthu.edu.tw

校长名片

陈力俊

陈力俊，1946年8月13日出生，浙江人。1968年获台湾大学物理学学士学位，

1974年获美国柏克莱加州大学物理学博士学位。1979年，陈力俊任台湾清华大学材料科学工程系教授，2010年起担任台湾清华大学校长。

陈力俊任国际期刊 Materials Chemistry and Physics 主编，台湾材料科技联合会创会会长，国际材料研究学会联合会第二副会长，台湾显微镜学会理事长，2006年任台湾“中央研究院”院士。研究领域包括：低维纳米材料制程、检测与应用；纳米材料原子动力学；原子分辨显微镜学；集成电路金属薄膜材料。

（《深圳特区报》2011.10.09 第 A06 版）

台湾清华大学

通过一流的高校研发为产业转型提供支撑

深圳特区报记者　马强

远离喧嚣的台北，位于新竹、依山傍水的台湾清华大学校园显得格外安然静谧，夏日里，三三两两的学生在林间小道上漫步，悠扬的钟声每隔一段时间就会在耳边响起。

尽管同出一源，台湾清华大学却与北京清华大学的古朴厚重不同，留给记者的第一印象是如江南水乡般的秀美——校园内湖水澹静，绿树掩映，处处透露着从容祥和的气氛。尤其令人肃然起敬的是，就在这所大学里，曾经培养出了三位诺贝尔奖的获得者。

在台湾清华大学行政大楼，记者见到了校长、物理学家陈力俊教授。陈校长给记者的印象是儒雅敦厚、不善言辞，但在一些具体的细节问题上却又极为严谨。和我们所习惯的“清华”称谓不同，他说起这所学校，总是以“我们清大”称之。

台湾清华大学校园

在近一个小时的访谈中，陈校长向记者介绍了台湾清华大学的办学理念、教育目标、两岸交流以及对深圳高等教育发展的感言。采访中陈校长特别提到，内地学生其实是全世界都在争取的优秀人才。

一、关于校训：自强不息，厚德载物

台湾清华大学与北京清华大学同出一源。1914 年冬天，梁启超先生赴当时的北平清华堂演讲，引述《易经》中的“天行健，君子以自强不息；地势坤，君子以厚德载物”勉励同学以君子自期，自此以后，“自强不息，厚德载物”就成了清华的校训。

对此，陈校长解释说，长久以来，台湾清华大学的办学风格、办学理念，也都是秉承着“自强不息、厚德载物”这一精神内核的。自强不息，表达的是一种积极上进、努力创新的精神诉求；厚德载物，传达出的则是一种社会、人文关怀的品行操守。而台湾清华大学无论在教育体制还是生活作风方面，都能够体现出这一校训精神。

陈校长认为，也正是在这样一种精神的引导下，台湾清华大学育人，重在培养德智体美兼具、全面均衡发展，同时具有科学和人文素养的人才。其学子不仅在专业上要有所建树，同时还要通过丰富充实的校园生活来培养全面的素养，以便将来能够融入社会，拥有健全的人格和美好的未来。

二、关于教育改革：提倡多元入学

当记者请陈校长评价两岸高等教育制度的异同之处时，他表示，内地和台湾的高校有很多相似之处。比如说，一些名牌院校的竞争都会非常激烈，众多的学生往往会挤破头。“这种严格的入学考试制度也在很大程度上限制了中小学的教学方向，并且存在着一定的弊端。台湾的高校对此也有所觉悟，开始提倡多元入学，并且有很大的进步空间，只是现在还未达到理想的状况。”

陈校长还进一步强调，近些年里，台湾高校也采取了一些多元入学的措施，如针对一些在高中阶段表现优秀的学生进行增试和面试，除考试成绩外，增加了其他的考量方式，而这类学生名额目前已占到六成之多。“台湾清华大学在学生选拔方面也进行了较多的创新，比如我们在2006年推出的‘繁星计划’，目的就在于缩小城乡差距，让一些偏远地区的弱势学生能够进入清华读书。其具体的操作方式就是给一些偏远地区的学校以固定入学名额，并且进行特别辅导，在进校前开设一些特定的课程让他们与正式学生共同学习。这种方式目前已在全台湾地区推广。经过检验，该措施也取得了比较大的成效。这些学生在大学的学习过程中，成绩表现都在中上，这也说明弱势群体只要给他们机会，也一定能够做出成绩。”陈校长说道。除此之外，台湾清华大学在人才培养方面，还会招收一些具有体育、音乐等专长的学生，来推动多元入学的发展。

三、关于两岸交流：陆生来台，冲击出的火花将非常灿烂

在当今世界，大学求发展，相互间的交流学习就显得至关重要。而长期以来，台湾清华大学始终特别注重与其他高校的交流合作。陈校长特别提到，现在有越来越多的台湾学生赴内地求学，同时也有越来越多的内地学生到台湾学习，两岸高校之间的教育学术交流也越来越频繁。

在陈校长看来，内地学生来台求学，对两岸之间的学术交流与融合相当重要，

能够做到互补共荣。“陆生来台，冲击出来的火花将会非常灿烂，台湾几乎所有的高校对此都有着美好的愿景。”他还说，“从我们清大就可以看出，内地学生非常优秀，他们其实是全世界都在争取的人才。两岸的学子相互学习交流，能够真正实现互利双赢，随着时间的推移，我相信两岸学子的全面交流融合一定能够实现。”

四、关于南方科大：人才是最重要的

在访谈中，陈校长提到，自己 11 年前曾经造访深圳，尽管只是短暂停留，但深圳的现代化气息已经给他留下了深刻的印象。“我看到的深圳城市景象非常繁华，城市的建筑也都充满现代气息。只不过时间太仓促，我看到的还很有限。”陈校长说道。

当记者问及对于深圳新成立的南方科技大学有何建言时，陈校长认为：“对于一所新大学的创办来说，除了要有充足的资金之外，人才是最重要的，包括优秀的师资力量和一流的生源。这些都是一所大学未来获得长足发展的基石和动力。”

五、关于大学与城市的关系：城市要获得更大发展，拥有一流高校至关重要

陈校长以新竹科学工业园与台湾清华大学和交通大学的关系为例，阐释了科技产业园区与一流大学之间的关系。“全世界的发展经验都证明了，一流的科学园区必须有一流的高校作为支撑，产业与高校存在着相互影响的关系。新竹科学工业园之所以取得今天的成就，就是因为这里有清华大学和交通大学这两所台湾的顶尖高校为其提供着源源不断的人才和技术支撑。同时在学术建设中，高校也能够及时地了解产业的发展动向，作为科研的必要补充。因此说，深圳这座年轻的城市要想获得更大的发展，拥有一流的高校至关重要。”

接着，陈校长进一步谈道：“产业发展要有国际竞争力，研发工作就一定要具有前沿性，内地和台湾都面临着同样的问题，在研发方面一定要有长远的眼光。这就需要产业必须加强与一流高校的合作，通过高校的研发来提供产业转型等方面的支持。可以肯定的是，现在产业与高校之间的互动已是越来越紧密了。”

六、关于育人：我们从来不鼓励书呆子

台湾清华大学与邻居交通大学之间，每年都要进行体育对抗赛，这一比赛方式仿效了英国牛津与剑桥之间的划船赛，这一比赛也从两校的老校长梅贻琦和凌竹铭先生的名字中各取一字，称作是“梅竹战”。

谈及大学体育，陈校长坦承，台湾清华大学的体育教育开展得不错，但也不能称得上拔尖。“主要是因为缺乏这方面的资源。不过，我们从来不鼓励书呆子，除了正规教学，我们还时常对学生进行特别辅导，同时将百分制改为 ABC 的等级制，这样做主要是希望能够给学生提供一个宽松的成长环境，让他们的人格能够得到全方位的健康成长。我们认为，一个学生光是专业突出是不够的，还远称不上时代所需要的人才。必须在智商、情商、社会交往能力以及抗压能力等方面多元发展，那才是我们所着力培养的人才。”

岷峨挺秀，锦水含章；巍巍学府，德渥群芳。四川大学是教育部直属全国重点大学，是国家“985 工程”和“211 工程”重点建设的高水平研究型综合大学。四川大学由原四川大学、原成都科技大学和原华西医科大学三所全国重点大学经过两次合并而成：1994 年，原四川大学和原成都科技大学合并为四川联合大学，1998 年更名为四川大学；2000 年，四川大学与原华西医科大学合并，组建了新的四川大学。校园环境幽雅、花木繁茂、碧草如茵、景色宜人，是读书治学的理想园地。

学校网址：www.scu.edu.cn

谢和平

谢和平，著名力学科学家，中国工程院院士，国家 973 项目首席科学家，曾任中国矿业大学校长，煤炭工业部科技教育司司长，2003 年起担任四川大学校长。20 世纪 80 年代初，谢和平在我国最早建立了裂隙岩体宏观损伤力学模型，开拓了裂隙岩体损伤力学研究新领域。曾先后获得国家自然科学二等奖、国家科技进步二等奖等四项国家级大奖，以及孙越崎能源大奖、何梁何利科技进步奖和省部级二等以上奖励多项。

（《深圳特区报》2011.10.11 第 A08 版）

四川大学

大学应成为城市发展的创新引擎

深圳特区报记者　方胜

一、人才培养是高等教育的根本任务

深圳特区报：四川大学是教育部直属全国重点大学，是国家“985 工程”和“211 工程”重点建设的高水平研究型综合大学，也是中国办学历史最悠久的大学之一。能否请您介绍一下贵校的办学理念是什么？

谢和平：大学的办学理念是对大学办学中的基本问题的理性认识和价值追求。其中，最根本的问题是“办什么样的学校”和“怎样办好学校”。我们的办学理念是随着时代的变化，在不断顺应国家与民族的需要，不断适应社会、引领社会的过程中逐步形成和发展起来的。四川大学起源于 1896 年四川总督鹿传霖奉光绪特旨创办的四川中西学堂，是西南地区最早的近代高等学校。在 115 年的办学历程中，四川大学已经形成了深厚的人文底蕴、扎实的办学基础和以校训“海纳百川，有容乃大”、校风“严谨、勤奋、求是、创新”为核心的川大精神。

四川大学体育馆夜景

近年来，学校围绕创建一流研究型综合大学的奋斗目标，确立了“以人为本，崇尚学术，追求卓越”的现代大学办学理念，构建了“以院系为管理重心，以教师为办学主体，以学生为育人中心”的管理运行新机制，提出了“精英教育、质量为本，科教结合，学科交叉”的人才培养指导思想，确立了培养“具有深厚人文底蕴，扎实专业知识，强烈创新意识，宽广国际视野的国家栋梁和社会精英”的人才培养目标。

深圳特区报：这样的人才培养目标让人振奋，四川大学是通过什么样的手段来实现这一目标的呢？

谢和平：我认为，人才资源是第一资源，人才培养是高等教育的根本任务和中心工作，一流大学要以培养一流人才为己任。但是，我国传统教育模式重逻辑、轻想象，在创新人才培养方式方面存在明显缺陷：过分强调记忆、逻辑推理等理性能力；教师讲授多、启发少，课堂授课多、社会实践少，考试闭卷多、开卷少；忽视想象等非理性能力，重书本、轻实践；重墨守成规、轻推陈出新，重循规蹈矩、轻独辟蹊径。这在很大程度上造成了中国创新人才，特别是拔尖创新人才难以脱颖而出。

为了实现我们的人才培养目标，2007 年，我们在全国率先制定实施了“研究型大学本科高素质创新人才培养体系方案”。2010 年，我们又系统提出了具有川大特色的“四个观”的人才培养理念，即教育质量观、教育公平观、教育多样观和全面发展教育观；“三个全”的人才培养体制机制，即“全面发展”的人才培养理念、“全员育人”的人才培养机制以及“全方位服务”的育人管理体系；适合我校实际带有川大烙印的“323+X”创新人才培养模式，以及研究生“433”拔尖创新人才培养体系，等等。

深圳特区报：四川大学在迈向一流大学、培养一流人才的过程中还有哪些探索和努力？

谢和平：四川大学是首批进入教育部“基础学科拔尖学生培养试验计划”的高校之一。2006 年 6 月，我们汇聚了校内外最优质的教育教学资源，以老校长吴玉章之名设立了“吴玉章学院”，专门培养拔尖创新人才。进入教育部“计划”后，我校就将该学院作为实施“试验计划”的荣誉学院，并且制定了系统的实施方案。

我们的基本思路是：充分发挥高水平研究型大学的优势，利用国内外优质教育教学资源，借鉴世界一流大学培养基础学科优秀人才的经验，坚持“少而精、国际化”的原则，选拔对基础学科有浓厚兴趣和综合素质特别优秀的学生，以本科为重点，贯通本硕博培养和个性化教育，在夯实基础、挖掘潜力、培养创新思维能力和学术兴趣上下功夫，为国家和社会培养高水平拔尖创新人才。从2011级起，我校将进一步扩大遴选渠道，通过自主招生、保送和从当年高考进入川大的学生中公开选拔。

二、大学要主动融入城市的发展进程

深圳特区报：大学的发展和城市的发展密不可分，特别是四川大学地处西部大开发的重要城市成都，对于地区经济建设、科技发展的作用就更加突出。

谢和平：的确。四川大学前校长任鸿隽先生说：“大学者，智识之府也。对于既往，大学为其承受之地。对于现在，大学为其储蓄之所。对于将来，大学为其发生之机。”

大学与城市存在着非常密切的关系，一方面，城市孕育了大学，是大学的发展环境和物质依托，并为大学发展提供重要推动力；另一方面，大学滋养了城市，是城市发展的思想智库、人才基地和创新之源。在中国城市大发展、大跨越的伟大历史进程中，中国大学要抓住城市发展的历史机遇，与中国城市的这种强劲发展相适应，主动融入中国城市发展和现代化进程，加快自身发展步伐，成为城市发展的发生之机、创新引擎和文化标杆。

深圳特区报：四川大学在这方面有哪些实践和心得？

谢和平：四川大学在实践中形成了三种融入城市发展的模式：

第一种是校地全面合作模式。2007年，我校与成都市共同成立了成都科学发展研究院，以项目为纽带，实行首席科学家负责制，按照多层次、宽领域、高视野的要求确定研究领域；以成都市科学发展改革实践为出发点，从理论层面、学术层面和非政府层面进行理论探索，并以构建全球最有显示度、最有标志性的21世纪全球新型城市为目标进行构思、探索和研究。

第二种是校地专项合作模式。2010年，我校根据四川省城市新的战略发展需要，以我校引进的日本建筑设计大师滕井明教授为首席科学家，成立了四川大学城市建筑设计研究院，主要致力于建筑专业方向的人才培养、科学研究和社会服务工作，是城市建设科学研究、技术运用和人才培养的新平台。

第三种是校地企合作模式。2008 年，我校与成都市人民政府、中国核工业集团公司三方共同成立了四川大学核科学与工程技术学院，努力建成我国核技术应用科研教育基地和国家培养核科学高级人才的基地，为成都市核工业发展提供科技支持和人才支撑。

深圳特区报：提到大学与城市的互动发展，您对深圳正在建设之中的南方科技大学有何建言？

谢和平：作为中国经济高速增长的巨大引擎，中国城市的竞争力已经处于加速提升阶段。《全球城市竞争力报告（2009—2010）》表明，中国的一些中心城市已成为世界最具竞争力的城市，特别是在经济增长和综合竞争力的增长方面，已处于全球领先的水平。作为中国最具活力和创新力的年轻城市之一，深圳排在“全球城市竞争力”的第 71 位，被全球城市竞争力项目主席、美国巴克内尔大学教授彼得・卡尔・科拉索列为全球城市竞争力最佳案例之一。我们有理由相信，南方科技大学的建立将为这座城市的发展注入新的思想、新的理念、新的动力。

南方科技大学是以国家高等教育综合改革试验校的身份，在中国改革开放最前沿的城市深圳建立的，它承载着很多内地高校改革的梦想。一流大学之所以成为一流，是因为它的办学理念一流、师资力量一流，进而培养的人才一流。因此，我希望南科大坚持独立自由的办学理念，在全世界范围内聘请一流教师，坚持探索新颖而独特的教育教学方法，始终走在大学教育教学改革的最前沿。

三、让每个学生都有国际交流经历

深圳特区报：四川大学虽然地处西部，但国际化的交流活动也很频繁。能否请您介绍一下这方面的经验？

谢和平：国际化程度是一流大学办学水平和学术实力的重要体现，是国际影响力的重要标志。在教育全球化方兴未艾的大趋势下，四川大学把学生的国际化培养当作建设一流大学的必由之路，把自己的人才培养放在世界一流研究型大学的人才培养体系中去，充分利用国际优质教育资源，让川大培养的人才拥有国际意识和全球视野，懂得国际惯例、具有国际交往能力，努力培养出高素质创新人才。

我们在具体做法上，一是广泛开展各种联合培养项目，即每个学院、每个学科均有与国外一流大学的“2+2”“3+1”的联合培养的双文凭、双学历项目；二是邀请国际知名专家、学者和名人等来校开展多种文化主题活动和讲座，让学生有更多接触国际高层视点的机会；三是举办各种类型的国际夏令营活动，加强学生的国际交流；四是选派学生去国外著名大学考察、交流和学习，增长国际见闻，开阔国际视野；五是促进校内来自不同国家、不同文化背景的学生间的交流活动，提高学生的国际化素质。我们的目标是力争每一个在校学生都至少有一次海外学习和国际交流的经历。

深圳特区报：每一个在校学生都至少有一次海外学习和国际交流的经历，对于四川大学这样规模的高校来说实现起来是否会有困难？

谢和平：我们把海外学习和国际交流定义得较为宽泛，既可以是国际联合培养、校际交流，也可以是参加国际会议以及国际夏（冬）令营，只要能够与国外高校师生进行正式的面对面交流，都可以视为具有海外学习或国际交流经历。近几年，四川大学充分发挥自身优势，广泛开展国际合作和交流，目前已与十多个国家的近 50 所著名大学开展了学生联合培养项目，并在多个方面取得了突破性进展。比如，实施了以创新能力培养为重点的学生海外培养计划，多名同学的论文发表在国际重要期刊上；创建四川大学国际校区和海外学院；与国际知名大学建立全面合作伙伴关系等。

四、深圳是川大在粤主要生源地之一

深圳特区报：2011 年 9 月，由四川大学与香港理工大学共建的中国首个灾后重建的管理学院迎来了第一批学生。经历过汶川大地震、日本大地震之后，人们对于自然灾害的应急管理也愈发重视起来。您能否介绍一下这个学院未来的构想？

谢和平：近年来，全球自然灾害、地质灾害频发，整个人类面临的自然挑战越来越严峻。汶川特大地震后，内地高校凸显出在培养灾后重建人才方面的“短板”。我们这所新成立的学院将以香港马会捐助项目建设为契机，充分依托和发挥四川大学、香港理工大学具有的人才优势、学科优势、科技优势以及平台优势，充分整合两校的社会资源和国际合作资源，力求建成全球一流的灾后重建与管理领域的学术文献和情报信息中心，并努力成为推广普及防灾减灾知识和避灾自救技能的社会服务中心。

学院初期将设立6个系和3个研究中心。目前占地面积30亩，建筑面积20 000平方米的学院教学科研实验大楼已于去年12月30日正式建成；组织机构已经组建完成；集两校优秀师资及面向海内外的招聘已经汇聚了2名院士、2名国家“千人计划”特聘专家、27位博士生导师等在内的一批灾害科学技术、灾后救助、灾后康复、社会工作等领域的优秀科学家参与学院的科研与教学工作，同时也与一批国际知名学者和国内外研究机构建立了合作关系；另外，还开展了博士生项目和硕士生项目，新生于2011年9月入学。

深圳特区报：我注意到四川大学今年新增了三个本科专业，其中有一个是“物联网工程”，这是一个很新颖的专业。您能否介绍一下这个专业？

谢和平：物联网工程是国家重点培育的战略领域，该专业也是国家实施的战略新兴专业，不管是从国家还是城市规划上来说，物联网科技将和互联网一样深刻地改变人们的生活。未来，一个人在办公室只要屏幕一转，就能操作家里的任何一样电器。可以说，物联网既是物流业发展的最新方向，也是信息时代最终的发展方向。

去年四月，成都市与工信部签订了协议，双方将共同推动成都物联网应用中心、成都物联网测试验证中心等载体建设，并加快推进成都物联网产业，而随着产业的培育和发展，相关人才的缺口可能会非常大。因此，我校第一时间申请设立了“物联网工程”这一全新的专业，瞄准物联网这一最新发展方向，重点为智能交通、食品安全、环境保护、现代物流、城市管理和安全监管等物联网应用领域培养高素质专业人才。

深圳特区报：能介绍一下深圳学子在川大的学习情况吗？您对尚未踏进大学校门的深圳学生有何建言？

谢和平：深圳是四川大学在广东的主要生源地之一，每年招生人数占广东全省计划招生人数的20%以上，2009年更是达到近30%。同时，许多川大毕业生把深圳这座中国改革开放的前沿城市作为创业之地，当然也有不少川大校友在深圳干出了一番大事业，用自己的艰苦奋斗、扎实工作为深圳这座充满活力和创新的光荣城市添砖加瓦，例如我校化工学院校友、深圳海普瑞药业有限公司董事长李锂夫妇就是其中的杰出代表。

对于考生的选拔，除了高考成绩以外，我们还很看重以下三点：一是要有强烈的民族精神和社会责任感。科学没有国界，但科学家是有国籍的，只有热爱祖国、勇挑民族重任的人，才有可能真正成长为社会精英和国家栋梁。二是以德为先、全面发展。人无才不智，人无德则危。在科学研究领域，更需要学生有正确的政治方向和多学科的知识储备。三是有梦想、能坚持。梦想能点燃我们奋斗的激情，让我们充满前行的力量；而坚持能让我们始终前行、永不言败，直至奋斗目标实现。

我经常说，人与人之间最小的差距是智商，最大的差距是坚持。只要有梦想、能坚持，既仰望星空，充分发挥创造潜力，又脚踏实地，努力积累广博知识，即使遇到再大的困难和挫折，也要坚持不懈、奋勇前行。这样就一定会创造出瑰丽的人生传奇，为国家的繁荣和民族的复兴做出自己的贡献。同时，这也是我对即将踏入大学校园的深圳学子的几点建议。

重庆大学创办于1929年10月12日，是教育部直属的全国重点大学，由教育部和重庆市共建，为国家“211工程”和“985工程”重点建设高校、中央直管高校。学校坐落在美丽的山城重庆市沙坪坝区。2000年5月，原重庆大学、重庆建筑大学以及重庆建筑高等专科学校等三校合并组建新的重庆大学。学校占地面积5 700亩，校舍建筑面积168多万平方米。目前，重庆大学已初步覆盖哲学、经济学、法学、教育学、文学、理学、工学、农学、医学和管理学等十个学科门类，形成了布局合理、重点突出、特色鲜明、发展协调的较为完备的学科体系，现正为建设国际知名的高水平研究型大学而努力奋斗。

学校网址：www.cqu.edu.cn

林建华

林建华，汉族，1955年10月出生，山东高密人，中共党员。1973年11月参加工作，1986年北京大学化学系毕业，理学博士，教授，博士生导师。曾任北京大学党委常委、常务副校长兼教务长。现任重庆大学党委常委、校长，教育部科学技术委员会副主任、中国高等教育学会理科教育专业委员会理事长、中国高等教育学会引进国外智力工作分会会长、中国晶体学会理事长、北京市科协副主席。

（《深圳特区报》2012.01.19 第A14版）

重庆大学

最好的大学一定是有灵魂的大学

深圳特区报记者 方胜 啸洋

“重镇天开巴子国，大城山压禹王宫。”山城重庆，自古人杰地灵、气势浩然。日前，重庆大学校长林建华教授接受了《深圳特区报》记者的专访。他指出，最好的大学一定是一所有灵魂的大学。重庆大学将按照“扎根重庆，立足西南，面向西部，服务全国，走向世界”的发展思路，努力建成中国最好的大学之一。

重庆大学A区第一教学楼

一、育人为立校之本

深圳特区报：重庆大学是我国著名高校之一，能否介绍一下重庆大学80多年来的办学风格？

林建华：最好的大学一定是一所有灵魂的大学。今天的重庆大学是一所以工科见长的综合性大学。82年前，重庆大学“应西南地区工商百业发展之需，急川东学子深造无门之急”而创立。创建重庆大学的先贤们高瞻远瞩，参照世界近代正规大学的要求，高屋建瓴地提出和现代大学三项基本职能极为相近的“研究学术，造就人才，佑启乡邦，振导社会”16字办学理念作为学校的办学宗旨，影响了一代又一代的重大人，内化为重大人的精神内核。

80多年来，学校一直秉承这个办学理念，弘扬“耐劳苦、尚俭朴、勤学业、爱国家”的重大精神，倡导“团结、勤奋、求实、创新”的校风和“求知、求精、求实、求新”的学风，塑造了重大师生“能吃苦、讲实干、求进取”的优秀品格，造就了重大人“耐劳苦，尚俭朴”的优秀品质。

无论在哪个阶段，重庆大学始终坚持把育人作为立校之本，把培养人才作为学校的根本任务，把提升教育质量视为学校的生命线工程，全力打造良好的育人氛围，先后为国家和社会培养了20余万名高素质专门人才，其中包括40多名院士和40多名省部级领导干部。自立校以来，学校矢志不渝地坚持设立并不断强化采矿、冶金等专业，形成了特有的机、电、动、采、冶等西部唯一与工业体系配套齐全的学科专业群，以及城市规划、建筑学、土木工程、给排水、工程管理等西部唯一与城市建设体系配套齐全的学科专业群，支撑起了西部地区工业建设、城镇化建设、“三线”建设和军工建设高层次人才培养的半壁江山。

深圳特区报：2000年5月，原重庆大学、重庆建筑大学和重庆建筑高等专科学校等三校合并组建新的重庆大学。合并为重庆大学带来了哪些改变？

林建华：合并前的重庆大学创建于1929年，是一所历史悠久的高校，改革开放以来，重庆大学主动适应国家经济建设的需要，全面加强学科建设，逐步发展成为以工为主，文、理、商、管、法等多学科协调发展的师资力量雄厚的理工大学，并于1996年被列入国家“211工程”重点建设高校。

原重庆建筑大学与重庆大学有着深厚的历史渊源。1952年以重庆大学和西南工业专科学校等八所西南地区高等院校的土木建筑系（科）为主，组建了重庆土木建筑工程学院，1994年更名为重庆建筑大学，逐渐发展成为土建类学科专业齐全，以土木建筑、城乡建设和环境保护等主要专业为特色的，建设部直属的唯一一所全国重点大学。

原重庆建筑高等专科学校是一所培养建筑设计、建筑装饰技术和施工技术等方面应用型专门人才的普通高等工程专科学校，隶属于中国建筑工程公司。

2000年5月三校合并组建为新重庆大学，成为一所理、工、经、管、文、法、艺等多学科综合性大学，学校在办学规模上跃居全国前列，综合实力进一步增强，使得一直以机电、能源、材料、信息、生物以及经管等学科优势而著称的重庆大学，在建筑、土木、环保等学科方面也处于全国较高水平，奠定了高水平大学建设的坚实基础。

深圳特区报：新重庆大学合并后面临了哪些挑战？学校又是如何克服的？

林建华：新重庆大学主要面临三校合并后各校区办学风格差异、利益冲突等各种新问题。对此，新重庆大学首先做好政治保证和组织保证；其次，调整院系与学科整合，形成了合校的学科优势；再次，积极探索新重庆大学管理运行模式，改变“分灶吃饭”的办法，实现了“五个统一”，即统一领导、统一机构、统一政策、统一财务和统一规划，达到实质性地融合。

重庆大学力求走一条具有鲜明办学风格与自身特色的可持续发展道路，推进学校各项事业全面协调可持续发展，努力把学校建设成为世界高水平研究型大学。在短短的两三年之内，原来的三校就实现了实质性地融合，成了当时高等教育体制改革中最成功的高校之一。

二、“卓越联盟”有助人才选拔

深圳特区报：重庆大学加入了天津大学、同济大学、哈尔滨工业大学、北京理工大学、大连理工大学、东南大学、华南理工大学、西北工业大学等九所工科名校组成的“卓越联盟”自主招生联考行列。“卓越联盟”的定位是怎样的？

林建华：“卓越人才培养合作”以人才培养为中心，开展招生、培养、文化等全方位的合作与交流。“卓越联盟”的九所高校本着“追求卓越，共享资源”的原则，把重点放在人才培养上，这是高校育人为本的核心，也是九校开展合作的宗旨和动力。九所高校都以工科为主，学科上既有相似性，也有互补性，地域上遍布我国的东西南北中部，生源范围辐射全国。此外，我们每年还将定期举行校长联席会议，同时建立研究生院、教务处、招生办和科技处等部门联席工作会议制度。2010年6月，教育部启动了旨在培养卓越工程师后备人才的“卓越工程师教育培养计划”，联盟的九所高校均参与了这一计划。

深圳特区报：加入“卓越联盟”后，重庆大学的招生效果如何？

林建华：我们感觉，加入“卓越联盟”后招生效果明显达到了我们的预期目标。

联合自主选拔录取是“卓越人才培养合作”框架的重要内容之一，本着“优中选优”的原则，选拔基础扎实、知识面宽、创新实践能力强、具有社会责任感、团队合作精神和卓越人才培养潜质的优秀学生。

2011 年自主选拔录取采用联合初试、自主选拔的方式进行。联合自主选拔录取是在兼顾各校特色的基础上统一通过联考网站报名，并统一进行初试（笔试），其内容涵盖语文、英语、数学和物理等相关学科。为方便考生，联考在全国 20 多个省市设立了考点，考务工作分别由九校分片负责，各校自主确定选拔条件和成绩。除此之外，学生报名也采取自荐和中学推荐结合，考生可任选两所高校报考，资格审查由报考学校组织。整个联合选拔考试从实施办法公布、网上报名、资格审查、考试组织、阅卷统分、划线公布等均统一进行，规范有序，社会反响良好。

在 2011 年 2 月的联考中，近 10 万名考生在全国 25 个城市的考点同时参加考试，生源范围、考生人数及考生情况均好于往年。其中我校计划招收 370 名，通过资格审查参加考试 2 226 人，按照合格生源人数不超过计划两倍的要求，最终确定合格考生 589 名。

三、校董会拓宽产学研合作

深圳特区报：1994 年，重庆大学成立了校董会，这也是教育部批准成立的第一家部属高校校董会。校董会中有不少大企业，相当引人注目。您能介绍一下校董会的情况吗？

林建华：重庆大学校董会是国内高校中经过正式批文成立最早的校董会。成立以来，校董会努力按照“优势互补，互利互惠，共谋发展，长期稳定”的原则，坚持“服务经济为先，服务企业为先”和“以贡献促共建，以互利促合作，以合作促发展”的指导方针，与董事单位及有关大型企业、跨国公司开展各项合作，积极推动企业、科研院所与学校的产学研合作。其中，重点在技术开发、共建技术中心和技术开发机构以及人才合作培养等方面开展了深入合作，并取得了明显的成绩。将产学研结合作为促进学科、专业、教材、师资队伍和实践基地建设的重要方法，是推动新的人才培养模式的建设以及学生实践创新能力培养的有效途径。

深圳特区报：校董会为学校发展带来了哪些具体进步？

林建华：具体进步主要体现在以下几方面：

第一，拓宽了产学研合作空间。校董会成员由初期的 14 家董事单位发展到目前 30 家董事单位。其中，拓展了与全球微硬盘排名第二的微星公司的合作；争取到了台湾航馨公司在学校设立了迄今为止学校最高额的航馨奖学金；与惠普公司合作共建了人才培养基地；为重庆研发中心的建立提供了人才支撑和人才贮备；等等。为此，学校成立了产学研合作办公室和重庆大学国家大学科技园，我校大学生创业基地还成为重庆市首批市级创业孵化基地。

第二，搭建科技创新技术平台。学校积极与董事单位共建研究实体和办学实体，搭建科技创新技术平台。我们先后与攀枝花钢铁集团公司合建了“钒钛磁铁矿综合利用研究所”，与西南铝业集团公司合建了“金属材料研究所”，与柳州工程机械集团合建了“工程机械 CAD 研究中心”，等等。这些共建实体有效地支持了相关学科的建设，也保证和扩大了产学研合作领域，为企业解决了生产实际中的具体难题，促进了新技术的推广。

第三，促进企业科技创新。多年来，重庆大学先后与董事单位进行了包括国家“863 计划”“973 计划”、国家自然科学基金以及国家科技攻关等重大项目在内的各类科研合作项目 400 余项，投入经费累计超亿元，产生了巨大的经济效益，大批成果分别获得了国家及省部级奖励。

第四，创新人才培养模式。学校根据董事单位发展的需求，注重和董事单位进行多层次的人才培养。我们积极与董事单位在本专科、研究生培养、成人学历教育、职工岗前培训、职业技术培训和科技与管理干部高层次继续教育等方面进行了广泛的、富有成效的合作。

四、组建大学联盟，服务地方发展

深圳特区报：重庆是国家五大中心城市之一、四大直辖市之一、国家中西部工商业重镇和长江上游经济中心，是西部大开发的重要龙头城市。重庆大学在西部建设及重庆发展中起到了哪些作用？

林建华：城市与大学相辅相成。一所大学只有首先立足地方、服务地方才能在更大的范围内做出贡献。因此，重庆大学根据自己地处西部的区位特点，提出了“扎根重庆，立足西南，面向西部，服务全国，走向世界”的发展思路。重庆成为直辖市以来，学校更是积极主动地成为投身重庆经济建设和社会发展的主战场，根据重庆需要及时调整学科专业布局，源源不断地为重庆培养输送人才、提供科技服务，支撑起了重庆新型工业化建设、山地城镇化建设，为三峡库区建设和生态保护，以及在把重庆建设成为长江上游经济中心的过程中做出了应有的贡献。

我们认为，作为重庆市唯一的“985”高校，重庆大学应当为重庆市的高等教育发展做出积极的贡献。目前重庆市的高等教育相比发达地区还相对滞后。如何尽快提升重庆各大学的整体水准是摆在重大人面前的一项艰巨任务。因此，重庆大学必须走出一条自己的发展道路，一条不同于其他高校的新路。

重庆大学有责任带动区域高等教育的共同进步，而且也只有当重庆高等教育整体水平大幅提高了，重庆大学的发展才有保障，才有根基。因此学校积极和重庆市内高校进行联络，组建重庆市大学联盟，以实现学科、人才等方面的互补，共同提高，共同发展。同时，学校也要勇于进行大学体制改革，通过资源的优化整合，提升学校的办学实力，为现代大学制度建设的探索贡献学校的力量。当前，重庆大学在进行学部制建设、跨学科的高水平研究平台的建设、学术和行政力量的平衡、学科组合的优化。我们的目标是努力将重庆大学建成中国最好的大学之一。我想，重大只有发展好了，才能为重庆市的发展、西部的建设、国家的繁荣做出更大的贡献。

深圳特区报：您对深圳、广东打算报考重庆大学的莘莘学子有哪些建议？

林建华：重庆大学每年在广东省的文史类和理工类招生总计划通常在 90 名左右，投放的专业在 50 个左右，主要包括我校的优势学科专业和广东省社会经济发展急需且考生感兴趣的专业。每年的录取分数一般在重点线上 10 分左右。对深圳和广东的考生来说，以不算太高的分数就读重大这所具有悠久历史、实力较强的“985”高校，应该是非常幸运的。在选择专业上，考生可以结合自己的高考成绩、志趣和对未来的规划进行考虑。每年我校在广东省各专业的录取情况可在学校招生网站查询，以便考生作为选择专业的参考依据。

重庆大学目前正在大力推进通识教育和人才分类培养的教育教学改革，我们非常欢迎深圳和广东的考生到重庆、到重大来学习和发展。

南京大学坐落于钟灵毓秀、虎踞龙盘的金陵古都，是一所历史悠久、声誉卓著的百年名校。其前身是创建于1902年的三江师范学堂，1950年更名为南京大学。在一个多世纪的办学历程中，南京大学与时代同呼吸、与民族共命运，谋国家之强盛、求科学之进步，为国家的富强和民族的振兴做出了重要的贡献，在教学、科研和社会服务等各个领域保持良好的发展态势，各项办学指标和综合实力均位居全国高校前列。目前，南京大学拥有各类学生总计50 000余人。

南京大学确立了“吸引一流生源，给予一流培养，造就一流人才”的指导思想，以培养具有国际视野和高素质创新能力的拔尖领军人才为目标，坚持“融业务培养与素质教育为一体，融知识传授与能力培养为一体，融教学与科研为一体”的方针，大力推进“基础性人才和高科技应用人才的培养与国际接轨，复合型应用人才的培养与社会接轨”，在教育教学改革中进行了多方面的探索，形成了许多重要的教育思想和教学理念，在国内外高等教育界产生了重要的影响。

学校网址：http://www.nju.edu.cn/

陈　骏

陈骏，1954年11月生，江苏扬州人，1979年毕业于南京大学地质系地球化学专业，1984 年加入中国共产党，1985 年获矿床学博士学位并留校任教，1988 年赴英国伦敦大学帝国理工学院地质系从事博士后研究，1992 年受聘为南京大学地球科学系教授，先后担任地球科学系系主任，南京大学副校长，党委常委、常务副校长。2006 年 5 月起担任南京大学校长，2008 年 3 月当选第十一届全国人大常委。

陈骏教授长期从事地球化学的教学和研究，主持了包括国家基金委杰出青年基金、国家基金委创新研究群体科学基金、国家基金委重点基金、国家科技部“973 项目”二级课题等多项科研任务，并取得一系列研究成果，先后发表论文 160 多篇，出版专著 4 部，获国家自然科学奖二等奖 1 项和教育部科技成果奖 5 项。

（《深圳特区报》2011.11.18 第 A08 版）

南京大学

“三三制”引导学生个性化发展

深圳特区报记者　沈清华

南京大学不仅有不少年代久远的大楼，还有很多享誉学术界的大师——两院院士中，在这里培养或工作过的校友（不含兼职）就有 250 多人，其中本科从这里毕业的有 160 多人。1999 年，中共中央、国务院、中央军委向 23 位著名科学家授予“两弹一星功勋奖章”，其中 6 位是南大校友。

南京大学杜厦图书馆

秋高气爽的时节，记者来到历史文化名城南京，在南京大学上百年历史的北大楼里，采访了全国人大常委、校长陈骏教授。这位儒雅的学者谈起南京大学的发展和中国高等教育改革等问题时，思维缜密，娓娓道来，很多观点让人眼前一亮，给人启迪。

一、谈南大文化：南大学生无论是在校园，还是走向了社会，最大特点就是实在、不张扬、不急功近利

深圳特区报：如果从 1902 年的三江师范学堂算起，南京大学在中国算是历史非常悠久的高校了。您认为在百余年的办学历史中，对南京大学发展最为宝贵的东西是什么？

陈骏：南京大学百余年来一脉相承的东西很多，我认为最为宝贵的有两点：第一点就是强烈的责任感和使命感。从诞生之日起，南京大学就承载了强国之梦、振兴之愿。在每个重要的历史时期，南大师生都有杰出表现。1947 年声势浩大的“五二〇”爱国学生运动，就是由南京大学的前身，当时的中央大学的进步师生发起的，他们喊出了“反饥饿，反内战，反迫害”的口号，影响深远。为了纪念这场运动，南京大学后来把校庆日确定为每年的 5 月 20 日。第二点是始终追求卓越和创新。我举一个例子，1986 年“文革”刚过不久，人们的思想还相当保守，我们就和霍普金斯大学合办了中美文化研究中心，这是具有开创意义的举措，得到了国务院的批准。在当时那种背景下，和美国的大学合作办学，没有一点勇气是做不到的。

深圳特区报：每所大学都有自己的文化个性、自己的风格，在南京大学校史馆里，我看到早期的校训是“嚼得菜根，做得大事”，让人印象特别深刻。

陈骏：南京大学的文化是“诚朴”和“雄伟”。办学者在各个时期都非常强调“诚”，要求师生诚心向学、求真求实、独立思考和追求真理。这在当下尤其可贵。“伟”就是要求师生追求卓越、敢于创新和关心国家大事。

前一段时间网上评国内大学的特点，给南京大学的评价是“最低调的大学”，这实际上反映了南大的文化。南大学生无论是在校园，还是走向了社会，最大特点就是实在、不张扬、不急功近利，但他们能干大事。很多来宾到南大之后，都

称赞南大氛围好，非常宁静，师生们都在读书做学问。在今年的学生毕业典礼上，我说在剧烈变化的时代也要保持一些东西不变，那就是精神和文化的不变，让我们积淀起来的好东西得以传承和发扬光大。

二、谈高等教育改革：当前高教改革的重点，首要的是提高人才培养质量，尤其是本科教育质量

深圳特区报：现在全国都在贯彻落实《国家中长期教育改革和规划纲要》，您认为现在高等教育改革的重点和难点是什么？

陈骏：我认为当前高教改革的重点，首要的就是提高人才培养质量，改革的难点也同样在这里。比如，我们高等教育的教员都是研究生学历担任的，但怎样培养研究生，我们缺少经验。研究生毕业后如果选择当大学教师，他有三分之二的任务是教学，三分之一是科研，可在读研究生期间，大学并没有给他相应的教学能力训练，毕业后直接走上讲台，如何能培养好学生？教学质量能让人放心吗？但在美国等国家不是这样，研究生都需要经过教学能力训练，毕业时就具备了一定的教学经验和能力。因此，我们要进行教学改革。

其次，我们的大学的确还有创新能力不足的问题，但相比教学，我觉得这还是一个次要问题。因为在整个国家科研队伍中，除了高校，还有科学院和各类研究所，高校在科研创新上能力不强，还有别的兄弟单位可以依托。但在人才培养方面，大学要承担主要责任。

存在以上问题，归根到底还是优质资源太少，尤其是缺少世界一流的教师队伍。这说明提高教学质量和科研水平，得靠人，靠优秀的教师团队。

深圳特区报：有人认为高等教育改革要取得大的突破，重点是要向高校充分放权，实现真正的自主办学，您如何看待这个问题？

陈骏：我认为现在大学的办学自主权还是很大的。自主权主要包括用人权、经费使用权和管理权三个方面。学校机构主要是自主设置，如何管理院系也是自主的。国家并没有统一模式，这也是目前大学管理方式不一样的原因。在服从党的领导，坚持走中国特色社会主义道路的大前提下，高校大有作为，可以实现自主办学。

我们现在要努力的，是探讨一套符合中国国情和高教发展规律、具有时代特

征的管理模式，也就是现代大学制度，这也是规划纲要强调的内容。国外大学的管理模式要借鉴，但是不能照搬，要把国外大学的管理经验和中国国情结合起来。就像现在很多人讲西南联大，但同样也不能把那时的做法搬到现在，因为今天有今天的时代特征。

三、谈高校教学问题：我们的传统教育总是让学生相信定理、相信老师、相信权威，总是要找到一种标准答案，认为存在一个绝对真理，这是有问题的

深圳特区报：很多国外大学校长谈起对中国学生的印象时，会说很刻苦、很听话，但缺少怀疑和批判精神、创新不足。您认为这是什么原因造成的？

陈骏：这是教育的问题，与我们长期实施的教学方法有关。在国外，尤其是美国，他们很重视学生的批判性思维以及独立思考能力，而且整个教学方法都围绕这个设计。比如用研讨的方法来上课，不给学生现成答案，用小班上课的方式来增加师生互动。德国大学很多课就没有教材，教师把几本参考书的内容综合起来上课，给学生的是参考书目录。同样一门课今年讲的和明年讲的不一样。这就告诉学生，知识不是固定的。可是我们的传统教育总是让学生相信定理、相信老师、相信权威，总是要找到一种标准答案，认为存在一个绝对真理，这是有问题的。

深圳特区报：前面您已经指出了高等教育质量和创新等方面存在问题，那么南京大学对此有何解决措施？

陈骏：针对高等教育存在的不足，2009 年 9 月我们在一年级新生中启动了“三三制”教学模式。

在“三三制”人才培养模式中，第一个“三”是指学校把本科四年的教育分成三个阶段，即通识教育、专业化培养和多元化培养这三个阶段。第二个“三”主要针对多元化培养阶段，在这个阶段根据学生需要分为三个方向：第一个方向是专业化培养方向，即一部分愿意继续沿着本专业学习和深造的学生进入到这个方向学习；第二个方向是复合人才培养方向，即另外一部分想跨专业学习的学生，学校可以让他去其他院系、其他专业学习；第三个方向是创新就业方向，即对于那部分想直接就业创业的学生，学校将准备一整套课程为他们今后创业、就业做

好准备。

深圳特区报:“三三制”赋予了学生更多的自主权，使每个学生都可以按照菜谱“点菜”，据说推出后在高教领域引起强烈反响，如一池春水搅活了原本固化的本科教育。

陈骏:是的。“三三制”本科教学改革切实将人才培养的着眼点从“以专业教师为中心”转移到“以学生为中心”，既注重本科基础阶段全面的科学与人文素质教育，使学生具有高尚的道德修养、宽广的知识面、敏锐的思维与判断力，同时又注重学生个性化的选择和培养，为学生自主选择发展路径，灵活地构建知识体系和模块搭建平台。“三三制”打破了院系壁垒，在全校层面高效地整合了教学资源。从2010年起，南京大学每年近3 000门课程面向全校学生开放，不仅如此，“三三制”还增加了教学计划的“弹性”，拓展了学生自主学习的空间和时间。最后，“三三制”以三阶段和三路径引导学生个性化成长，目前已有7 000名本科生得以拥有符合自身需求的成长“菜单”。

四、谈研究型大学建设：基础研究实际上是兴趣驱动型，老师完全是凭兴趣，学校对他们最好是无为而治，给予宽松环境，该支持就支持，不要干扰

深圳特区报:作为国家“985工程”大学，南京大学是如何加强研究型大学建设的?

陈骏:通过刚刚结项的“985工程”二期建设，南京大学整体实力与办学水平提升显著，目前拥有国家重点实验室7个，省部重点实验室10个，一级国家重点学科8个，先后取得国家自然科学一等奖1项、二等奖7项等多项重大科研成果，在国家科技创新体系中的作用也越来越大。

研究型大学建设必须永不停步，因此我们又提出了“六个一工程”：一是要建立一个文理工医协调发展的学科体系。南大一直以文理著称，我们希望通过大力发展工科、医科，使文、理、工、医这四个方面协调发展。二是要建立一个享誉海内外的人才培养体系。当前，虽然我们提出了“三三制”人才培养模式，但还有很多事情要跟上去，比如说课程体系改革，这个任务很艰巨。三是要建一个

交叉融合的科研创新体系。我们要围绕中长期科技发展规划，在能源、环境、水资源、新材料和气候变化等方面加强研究，争取突破。四是要建立一支高水平的师资队伍。为此，我们提出了一个“1233计划”，要在十年当中建100个不同层次的创新团队，培养和引进200名左右国际知名的教授、300位杰出的中青年教师，以及要建3 000人的专职科研队伍。五是要建立一个开放的国际化办学体系。我们提出了“三个10%计划”，即学校国际化课程要达到10%，外籍教师达到10%，国外留学生达到10%。六是要建一个现代化的大学校园，使南大仙林校区成为主校区，成为校区、（科学）园区、社区三位一体的联动的人才培养基地和科学研究基地。

深圳特区报：南京大学的基础研究一直走在全国高校前列，很多方面甚至达到了国际水准。你们怎样让那些做基础研究的教师能够安安心心地搞研究？

陈骏：我们学校教师从事的研究基本上有三个方面：一是从事知识的发现和创造。二是从事应用型高科技和工科的研究。我们成立了现代工程与应用科学等四个工科学院，他们的研究要瞄准下一代科学，要有前瞻性。三是从事交叉科学研究。围绕国家重大战略目标，我们已经成立了全球气候变化研究院、能源科学研究院和中华文化研究院等多个交叉研究院。

基础研究实际上是兴趣驱动型的，老师完全是凭兴趣，学校对他们最好是无为而治，给予宽松的环境和足够的时间，该支持就支持，不要干扰他们。

深圳特区报：南方科技大学提出的目标是建设一流的研究型大学，您对南科大办学有何建议？

陈骏：深圳在改革方面一直走在全国前列，包括高等教育。南方科技大学作为一所新创办的大学，改革很有勇气。我们非常关注和支持南科大改革，也希望它能够成功，为中国高等教育改革新模式探路。

五、谈大学办学定位：我们的大学要有追求世界一流的进取精神和雄心壮志，当然要定好在哪个层次和类别上发展，如果都定位在研究型上，那就不切实际

深圳特区报：南京大学提出要建设世界一流大学，为了达到这一目标，南大

确定了哪些努力方向？

陈骏：南京大学的长期目标是建成综合性、研究型、国际化的世界一流大学。“综合性”是指高水平大学应该拥有结构比较优化、门类相对齐全的学科体系，能够覆盖文、理各基础学科及应用学科领域，在整体学科水平比较高的基础上，要有若干学科在国际上具有重要影响和较强的竞争力。比如哈佛大学的法学、医学、政治学，斯坦福大学的心理学、电子学，剑桥大学的物理学，牛津大学的数学都是世界一流的学科。如果能在整体学科水平较高的基础上，有三五个学科具有一流的影响力，那么我们就可立于不败之地。“研究型”是指高水平大学要成为探索、解决国家与人类发展所面临的重大理论和实际问题的科学基地与思想库。这方面最重要的就是要出一流成果和一流人才，这就需要有一流的师资。“国际化”是指高水平大学要面向世界办学，有高度的开放性和足够的国际竞争力，要扩大对外交流，拓展在国际上的发展空间，增强在国际学术界的影响力和知名度，真正立足于国际前沿。

深圳特区报：现在国内很多大学都提出要建成世界一流大学，您认为现实吗？

陈骏：关键是定位，看定在什么领域。南京大学是要建设世界一流的研究型大学，研究型人才的培养和研究成果要赶上世界一流的水平，这是我们的目标，因为我们研究的实力比较雄厚。另外，就定位来看，有的大学可以建成一流教学型大学，有的可建成一流职业型大学，有的可建成一流专业型大学。在美国等发达国家也是这样，哈佛、耶鲁、斯坦福是研究型大学，还有一些文理学院等，完全是为了培养本科生的，是教学型大学。我们的大学要有追求一流的进取精神和雄心壮志，但首先要定位好在哪一个层次和类别上发展，如果都定位在研究型上，那就不切实际了。

深圳特区报：在全球化的今天，大学国际化问题越来被重视，南京大学在这方面有何做法？

陈骏：前面我已经提到要实现“三个10%”，其中最重要的是学生的国际化。我们一方面要增加国外留学生人数，让他们把世界各地丰富多彩的文化带进南大，在这里交流碰撞，影响我校的学生。另外，还要想方设法让我们的学生到国外交流。我们有一个宏伟的目标，计划让每位本科生在四年期间都有一次出国出境的机会。同时，为了帮助贫困家庭学生圆梦，很多社会热心人士在学校设立了基金，捐助者中还有来自深圳的南大校友。

六、谈大学精神：大学是一个追求真理的地方，在这个目标下来创造文化、保存文化和传承文化

深圳特区报：您认为现代大学应当具有怎样的大学精神？

陈骏：大学精神的本质就是追求真、善、美，引领人类的未来。大学是一个追求真理的地方，并在这个目标下创造文化、保存文化和传承文化。其次大学要追求善，这是人类最需要的，人与人怎样相处合作，核心问题就是善。最后还要追求美，要高雅。

在这个世界上，没有一个机构能够像大学那样安下心来、认认真真地考虑人类的未来。如果大学都不考虑人类的未来，那么人类只能摸着石头过河了。

深圳特区报：现在社会竞争十分激烈，人们急功近利，高校里很多大学生都在考虑如何找工作和挣钱。您作为著名大学的校长和科学家，对此有何看法？

陈骏：在去年的开学典礼上，我和学生们讲，不要仅仅为了找一份好工作而学习，尤其是像南京大学这样的研究型大学，学生责任更重，目标应当更加远大，我们要为了国家、社会和人类而学习。当然，对某些一般性大学来说，为工作而学习也不能说是错了。

深圳特区报：在培养人才方面，大学除了传授知识技能外，还要特别重视做人教育，您认为在这方面要特别突出什么？

陈骏：最重要的是强调一种责任，提高学生的责任意识。特别是90后的大学生，多数是独生子女，很多又是在应试教育背景下成长起来的，这些孩子并不缺少聪明才智，但比较缺乏一种对国家、社会和家庭的责任意识。

提高责任意识，首先要加强道德教育。这不仅仅是中国一个国家的事情，像美国的许多有识之士，我在各种场合和他们接触时，也都能听到他们说美国的大学缺少道德教育，把学生培养成了竞争机器，因此我们必须改变这种现状。

澳门大学是一所国际化综合性大学，前身为1981年创立的私立东亚大学，1988年由政府收购为公立大学，1991年改名为澳门大学，成为澳门唯一的一所公立综合性大学。澳门大学拥有工商管理学院、教育学院、法学院、社会科学学院及人文学院、科技学院、中华医药研究院和荣誉学院，开办博士、硕士、学士等约100个学位课程，在校学生7 800多人，其中本科生5 700多人。澳大拥有一支400多人的国际化、具有丰富教学经验和卓越学术背景的教师队伍。澳门大学横琴岛校区将于2012年底落成，届时将为澳大创建成为一所具有区域特色、高水平的世界一流大学提供千载难逢的机遇。

学校网址：www.umac.mo

赵　伟

赵伟教授于1977年在陕西师范大学物理系完成大学本科学习，1983年和1986年在美国马萨诸塞大学阿莫斯特分校分别获得计算机科学硕士和博士学位。他曾执教于陕西师范大学、美国阿莫斯特大学、澳大利亚阿德莱德大学和得克萨斯农工大学，并于2008年就任澳门大学校长。

赵伟教授是国家“973计划”（物联网项目）首席科学家，在分布式计算、实时操作系统、计算网络和信息与网络安全等研究领域卓有贡献。

（《深圳特区报》2012.02.07 第A08版）

澳门大学

实践全人教育，建设世界一流大学

深圳特区报见习记者　徐兴东

一、20 年内澳门大学要培养出澳门特首

深圳特区报：澳门大学的办学宗旨和主要特色是什么？

赵伟：澳门大学以国际化的办学方式、卓越的教学及创新科研培育优秀的人才，努力为学生和教职员工提供最佳的教育和学习环境，并全力打造具有区域特色、教学与科研并重的一流大学。在 30 年的办学实践中，澳门大学从一所私立大学转变为公立大学，从教育港澳华人子弟发展到面向全国、面向世界招生，开创并引领着澳门的现代高等教育。

每所大学都有自己的特点和优势，澳门大学的优势主要体现在语言优势和教学理念上。澳门大学的教学语言主要是英文，有个别专业采用中文、日文和葡文作为教学语言。另外，澳门大学与国际接轨比较好，师资队伍和课程设置基本上都按照现代的国际化的方法设置。在教学理念上，澳门大学正在实行专业教育、通识教育、研习教育和社群教育的“四位一体”教育模式，通过课堂内外的全方位、多角度、多层面的手段，提供综合平衡的教育。这样的模式在国内外都是比较先进的，当然也是澳门大学的独特之处。

深圳特区报：您曾提出：澳门大学要在 20 年内培养出澳门特首。这样的目标是在什么样的背景下提出的？

赵伟：这句话的意思是，一个地方最好的大学要有义不容辞的责任，即为本地培养各个领域的领袖，所以澳门大学必须培养澳门特首。我们的办学理念就是立足澳门，为澳门、为祖国、为世界培养人才。培养未来的澳门特首与我们的办学理念是一脉相承的。

深圳特区报：澳门大学建校之初提出要建立一所区域性的优秀大学，但是随着澳门大学的发展，澳门大学将办学目标设立为创建一所具有区域特色、高水平的世界一流大学，校长您对世界一流大学的理解是什么？

赵伟：中国内地和香港、澳门、台湾的教育都很发达，且各地在高等教育的投入都很大，而且在过去二三十年里，中国的大学进步很快，比如清华大学、北京大学、香港大学和台湾大学等排名都是全世界前 100 名，已经非常接近一流大学了。

高等教育是争夺人才的重要手段，澳门在这个过程中不可以被边缘化，因此澳门必须有自己的世界一流大学。说到底这是我们的一个决心和愿望，但要做起来是一个比较艰苦的长期过程，因为建设一所世界一流大学不像盖一栋楼，两三年就可以完工；大学需要有相当长的沉淀，有相当大的实力，这需要一个漫长的过程。

深圳特区报：您是如何计划把澳门大学打造成世界一流大学的？

赵伟：从其他学校的经验看，一个大学转型可能要花 10 年、20 年甚至更久的时间。比如，香港城市大学目前的世界排名在 100 多名，已经是一所很好的大学了。但这所大学在 1990 年还是大专院校，它花了 20 年时间才转型成为一所相当好的研究与教学并重的国际大学。

澳门大学 30 周年校庆上有一个活动是“许愿树”，把自己的心愿和对学校的祝福写上去，我就写了这样一句话：“澳门大学三十而立，四十腾飞，五十辉煌。”我们希望花 10 年、20 年时间在学科建设、教师素质和学生培养上成为世界一流大学。

二、为学生创造全天候、全方位的全人教育模式

深圳特区报：为了把澳门大学打造成世界一流大学，澳门大学在教学管理上做了哪些改革和创新？

赵伟：澳门大学今年在教学模式上进行了新的改革，制定了专业、通识、研习和社群教育“四位一体”的创新教育模式，创建荣誉学院，推行新的通识课程，引进住宿式书院制度，推行本科生研究实习计划，通过全方位、多角度的模式培

养具有跨学科知识和竞争力的优秀人才。

为了全面提升师资水平，加强学术管理，澳门大学于2008年制定了教员发展方案，健全完善了教师评估与奖励机制、邀请海外专家审评晋升机制，设计教授学术计划和讲座教授计划，加强师资队伍的整体实力。此外，澳门大学加大对科研领域的经费拨款，为个别科研领域提供更多资源，扩建澳门大学科研人才队伍。同时，澳门大学强化特色学科，重新确定学院的重点发展方向，扶持新兴的特色学科，促进成立人文社科研究基金。

深圳特区报：您能为我们解释一下“四位一体”教学模式的内涵吗？

赵伟：澳门大学努力为学生打造全天候、多方位的全人教育模式，具体体现在我们创新的“四位一体”教育模式上，即专业教育、通识教育、研习教育和社群教育，全方位满足学生在成长过程中的不同需求，为学生创造独特的成长环境，为社会培养优秀通才。这种教学模式不是我们的发明，它是教育理念的一种转变。一般上大学就是进行专业教育，比如到某一学院一个系，这个系有一个老师会对同学进行教育，可能是英文、物理专业的老师，也可能这个老师有物理、英文专业的专长。实际上，只有一个简单的专业教育对培养创新型领袖型学生是远远不够的，可以设想任何一个单位领导式的人物，当他逐步走向领导岗位的时候，他和不同人打交道，需要有广博的知识，需要有沟通的技巧、谈判技巧等各种本领，他需要做判断和决定，而我们的大学应该为学生做好这样的准备。

深圳特区报：也就是说只有专业教育是远远不够的？

赵伟：是的。专业性是大学教育重要的特征，对学生进行专业教育非常必要。澳门大学坚持强化专业课程，不断改进教学质量，确保提供优质的国际化专业教育。但只有专业教育不够，我们要提出“四位一体”、全天候、多方位的教育。首先是专业教育，还有通识教育，通识教育是广博的教育，突破专业教育的界限，开设通识课程，满足学生作为一个公民的人生需要。

但仅有这两块和仅通过老师的简单授课我认为还是远远不够，因为学生在学校里上课时间毕竟少，但下课后还有很多时间，所以我们引入了研习教育和社群教育。“研习”是研究与实习，换句话说，学生在课堂学习了理论方面的专业教育，下课可以进入实验室进一步做科研，甚至到社会上进行实习，把他所学到的专业知识用起来或者加以拓展。这个过程中，学生还可以自己发掘、学习知识。

社群教育，这个概念就更广泛了，“社”是社会，“群”是群体，我们希望在学生和社会的互动以及在学生之间的互动中达到教育目的。住宿式书院就是实现社群教育的手段，不同年级、专业和种族的学生在一起学习、生活和娱乐，他们互相学习，共同成长。经验证明这种教育增强了学生之间的交流，对于一个学生性格的养成、学术兴趣、价值取向等产生了正面的影响。澳门大学已于 2010 年 9 月开始实行“住宿书院计划”，新校区建成后也将全面推行住宿式书院制度。

澳门大学住宿式书院让学生在生活中学习

三、在横琴岛建设 1 平方公里的新校园

深圳特区报：2009 年中央政府将珠海管辖的横琴岛上约 1 平方公里的土地划拨给澳门大学做新校区，目前建设进度如何？

赵伟：我先介绍一下横琴岛小区的一些参数。横琴岛是离澳门 200 米的一个岛，离澳门非常近，一般人游泳都能够游过去。现在经过中央的批准，以及在广东省和澳门特区政府的大力支持下，我们将在横琴岛一块 1 平方公里的土地上建设一所新的校园。这个新的校园有 80 多栋楼、80 多万平方米的建筑，比现在的校园约大 20 倍。新校区将于 2012 年底交付澳门大学，建成后可容纳至少 10 000 名学生。

深圳特区报：迁入位于内地的新校区后，对澳大有何重要的意义？

赵伟：这不仅仅是校园的建设扩展，也不仅仅意味着学校招生规模的扩大。新校区的建设对于推动澳门高等教育事业的发展具有重要的意义，将有助于澳门大学实践精品本科教育、优秀师资团队和卓越科研。

应该说，新校区的建设不仅能够推进澳门高等教育的发展，更能够达到内地与澳门的双赢。澳门大学新校区是"一国两制"的体现，是粤澳合作"先行先试"的创新模式。经过全国人大常委会批准，在校园建设好以后，校园内将适用澳门的法律，由澳门政府实行管理，所以这个就是对"一国两制"的一个重大的突破。

另外，这样做的结果就是澳门大学的平台扩大了，澳门的成长空间放大了，澳门的舞台也大了，而且我坚信，这个只是第一个项目，我们叫"先行先试"，以后内地和澳门教育以及其他行业还会有各种各样的合作机会，在管理模式上还有各种各样的创新，来达到澳门长期稳定繁荣的目的，同时我们也将加速澳门和祖国的融合以及和广东省的一体化过程。

深圳特区报：新校区建成后，内地学生到澳门来学习的机会是否会明显增加？

赵伟：目前澳门大学可以在内地所有的省市以及自治区招生，现有超过 2 000 名来自内地的学生就读澳门大学的博士、硕士以及学士学位课程。本学年共收到 3 000 多份入学申请，最后共有约 210 名内地的优秀学生成功入读澳大的学士学位课程。澳大硕士课程研究生的报名人数也有大幅增长，报读硕士学位课程的内地学生共 1 703 人，注册学生共 423 人，较去年增加了 38%。

在整体注册的本科新生中，广东省学生约为整体注册学生的三分之一，其余学生则主要来自北京、福建和浙江等地。此外，澳大继续为广东省考生实行加分政策，广东省考生可在其高考分数加 10 分。随着新校区的建设完工，内地学生到澳门大学求学的比例将会大幅度上升。

深圳特区报：深圳新建了一所南方科技大学，目标是要成为高水平研究型大学。对这所年轻的大学，您有什么建议？

赵伟：目前国家正在大力推荐产业转型升级，从中国制造到中国创造的转型需要人才。深圳作为改革开放的窗口，更加需要培养具有创新精神和能力的人才。南方科技大学的成立适应了这一需求，对深圳的发展有重要作用。澳门大学和南方科技大学已经签署了合作协议，并将在科研等方面开展合作。南科大的发展需要政府提供资金支持，也需要社会大众给予关注，但是关键还在于建立完善的管理机制，而这方面澳门大学也正在努力探索。

大学简介

山东大学是中国近代高等教育的起源性大学。其医学学科起源于1864年，为近代中国高等教育历史之最。其主体是1901年创办的山东大学堂，是继京师大学堂之后中国创办的第二所国立大学。近年来，山东大学实现了跨越式发展，基本完成了从教学科研型大学向研究型大学的转型。山东大学现有各类全日制学生6万人。学校汇聚了一批杰出人才，其中，诺贝尔物理学奖获得者Peter Grünberg教授加盟山东大学，受聘为特聘教授；2012年诺贝尔文学奖的获得者莫言也在山东大学担任研究生导师。

在历史发展中，山东大学形成了自己的学科优势和特色。特别是经过20世纪30年代和50年代在青岛办学时期的辉煌与发展，不仅奠定了“文史见长”的学术特色，出现了一批在国内外享誉甚高的人文学者，以及像《文史哲》这样备受关注的学术阵地，而且在自然科学领域也打下了良好基础，使山东大学跻身于中国著名学府的行列。

学校网址：www.sdu.edu.cn

徐显明

徐显明，1957年4月出生，山东莱西人，法学博士，教授，博士生导师。2001年9月任中国政法大学校长。2008年11月起至今任山东大学校长。现任第十一届全国人大常委会委员、全国人大法律委员会委员、中国法学会副会长、中国法理学研究会会长、世界法哲学与社会哲学协会中国主席。

（《深圳特区报》2012.02.15第A07版）

山东大学

论语课和英语课一样重要

深圳特区报记者　秦小艳

去年刚刚迎来110周年校庆的山东大学，是教育部直属重点综合性大学，国家“211工程”和“985工程”重点建设的高水平大学，也是中国第一所按章程办学的大学，被称为“中国近代起源性大学”。这所以学科齐全、基础与文史研究见长的综合性大学，曾培养了童第周、束星北、季羡林和臧克家等一批享誉国内外的科学家和人文学者。

近日，记者走进该校，专访徐显明校长。这位中国著名的法学家对中国高等教育的发展有着深入的思考。在一个多小时的采访中，徐校长就“高校去行政化”“道德教育”以及“创新人才培养模式”等教育热点问题发表了真知灼见，给人诸多启示。

山东大学文化新地标——如新楼

一、好教授就是一所好大学

深圳特区报：山东大学刚刚迎来110周年校庆，您认为在百余年的发展历程中，山东大学最为宝贵的东西是什么？

徐显明：第一是师资。没有优秀的教师，就成就不了高水平的大学。西方有教育谚语云："一个好校长就是一所好大学"。在中国，我把它改造了一下，我认为，一群好教授就是一所好大学。

山东大学历史上的几次辉煌都是由名师创造的。20世纪30年代的闻一多、老舍、梁实秋、沈从文等都是山东大学文学院的教授，也由此奠定了山东大学以文史见长的基础，使山东大学成为当时中国最有代表性的大学之一。

第二是价值观。我们把学术立校放在第一位，追求真理、追求学术是山东大学人追求的最高价值观。价值观是师生共同的行为准则，是一所大学的灵魂。大学不应该是追求金钱、物质利益和官阶身份的地方，当我们看到一些大学在发生变化，教授们越来越不受尊重时，山东大学却因为学术至上的价值观吸引了越来越多德高望重、志同道合的优秀教授加入。

深圳特区报：山东大学的办学特色主要体现在哪些方面？

徐显明：山东大学是中国规模最大的大学之一。学生总数超过6万人。学科门类齐全，涵盖13个门类学科。它历史悠久，是中国近代高等教育的起源性大学，医学专业开始于1864年，直至1952年，医学学科的学生能同时获得美国纽约大学、加拿大多伦多大学和齐鲁大学三张文凭。同时，它还是中国第一所按章程办学的大学。

山东大学在文史、基础研究等方面具有显著优势。中国学者在《自然》上发表的第一篇文章是山大人1904年完成的，十年后《科学》上的中国人的第一篇文章也是山大人撰写的。束星北有"中国的爱因斯坦"之称，童第周则是中国的"克隆之父"。20世纪30年代，我们培养了季羡林、臧克家等代表中国文化的大家。新中国成立后的50年代初，引领学术风气的几乎所有重要文史学术讨论都是山大发起的，山大人办的学术刊物《文史哲》被誉为"中国高校文科学报之王"，深为毛泽东所喜爱，以致数次写信索要该刊。我们以基础研究见长，数、理、化、生等学科一直保持较强优势，现在有八个学科已进入美国 ESI 数据库全球 1% 行列。

目前，我们正在弘扬儒学特色，在孔子出生地举办的以中外文明对话为主题的尼山论坛，已在世界范围内产生了很大影响。山东大学孔子学院将成为世界级儒学和中国文化的研究中心。

二、构建山大系统，建世界一流大学

深圳特区报：新的历史起点上，山东大学确立了建世界一流大学的目标，具体有什么措施？

徐显明：山东大学要建设成为复兴古典学术的东方中心，传承与研究中国传统文化的国家中心。同时，儒学要成为走向全球的世界中心，基础研究将进入世界一百强。我们的目标是，要在 2021 年前后，即山东大学建校 120 周年时能跻身世界一流大学行列。具体将推出以下措施：

一是人才战略。吸引和培养一批在国际国内有重大影响的科学家。去年，我们聘请了 2007 年德国诺贝尔奖获得者 Peter Grünberg 任全职教授，新聘两位院士，一年中引进 11 个“千人”。我们提出了“十百千”人才计划，即在 10 年内，计划聘请 10 位左右在世界上有重大影响的战略科学家、100 位在全球有一定影响的学科带头人、1 000 位战略后备人才。

二是学术振兴计划。我们将力促支撑学术的核心指标大幅上升。去年，我们在 SCI（美国 ISI 公司一期刊论文文摘数据库）上发表的论文总数为 1 836 篇，数量已超过日本的京都大学。山东大学在 SCI 上的表现一直居中国高校的前十位。目前，山东大学已在数学、热工程和材料等领域拥有了世界级科学家及领先世界的原创性成果。

三是国际化战略。未来十年内，山东大学的课程总数将达到 7 000 门，其中外语课程将达到总课程的四分之一，英语课程将按 1 000 门设计安排，部分使用日文、德文等其他语种。我们将有 30 个左右的专业使用全英文教学。拥有海外博士学位比例的教师将提高到教师总数的 30%，外国留学生比例将达学生总人数的 10%。此外，我们将参与一批国际化的课题研究，并有若干国际性论坛，外籍教师比例也将大幅提升。

四是构筑山东大学系统，我们将恢复青岛校区，并将把青岛校区建成中国最美丽的大学校园。它所拥有的千余米海岸线的优势及山海相抱的美丽，是中国任何一所大学校园都无法比拟的。其中，第一个项目——教学楼工程已获教育部立项即将动工。博物馆、体育馆、图书馆等工程已获山东省和青岛市的立项，明后年将逐步拔地而起，这样，山东大学将形成济南、威海、青岛三个校区统分结合、优势互补、各具特色和一体发展的办学格局，其将打造出具有中国特色的“加州模式”。

其中，济南校区将以医学人文学科为主，青岛将以新兴、理工、海洋学科为主，威海将以空间学科、应用学科和社会科学为主。我们将利用青岛的国际化和交通便利的优势，面向世界吸引更多优秀的国际化人才，创造山大的第三次辉煌。

三、创造宽松环境，培养创新型人才

深圳特区报：山东大学历史上产生了季羡林、臧克家等一批响当当的文学大师，这些“大师”的培养模式对当今培养创新型人才有何启示？

徐显明：季羡林老先生曾经亲口给我们讲过这样一个故事：以前他刚入读山大时学习成绩很差，当时只想做个小职员，并没有潜心学术研究的大志向。时任校长、著名书画家王寿彭，为了调动他的学习积极性，鼓励他说，“如果你考班级第一，我给你写幅字”，他果然考了全班第一，领走了一幅字。随后，王寿彭再鼓励他，“如果你能考年级第一，我再送你一幅画”，最后季老又顺利地领走了一幅画。这两幅字画对季老有着特殊的意义，为他专心学习、潜心学术，成为一代大师开启了大门。即使他在晚年，把大多数的书画收藏作品都捐出去时，这两件“宝贝”也一直带在身边。

另外一位文学大师臧克家在考入山东大学前，国文考了 96 分，但数学却是 0 分，时任山东大学文学院院长的闻一多找到校长请示是否为其录取开设“绿灯”，最终他被破格录取，成就一代“诗圣”。可以说，100 多年来，山东大学一直有着“不拘一格降人才”的传统，力求创造一种宽松的环境，让学生充分发挥潜质，成为各个领域的创新型人才。

深圳特区报：现在，这种“不拘一格降人才”的人才培养环境反而没有以前宽松了，于是就产生了“钱学森之问”。

徐显明：1998 年起，山东大学开始实行一种全新的通才培养模式，我们总结为“三跨四经历”。这种模式已在去年由中国教育改革办公室向多个学校推广。我相信这个模式是“钱学森之问”提出的解决创新型人才培养问题的一种成功尝试。

“三跨”指的是跨学科、跨学校、跨国境。山东大学的学生在选择专业时可以跨学科、跨专业、跨院系，每个学生都有几次选择机会，根据兴趣重新选择新的学术方向以及新的院系。同时，我们在全国建立了山东大学同盟，和武汉大学、厦门大学、中山大学、四川大学、中国政法大学、天津大学、西安交通大学等结为姊妹学校，从大二开始，山东大学的学生可以申请到任何一所姊妹学校进行半年或一年的学习，我们叫国内留学。此外，每位学生还有到国外留学的机会。目前，山东大学已与世界 60 多个国家建立留学联盟，每年有 1 500 人以上的本科生到联盟学校进行为期三个月的学习，且实行学分互认。

这样，加上毕业前三个月的实习经历，山东大学的学生就具备了本校学习、国内留学、国外留学、社会实习四种经历。在不同学科的学习，不同校园文化体验的经历中，学生们成才的几率就会大幅提升。

四、大学是社会道德的引领者

深圳特区报：接连发生的一些社会事件，引发了全民对道德缺失的思考。您如何评价中国的道德教育模式？

徐显明：我将道德分为四个层次：一是基础道德，包括恻隐之心、反哺之心、敬畏之心等。二是公民道德，这是人作为社会公民必须遵循的基本道德。三是职业道德，它要求法官守护社会公平正义，医生守护人类尊严，教师守护人类灵魂等。最高层次的道德是政治道德，这是一种因为人的信仰忠诚而产生的不惜以其生命去捍卫的道德。

但奇怪的是，现在我们整个社会的道德教育却出现了一种“头脚倒立”的现象。小学生灌输的是政治道德，要求他们学习为实现共产主义奋斗终生，到了大学开始上法律基础课，然后再对他们进行公民道德教育，把整个道德教育应该遵循的次序完全颠倒了。所以，要彻底改变道德缺失的现状，首先得改变这种“头脚倒立”的道德教育模式。

深圳特区报：您认为大学应当在道德教育中承担什么责任？

徐显明：在我看来，大学是道德高地，是社会道德的仓库和引领者。判断一个国家的道德水准不是看它的监狱，而是看它的大学。

大学首先应该承担的是道德共同体的责任。大学和世俗中间有两堵墙，一堵墙是校门，它是粗俗和高雅的隔离线，校外你讲粗话没有人约束，但校内必须要高雅起来。第二堵墙是看不到的，是一种精神上的自觉。接受过系统的高等教育，受过良好教育的人道德水准理应高于没有受过教育的人。其次，大学的道德首先体现在教师身上，师德决定校德，师德、校德决定学生的生德。每年的教师节，我都会专门发表演讲，每次都以师德、师品、师爱和师范等为主题。高尚的师德、校德就是对学生最好的道德教育。

深圳特区报：您提出要把山东大学办成中国最有德性的大学。

徐显明：是的，我提出，在我们办成世界一流大学之前，要先把学校办成受人尊敬的大学，只有把德性、思想性、创新性和特色性统一在一起的大学，才会是受人尊重的大学。山东大学地处中国传统文化的中心，有丰富的儒学等传统文化资源，且有着 110 多年厚重的道德文化积累，所以我们完全具备这样的条件。

我认为，《论语》就是一门道德教育的百科全书。去年起，山大的所有学生都将《论语》作为必修课来学习，论语课的地位和英语课一样重要。

此外，我们强调良好师德的培养。对山大有所了解的人都知道，我们的教授做兼职的非常少，他们都心无旁骛地坚守在自己的岗位上。著名物理学家、诺贝尔奖获得者丁肇中到中国来寻找合作伙伴，经多方考察后，最终选择了山东大学。当很多人问他为什么不选择排名更为靠前的高校时，他的回答是：“据我 50 年的科研实践，我得出一个结论，一个人即使是绝顶聪明，在同一个时间内同时做两个事情，哪个也做不好。如果一个人把全部的精力放在做一件事情上，这件事一定会做好”。这既道出了一个真理，也同时评价了山东大学的师德。山东大学的教授忠诚于真理、忠诚于事业的厚重与纯朴是山大宝贵的精神力量之源。

五、一流大学要有一流投入

深圳特区报：您认为中国高等教育与世界高等教育的差距主要体现在哪些方面？

徐显明：主要有四个方面：一是教育理念的差距。中国大学承担的功能远远多于世界其他一流大学，如同美国一流大学校长的肩膀上扛着一个口袋在轻松前行，我们的肩膀上却要扛着五个麻袋在后面拼命追赶。除了教书育人，我们还承担了政治、经济和社会保障等多方面的功能，这也是中国高校最大的特色。所以，我们应对大学理念进行“提纯”，让大学回到本质，成为道德、知识、学术、思想和价值共同体，而不应是成为利益共同体。

二是师资的差距。这是根本性的。没有一流的师资就没有一流大学，我曾经做过一个调查统计，得出的结论是：以全球共有 200 个学科，每个学科有 200 名顶尖的人才来算，全球各学科共有 40 000 名顶尖人才。但必须面对的现实是，这些顶尖人才 70% 都在美国，中国所占的比例很低。所以，如何使世界一流人才更多地集中在中国，这是我们要解决的问题。

三是大学体制。现代大学制度有两块基石：一块叫学术自由，教授们可以对任何问题进行研究探讨；一块叫大学自治，即大学可以根据法律授权，根据章程办学，不再向其他主体负责。中国大学如果能建成具有中国特色的现代大学制度，与世界的距离将会大大缩小。

四是经费投入，一流大学一定要有一流的投入，大学除了要有大德、大爱、大师之外，还一定要有大楼。这个大楼指的是一流的办学条件、先进的教学设备以及保障教师有尊严和舒适的生活条件等。

我曾做过一个数据比较：山东大学每培养一个学生的成本，是荷兰莱顿大学的七分之一，日本京都大学的十二分之一，麻省理工学院、哈佛大学的二十分之一。山大去年的办学总资源是 42 亿，应该说获得的资源能力在中国是比较靠前的，即使这样，我们和世界名校的差距还是很大。缩小这四大差距，是中国高等教育共同的愿望。我相信，在 2020 年前后，会有一批中国高校跻身世界一流大学，其中，一定有山东大学。

大学简介

香港科技大学位于香港西贡清水湾，成立于1991年，是一所朝气蓬勃、面向国际的研究型大学。自创校以来，香港科技大学以破竹之势迅速成为国际知名学府，在2011年QS亚洲大学排名中其名列第一位，2011年QS全球大学排名中名列第40位，2011年《泰晤士报高等教育全球大学排名》中排名第62位。

香港科技大学由理学院、工学院、工商管理学院、人文社会科学学院及霍英东研究院五所学院组成，并将设立第六所学院——创新与科技管理学院。根据英国《金融时报》公布的全球行政人员工商管理硕士（EMBA）课程排行榜，香港科技大学工商管理学院与美国西北大学凯洛格（Kellogg）管理学院合办的EMBA课程至今已连续三年排名首位，工商管理硕士（MBA）课程也连续三年跻身全球十强。

学校网址：www.ust.hk

陈繁昌

陈繁昌，美国加州理工学院工程学理学士及理学硕士学位，斯坦福大学计算机科学哲学博士。陈繁昌曾在耶鲁大学教授计算机科学，1986年至2006年在加州大学洛杉矶分校任教，并于2001年升任自然科学学院院长。陈繁昌是工业及应用数学学会院士，曾任该会理事会成员及董事会成员。此外他也是美国数学学会及电机及电子工程学院的成员。陈繁昌于2009年9月1日起出任香港科技大学校长。

翁以登

翁以登，在美国爱荷华大学主修数学，取得学士学位，后在华盛顿大学完成数学硕士和博士学位。2006 年至 2007 年任职星巴克咖啡公司大中华区副总裁，1997 年至 2006 年任职香港总商会总裁。

翁以登曾在美国空军服务，至 1993 年以上校官阶退役。1989 年至 1994 年出任美国国防部长的中国事务顾问。1994 年至 1997 年担任华盛顿州中国理事会的总干事。翁以登于 2010 年 11 月 1 日起担任香港科技大学副校长（大学拓展）。

（《深圳特区报》2012.02.16 第 A09 版）

香港科技大学

吸纳全球人才，加快国际化进程

深圳特区报记者　廖露蕾

成立于 1991 年的香港科技大学，在短短 20 年间迅速成长为亚洲甚至世界一流的大学，香港科技大学（以下简称港科大）的成就和故事，常被称为“奇迹”。

作为校友，记者有幸在香港清水湾畔校园里采访了陈繁昌校长以及负责大学拓展的翁以登副校长，两人和记者分享了此前访问多所国外知名大学的感受和收获、港科大取得成功的经验，以及对学校未来发展的畅想。

香港科技大学学术大楼前的日晷是该校的标志

一、校长亲自出马，全球招揽人才

深圳特区报：我了解到陈校长和翁副校长此前曾一起到欧洲和美国访问，能否先和我们分享一下在欧洲和美国访问的目的和收获？

陈繁昌：去年五月我和翁副校长一起访问了美国东岸 11 所大学，下半年也去了西欧的几个国家，包括英国、法国、荷兰和瑞士，共访问了 10 所大学。今年二月，我们将到美国西海岸访问。此后，我们还将到德国、北欧去。这趟访问和我们港科大的策略发展计划是有密切关系的。

目前，港科大有 18% 的学生为非本地生，其中内地生和国际学生各占一半。我们的国际学生中有很大一部分是来自亚洲的学生，例如韩国、马来西亚、越南、印度尼西亚、巴基斯坦和印度等。2011 年，我们录取了两位马来西亚高级教育文凭试的五优状元，还有 7 位来自顶尖的韩国民族史观高等学校的学生。除了亚洲，我们还希望能够在全世界范围内招收更多人才，包括欧洲、美国、中东等地。我认为，香港是国际城市，而我们港科大是位于中国的国际性大学，我们是最有条件去做这件事情的。这是我们这一趟到欧洲和北美访问的目标之一。此外，我们也和这些国家、地区的大学领导层交换了意见，讨论了目前高等教育的发展。同时也发展大学之间的合作，包括学生交流、实习和研究等方面。

翁以登：我们发现，不少西方学生都希望到亚洲来寻找实习和工作机会，我们港科大可以提供这个平台。例如，这些学生可能一直在法国居住，不会讲普通话、对亚洲不了解，但如果突然来到中国工作就会有一个过渡的问题。如果他们能来到港科大交换一个学期，在北京、上海、深圳实习，那么这段时期对他们回国之后是很有帮助的，因为大多数人都没有这个经验。

陈繁昌：香港高校很快就要迎来学制“三改四”，因此我们需要多增聘一些教授。我们这次的访问也是一次公关，我和翁副校长在各个大学进行演讲，向各学校的博士生、博士后、教授等介绍香港和港科大，包括我们给出的薪酬、研究资金、住宿条件等等，以吸引世界一流教授和学生。这次我们到访的大学都是与港科大的性质相近的大学，例如牛津、剑桥、哈佛这样的研究型大学，以及科技大学。此行我们进行的演讲吸引了不少人，在牛津大学和剑桥大学就共有五六十人出席。演讲之后有很多人与我们联系，虽然聘请教授并不是由我和翁副校长负责的，但我们可以推荐他们，其关键还是要靠竞争。

此行还有一个目的就是与我们的校友见面交流。我们在伦敦见到了 40 多位校友，他们中有五人已经成了教授。这趟行程很辛苦，我们一天要到访三个大学，除此之外也见了许多媒体。我们希望可以提高港科大在关键人物中的声望和吸引力。这次出行，我们发现港科大似乎在国外比在国内更有名气。在国外，学术和国际化是很重要的指标，而港科大在国际上获得的排名实际上也与我们到访国外大学有不少的关系。

二、认真对待“大学排名”，依靠排名促进步

深圳特区报：您提到了排名这一点，港科大在 2011 年 QS 亚洲大学排名中跃居第一位，全球排名也名列第 40 位。您对大学排名持什么样的看法？

陈繁昌：对于大学排名，我们是很认真对待的。但最重要的是我们必须清楚什么是因，什么是果。我们不是因为排名高低来决定做事的方法，而是在得到排名之后进行分析，我们要看例如引用论文的次数不及其他大学的原因是什么，哪些方面做得不好，哪些方面需要改进，等等。这些客观的数据是我们关注的，而不只看是否排第一、第二。当然，港科大在2011年排名亚洲第一，对于我们这样一所年轻的高校来说是突破性的成绩，无论对于香港科技大学的教授、行政人员、学生以及校友来说都是很大的鼓舞，它提升了我们的士气。

三、教授聘请与晋升需通过多重关卡

深圳特区报：港科大在短短20年间就取得了非常突出的成就，如今，有数家像港科大这样的年轻研究型大学逐渐崛起，您认为是什么造就了这些大学的成功？在今年的QS亚洲大学排名出炉后，有研究认为这一类大学的成功有这样的一些共同因素："学术人才""财政资源"以及"管理架构"（尤其指自治及学术自由），您同意这个观点吗？

陈繁昌：我很认同。人才指学生和教授。资源指资金、土地、校友支持等等。中国人才一直都有，中国现在也很富强，在科技、教育上的投资很大。世界上很多地方都不缺人才和资源，最重要、难度最大的挑战是制度问题。学术自主、行政管理、教授招聘以及晋升等方面都要做到公道。

世界上顶尖的大学都是以学术来定位的。训练人才、创造知识这两方面都要由教授来定位。港科大的学术问题及政策由教授们组成的学术委员会（Senate）负责。我作为校长担任学术委员会的主席，副校长也是会员之一，但此方面的事项并不完全由校长和副校长来决定，校长并不是要压过教授。

港科大的教授升迁制度遵循公平公开的原则，教授的升任与表现挂钩，并不是由学院院长决定的，我们要请校外机构来进行评审。我说明一下我们聘请教授的过程，首先每个学系都有一个委员会初步筛选三四名合资格的申请者，然后对其进行面试。通过面试的申请者会获得委员会的推荐、系主任撰写推荐信。接下来，申请者还将通过学院的委员会、学术副校长的委员会的评审，最后到我这里时，我手上就已经有六封推荐信了。学系的委员会同时还会写信向校外独立的专业人士拿申请人的推荐信，例如牛津、剑桥大学的教授等等，来评判这名申请者的专业性。这样的一个机制很难让人凭借关系得到聘任。

港科大也很少有聘请本校毕业生的情况，这并非不允许，如果你的条件很好，我们当然也会考虑，但这是一个文化的问题。我们希望毕业生可以多去其他的地方，去“打天下”。总而言之，我们是要以学术水准来决定是否聘请。

翁以登：其实国外许多大学都有这样的问题，许多校长都是要本校毕业的。但我觉得我们必须放开视野，一所大学是否能吸引世界各地的一流人才也是国际化的一个重要元素。

四、高校间合作应“门当户对”

深圳特区报：提到国际化，港科大在这方面一直做得很好。目前港科大会如何推进国际化的进程？

陈繁昌：我们国际化的程度在未来会进一步加深，包括我们将扩大交流学生的比例。目前，我们大约有三分之一的本科生能够参加一学期的交流计划，在大学三年制的情况下我们已经有这样的一个高比例。今年我们将转入四年制，我们希望能够将这个比例提升到有一半的本科生都能够参与这个交流计划。

像我刚才提到的，港科大是最有条件去完成这件事的。学生交流不是单方面的，我们的学生想去，别的学校的学生也要愿意来我们港科大，这不是一件容易的事情，港科大的国际声望帮了我们很大的忙。

2011 年，我们成为香港第一所与麻省理工学院签订交换生计划协议的大学，这个就是我们这次到北美访问交流的成果。包括与牛津大学、哈佛大学签订的协议也都是我们这趟访问的成果。我们目前也与加州理工学院在联系中，与普林斯顿大学的工学院也已经签订了国际暑期研究本科生交流计划的协议。

目前已经有 150 所海内外大学成了港科大的策略性合作伙伴，当然，这不是以量来衡量的，质也很重要。因此，双方应该是“门当户对”的、双赢的。否则，学校之间即使签署了千百份“备忘录”，也不过是个摆设。如果是这样，我们宁愿只与 20 所策略性伙伴学校建立合作，而不是签订 200 份只能“挂起来”的合作协议。

实际上，我们这趟访问有很多观察。其中一个就是我们发现每个人的眼光都在投向中国。没有例外，每所学校都想方设法让自己更为国际化，以及如何面向中国。

五、把握优势，发展科技与研究

深圳特区报： 所以您认为，香港或者说港科大把握和利用好这个地理、背景优势是很重要的。

陈繁昌： 我们要尽量利用香港是个国际城市这一优势，还有“一国两制”的优势。虽然有时候也会因此产生限制，例如两地的研究资源有时并不是互通的。现在这方面已经有了不少变化，例如对粤港合作、深港合作的强调等，但我认为这些还需要多加落实。

我们在国外的另一个观察就是知名企业，例如，波音如果计划在中国成立研究发展中心，会首先想到北京、上海，而很少看到中国南方的城市。事实上，深圳作为一个创新科技的城市，拥有许多科技创新企业，而香港不仅有科技创新的优势，同时能够提供优秀的人才，这些方面加在一起可以产生很大的可能性，也能够吸引这些国际大企业在香港或深圳建立研究发展中心。这样，我们有兴趣、有天赋的年轻人就可以有更多地进入这一行的工作机会。

翁以登： 香港在物流、金融和服务业等方面的优势是继续存在的。但我们认为，现在因为深圳的发展，也因为我们这些高校的研究和科技能力，一个新的时机形成了。这应该可以让全球的大企业不只想到北京、上海，而是把眼光投放在珠江三角洲。香港发展科技的概念如果放在十年前，说出来别人可能会笑。虽然现在我们也只是刚刚开始，但我想现在笑我们的人可能少了。

陈繁昌： 就算笑，也不再笑得那么大声了。但从另一方面来说，我们高校吸收人才不能只看香港、深圳，而是要放眼全中国的人才。

六、如何长期留住人才是最后检验

深圳特区报： 现在内地许多地方都主张建设世界一流的大学，您对此有什么看法和建议？

陈繁昌：我很乐观。首先，我们有人才、有资源。其次，国家对此很积极，我们都清楚，教育很重要，科技创新也很重要，因为中国的发展不能再靠廉价劳动力了。现在中国的生活、经济环境好了，许多人想要到中国来。所以我们港科大希望可以保持现在取得的成绩，目前从排名来看我们是走在前面，但我们也清楚“长江后浪推前浪”的道理。

翁以登：内地高校目前也是面临着人才的问题。现在，国外高校招收越来越多的中国学生，中国学生面临很多选择，不仅仅是北大、清华和浙大等等。其次是教授，中国高校可能有足够的资金吸引许多世界优秀的人才短期来到中国，他们可能留在这里两三年，但会不会留在这里十年？如何能够长久地留下这些人才，才是最后的考验。

华中科技大学是国家教育部直属的全国重点大学，由原华中理工大学、同济医科大学和武汉城市建设学院于2000年5月26日合并成立，是首批列入国家“211工程”重点建设和国家“985工程”建设高校之一。学校学科齐全、结构合理，基本构建起研究型大学的学科体系，拥有哲学、经济学、法学、教育学、文学、历史学、理学、工学、农学、医学、管理学、艺术学等12大学科门类。

学校秉承“育人为本，创新是魂，责任以行”的办学理念，坚持“一流教学，一流本科”的建设目标，采取多种举措深化教育教学改革，全面推进素质教育，构建和完善充满活力的创新人才培养体系。几十年来，已为国家培养了近40万名高级人才。

学校网址：http://www.hust.edu.cn/index.html

李培根

李培根，机械制造及其自动化专家。1948年出生于湖北省武汉市，1987年毕业于美国威斯康辛—麦迪逊大学，获博士学位。曾任华中理工大学机械学院院长，现任华中科技大学校长。2003年当选为中国工程院院士。

长期从事机械制造及其自动化领域的教学及科研工作。发表科技论文近百篇，出版专著3部，先后获国家科技进步奖二等奖1项，省部级科技进步一等奖3项，二等奖1项。1999年获得美国SME/CASA颁发的"大学领先奖"(University LEAD Award)。2005年、2009年分别获得国家级教学成果二等奖。

(《深圳特区报》2013.01.24 第A09版)

华中科技大学

研究型大学必须要有一流本科

深圳特区报记者 沈清华

记者近日来到九省通衢的武汉，在华中科技大学采访了被学子们亲切称为"根叔"的李培根校长。华中科大是全国首批列入"211工程"和"985工程"建

华中科技大学的武汉光电国家实验室（筹）是国家首批立项的五个国家实验室之一。

设的综合性大学之一，作为这所名牌大学的校长，李培根院士对如何办好高等教育有很多深刻的思考。他特别善于在纷繁复杂的问题中找出关键之处，并有针对性地提出解决策略。

一、以学生为中心培养创新人才

深圳特区报：培养创新人才是当代中国高等教育的重要历史使命，您在这方面有什么见解？

李培根：我 2005 年就任华中科大校长之后，就把培养人才放到学校工作的中心地位。人才培养是高校的根本任务，这是高教界的共识。但这方面容易出现偏差，尤其是研究型大学。在评价一所大学的办学水平时，教学方面很难用指标来衡量，而科研可以，拿了多少科研项目，得到多少科研经费，发表了多少论文，获了多少奖等，这些都很容易量化。教学和人才培养不容易量化，这就造成了很多高校管理者自觉或不自觉地把教学和培养人才放到次要地位。华中科技大学很多年一直在防止和遏制这种现象的出现。例如，我们学校规定教师在评职称时，如果没有完成基本教学任务，就不能升副教授、教授等。

深圳特区报：在提升教学水平上，你们采取了哪些措施？

李培根：我前几年说过一个观点，现在教育者和被教育者之间的距离被拉大了，这与重科研轻教学有关。一方面很多高校的分配制度和科研联系过多密切，教授们为了待遇，不得不多拿科研课题。有课题就有经费，经费多自己口袋里的钱就会多一些。科研不仅和经济收入有关，而且和评职称甚至评院士等都关系密切。简单地说，就是功利因素使教师把过多精力放在科研上，而对教学疏远了。另一方面，学校也需要教师的科研为学校撑门面，大牌教授甚至不上课。

培养创新人才必须拿出招来。我提出要拉近教师与学生之间，尤其是优秀教师与学生之间的距离。对学生而言，和优秀教师接触多，对他们一生的发展都有很大的正面作用。华中科大正在推行“责任教授”制度，让优秀教师来当一门课程的责任教授。这不是说不让他搞科研，而是在搞科研的同时，必须花一部分时间在教学上。科研上非常好的教授，你让他上完一门课程且一堂课都不缺这不现实。每位责任教授都有年轻教师协助，课程的教学内容、规划等由责任教授负责，一旦因事出差，就让年轻教师顶上。当然在经济上，会给责任教授一些补贴。

深圳特区报：在培养创新人才上，您有一个很重要的观点，就是要以学生为中心。

李培根：是的。2011 年，学校开党代会，我们提出三大战略转变，其中之一就是从以教师为中心的教育向以学生为中心的教育转变。传统的教育模式基本上都是以教师为中心，不仅教学的体系和课程内容是由教师制定的，即使是包括实践活动在内的教与学的活动，也是在教师给定的框架中进行的。在教育教学过程中，主体是教师，教师教什么学生学什么。换句话说，学生欠缺主动学习能力。在这种模式下，学生的自主和能动意识受到很大限制，其创新意识也受到抑制，这样很难培养创新人才。以学生为中心的教育，就是在教育教学活动中，学生是主体，教师是主导，发挥学生的主动性、能动性，启迪学生心灵，挖掘学生潜能。反观国外的教育，他们在发挥学生主动性方面的确比我们做得好很多。这并不是某个学校的问题，这是一种普遍现象。

以学生为中心的教育，目的是希望学生能够自由发展，更好地成为他们自己，这是培养学生创新精神、培养多样化人才的根本途径。可能有些人会觉得，在以学生为中心的教育中教师的作用会弱化，教师就轻松了，其实不但不轻松，教师反而更难了，因为除了传授知识他们还要启发开导。每个学生是不一样的，要让他们主动学习、主动实践、自由发挥，结果你还要去评定他们做得怎样，这不仅要花更多时间和精力，而且对教师的能力也是挑战。我是工科出身的，有时候看到学生的设计作品感到很震撼，作品中蕴含的智慧是我们教师都很难想到的。我要评定这些作品需要花时间、动脑子，有时甚至要翻阅资料“补课”。有些东西学生吃透了，老师不一定吃透了。以学生为中心的教育抓得好，对教师也是一种促进，教学相长。我们刚开始努力这样做，要取得明显成效需要漫长过程，不是几年就能做好的。

二、大学教育最重要的还是本科教育

深圳特区报：华中科技大学的目标是创建研究型、综合性、开放式的世界一流大学，在您眼里，研究型大学应当是怎样的？

李培根：我认为研究型大学的研究要有一定水平，在某些研究领域或者说方向上起到一定的引领作用。不能做到这点，就不能说是真正的研究型大学。有人说能拿到很多研究经费的就是研究型大学，这种说法是片面的。

深圳特区报：现在很多大学都说要办成一流的研究型大学，您对此怎么看？

李培根：国内大学真正称得上是研究型大学的，很难用准确的数字来说，也许就四五十所吧。当然随着经济社会的进一步发展，将来我们不仅是教育大国，也会是教育强国，那时候研究型大学会增多，但我估计未来百把所也就差不多了，太多也没有必要。现在我们国家大专院校超过 2 000 所，高等教育应当分层次，各自要找准自己的定位和发展方向，都盲目地去办研究型大学没有必要，也没有可能。

深圳特区报：现在有些人认为，研究型大学应当以研究生教育为主，华中科大为何提出“一流本科”，特别重视本科教育呢？

李培根：必须承认，大学教育最重要的还是本科教育。我们明确提出“一流教学，一流本科”，专门把本科教育拎出来特别加以强调，主要是因为以下三个原因：首先，不管是研究生还是本科生，高校的最根本任务都是培养人才。特别强调一流本科，是因为现在研究型大学的现状是，本科生教育容易被忽略。其次，在一个人的成长过程中，我认为高等教育的本科阶段是最重要的。做出研究成果也许是在研究生阶段，但是本科阶段奠定的基础对以后的发展起着最为关键的作用。其实很多人也都认识到了这点。最后，影响一个学校声誉最重要的因素其实不只是论文、获奖等，还包括它的毕业生在社会上的总体表现。好的声誉是一所大学的毕业生在社会上的优秀表现带来的，而校友大多是本科生。从另一个角度来看，大多数人对他本科阶段的学校感情是最深的，从培养校友对学校的感情来说，本科教育也最重要，把本科教育搞好了，学生对学校才有很深的感情。

我一开始提出这些观点时，也有人提出质疑。其实我们提出“一流本科”并不是不重视甚至忽视研究生教育，毕竟过了大学本科这个阶段后，研究生的自主性和独立性都更强了，他们本质上是靠自己学习，是在研究工作中学习，和本科教育是不一样的。

深圳特区报：作为研究型大学，华中科大对本科生的培养目标是突出学术型还是应用型?

李培根:这主要是根据学生自己的特点和情况去发展，没有严格的要求和区分。不同类型的高校在本科生的培养上是不同的，有的希望培养学生将来能从事应用型工作。我们作为研究型大学，有一部分毕业生将来会走上研究道路，也有相当一部分学生会从事应用型工作。但即使从事应用型工作，我们还是希望他们能够处在比较高的层次上。因为他们在我们学校会打下比较好的基础，与完全培养应用型人才的高校相比，后劲肯定更大。

深圳特区报:您认为研究型大学应当怎样处理教学和科研的关系?

李培根:大学最根本的任务是人才培养，但在抓具体工作的时候，要把握好教学与科研之间的平衡，是一件很困难的事情。我经常打比喻说，教学和科研好像自行车的两个轮子，教学是后轮，科研是前轮。这两个轮子有不同的作用，后轮承载重心;而前轮掌握着前进的方向。两个轮子到底哪个最重要?很难说，我认为它们都重要，只是各有各的重要性。

很多人都讲大学要“求是”，大学的科研就是“求是”的部分表现，一所大学如果没有科研，就很难在“求是”和“引领社会进步”方面做得好。社会服务往往也是通过研究来实现的，因为只有通过一些研究，具备了这方面的能力，大学才能进行社会服务。另外，大学科研本身也与教学、人才培养密不可分。社会服务也同样可以和人才培养结合起来，这些都是相互联系的有机整体。

三、要从“人”的意义上来理解教育

深圳特区报:莫言获得诺贝尔文学奖之后，让很多人再次关注“钱学森之问”，您如何看待这个问题?

李培根:有一点必须承认，就是在培养杰出人才上，我们和发达国家还有一定差距，尤其是和美国这样的国家比，差距还蛮大的。究其原因，肯定是我们的教育有些问题。其中最关键、最核心的是有个“结”一直没有解开，这个“结”就是从什么意义上来理解教育。长期以来，我们都自觉或不自觉地从工具层面理解教育，目的是把学生培养成“建设者”等，这个也不能说出错了，但这不应当成为最高目的。教育还有更高的目的，就是人的自由发展，这是马克思说的。《共产党宣言》里有一段话："在那里，每个人的自由发展是一切人自由发展的条件"，这句话讲得真是太好了。人的自由发展好了，才能更好地为社会主义建设服务。

这么多年来，我们的大学总在谈教育改革，然而，我们的改革却没有从最本质上来探究到底应当怎样改，而是总停留在课程内容增删、学时增减、教学方式变化等层面，这些有没有必要？也有。但如果不能从"人"的高度理解教育，就不能从根本上解决问题。我认为这是当前中国教育的重大问题，现在该是从国家层面来解这个"结"的时候了。"十八大"新风新政，给我们很大鼓舞，期待各方面能有自信来解决深层次问题。这个问题解决好了，"钱学森之问"也就解决了。

深圳特区报：我看您在谈教育改革时非常强调"人本"两个字。

李培根：是的。"人本"是教育改革之魂，改革应当以学生为本，学生是否成才也要看他有没有人本观念。

深圳特区报：有一种观点，认为中国的基础教育在世界上是很好的，但高教水平不行；还有一种观点，认为中国高校培养了很多人才，但现行的科研体制机制不好，所以出不了大的原创性科研成果，得不了诺贝尔奖。您如何看待这些问题的？

李培根：我不认为中国的基础教育是世界上很好的。有人看到中国的孩子到国际上参加奥数等竞赛总是拿奖，就认为基础教育好，这无疑还是从应试教育的角度看问题。只会考试，缺少创新思维，这是不行的。我们的基础教育从小就把孩子引导到解题上，没有真正致力于人的自由发展，这些误区对中国教育的负面影响很大。大学生创新能力不足，不仅仅是高等教育的问题。

我们的科研很难出轰动世界的原创性成果，是因为太受功利驱动，这带来很多问题。现在大学教授岗位工资很低，就华中科大来说，院士是一级教授，一个月的岗位工资才 2 800 多元。这点工资怎么让教师队伍稳定？于是就有各种名目繁多的补贴，实行工资多元化。口袋要鼓一点，就必须拼命地写报告申请科研项目，有了项目才能拿到提成，从课题选择到最后拿出成果，整个过程很大程度被功利牵着鼻子走，而兴趣往往被放到了一边，创新能力当然会受到制约，项目多了甚至只能疲于应付。

要解决这个问题很复杂。前几年我曾建议，一方面严格限制教师工资外收入，另一方面大幅度提高教师的工资待遇，也就是像国外一样实行年薪制，每年的收入有保证而且基本上是固定的。在这种情况下，教师们想的就是根据兴趣和专长做研究，而不是一门心思想着怎么拿项目多挣钱。这需要从国家层面做一个顶层设计。而现在我们只能在小范围里这样做，主要针对新引进的优秀人才。

四、社会对教育要有敬畏感

深圳特区报：有人认为，现在对大学管得还是太多、太细，必须给大学更多办学自主权，您对此怎么看？

李培根：现在大学有不少自主权，但也受到了许多不应有的约束。这个话题比较敏感。教育部门管了很多不该管的东西，比如名目繁多的各种评估、评比，浪费了大量人力物力，又根本不是大学需要的。像“百篇优秀博士论文”“精品课程”等，为何要评这个，国外没有这个东西，为何人家研究和教学水平都高？我曾经公开地提出过，可评可不评的就不评。尤其是在当前诚信环境不好的情况下，很多评比最后都变味了，甚至造成不正之风，弊大于利。

深圳特区报：您认为怎样才能给高校营造一个更好的办学环境？

李培根：这是一个大问题。我认为社会对教育要有一点敬畏感，认同教育的崇高和神圣。我们这个社会本来是有优良传统的，像“一日为师，终身为父”“天地君亲师”等，都说明了教育在社会的地位之高。人们还曾把大学视为神圣的殿堂。然而，当拜金主义和官本位悄悄蔓延时，当大学校长的地位要以行政级别来得到认同时，那份崇高与神圣被动摇了。

现在要重建社会对教育的敬畏感，需要全社会共同努力，其中最关键的莫过于政府的作用了。首先要大幅增加对教育的投入。表面上看，现在很多高校教师的实际收入还算体面，但却是建立在工资外的“创收”或“项目提成”上。当教育者忙于“创收”之类的活动，即便是在学术的旗帜下，斯文与尊严也很难确保。由此带来的结果是，不仅在很多教育者心目中那份神圣感将大打折扣甚至消失殆尽，学生和整个社会对教师的尊重也会大大降低。

另外，要尽快建立行政权力对教育的敬畏感。行政权力要尊重教育规律，不能滥用对教育和学术的权力。行政权力对教育的发生作用应该在法律法规的框架之内，不应当对教育随意干预，而且这应该逐步成为一种习惯。有了行政权力对教育教学、学术自由的敬畏，社会对教育的敬畏感相信就会随之而来。

深圳特区报：“招生权”属于大学自主办学的一部分，您认为现在是不是应当把招生权全部交给学校？

李培根：有的大学校长说，给我自主招生权我也不敢要，我觉得这是有道理的。自主招生本意是好的，但在目前的现实环境中，大学要生存和发展，就必须和包括政府官员、企业老板在内的社会各方面打交道，你怎么保证招生中不受任何影响，做到完全“自主”？我认为很难。有些东西靠一己之力改变不了。另外有人说要取消高考，我说，在现阶段如果取消高考会引起一场灾难。说到底还是社会诚信环境不适合，现在高考还是最公平的招生方式。

后记

第26届世界大学生运动会2011年8月在深圳举办，借深圳举办盛会的契机，时任《深圳特区报》总编辑，现任深圳报业集团党组书记、社长陈寅未雨绸缪，2010年春提出“世界百所知名大学校长访谈”大型采访的创意，并亲自策划部署。当年8月正式推出第一篇报道，专访清华大学校长顾秉林。至2012年2月推出最后一篇报道，这项大型策划圆满完成。前后历时一年半，共采访了20多个国家和地区的世界知名大学100所，其中近七成是境外高校。对中国媒体来说，这是有史以来对世界各地知名高校最大规模的一次集中采访。这组系列专访陆续推出后，在社会各界引起了强烈反响。

采访那么多高层次的知名大学校长是一项浩大的工程，完成十分不易。报社领导举全社之力，下决心力推。参与采访的20多位记者克服困难，利用一切手段、抓住一切机会进行采访，为了完成采访任务个个都是“蛮拼的”。除了到大学现场采访校长之外，有的是抓住校长来深圳出差的机会采访，有的是通过邮件联系采访。报社曾先后两次派记者赴美国采访。第一位记者欧阳炜单枪匹马，20余天东奔西走，居然采访了9所美国大学，效率之高，令人吃惊。第二位记者啸洋为了能够采访到大名鼎鼎的哈佛大学校长福斯特女士，甚至专门在学校附近住下来等了一个多星期。

为了把这项重大策划做得更有价值，我们对采访对象有严格要求，境外高校主要是英国QS和《美国新闻与世界报道》两个权威的世界大学排行榜中排名靠前的大学，境内采访的高校多数是国家“985”学校或“211”名录中比较知名的大学。另外，采写时力求做出“深度”，不是一般地报道校长如何办学，而是尽量挖掘出背后的办学理念。因此，每篇报道推出之后，国内外各大网站均纷纷转载。不仅一般的家长和学生爱看，一些高校管理人士也爱看，他们从中了解到这些知名高校的办学特色和理念。

这组大型报道受到不少大学校长的高度肯定。时任深圳大学校长章必功认为，报道不仅让读者充分领略到世界名校的风采与魅力，而且可以加强深圳与世界知名大学的交流与合作，为深圳甚至中国高等教育的发展提供有益的借鉴。时任厦门大学校长朱崇实说，《深圳特区报》对这些大学校长的访谈，不仅报道了大学的办学举措，还深入挖掘了背后的办学理念，是一组有深度的报道。南京大学校长陈骏认为，这组报道让中国的大学校长们坐在家里就可以了解世界各国许多知名高校的最新动态。瑞士苏黎世联邦理工大学校长拉尔夫·艾斯勒的专访见报后，他把报纸精心地放在镜框里摆在办公室。南京理工大学校长李元元到该校考察时，艾斯勒专门拿着镜框自豪地介绍，中国《深圳特区报》的记者专访了他。后来，南京理工大学校长想方设法找到本报记者孙锦接受了专访。

应读者要求，我们从当年 100 篇报道中精选出 60 篇交由暨南大学出版社结集出版。每篇稿件都反映了一所世界知名高校的办学特色和一位大学校长的办学思想，值得细细品味。希望这本书对读者、对我国高等教育的改革发展都有所裨益。

沈清华

邦德教育相信
如果每个孩子在成长的道路上
都能遇到一个好老师
世界会更美好

Bond Education believes,
the world would be a better place if every
child could meet a good teacher in the
process of growing up.